Roland Baader

Kreide für den Wolf

Roland Baader

Kreide für den Wolf

Die tödliche Illusion vom besiegten Sozialismus

Anita Tykve Verlag

CIP-Titelaufnahme der Deutschen Bibliothek

Baader, Roland:
Kreide für den Wolf : die tödliche Illusion vom besiegten Sozialismus / Roland Baader. – Böblingen : Tykve, 1991
ISBN 3-925434-47-X

Printed in Germany
Gesamtherstellung: studiodruck, 7440 Nürtingen-Raidwangen
ISBN 3-925434-47-X

Inhalt

Der Spatz (oder Sperling) wird im Hebräischen »d.ror« genannt; das heißt »Freiheit«. Deshalb ist dieses Buch allen Spatzen dieser Erde gewidmet; denen mit – und denen ohne Flügel.[1]

(Von den vielen ohne sichtbare Flügel seien zwei persönlich benannt: Unter den maskulinen Herr Dr. Heinrich Seewald, und unter den femininen Uta, meine geliebte Frau).

Mein Traum

Damit wir uns schneller und besser kennenlernen, will ich dem Leser meinen Wunschtraum vorstellen:

Ich träume von einem vollbesetzten Bundestag (wohl nur bei Abstimmung über Diäten-Erhöhung möglich). Plötzlich erhebt sich einer der Abgeordneten, allen anderen als aufrechtes Mannsbild bekannt, und tritt ans Mikrofon. Lange schaut er schweigend ins Hohe Haus, bis gespannte Stille eingetreten ist. Dann sagt er:

»Meine Damen und Herren: Ich bin ein glühender Anhänger des demokratischen Rechtsstaats; ich bekenne mich zur freiheitlichen, individualistischen und christlichen Kultur, Tradition und Zivilisation des Abendlandes und der freien westlichen Welt. Und genau aus diesem ernsten Grund sage ich allen hier versammelten Volksvertretern, allen Parteien, Politikern und Regierungsmitgliedern: Ich brauche Euere Subventionen und Transferzahlungen nicht; ich will nicht Euer Kinder-, Mutterschafts- und Sterbegeld, nicht Eure tausend Almosen und milden Gaben, die Ihr mir vorher aus der Tasche gezogen habt – und mir und meinen Kindern noch in fünfzig Jahren aus der Tasche ziehen werdet. Ich brauche keine subventionierte Butter, kein Quoten-Rindfleisch und keine preisgarantierte Milch, keine EG-genormten Planwirtschafts-Erbsen und keine ministergelisteten Medikamente; ich brauche keinen Schwerbeschädigten-Ausweis für meine Plattfüße und keinen Almosen-Freibetrag für meine pflegebedürftige Großmutter; auch keine Kilometerpauschale und keinen Kantinen-Essensbon über eine Mark-dreißig. All' Euere Wahlfang-Pfennige und -Scheine könnt Ihr Euch an den Hut stekken. Aber: Laßt mich dafür auch in Frieden. Ich bin nicht Euer Buchhalter, Statistiker und Belegsammler, der die Hälfte seiner Lebenszeit damit zubringt, Euere Schnüffel-Bürokratie zu befriedigen, der von einem Paragraphen-Knäuel zum anderen taumelt und sich wie eine gehetzte Ratte durch alle Kanalwindungen Euerer kranken Steuergehirne windet. Schickt Euer Millionenheer von Faulärschen und parasitären Umverteilern nach Hause, Euere Vor- und Nachdenker moderner Wegelagerei und Strauchdiebeskunst, Euere Bataillone von Steuerfilz-Produzenten, Labyrinth-Pfadfindern und Paragraphen-Desperados, Euere Funktionärs-Brigaden von Verordnungs-Guerilleros und Stempelfuchsern, all' die nutzlosen Formularzähler und Arbeitsverhinderungs-Fürsten. Laßt mich einen festen, eindeutigen und ein-für-alle-mal fixierten Steuersatz zahlen, und bezahlt damit eine angemessene Verteidigungs-Armee und ein verläßliches Rechtswesen, aber haltet Euch ansonsten heraus aus meinem Leben. Dies ist *mein* Leben; ich habe nur eines, und dieses eine soll mir gehören. Ich bin niemandes Sklave, niemandes Kriecher und niemandes Liebediener. Ich bin ein freier Mann, der für sein Schicksal selbst und allein verantwortlich ist, der sich in die Gemeinschaft einfügt und die Rechte anderer genauso respektiert wie er seinen eigenen Pflichten nachkommt, der aber keine selbsternannten Ammen und scheinheilige Gute Onkels, keine ausbeuterischen Wohltäter und von mir bezahlte Paradiesverkünder braucht. Was ich brauche, das sind: Freunde, Familie und rechtschaffene Christenmenschen, in guten und in schlechten Zeiten; und ich bin Freund, Familienglied und Christ, auch dann, wenn es anderen schlecht geht; aber dazu brauche ich keine Funktionäre und Schmarotzer, keine bezahlten Schergen und staatsversorgte Wohltäter. Dazu brauch ich nur die mir Nahestehenden und den Herrgott. Hier stehe ich. Gott helfe mir! Ich kann nicht anders!«

Und damit wir uns noch besser kennenlernen, will ich auch gleich meinen Alptraum offenlegen:

»Reginald Rudolf, Chefredakteur des Medien-Informationsdienstes ›rundy‹, hat eine wenig erfreuliche Perspektive zu dem, was nach der Wiedervereinigung von seiten der deutschen *Bewußtseinsindustrie* über das Publikum hereinbrechen wird:

»Die PDS kann vom 3. Oktober 1990 an, also von dem Tag an, da sie in Bonn einzieht, auf 5000 feste und freie Mitarbeiter in den Medien drüben sowie auf eine stille Reserve von rund 200 Mitarbeitern in den Medien im westlichen Teil Deutschlands zurückgreifen – dazu eine schwer zu schätzende Zahl von offenen und verdeckten Sympathisanten, die die DDR immer besser und Bonn im Grunde zum Kotzen fanden... Ideologisch dilettierende Hofdichter wie Günter Grass, der am liebsten einen Staat eigens für sich geschaffen sehen würde, haben ihre kostenlose Hilfe für Gysi & Co. bereits ebenso signalisiert, wie die hochdrehende Zeitgeist-Journaille... Hauptziel der PDS-Medienpolitik wird es sein, die ›intellektuelle Auseinandersetzung mit dem Sozialismus‹ – O-Ton Gysi – von neuem zu beginnen und zu forcieren. Alle diese Auseinandersetzungen über den Sozialismus werden neben der schon jetzt rege ventilierten Legende von der kulturellen DDR-Idylle damit beginnen, die Ladenhüter der linken Denke erneut anzubieten, als da sind: Verstaatlichung in der soften Form von Teilverstaatlichung, Investitionslenkung, allumfassende staatliche Wohlfahrtssysteme, Überwucherung privater Initiative durch staatliche Regulierungen – während zeitgleich der Spätkapitalismus als ein sozial verkommenes und festgefahrenes Profitsystem denunziert wird... Die neu formierte Medienlinke aus ost- und westdeutschen Ideologie-Eiferern wird alles versuchen, diese Republik zu demontieren und zu denunzieren.«

(Meldung Nr. 13 der »Vertraulichen Mitteilungen« vom 25. 9. 1990)

Eine Bitte:
Das Vorwort eines Buches wird oft überblättert oder nur überflogen. Ich bitte den Leser: Tun Sie das diesmal nicht! Das folgende Vorwort ist wesentlich für das Verständnis des ganzen Buches.

Vorwort – oder auch: Eine Kampfansage.

Überall auf dem Globus scheint der Sozialismus nach Jahrzehnten der flächenbrandartigen Ausdehnung auf dem Rückzug zu sein. Im Westen begann die Wende – zu Beginn der achtziger Jahre – relativ unspektakulär mit dem Einschwenken der Sozialisten Mitterand (Frankreich) und Gonzales (Spanien) auf einen sogenannten »realpolitischen« Kurs; im Osten – ebenfalls vor einem runden Jahrzehnt – mit der Einführung marktwirtschaftlicher Elemente in Ungarn, Jugoslawien und China. Die Rinnsale der Rückwärtsrevolution schwollen alsdann in der zweiten Hälfte des Dezenniums in Ungarn und Polen zu breiten Bächen an und haben, zwischenzeitlich zu einem reißenden Strom geworden, nun den Eisernen Vorhang zerrissen und die Mauer durch das Herz Deutschlands und durch die Herzen der Deutschen sturzflutartig hinweggefegt. Überall in Osteuropa stürzten und stürzen die »Fürsten auf dem Thron der Lüge« [2] im Sturm der Freiheit. Schnell schossen die Schlagzeilen aus dem westlichen Blätterwald: »Kapitalismus schlägt Sozialismus«, »Der Sozialismus ist am Ende«, »Sozialismus vor dem Bankrott«. Einige Autoren hatten dieses Ende längst kommen gesehen: »Die demokratische Weltrevolution« hieß das 1987 erschienene Buch des Staatsrechtlers Professor Martin Kriele [3], »Sozialismus, Ende einer Illusion« eine schweizerische Publikation 1989 [4], und ein amerikanischer Autor ging sogar so weit, mit dem Triumph der westlichen Ideen »über alle konkurrierenden Ideologien« das »Ende der Geschichte« vorherzusagen.[5] Tatsächlich scheint es so, als habe der Sozialismus nicht nur realpolitisch, sondern auch »wissenschaftlich«-theoretisch restlos abgewirtschaftet. Stimmt es also, daß der Sozialismus am Ende ist?

Meine Antwort: Obwohl alles an dieser Aussage *faktisch* wahr ist, *ist nichts davon wahr in den Köpfen und Herzen der Menschen.* Man schaue nur genau hin: Da gewannen in Griechenland die Sozialisten Papandreous trotz der Skandale, Schiebereien, illegalen Waffengeschäfte und finsteren Machenschaften ihres vor Gericht stehenden Führers bei den Wahlen anfangs November 1989 noch Stimmen hinzu; da wählte die jüngste Nation der Erde: das in die Unabhängigkeit entlassene Namibia – zu Beginn des November 1989 die marxistische Swapo mit überwältigender Mehrheit zur Regierungspartei; da redeten *alle* Köpfe der Oppositionsgruppen in der DDR von einem »neuen«, einem »reformierten«, »besseren« Sozialismus;

da posaunte IG-Metall-Steinkühler angesichts der Massenflucht unserer Landsleute über Ungarn, Polen und die CSSR: »Der Bankrott des real existierenden Sozialismus ist nicht identisch mit dem Bankrott des Sozialismus«; da frischte die in den Landtags- und Kommunalwahlen 1989 rasant zulegende SPD ihre Parteiprogramme mit sozialistischen Uralt-Parolen auf; da plädierte Alexander Dubcek, Vater des Prager Frühlings, bei der Verleihung der Ehrendoktorwürde der Universität Bologna für einen »Sozialismus mit menschlichem Antlitz«; da belehrte der saarländische Ministerpräsident, Oskar Lafontaine, (in einer politischen Fernseh-Runde anläßlich des Sturzes Erich Honeckers) sein Millionenpublikum: »Demokratie und Sozialismus sind eine Tautologie, denn Sozialismus ist ohne Demokratie gar nicht möglich«, wobei Altkanzler Schmidt sich beeilte, seinem Parteigenossen eifrig zuzustimmen; und zur Krönung des denkwürdigen Fernsehtages mahnte SPD-Vogel am Abend: »Auch an diesem Tag müssen die Verdienste Erich Honeckers gewürdigt werden.« Doch dem nicht genug: Erschienen den Medien noch einige Wochen vorher die »kapitalistischen« Kriminalitätsraten in Los Angeles als wesentlich aktueller und wichtiger als das Niederwalzen der Freiheitsregung in China und die Dorfvernichtungspolitik des neofeudalistischen Popanz' des Schreckens, Ceausescu, so war in den entscheidenden Wochen des Oktober und November 1989 in ungezählten Gesprächsrunden auf den Bildschirmen nicht ein einziger namhafter Wirtschaftswissenschaftler der freien Welt zu sehen. Während Wendehälse und Pfarrer, Dichter und Konzertmeister, Künstler und Schauspieler, Hausfrauen und Schüler ihre peinliche Schimmerlosigkeit in Hunderten von Interviews über die wirtschaftliche Zukunft des östlichen Deutschland zum besten gaben, hatte man sogar Professor Berg in den Senkel des Schweigens gestellt. Der Ex-DDR-Wirtschaftswissenschaftler, der seine Bekehrung zum Marktwirtschaftler so freimütig und überzeugend dargestellt und – in einer Sendung zu Beginn der Ereignisse – den Sozialismus mit einem vernichtenden Verbalschlag ausgeknockt hatte – war fürderhin keine Einladung mehr wert. Und auch den tapferen Journalisten Gerhard Löwenthal dürften wir fürs nächste wohl gesehen haben. In einer Talkshow am 10. November 1989, am Tag nach der deutschen Freiheitsnacht, in der die Menschen aus Ost- und Westberlin zum ersten Mal nach 28 Jahren wieder durch die Mauer gegangen waren, an jenem welthistorischen, überwältigenden Tag, da die Mauer zu fallen begonnen hatte, wurde Löwenthal – nach seiner Bemerkung, man möge ihm einen einzigen Quadratkilometer auf dem weiten Erdenrund zeigen, wo der Sozialismus je funktioniert habe – mit Gift und Galle überschüttet und mit Haßtiraden und Geschmacklosigkeiten niedergebrüllt. In der gleichen Talkshow konnten wir vom Schriftsteller Gregor von Rezzori erfahren, daß die Bundesrepublik nur deshalb eine soziale Marktwirtschaft sei, weil sozialistische Ideen sie dazu gemacht hätten. (Wir werden noch erleben, was die aus der Ex-DDR herüberschwappenden »Ideen« aus unserer Marktwirtschaft machen werden, und wieviele Hundert Milliarden uns der Versuch kosten wird, jenen Ideen-Lieferanten den größten Offenbarungseid der Weltgeschichte zu ersparen).

Der Sozialismus am Ende? Nein, Freunde: Niemand ist weiter von der Realität entfernt als jene, die glauben, durch den Bankrott der östlichen Herrschaftssysteme liege der Sozialismus in Agonie. Ganz im Gegenteil: Im Gewand des Reformators, des Erneuerers, des vom Stalinismus »gereinigten«, in der Schnell-Waschanlage mit Glasnost und Perestroika gewachsten, von den Betonköpfen befreiten Edel-Erlösers taucht er im neuen Cherubin-Gewand wieder auf, gewinnt er durch das theatralische Ablegen seiner Stasi- und Kalfaktor-Fratze, durch das Überziehen einer demokratischen, diskussionsfreudigen und pluralistischen Maske erst so richtig an charismatischer Heilsaura. Jetzt, da er die Maschinenpistole, die Spritze des Gehirnwäsche-Psychiaters, die Tretminen und Schießanlagen, die Elektro-Foltergeräte und den Psychoterror der Einheitslüge ablegt – gezwungenermaßen ablegen muß –, jetzt kommt erst seine Stunde: Jetzt kommt das Speichellecken der »Wohlgesinnten«, das ekelhafte Bekenntnis der Neurenegaten, die Beschwichtigungsformel der »Bedächtigen«, die Medien-Seelenmassage der Flagellanten und Erneuerer: Jetzt kommt die Stunde des »wahren«, »edlen«, »unverfälschten«, »humanen« Sozialismus. Es kommt – für alle, die es immer noch nicht kapiert haben – *die Stunde des Sozialismus, nicht seiner Niederlage.* Nur: wie er faktisch aussehen soll, der gute und echte, das wissen seine Priester und Gläubigen halt nicht zu sagen. Der russische soll's nicht sein, und nicht der chinesische, nicht der rumänische oder polnische, nicht der bulgarische oder jemenitische, nicht der ugandische oder mocambiqu'sche, nicht der äthiopische und nicht der afghanische, nicht der kubanische und nicht der nicaraguanische. Aber welcher dann in Dreiteufels Namen?

Tja, wer so fragt, der hat eben noch nicht das mystische Stadium der Einweihung erreicht, denn – so ein Lehrer meiner Tochter nach dem 9. Oktober – »er (der Sozialismus) ist ja noch im zarten Jugendalter. Schließlich ist er erst siebzig Jahre alt, und als der Kapitalismus noch so jung war, da gab's noch Kinderarbeit!«

Über die schrecklichen Irrtümer und Lügen, die in diesem Satz stecken, und mit denen unsere Jugend verpestet wird, werden wir noch zu reden haben. An dieser Stelle nur ein grober Keil auf den groben Klotz: Als die sozialistische Revolution so jung war wie die Industrielle Revolution, da endete bereits ihr erster Gehversuch mit vierzehn Millionen Toten (Zwangskollektivierung), dem größten Massenmord der Menschheitsgeschichte!

Es ist ja verständlich, daß die vom Sozialismus pathologisch Infizierten im Westen ihn nun aus Enttäuschung über die »Blamage«, die er sich jüngst im Osten unseres Vaterlandes eingehandelt hat, in rasender Wut verteidigen. Weniger verständlich aber ist, daß nahezu *alle* Menschen zumindest an die erste Hälfte des Steinkühler-Satzes (in: »Metall« vom September 1989) glauben: »Die zutiefst humanistische Idee des Sozialismus wird durch staatsbürokratische Systeme pervertiert«, zumindest also an die Mär von der »zutiefst humanistischen Idee«. An sie glauben alle auf Gorbatschow hoffenden Sowjetmenschen, ebenso wie alle auf Solidarnos setzenden Polen; an sie glauben unsere Landsleute in der Ex-DDR ebenso wie die meisten Bürger der westlichen »kapitalistischen« Staaten, unsere Intellektuellen ebenso wie unsere Politpfaffen (Pfarrer Heinrich Albertz: »Was sich in meiner Kirche getan hat, ist sensationell. Aus der deutschnationalen Kirche von einst, ist eine Institution geworden, an der gemessen die SPD eine rechtsreaktionäre Partei ist!« [6]), die Medien-Clique genauso wie ihre permanent vor die Kameras gezerrte Prominenz-Schickeria, ja an sie glaubt sogar die Mehrzahl derer, die »dem System« durch Stacheldraht und Minenfelder entkommen sind. Und auch wenn der »real existierende« Sozialismus nirgendwo auf dem weiten Erdenrund funktioniert (außer man versteht unter »funktionieren« Bankrott, Hungertod und Gulag), so sind die modernen Alchemisten doch davon überzeugt, daß man aus Dreck Gold machen könne (sprich: aus dem theoretisch reinen edlen, humanen – einen ideengetreuen »neuen real existierenden«); man müsse halt nur die richtige »Mischung« finden und dürfe sich nicht stur an ein untaugliches Konzept klammern. Die einfache alchemistische Formel: Mehr Demokratie, Klartext: Alles bleibt beim alten; man *redet* jetzt nur darüber, um »etwas« zu verändern, wobei man eben herausfinden müsse, was das »etwas« sei. Denn gefunden werden müsse es, das »etwas«, weil man nämlich den »jetzt« real existierenden Sozialismus nicht mehr wolle, aber den schrecklichen, den »kalten« und »unmenschlichen« Kapitalismus auch nicht.

Merke: Was am Kapitalismus »kalt« und »unmenschlich« sein soll, das ist die Tatsache, daß er den Menschen keine Illusionen vorgaukelt von einem irdischen Paradies der Edlen, der »solidarischen« und »neuen« Menschen, sondern daß er sie so akzeptiert wie sie sind: Egoistisch *und* hilfsbereit, verschlagen *und* offen, dumm *und* gescheit, faul *und* fleißig, nüchtern *und* verträumt. Was am Sozialismus »menschlich« sein soll, das ist in Wirklichkeit nur die Illusion, der Irrtum und der Wahn. Diesseits und jenseits des Wahns aber ist stets er es, der Sozialismus, der kalt und unmenschlich die Fratze der Tyrannei, den Stehkragen der Spitzel, die Hungerödeme des Elends und die Stiefel der Gefängniswärter tragen muß.

Der Wahn aber lebt fort, durch alle Gitterstäbe hindurch; und auch die fettesten Maden im kapitalistischen Speck haben im tiefsten Herzen nur *ein* Lied: die Internationale.

Dann gibt's da noch jene Alchemisten, die hoffen, daß beim vergeblichen Dreck-in-Gold-Verfahren wenigstens Porzellan entstehen möge – wie weiland bei Böttcher –, also jene »Mischform« aus einer »Annäherung der Systeme«, von der man sich erhoffen könne, sie sei nur ein bißchen schwanger und werde deshalb weder einen sozialistischen Krüppel noch einen kapitalistischen Homunkulus gebären. Aber dieses Porzellan ist zerbrechlich; es verschönt eine Weile die Tafelfreuden, und beim nächsten Stolperer ist die Pracht dahin. Auch Porzellan ist nicht Gold, sondern nur Dreck, wenn auch etwas haltbarer und ansehnlicher. Jene »mittleren Wege« – wie der jugoslawische, der (bis vor kurzem) ungarische oder portugiesische – haben in die gleiche Misere geführt wie die »rein« sozialistischen, wenn auch auf längeren und weniger steinigen Wegen. Auch hier gilt das alte DDR-Sprichwort: Der Sozialismus ist der längste und mühseligste Umweg vom Kapitalismus zum Kapitalismus. Noch treffender hat der polnische Finanzminister Balcerowicz den faulen Kern des »dritten Weges« herausgeschält (in einem Gespräch mit der Zeitschrift »Polityka« vom Dezember 1989): »Den dritten Weg zwischen Sozialismus und freier Marktwirtschaft mag es theoretisch geben, *aber Polen ist zu arm, um ihn zu gehen.* Mögen das reichere Länder tun.« *Das* ist des Pudels Kern. Nur ein Land und eine Regierung, die es sich »leisten« können, gigantische Summen an Arbeitskraft und Ressourcen, an Steuer- und Spargeldern ihrer Bürger zu verschwenden, kann sich das angeblich »humanitäre« Mäntelchen des »mittleren Weges« umhängen. Die Mitte zwischen Effizienz und Bankrott ist schon immer nur das gerade noch erträgliche Elend gewesen, und die Mitte zwischen Wahrheit und Lüge das feige Rattentum der lauwarmen Anbiederer und Duckmäuser. Ohne die kapitalistischen »Erbsünden« des Privateigentums an den Produktionsmitteln und der freien Preise für alle Produktionsfaktoren und Produkte bleiben alle »Reformen« Makulatur. Wem die Produktionsmittel nicht gehören (und wenn sie allen gehören, gehören sie niemandem), der erhält und erneuert sie nicht; wer bei mangelnder Effizienz nicht der Gefahr totaler Eigentums- und Existenzvernichtung ausgesetzt ist, der strebt nicht nach optimaler Produktivität: wer bei stukturellem Wandel nicht durch Konkurs und Eigentumsverlust zur Aufgabe gezwungen wird, der konserviert das Unbrauchbare und Ineffiziente durch Verschwendung von Arbeitskraft und Kapital (sprich: Volksvermögen im richtigen Sinn des Wortes) und verhindert das Entstehen des Neuen und Leistungsfähigen; und wem die freien Preise nicht die Signale geben können, was er tun und was er lassen soll, welche Produktionsfaktoren wie knapp sind, und welche Kombinationsformen optimal sind, und was die Konsumenten wie einschätzen, wünschen und vorziehen, der *kann nicht* effizient und nicht produktiv sein, der *kann nicht* tun und produzieren, was gefragt und benötigt wird, auch wenn er sich noch so große Mühe geben sollte. Indem man über die Systematisierung der Verschwendung nachdenkt und über die Verwaltung des Mangels, indem man über die Ideologisierung des Elends und das ferne Paradies palavert und »mitbestimmt«, kann man die Übel nicht beseitigen, sondern nur bei ihrem eitrigen Geruch mitstinken. Demokratie ohne Marktwirtschaft bleibt ein Versprechen, das niemals eingelöst werden kann. Professor Witold Trzeciakowski, polnischer Wirtschaftswissenschaftler in Warschau: »Die seinerzeit erfolgte Verstaatlichung der Wirtschaft kann man mit der Kastration eines Hengstes vergleichen. Die jetzt durchgeführte [halbherzige] Reprivatisierung gleicht dem Versuch, aus diesem Wallach wieder einen Hengst zu machen.«[7]

Ludwig von Mises, einer der großen Gelehrten und Nationalökonomen deutscher Sprache, hat es bereits 1922 gesagt: »Es ist ein Irrtum, wenn man glaubt, der Sozialismus könnte durch die bösen Erfahrungen, die man mit ihm gemacht hat, überwunden werden. Tatsachen an sich können nichts beweisen oder wiederlegen; alles kommt auf die Deutung an, die man ihnen gibt. Von den Ideen, von den Theorien hängt alles ab. Wer am Sozialismus festhält, wird fortfahren, alles Übel der Welt dem Sondereigentum zuzuschreiben und alles Heil vom Sozialismus zu erwarten. Die Mißerfolge des russischen Bolschewismus werden von den Sozialisten allen anderen Umständen zugeschrieben, nur nicht der Unzulänglichkeit des Systems. An allem Elend, das die Welt in den letzten Jahren erdulden mußte, ist nach Ansicht der Sozialisten nur der Kapitalismus schuld. Sie sehen nichts als das, was sie sehen wollen, und finden nichts, was ihrer Theorie widersprechen könnte. Ideen können nur durch Ideen überwunden werden. Den Sozialismus können nur die Ideen des Kapitalismus und des Liberalismus überwinden. Nur im Kampf der Geister kann die Entscheidung fallen.«[8]

Diesen Kampf wollen wir hier gemeinsam aufnehmen. Dieses Buch ist nicht geschrieben worden, um erklärte Sozialisten (also solche, die Sozialisten sein wollen und sich als solche verstehen) zu Nicht-Sozialisten oder Antisozialisten umzukrempeln; das wäre so schwer oder so unmöglich, wie einen Ochsen in eine Kuh zu verwandeln – oder umgekehrt. Dieses Buch wurde geschrieben, um denjenigen, die sich *nicht* für Sozialisten halten, zu zeigen, daß sie dennoch Sozialisten sind, und um ihnen aufzuzeigen, was sie wissen und begreifen müssen, um *wirklich* das sein zu können, was sie zu sein glauben: *Freie Menschen.* Und dieses Buch wurde geschrieben, um alle gutgläubigen »Geißlein« der freien Welt vor dem Wolf des Sozialismus zu warnen, der in seinen östlichen Jagdgebieten und überall auf der Welt erkannt, entlarvt und erschlagen zu sein *scheint,* während er – wie in jenem alten deutschen Märchen – nur vorläufig aufgibt, um Kreide zu fressen und in neuer Tarnung auf Raub auszugehen.

Aber: dieser Weg ist mühsam. Er führt von der Philosophie und Staatstheorie über die Rechtsphilosophie bis zur Nationalökonomie, von der Geschichte über die Wissenschaftstheorie bis hin zur Biologie. Vor allem aber – und immer wieder – hin zur Wirtschaftswissenschaft, denn – so Wilhelm Röpke, der große Nationalökonom: »Wie der Friede, so ist auch die Tyrannis unteilbar, und die ökonomische Diktatur kann auf die Dauer so wenig die politisch-geistige ausschließen wie umgekehrt die politisch-geistige Diktatur die ökonomische. Es ist in der Tat eine durch nichts zu entschuldigende Naivität, zu glauben, daß ein Staat in der Wirtschaftssphäre total sein kann, ohne es zugleich in der politischen und geistigen Sphäre zu sein, und vice versa.«[9]

Anders gesagt: Demokratie und Sozialismus sind keine Tautologie (à la Oskar), sondern radikale, sich gegenseitig vollständig ausschließende Gegensätze. Demokratie ist ein Verfahren zur Machtbegrenzung und Machtkontrolle. Sozialismus dagegen verneint immer die individuelle Entscheidungsfreiheit der Individuen über ihre ökonomischen Präferenzen und Lebensziele (angeblich zugunsten der Allgemeinheit, des Kollektivs); somit weist Sozialismus stets die Hoheit über die entscheidenden Existenzkräfte und Lebensmotivationen dem Staat oder einer Partei oder politischen Cliquen zu, und somit ist Sozialismus niemals System oder Methode zur Machtbegrenzung, sondern immer und überall pseudomoralische Rechtfertigung zur Bevormundung des Lebens, Freibrief zur zynisch moralisierenden schrankenlosen Macht. Wer den Menschen verspricht: »Ihr sollt frei sein, aber Ihr sollt sozialistisch frei sein«, der möge nachschlagen beim längst vergessenen Joseph Freiherr von Eichendorff: »Es ist gleich willkürlich, ob man den Leuten sagt: Ihr sollt nicht frei sein, oder: Ihr sollt und müßt gerade auf diese und keine andere Weise frei sein.«

Was Freiheit wirklich ist, das können uns nicht die linken Medien-Bastler erklären, die nach der Massenflucht der Menschen aus dem DDR-Gefängnis an dem Konzept gefeilt haben »Die Ellenbogen-Typen fliehen ins eiskalte Leistungsklima; die Menschlichen bleiben, um einen humanitären Sozialismus aufzubauen«, sondern die Massen auf den Straßen Leipzigs und Ostberlins, deren hunderttausendfacher Ruf »Freiheit! Freiheit!« wie ein Donnerhall um den ganzen Erdball gerast ist; aber auch jene ungarischen Männer, die bei der Proklamation der Ungarischen Republik (statt »Volksrepublik«) am 23. Oktober 1989 – am 33. Jahrestag des Ungarischen Volksaufstandes von 1956 – weinend auf dem Parlaments-Platz standen. Dies waren Bilder, wie sie die Welt noch niemals gesehen hat, und nur wer von ihnen bis in die Grundfesten seines Körpers und seiner Seele erschüttert und entflammt war, hat ein Stück von dem begriffen, was Freiheit ist. Aber, um es zu wiederholen: Hüten wir uns vor falschen Schlüssen. Längst ist die Freiheit nicht erworben und gefestigt, schon gar nicht sind ihre Bedingungen und Wesenszüge verstanden, ihre Feinde und Zerstörer wirklich entlarvt. Noch immer lebt die überwiegende Zahl der Erdbevölkerung unter sozialistischem Joch. Noch immer vermag nur ein winziger Bruchteil aller Menschen – auch in den freien Ländern – den Begriff »Freiheit« richtig zu definieren. Noch immer sind auch wir in der Bundesrepublik, dem freiesten Staat unserer Geschichte, im Begriff, die Grundpfeiler unserer Freiheit mit besessener Akribie zu zerstören. Noch immer – und immer mehr – glauben wir an die verlogene Mär von der »Ellenbogengesellchaft« und immer geringer wird die Zahl derjenigen, die zu antworten wissen: Selbst wenn die »Ellenbogengesellschaft« Wahrheit und nicht Lüge wäre, so möchte ich doch lieber meinen Weg durch die Menge mit den Ellenbogen suchen als auf den Knien. Weder ist der »alte« Sozialismus tot, noch werden wir den »neuen«, mächtig wachsenden, verhindern können. Der »alte« lebt trotz allen inzwischen eingetretenen Wandels vielerorts fort; besonders vehement in der zweiten und dritten Führungsebene der Betriebe, Behörden und Verbände, der Universitäten und Schulen in der Ex-DDR. In jener Sphäre also, die den Charakter eines Gemeinwesens entscheidend prägt. »Die Revolution muß erst noch kommen«, stellt der Soziologe Erwin K. Scheuch treffend fest, und: »Nach dem Entsetzen über den Wahlausgang im März und Mai [1990] haben sich die Blockeliten [der mittleren Ebene] wieder gefaßt und hoffen, für die Bewahrung von DDR-Strukturen innerhalb des vereinten Deutschland Bundesgenossen missionieren zu können – als Ansatzpunkt für einen Reformsozialismus in ganz Deutschland.«[10] Der alte Sozialismus wird auch in den Köpfen und Herzen von Millionen Funktionären dieser Kategorie (also der zweiten, mittleren und unteren Führungsebene) in der Sowjetunion fortleben, wenn die obersten Hohepriester der kollektivistischen Weltreligion längst gestürzt sein werden. Letztere freilich haben – die Ereignisse in ihren einstigen Vasallenstaaten vor Augen – ihre Lektion inzwischen gelernt, besser: notgedrungen lernen müssen. Was Gorbatschow jahrelang versucht hat, nämlich das vollständig bankrotte System effizienter zu gestalten und den dramatischen Zusammenbruch abzuwenden, ohne das sozialistisch-kommunistische Endziel aufzugeben, das war die Quadratur des Kreises. Also unmöglich, weil Sozialismus und Kommunismus die todsicheren *Garanten* der Ineffizienz und des Bankrotts sind. Ob ihm, Gorbatschow – oder anderen – nunmehr der letzte verzweifelte Schwenk zum Markt gelingen wird, das steht derzeit auf des Messers Schneide. Einer Schneide, so scharf wie das Beil des Henkers. Jedenfalls ist das, was sich jetzt in der Sowjetunion abspielt, ein Veitstanz am Rande des Abgrunds. Die adäquate Reaktion des Westens wäre: höchste Wachsamkeit, um nicht in den bevorstehenden tödlichen Strudel hineingerissen zu werden. Stattdessen herrscht paranoide Euphorie. Daß auch der so einsichtig wirkende Gorbatschow bis zum letzten bitteren Moment, da seine geknechteten Völker unter den Lebensstandard von 1917 zurückgefallen waren und sein Kolonialreich auseinanderzubrechen begonnen hatte, nicht vom sozialistischen Weg abweichen wollte, das beweist der überzeugende Ernst, mit dem er noch 1987 in seinem Buch »Perestroika« geschrieben hat: »Wir werden uns weiter auf einen besseren Sozialismus zu bewegen, und nicht von ihm weg. Wir sagen das in aller Aufrichtigkeit und nicht, um unser Volk oder die Welt zu täuschen. Jede Hoffnung, wir würden eine andere, nichtsozialistische Gesellschaft anstreben und ins andere Lager umschwenken, ist unrealistisch und zwecklos. Die Leute im Westen, die von uns eine Abkehr vom Sozialismus erwarten, werden enttäuscht sein. Es ist höchste Zeit, daß sie das einsehen.«[11]

Das unmöglich zu erreichende Ziel, die Befreiung des Menschengeschlechts von den Fesseln jeglicher Herrschaft, für das Lenin und Stalin – als »notwendiges Opfer« – die grausamste Ausbeutung und die erbärmlichste Knechtschaft errichtet haben, welche die Weltgeschichte jemals gesehen hat, dieses irrationale Ziel wollte auch Gorbatschow nicht aufgeben, auch wenn er es mit anderen Methoden und mit »menschlichem Antlitz« anstreben wollte. Und wenn er es nunmehr aufgeben sollte, wofür viele Fakten sprechen, so nicht aus Einsicht, sondern nur unter dem unerbittlichen Zwang der eingetretenen politischen Fakten. Es ist dies der furchtbarste faktische Beweis für die lebens- und menschenfeindliche Wirkung eines erkenntnistheoretischen Irrtums, den aufzudecken ein Hauptziel dieses Buches sein wird: des »Rationalistischen Konstruktivismus'«.[12]

Ob beim »alten« Sozialismus, oder bei einer neuen Variante (heiße sie nun »gelenkter Markt« oder »sozial abgefederte Marktwirtschaft« oder wie auch immer): Gorbatschow hatte und hat hierbei die denkbar besten Verbündeten: Uns im freien Westen, und unseren »neuen« Sozialismus. Diese neue Spielart der sozialistischen Idee, dieser »neue«, getarnte Wolf mit dem lieblichen Kreidestimmchen: sie sind nicht minder gefährlich als ihre Vorgänger, die man tot und begraben wähnt. Sie sind jedoch subtiler, weit schwerer zu erkennen und ohne klares »Feindbild«. Selbst ihre Definition ist nur negativ (durch die Benennung des Nichtvorhandenseins von etwas anderem) möglich: Es ist die schleichende Aushöhlung, Lähmung, Effizienzminderung, Zerrüttung, Aufweichung, Unterwanderung, Zermürbung, Schwächung, Verbiegung des Kapitalismus. Was den Kapitalismus angeblich permanent »verbessern« will, ist in Wahrheit seine

Krebsgeschwulst, sein todbringender Feind: der neue Sozialismus. Und das weiße, reine Pulver »sozialer« Phrasen, mit dem man das alte sozialistische Raubtier vergiftet zu haben glaubt: es ist nur Kreide für den Wolf, neue Tarnung für den endgültigen Überrumpelungs-Angriff. Auch das wird uns in den folgenden Kapiteln noch hinreichend beschäftigen.

In einer Mischung aus Scherz und Ernst behauptet mein Bruder seit Jahren: »Der Sozialismus ist eine schwere, bislang unerkannte Geisteskrankheit. Ihr werden sehen: Eines Tages werden die Hirnforscher das herausfinden.« Nun, so weit wollte ich meinem Bruder ursprünglich nicht folgen, aber je mehr ich mich mit dem Studium der Erscheinungsformen, der Denk- und Motivationsstrukturen des Sozialismus beschäftigt habe, desto mehr mußte ich zugestehen: Sehr weit entfernt von der Wahrheit ist diese Behauptung nicht. Ein sicheres Gespür der Menschen für die Tragik, die hinter dem scheinbar unbegreiflichen Phänomen steckt, spricht aus dem DDR-Witz, in dem eine alte Frau ihren Sohn fragt: »Wer hat eigentlich den Sozialismus erfunden? Waren es Ärzte oder Wissenschaftler oder Politiker?« Die Antwort des Sohnes: »Ich glaube, es waren Politiker.« Die Mutter daraufhin: »Aha, deshalb!« Auf die neugierige Frage des Sohnes: »Was meinst Du mit ›aha, deshalb‹?« kommt die Antwort der alten Dame: »Nun, wenn es Wissenschaftler gewesen wären, dann hätten sie ihn – den Sozialismus – zuerst an Ratten ausprobiert.«

In der Tat haben sich seit Jahrzehnten viele bedeutende Köpfe mit der Frage gequält: Wie ist es möglich und zu erklären, daß von einer Ideologie, welche sich immer und überall auf der Welt ökonomisch und wissenschaftlich und menschlich als falsch und zerstörerisch herausgestellt hat, nach wie vor eine so unerschütterliche Faszination ausgeht? Hatte doch der große Ludwig von Mises schon 1922 (und 1932) geschrieben: »Der Sozialismus... ist nicht Wegbereiter einer besseren und schöneren Zukunft, sondern Zertrümmerer dessen, was Jahrtausende der Kultur mühsam geschaffen haben. Er baut nicht auf, er reißt nieder. Nach dem Erfolg seines Wirkens müßte man ihm den Namen Destruktionismus geben. Denn sein Wesen ist die Zerstörung. Er bringt nichts hervor, er zehrt nur auf, was die auf dem Sondereigentum an den Produktionsmitteln beruhende Gesellschaftsordnung geschaffen hat.« [13] – und er konstatierte gleich das Unbegreifliche: »Man ist im Irrtum, wenn man meint, daß die Herrschaft der sozialistischen Ideologie auf die Anhänger derjenigen Parteien beschränkt ist, die sich selbst als sozialistische oder – was in den meisten Fällen dasselbe heißen soll – als soziale bezeichnen. Auch alle anderen politischen Parteien der Gegenwart sind von den leitenden Ideen des Sozialismus durchtränkt. Und selbst die wenigen entschiedenen Gegner des Sozialismus stehen im Banne seiner Gedankenwelt. Auch sie sind überzeugt davon, daß die sozialistische Wirtschaftsweise...eine gerechtere Verteilung der Einkommen verbürge und daß die geschichtliche Entwicklung zu ihr hintreibe.«[14]

Mises' bedeutendster Schüler, der Nobelpreisträger Friedrich A. von Hayek, bringt das sinngemäß auf die kurze Formel: Die eine Hälfte der Menschheit besteht aus erklärten Sozialisten, die andere Hälfte aus unerklärten.

Ludwig von Mises war es auch, der schon kurze Zeit nach der bolschewistischen Revolution erkannt hat: »Nicht die Kanonen und Maschinengewehre, über die die Sowjets verfügen, machen die Kraft des Bolschewismus aus, sondern der Umstand, daß seine Ideen in der ganzen Welt mit Sympathie aufgenommen werden.«[15] Das Sich-Wundern hat bis zum heutigen Tage angehalten, wobei die Erklärungsversuche nicht selten um pathologische Begriffe kreisen, die dicht bei der erwähnten »Geisteskrankheit« angesiedelt sind. So spricht der Staatsrechtler Prof. Martin Kriele bezüglich des Sozialismus' von einem »geistigen Fieberwahn« [16], Professor von Hayek von einem »grandiosen Irrtum«, und der Philosoph Hermann Lübbe von »Bewußtseinsverengung« und von »Verlust der Urteilskraft«.[17] Zu letzterem führt Jörg-Dieter Gauger in einer Rezension des Lübbe'schen Buches aus: »Die Gewißheit übergeordneten Rechts läßt die sie tragende Schicht Verbrechen begehen, um deren Qualität als Verbrechen sie sehr wohl weiß, worüber sie sich aber mit grandioser Verweigerung konventionellen Moralempfindens in der Überzeugung geschichtsmetaphysischen Vollstreckertums hinwegzusetzen vermag.«[18] Andere Publikationen stellen den Bezug zum Pathologischen noch deutlicher her: 1964 hielt die Stuttgarter Gemeinschaft »Arzt und Seelsorger« eine Tagung mit Vorträgen ab, die sich u. a. auch mit sozialistisch-marxistischen Ideenkomplexen beschäftigten und anschließend in Buchform herausgegeben wurden. Der Titel des Buches: »Massenwahn in Geschichte und Gegenwart«.[19] Noch dramatischer wird es in dem faszinierenden Buch des russischen Mathematikers Igor R. Schafarewitsch. Sein Titel: »Der Todestrieb in der Geschichte. Erscheinungsformen des Sozialismus«.[20] Schafarewitsch weist in überzeugender Weise und mit dem

Scharfsinn des Mathematikers nach, daß die konsequente Anwendung sozialistischer Prinzipien überall auf der Erde zum Aussterben der gesamten Menschheit führen müßte.[21]

Kein Wunder also, daß Otto von Habsburg von einem »Wunder« spricht, einem »Wunder des Sozialismus«. In der »Zeitbühne« Nr. 6/ 1988 gibt er ein Beispiel dafür: Es ist ein »Wunder«, wie es dem Sowjetsystem gelungen ist, den reichsten Boden der Erde, nämlich den russischen, unproduktiv zu machen. (Zu Beginn unseres Jahrhunderts ist Rußland der größe Lebensmittelexporteur der Welt gewesen).

Wenn wir nun noch den Vater der Psychoanalyse, Siegmund Freud, hören: »Kollektive Illusionen setzen Denkhemmungen und verzerren das Bewußtsein von sich selber«, dann können wir getrost formulieren: Der Schritt von all' den Bezeichnungen, welche die genannten Autoren für den Sozialismus gefunden haben, zur oben zitierten »Geisteskrankheit« kann nur noch gradueller Natur sein. Vielleicht sollte man sich gegenüber diesem geistesgeschichtlichen Irrweg (dem Sozialismus) sogar solcher verbaler Vorsichteleien ganz enthalten, und ihn tatsächlich schlicht als Geisteskrankheit bezeichnen. In schlechter Gesellschaft befindet man sich dabei jedenfalls nicht: Die Tiefenpsychologin Christa Meves, in meinen Augen das gescheiteste Weib unter der Sonne, formuliert ohne Umschweife: »Der Gleichheitswahn ist eine Erkrankung der menschlichen Seele, die...nicht allein in den kommunistischen Staaten virulent ist, sondern die in der Geschichte schon häufig epidemisch in Erscheinung trat und bei uns im Westen heute in großer Formfülle existiert. Erscheinungsbild, Verlauf und Verursachung des Gleichheitswahns lassen sich geradezu lehrbuchmäßig wie andere *geistige Erkrankungen* beschreiben.«[22]

Damit, daß man etwas benennt, ist es aber noch nicht erklärt. Eine Diagnose ist noch keine Analyse. Meine Hauptaufgabe wird eine solche Analyse umfassender Art sein. Oberflächlich betrachtet, läßt sich ein ganzes Bündel von »Krankheitsursachen« feststellen. Ich will einige hier anreißen, aber gleich hinzufügen, daß damit die fundamentalen Wirkkräfte des Sozialismus bei weitem nicht aufgezeigt sind. Dies muß den späteren Buchkapiteln überlassen bleiben. Hier wären vor allem zu nennen: Die gewaltige Triebkraft des Neids, von Helmut Schoeck so eindrucksvoll in seinem grundlegenden Werk »Der Neid. Eine Theorie der Gesellschaft« aufgezeigt.[23] Ferner die tief sitzende Furcht der Menschen vor Verantwortung, und ihr ebenso tief verwurzeltes Streben nach »Sicherheit«; Eigenschaften, welche der russische Dissident Wladimir Bukowski in diesem Zusammenhang mit »Infantilität« bezeichnet und anmerkt: »Es ist an der Zeit, erwachsen zu werden.«[24]

Wesentlich ist auch, von der »Anwenderseite« her betrachtet, daß der Sozialismus das einzig wirksame Machtinstrument in der Hand eines jeden Diktators darstellt. Jede Machtausübung braucht – will sie dauerhaft sein – *Legitimation.* Totale oder totalitäre Macht aber hat keine Legitimation, *es sei denn,* die Machtkonzentration auf *eine* Person oder *eine* Partei wird – für die Beherrschten glaubhaft – mit einem höheren Ziel, einem »zukünftig größeren Glück für alle« »legitimiert«. Wer also usurpatorische Macht, Allein- und Willkürherrschaft anstrebt, (die er auf demokratischem Wege niemals erringen und dauerhaft behalten kann), der *muß* die sozialistische Ideologie als Rechtfertigungstheorie wählen und propagieren.

Die Sache funktioniert auch tatsächlich hervorragend: Wenn ein größenwahnsinniger Lumumba oder Volksschlächter à la Idi Amin ein paar hundert Milliönchen braucht, um seinen 84 Weibern und 576 Kindern, seinen 92 Onkeln, Vettern und Brüdern mit deren insgesamt 720 Weibern samt 6000 Kindern ein fröhliches Leben zu sichern, dann macht er sich mit Pomp und Trullalla zu den Oberhäuptlingen der westlichen Staaten auf, faselt vom sozialistischen Weg seines Landes in eine glorreiche Zukunft, von Frieden, Fortschritt und Demokratisierung, und schon rollen die roten Teppiche, die Dollars und die Märker, und von Weltbank über IWF bis Unicef beeilen sich die Großverteiler anderer Leute Geld, noch ein paar -zig Milliönchen draufzupacken, damit wenigstens in Kasematukki ein Brunnen gebaut werden kann, der so lange Wasser speit, bis die angekündigte UNO-Delegation im Landrover daran vorbeigefahren ist. Sinngemäß das gleiche gilt natürlich für die Partei-Hohepriester des eurasischen Kontinents; nur daß bei denen die Zahl der Frauen und Kinder geringer ist, dafür aber die Zahl der auf die Geberländer gerichteten Raketen und Panzer umso größer. (Im übrigen gilt diese Logik der Macht nicht nur auf der Ebene von Nationen, sondern auch innerhalb demokratischer Staaten für bestimmte Parteien und Interessenverbände).

Zu nennen wären noch viele Faktoren, nicht zuletzt die von Parkinson so trefflich gezeichneten Selbstläufer-Mechanismen der Bürokratie, die zentralistischen Organisations-Schübe durch die beiden Weltkriege (hervorragend aufgezeigt von Felix Somary[25]), und der

Illusions- und Märchenbedarf der Menschen. Nicht nur »Kinder brauchen Märchen«; auch Erwachsene. Man bedenke nur, mit welcher Inbrunst wir vor Kino- und Fernsehfilmen sitzen, oder hinter einem Schmonzes-Roman, obwohl das Illusions-Moment hier größer ist als beim Kasperl-Theater: Während Kinder – zumindest die Jüngsten – an die Realität der handelnden Puppenfiguren glauben, wissen wir »Großen« doch ganz genau, daß die auf der Leinwand, der Mattscheibe oder auf den Buchseiten agierenden Figuren reine Fiktionen sind, eine erfundene Scheinwelt spiegeln – und daß meist sogar die unterlegte Handlung frei erfunden ist; und trotzdem sitzen wir tagein, tagaus, jahrein, jahraus gefesselt und ehrfürchtig vor dem flimmernden Lügenkram. Wie sollten diese Menschen nicht anfällig sein für sozialistische Lumumba-Märchen, mit oder ohne rote Sternchen.

Unter den mitwirkenden Ursachenfaktoren (neben den noch aufzuzeigenden Haupt-Wirkungskräften) des sozialistischen Phänomens, sei hier als letztes, aber nicht weniger wichtiges, die Gemütsstruktur der sogenannten Intellektuellen genannt. Das innige Verhältnis dieser Sonderklasse des homo sapiens zu sozialistischem Ideengut rührt zu einem nicht geringen Teil von der bornierten Eitelkeit und Überheblichkeit der in Kunst, Literatur, Philosophie und Geschichte Gebildeten – oder Halbgebildeten – her, welche sie ihr eigenes Metier als moralisch hochstehend einschätzen läßt, während sie das Gewerbe der Kaufleute, Händler und Industriellen als moralisch minderwertig, krämerseelig und profitverschwitzt betrachten. Dieser Dünkel ist stets gepaart mit einer »fundierten Unkenntnis« in allen Fragen der Wirtschaft, ganz zu schweigen vom Wissenschaftsgebäude der Nationalökonomie. Daß ein Großteil dieser Dünkel-Clique von den Früchten des verachteten Kaufmannsfleißes lebt – auch wenn sie nicht begreift, warum – scheint ihre Wut und Abscheu nur noch zu steigern.

Es gibt in der Tat abenteuerliche Beispiele hierfür in der Geistes- und Literaturgeschichte aller Zeiten. Auch große Geister waren (und sind) nicht frei von der fatalen Kombination aus Eitelkeit und Ignoranz, und gerade moralisch hochstehende Persönlichkeiten haben sich in der geistigen Falle gefangen, die aus dem Glauben besteht, alles mit Geld und Vermögenserwerb zusammenhängende sei geistig und sittlich minderwertig und verachtenswert. Indessen sind Kunst, Literatur und intellektuelle Betätigung jeder Art immer nur Luxus-Blüten, die sich erst und nur dort entfalten können, wo ein produktives Wirtschaftssystem und eine breite Masse von fleißigen Arbeitern, Angestellten, Handwerkern, Selbständigen und Unternehmern einen fruchtbaren Boden materieller Sicherheit und allgemeinen Wohlstands für diese Kulturpflanzen gebildet haben. (Verweise auf vergangene Zeiten, in denen es noch keinen allgemeinen Wohlstand gegeben habe – und dennoch ein hochstehendes Kulturschaffen –, widerlegen diese Tatsache nicht, sondern bestätigen sie nur, denn in den feudalistischen Epochen waren es immer und überall Fürsten, hohe geistliche und weltliche Würdenträger, Kaiser und Könige – später, in der Renaissance auch reiche Kaufleute –, welche Musiker und Maler, Dichter und Philosophen, Lehrer und Meisterschüler unterstützt, bezahlt, angestellt oder protegiert haben.) Dessen ungeachtet: Die Spannung zwischen vollem Kopf und leerem Portemonnaie, der als unerträglich empfundene Zustand, daß der intellektuelle Geistesprotz weniger verdient als der »dumme« Handwerker oder der »primitive, ungebildete« Unternehmer, ist wohl eine der uneingestandenen Ursachen dafür, daß ein Großteil der Eierköpfe stets verbal auf eine leistungsorientierte und wohlhabende Gesellschaft eindrischt. Eigenartigerweise maßt sich diese Professionsschicht eine Kompetenz in gesellschafts- und wirtschaftspoltischen Fragen an, die sich negativ-reziprok zu ihren faktischen Kenntnissen verhält, und die auf allen anderen Wissensgebieten ohne Beispiel ist. Würde man einen Arzt über theologische Fundamentalprinzipien, einen Physiker über die Elemente der Bach'schen Fuge, einen Musiker über Forschungsergebnisse der Gentechnologie befragen, alle würden ihre mangelnde Kompetenz betonen und es ablehnen, die Menschheit mit diesbezüglichen Weisheiten zu belehren. Nicht so die Gilde der selbsternannten Volksaufklärer. Vom armseligsten Schreiberling von Sex-and-crime-Romanen bis zu den Lustbarkeitsschwätzern der bundesdeutschen Mattscheiben: Alle sind »gesellschaftspolitisch« und »wirtschaftswissenschaftlich« kompetent und zuständig. Das Ergebnis sind politische Kommentare und Dokumentationen, Talkshows und kabarettistische Beiträge, bei denen einem das Blut in den Adern und das Schmalz in den Ohren gerinnt. Als Zuschauer gewinnt man dabei allerdings Verständnis für das alttestamentarische Trauergehabe, sich die Kleider zu zerreißen und weinend zusammenzubrechen.

Wen wundert es da noch, daß sogar Oskar Wilde, der große irische Dichter, einen Essay geschrieben hat mit dem Titel »Der Sozialismus und die Seele des Menschen«, ein unsägliches Gebräu, das man sich nur unter der Gefahr zu Gemüte führen kann, dabei in geistige Umnachtung zu fallen. Auch die literarische Kultfigur André Gide mußte sich von Wilhelm Röpke sagen lassen: »Gide gesteht selbst mit entwaffnender Unbefangenheit, daß er von Wirtschaftsfragen nichts versteht. Diese Eigenschaft teilt er mit der überwältigenden Mehrheit der Menschen. Das hat ihn aber nicht gehindert, seit Jahren für den Kommunismus einzutreten, der doch in erster Linie eine Wirtschaftsrevolution sein will. Er ist damit ein Beispiel für eine große Zahl von Künstlern, Schriftstellern und Gelehrten, die nicht das mindeste von Nationalökonomie verstehen, trotzdem aber unverfroren über unser Wirtschaftssystem zu Gericht sitzen und mit Leidenschaft irgendeiner der heute Mode gewordenen ökonomischen Erlösungslehren huldigen.«[26]

Welche abenteuerlichen Dimensionen die linksäugige Blindheit der intellektuellen »Wohlgesinnten« und stets »Betroffenen« annehmen kann, sei an einem Beispiel demonstriert: Da schreibt die Vorsitzende der Deutschen Welthungerhilfe, Frau Helga Henselder-Barzel einen großen Zeitungsartikel über das unbeschreibliche Elend apokalyptischen Ausmaßes der äthiopischen Bevölkerung.[27] Doch man höre und staune: Auf einer ganzen Zeitungsseite kein Wort über den zielstrebigen Völkermord, betrieben von der sozialistischen Regierung des Landes. Stattdessen die »umwerfende« Erkenntnis: »Ursache der Hungerkatastrophen ist nicht allein die Trockenheit. Vielmehr wirken eine Reihe von Faktoren fast zwangsläufig darauf hin: [Z. B.] Massenarmut, insbesondere unter den Kleinbauern, (90 Prozent Bevölkerung) ...« [Aha: die Armut kommt also doch von der »poverdeh«]. Dann kommt eine zarte Umschreibung der Regierungs»politik«: »Die Staatsfarmen und Produzentenkollektive tragen lediglich drei Prozent zur nationalen Nahrungsmittelproduktion bei, gleichwohl sie bis zu 80 Prozent der staatlichen Ausgaben für den Agrarsektor erhalten.« Aha, denken wir ganz richtig, die alte, ewig gleiche sozialistische Sch...! Aber weit gefehlt: »... es wäre unfair«, schreibt Frau Vorsitzende, »dafür nur die Agrarpolitik der Regierung verantwortlich zu machen«, und – jetzt kommt der Knalleffekt: »Auch die sozialistische Revolution hat die wirtschaftliche Lage der Kleinbauern nicht verbessern können.« Da schau einer her: Noch nicht einmal die! Das ist der schiere Hohn auf ein Volk, das in der sozialistischen Scheiße buchstäblich verreckt ist. (Jetzt hab' ich's doch gesagt. Hier schreibe ich – Gott helfe mir! – Ich kann nicht anders!).

Trotz aller Näherungsversuche ans Unbegreifliche: Was dem Beobachter bleibt, ist nur das Staunen. Fassungslos starrt er auf die politische Theaterszene der Welt. Da bringt in einem Land, in dem fast alles von alleine wächst, in Nicaragua, das sozialistische Ortega-Regime das Kunststück fertig, ein zwar nicht reiches aber wohlhabendes Land innerhalb von zehn Jahren zum ärmsten Hungergebiet Südamerikas zu machen (Das Bruttosozialprodukt liegt mit 300 Dollar pro Kopf und Jahr noch unter dem des früheren Schlußlichts, Haiti, das natürlich diesen »Rekord« auch erst unter sozialistischer Herrschaft erreicht hatte). Doch was geschieht? Genau dieses Land wird zum Mekka, zur Pilgerstätte unserer »engagierten« Linken. Das gleiche Staunen bei einem Blick auf die Demo-Szene: Bei jedem Huster Pinochets waren einst die Pflastersteine geflogen; doch als die roten Panzer auf Studenten-Leichen über den Platz des Himmlischen Friedens rollten, da blieb es still auf den Randalen-Plätzen. *Totenstill.* Ebenso still wie einstmals bei der grausigen Vernichtung von zwei Millionen Kambodschanern durch die Roten Khmer; genauso still wie bei dem dreizehn lange Jahre währenden Flüchtlingsdrama Vietnams, das nur die Spitze eines Eisbergs des im Lande selbst sich abspielenden Terrors und Elends war; genauso still wie bei der Ausrottung der letzten Reste an Individualität und dörflicher Kultur in Rumänien durch den sozialistischen Großfürsten der Finsternis, Ceausescu. Wenn einer der Halskrausen-Mörder in Südafrika eingelocht wird, dann brennen die Autos in Deutschlands Großstädten, wenn indes im Nordkorea des »großen, leuchtenden Führers« Kim Il Sung mehr als hunderttausend politische Häftlinge in Umerziehungslagern sitzen und aus dem Lebensstandard der Bevölkerung ein sozialistischer Sterbensstandard geworden ist, dann bleiben die Transparente in den Rumpelkammern.

Die schizophrene, bis zum zynischen Fanatismus betriebene Einseitigkeit macht jedoch bei den Berufsrandalierern und Dauermarschierern nicht halt. Der Enthüllungs-Journalismus, der alles aufdeckt, ob etwas Aufzudeckendes da ist oder nicht, ist auf dem linken Auge genauso blind wie die Mehrzahl der Dauerredner in den Parlamenten und der Funktionäre in den internationalen Gremien, deren Resolutionen auf Südafrika abonniert sind. Was wirklich »aufgedeckt« werden sollte, das bleibt verborgen, wenn die Decke nur das internationale Ordenszeichen der marxistischen Faust trägt. Ein aktuelles Beispiel ist der Libanon. Seit Jahr und Tag flimmern die Nachrichten über den entsetzlichen Bürgerkrieg in die Wohnstuben, ohne daß die Zuschauer, die doch angeblich »in der ersten Reihe« sitzen, eine Ahnung von den wahren Hintergründen des Geschehens hätten. Jedenfalls hat kaum einer und wird auch kaum jemals einer erfahren, daß es nur die Geschosse des Hauptverbündeten Assads, nämlich der Sowjetunion sind, welche es den Syrern und ihren Verbündeten ermöglichen, das restliche Häuflein der eine Million Christen im Libanon sukzessive auszurotten. Eduard Neumaier hat dieses Phänomen in einem Kommentar über den Jenninger-Rücktritt unübertrefflich formuliert: »Es gibt in diesem Lande einen Zwangskonformismus mit einer fast unsteuerbaren Eigendynamik – einen Meinungskonformismus, der, was bestimmte Themen angeht, totalitären Charakter hat und von gnadenloser Intoleranz ist.« [28] Man muß nur hinzufügen: Nicht nur in diesem Lande. Was sozialistisches Ideengut angeht, gilt das Rilke-Wort: »Es ist in allen«. Es wird uns gemeinsam noch viel Mühe kosten, das Substrat dessen herauszufinden, was »in allen ist«.

Ein gleichermaßen unbegreifliches Phänomen (und wohl auch Teilsymptom jener »Geisteskrankheit«) ist im penetranten Schweigen der Ökonomen über die Wirkungen des internationalen Sozialismus' auf die freien marktwirtschaftlichen Nationen zu sehen. Unabhängig von der Kriegsgefahr, die der Sozialismus permanent heraufbeschwört (und an vielen Ecken der Welt auch in die Tat umsetzt), und abgesehen vom unendlichen physischen und psychischen Leid, das er Millionen von Menschen bereitet, die unter seiner Herrschaft leben müssen, schädigt er auch die freien Nationen in gewaltigem Ausmaß. Niemand vermag auszurechnen oder sich vorzustellen, welchen Wohlstandsgrad nicht nur die jeweiligen »Insassen«, sondern auch die Menschen in den *nicht* sozialistischen Ländern inzwischen erreicht hätten, wenn es den Sozialismus in *anderen* Regionen nie gegeben hätte. Hierbei sind nicht die Tausende von Milliarden Dollar gemeint, die inzwischen von den kapitalistischen Ländern in die überwiegend sozialistisch regierten Entwicklungsländer (inclusive des Ostblocks) geflossen sind, und auch nicht die astronomischen Milliardensummen, welche die freien Nationen aufwenden mußten, um sich gegen das Aggressionspotential des Kollektivismus militärisch gerüstet zu halten. Gemeint sind schlicht jene immensen Wohlstandsgewinne, welche durch die ausgefallene Arbeitsteilung zwischen den Völkern einer theoretisch insgesamt freien Welt *nicht* entstehen konnten. So wie die westlichen Industrienationen nicht ungeheure Summen in alle unterentwickelten Gebiete der Erde hätten stecken können, wenn sie keine marktwirtschaftlichen Wirtschaftsordnungen gehabt hätten, und so wie wir Deutschen nur einen Bruchteil unseres heutigen Lebensstandards aufweisen könnten, wenn wir nicht mit allen anderen freien Völkern im arbeitsteiligen Güter- und Leistungsaustausch hätten stehen können, so ist das Einkommens- und Versorgungsniveau *aller* Menschen und *aller* Staaten (sowie auch das eines jeden einzelnen von uns) wegen des Faktums einer in weiten Teilen sozialistisch geknebelten Welt weit hinter dem ansonsten möglichen Niveau zurückgeblieben. Wenn die Kupferminen im Kongo mit primitiven Methoden, das heißt viel zu teuer und unproduktiv betrieben werden, dann bedeutet das auch, daß alle deutschen Betriebe, welche dieses Kupfer zur Verarbeitung benötigen, relativ zu teuer einkaufen. In der Folge sind auch die kupferhaltigen Endprodukte teurer als sie zu sein bräuchten. Das wiederum bedeutet, daß allen Käufern der Endprodukte Mittel entzogen werden, die in anderen Verwendungsarten hätten produktiv (und somit wohlstandssteigernd) eingesetzt werden können. Eine unendliche Kette von theoretisch möglichen Wertschöpfungen, Einnahmen-Ausgaben-Akte (das heißt: Einkommenssteigerungen) unterbleibt. Schlußendlich sind sogar die Steuereinnahmen des Staates und die hieraus fließenden Wohlfahrtsleistungen geringer als sie ansonsten gewesen wären. Ergo: auch der armseligste Penner auf dem U-Bahn-Schacht ist davon betroffen, daß im Kongo Kupfer mit unwirtschaftlichen Methoden abgebaut wird. Das gleiche gilt für die (sozialistische) Unproduktivität ganzer Staaten. Wenn also Gorbatschow – trotz Glasnost und Perestroika – einen riesigen Kontinent mit Hunderten von Millionen Menschen mit sozialistischer Mißwirtschaft auf primitivstem Existenzniveau hält, dann hat das *auch für uns,* auch für jeden einzelnen Einwohner der westlichen Industriestaaten zur Folge, daß ein unvorstellbar großes Volumen an reichtumschaffender internationaler Arbeitsteilung und internationalem Handel unterbleibt. Und das über Jahrzehnte hinweg. Es ist undenkbar, daß sogar unser erwähnter Penner nicht deutlich profitieren würde, wenn das Wohlstandsniveau der Welt um ein Vielfaches des derzeitigen höher wäre. Und das wäre es ganz sicher ohne die gigantische Unproduktivität und kapitalvernichtende Wirtschaftsweise der sozialistischen Welthälfte. So wie keine produktivitätssteigernde Investition, Idee, Maßnahme, Methode irgendwo in unserem Land oder auf dem Globus ohne Wirkung auf uns alle, auf jeden einzelnen von uns bleibt, so auch keine *verhinderte* Investition,

Idee, Methode und keine *unterlassene* Arbeitsleistung. Es ist eine durchaus realistische Schätzung, zu sagen: Wenn die Sowjetunion – und damit auch Osteuropa – nach dem Zweiten Weltkrieg eine kapitalistische Wirtschaftsordnung angenommen hätte, so wäre das materielle Existenzniveau der Menschen dort um das sechs- bis zehnfache höher als heute (von den Segnungen der politischen und individuellen Freiheit ganz zu schweigen), *aber auch:* dann wäre unser eigener Wohlstandspegel um fünfzig bis hundert Prozent höher als er ohnehin schon ist. Die Verteidigungskosten von vierzig Jahren weggedacht, käme man sogar auf mehrere hundert Prozent. Kurz: Die »opportunity costs«, die Kosten der verpaßten Gelegenheiten, welche durch die pure Existenz sozialistischer Gemeinwesen und Institutionen für die Völkergemeinschaft auflaufen, sind gigantisch und schreien und stinken zum Himmel. Seltsam nur, daß kaum ein Mensch diese Schreie hört, noch den Gestank dieser säkularen Pestilenz riecht. Stattdessen arbeiten wir beständig daran, den Gestank zu intensivieren, bis wir daran erstickt sein werden.

Von der Vokabel »ersticken« komme ich zum Stichwort »tödlich« (siehe Untertitel). Warum so pessimistisch? Muß es immer gleich eine *tödliche* Gefahr (oder ein »Untergang des Abendlands«) sein, die uns bevorstehen – und das auch noch angesichts einer weltweit friedlichen demokratischen Revolution und zu einem Zeitpunkt, da die totalitären Herrschaftssysteme reihenweise zusammenbrechen? Handelt es sich bei solch düsterer Sicht nicht doch um den von Erich Wiedemann zurecht verspotteten »morbus germanicus«, um das hypochondrische »Seelenzipperlein« [29], das wir Deutschen so beflissen hätscheln?

Im Grunde meines Herzens zähle ich mich zu den Optimisten. Für wehleidige Schwarzseherei und notorisches Gejammer habe ich wenig Verständnis und halte deshalb die faszinierenden Publikationen Erich Wiedemanns (Die deutschen Ängste – Ein Volk in Moll) und Helmut Schoecks (Die zwölf Irrtümer unseres Jahrhunderts) nicht nur für höchst lesenswert, sondern auch für notwendige Attakken gegen den deutschen Neurosezirkus.[30] Auch dem großen Philosophen Karl Popper kann man nur vorbehaltlos zustimmen, wenn er sagt: »Es hat niemals vorher in der Geschichte Staaten gegeben, in denen die Menschen so frei leben konnten und in denen sie die Möglichkeit hatten, ein ebenso gutes oder besseres Leben zu führen. Ich weiß, daß viel zu wenige Menschen diese Meinung teilen. Ich weiß, daß es dunkle Seiten des Lebens in unsere Welt gibt: Verbrecher, Grausamkeiten, Drogen. Wir machen viele Fehler; und obwohl viele von uns aus ihren Fehlern lernen, so bleiben leider manche in ihnen stecken. So ist die Welt. Sie stellt uns Aufgaben. Wir können zufrieden mit ihr sein und glücklich. Aber das muß man auch aussprechen! Ich höre es fast nie. Stattdessen hört man täglich Gejammer und Geraunze über die angeblich so schlechte Welt, in der wir zu leben verdammt sind. Ich halte die Verbreitung dieser Lügen für das größte Verbrechen unserer Zeit, denn es bedroht die Jugend und versucht, sie ihres Rechts auf Hoffnung und Optimismus zu berauben.«[31] Dieser Meinung schließe ich mich voll und ganz an. Mit dieser Art von – zurecht verurteilter – Larmoyanz habe ich nichts zu tun. Und dennoch ist dies kein optimistisches Buch. Doch gibt es immer vordergründig Widersprüchliches, das sich in Wirklichkeit nicht entgegensteht; Gerade weil ich glühender Demokrat bin, bin ich auch entschiedener Gegner eines schrankenlosen Demokratismus; gerade weil ich den Krieg zutiefst verabscheue, und den Frieden – nach der Gottesfurcht und Gottesliebe – für das höchste irdische Gut halte, verachte ich den illusionären Pazifismus; gerade weil ich es als das wichtigste Ziel allen Wirtschaftens erachte, Armut und Elend zu beseitigen und die Schwachen vor Ausbeutung und Armut zu schützen, bin ich ein wütender Verächter des Wohlfarts- und Umverteilungsstaates; gerade weil ich zutiefst davon überzeugt bin, daß Wohlstand und materielle Güter nicht das Wichtigste im Leben der Menschen sind – oder sein sollten, bin ich ein glühender Anhänger des Kapitalismus und ein geradezu militanter Antisozialist; gerade weil ich die Würde der Frau und das Geheimnis des Weiblichen so hoch schätze, bin ich erklärter Feind des Feminismus und des sogenannten Emanzentums. Diese Reihe ließe sich noch lange fortsetzen, ohne daß dem *scheinbar* Gegensätzlichen faktisch Divergierendes zugrunde läge. So auch beim Thema dieses Buches: Wenn im Text volle Breitseiten gegen bestehende Verhältnisse abgefeuert werden, dann möge das nicht als Eintönen in den vielfach üblichen Katastrophen-Chorus mißverstanden werden. Gerade *weil* wir in den besten ökonomischen und politischen Umständen leben, welche die Menschheitsgeschichte je gekannt hat, will ich schonungslos aufzeigen, was die *wirklichen* Quellen dieses Glücksfalles sind, aber auch ohne jeden Rückbehalt, welche systemimmanten Fehler und Fallen darauf hingewirkt haben, unsere glänzenden Existenzbedingungen trotz allem unterhalb des Möglichen zu halten, und vor allem, welche diese unsere gute Welt mit nahezu mathematischer

Sicherheit wieder zerstören werden. Wer vor dem kommenden Gewitter warnt, hat noch nicht über den gerade herrschenden Sonnenschein geflucht, möglicherweise aber über den Bauern, der sein Heu noch nicht eingefahren hat und es deshalb auch nicht mehr rechtzeitig schaffen wird. Wer vor den langfristigen Folgen des Rauchens warnt und die Wirkmechanismen der Tabakgifte aufzeigt, hat noch nicht die Raucher zu unglücklichen Menschen oder gar zu Übeltätern gestempelt. Wir werden noch sehen, welch himmelweiter Unterschied besteht zwischen »Kritik« und »Kritik«, zwischen »Rationalismus« und »Rationalismus« etc., denn auch hier – wie überall – gilt der unendlich kluge Satz (dessen Urheber mir leider entfallen ist): »Die größte Lüge: das ist die Wahrheit, ein wenig verschoben.« Wir haben tausend Gründe, zufrieden, dankbar und glücklich zu sein, und kaum einen Grund zur Unzufriedenheit. Und doch werden meine Zeilen wenig von dieser Überzeugung spüren lassen. Es kommt mir ein Satz von Ludwig von Mises in den Sinn: »Ich wollte Reformer werden, doch ich bin nur der Geschichtsschreiber des Niedergangs geworden.«[32] Weit davon entfernt, mich mit diesem großen Philosophen und Nationalökonomen vergleichen zu wollen, will ich damit nur zum Ausdruck bringen: Ich möchte eigentlich nur all' das Großartige, das wir erreicht haben, preisen, erklären und zu verbessern helfen, wenn es nicht – nach wenigen hoffnungsvollen Flügelschlägen der Freiheit – bereits wieder den Stachel und den Samen des Niedergangs in sich trüge, wenn nicht die große, graue, furchtbare Gefahr des Miß- und Unverständnisses schon wieder mitten unter uns lauern würde, um uns zu zerstören. Der seltsame Tatbestand erinnert an das eindringliche Rilke-Gedicht vom Tod: »Wenn wir uns mitten im Leben meinen, wagt er zu weinen, mitten in uns. «Was ich sagen will, ist: Wenn wir uns mitten in Freiheit und Wohlstand meinen, wagt sie – die Knechtschaft und die Not – zu keimen, mitten in uns.

Also doch Pessimismus statt Optimismus? Wolfram Engels: »Ein Autofahrer, der mit hoher Geschwindigkeit in eine unübersichtliche Kurve fährt in der Hoffnung, sie werde sich schon als ungefährlich erweisen, ist kein Optimist, sondern ein Hasardeur. Ein Kaufmann, der in der Hoffnung auf künftige gute Geschäfte seine Warenbestände mit hohen Preisen bilanziert, ist auch kein Optimist, sondern ein Bilanzfälscher.«[33] Und noch etwas zu meiner Meinung, daß Warnung nicht mit Pessimismus identisch ist: Lao Tse (ca. 350 vor Christus): »Fürchtet das Volk nicht das Furchtbare, dann kommt das Furchtbarste.«

Warum aber gleich das großspurige Wort vom »Untergang des Abendlands« (s. Nachwort)? Allen Kritikern sei gleich insoweit recht gegeben als es so etwas wie einen notwendigen oder auch nur wahrscheinlichen Geschichtsverlauf nicht gibt. Deshalb kann es auch keine seriösen Prognosen für künftige historische Entwicklungen – auch keine »wissenschaftlichen« Untergangsprognosen – geben. Warnungen in der Stilform (sozusagen in der »Dramaturgie«) der Prognose scheinen mir jedoch bei entsprechender Größe absehbarer (aus sorgfältiger Analyse ermittelter) Gefahren erlaubt zu sein. Interpretierend kann man aus der Geschichte sehr wohl lernen, daß Kulturen und Zivilisationen von der Erdoberfläche verschwinden können, und daß bestimmte sozio-ökonomische Gegebenheiten solchen Niedergängen »günstig« sein können. Überhaupt wird bei der meist abwertenden Kritik an den sog. Untergangstheoretikern meist vergessen, daß das Abendland bereits zweimal untergegangen ist. Nach dem ersten Untergang – dem der griechisch-römischen Kultur und Zivilisation – hat es rund tausend Jahre gedauert, bis die europäisch-abendländische Welt wieder zu neuer Blüte reifen konnte. Der zweite Untergang, gekennzeichnet durch die beiden Weltkriege in der ersten Hälfte des 20. Jahrhunderts, war gottlob nicht vollständig (oder ist noch nicht vollendet; vielleicht ist das, was ich als den »dritten Untergang« bezeichne, nur die Vollendung des zweiten). Daß, wenn auch nicht *alles* kulturelle Erbe, so doch der abendländische Geist und die europäische Zivilisation überlebt haben, ist nur dem glücklichen Umstand zu danken, daß sich eben dieses Abendland im 18. Jahrhundert fern über den Meeren eine Arche Noah gebaut hatte, nämlich die Vereinigten Staaten von Amerika, in der das »Genmaterial« seiner Kultur und Zivilisation überleben und von dort – wenn auch gewandelt – zurückkehren konnte. Ebenso glücklich die »Zusatzbedingungen«: Die Großherzigkeit, Freiheitsliebe und tiefverwurzelte Anständigkeit des amerikanischen Volkes, das seinen ehemaligen Feinden auf die Beine geholfen hat, sowie die Figur Ludwig Erhards, deren überragende historische Bedeutung noch lange nicht in ihrer ganzen positiven Tragweite verstanden worden ist. Jenseits des Eisernen Vorhangs jedenfalls, wo man die Menschen gezwungen hat, in einer neuen, »modernen« Steinzeit zu leben, *ist* das Abendland untergegangen, auch wenn es neuerdings – nach vierzig (bzw. siebzig) Jahren – wieder hoffnungsvolle Überlebenszeichen aus den Ruinen von sich gibt. Nicht auszudenken jedenfalls, was aus diesem Kontinent geworden wäre, wenn er *insgesamt* zu Stalins Reich der Finsternis gefallen wäre. Nicht auszudenken auch, um wievieles (noch) trostloser das Leben der Menschen im »real existierenden Sozialismus« ausgesehen hätte, wenn es nicht von den ersten Tagen an die Konkurrenzsituation mit den angrenzenden freien westlichen Nationen gegeben hätte, und nicht die gewaltigen Handels- und Finanzströme von West nach Ost, nicht die westlichen Rundfunk- und Fernsehsender, und nicht den steten Vergleich der Systeme vor den Augen der gesamten Welt. Ohne die genannten glücklichen Umstände jedenfalls hätte eine der verfeindeten sozialistischen Bruderideologien, der International- oder der National-Sozialismus, den Kontinent in eine Finsternis geworfen, für die Hitlers Holocaust und der Stalin'sche Völkermord nur einen Vorgeschmack geliefert haben.

Auch diese Tragödie (und – vielleicht – ihr Ende) hat der große Gelehrte, Ludwig von Mises, vorausgeahnt, als er 1922 schrieb: »Der Versuch, die Welt sozialistisch zu gestalten, könnte die Zivilisation zertrümmern, er wird aber nie zur Aufrichtung eines [dauerhaften D. V.] sozialistischen Gemeinwesens führen können.«[34] (weil Sozialismus niemals »funktionieren« kann). Im braunen »nationalen« und im roten internationalen Sozialismus jedenfalls ist diese Zertrümmerung der Zivilisation grauenhafte Realität geworden.

Der Untergang einer Kultur, eines kulturellen Großgebildes ist immer sozio-ökonomischer Natur, also nicht *unmittelbare* Folge kriegerischer Ereignisse. Kriege, Eroberungen und Unterwerfungen können diesen Untergang einleiten, begleiten oder beschleunigen; Hauptbedingung aber ist immer ein damit einhergehender, folgender (oder vorausgegangener) sozio-ökonomischer Zerfall der geltenden Werte und Traditionen. Dieser Vorgang, der unter dem Bolschewismus und Nationalsozialismus rasend schnell abgelaufen war, konnte in Westeuropa dank der besonnenen Haltung der westlichen Siegermächte und des Integrationsgebildes der Nato, aber auch dank der christlich-freiheitlichen Parteien aufgehalten und teilweise revidiert werden. Viel zu wenig bekannt ist hierbei die geistige Rolle der Freiburger Kreise und von Köpfen wie Wilhelm Röpke, Walter Eucken, Heinrich von Stackelberg, Franz Böhm u. a., welche dem segensreichen Wirken Ludwig Erhards den intellektuellen Boden bereitet hatten.

Der nächste, der »dritte« Untergang des Abendlands wird – wenn es uns nicht gelingt, ihn aufzuhalten – wiederum sozio-ökonomischer Natur sein, ein – ob militärisch begleitet oder nicht – »echter« also, und ein vollständiger. Seine Ursachen und Wirkmechanismen aufzuzeigen, wird Aufgabe dieses Buches sein.

Nachdem den sogenannten »Untergangs-Propheten« nur Spott und Hohn widerfährt, wollen wir uns einmal bei den altehrwürdigen, honorigen »rein akademischen« Wissenschaftlern umhören, also jenen mit der sprichwörtlichen »nüchternen Vernunft«. Da wäre zunächst einmal Nobelpreisträger und Graue Eminenz der Nationalökonomie, Paul A. Samuelson, dessen Lehrbuch-Auflagen sich gleich hinter der Bibel einreihen. In »bilanz« Nr. 10/1988 unternahm er den Versuch einer Wirtschaftsprognose für die Nach-Reagan-Ära in den USA. Es geht da also nur um die erwähnte »nüchterne« Diagnose und vorsichtige Ableitungen daraus für künftige Entwicklungen. Doch halt!: In den letzten drei Sätzen steckt der Dampf, der verschlüsselte natürlich (denn was – um Himmels willen – würde passieren, wenn so ein Mann »Klartext« reden würde!): »Präsident Kennedy«, so Samuelson, »soll einem jungen unzufriedenen Fragesteller einmal geantwortet haben: »Wer hat gesagt, das Leben sei fair!« Und als Antwort auf einen Fragesteller, der partout eine positive Diagnose hören möchte, muß ich sagen: »Wer hat gesagt, Wirtschaftsprobleme müssen gelöst werden?« Edward Gibbon und Jacob Burckhardt würden verstehen, was ich meine.«

Sehen Sie: Da steht die verschlüsselte Botschaft, das Rätsel der Sphinx (*und* seine Lösung). Die Weisen aller Zeiten pflegten stets die rätselhafte Metapher, für alle, die verstehen wollten und konnten. Dazu muß man (in unserem konkreten Beispiel) wissen: Edward Gibbon (Britischer Historiker, 1737-1794) hat ein glänzendes Monumentalwerk: »Geschichte des Verfalls und Untergangs des Römischen Reiches« geschrieben; Jacob Burckhardt ein ebenso genialisches über »Die Kultur der Renaissance in Italien«, (die bisher höchste Kulturblüte der europäischen Geschichte) – *und ihr Ende!* Die beiden strahlendsten Kulminationsepochen abendländischer Kultur und Zivilisation sind letztlich an ihren ungelösten ökonomischen Problemen zugrunde gegangen.

So sehen die Botschaften der *Nicht*-Katastrophen-Propheten aus. Sie laufen auf's gleiche hinaus; man muß bei ihnen nur lernen, auch die leisen Töne zu hören. Die Ohren dröhnen nicht davon, aber wer sie versteht, dem erzittert das Herz.

Zu diesem Thema kommt mir auch ein Satz des namhaften Physiologen Professor Hans Schäfer in den Sinn (in einem Vortrag 1987): »Die Welt wird nicht untergehen, allenfalls das Abendland.« Haben Sie je ein so beiläufiges Wort wie »allenfalls« gehört, hinter dem sich eine welthistorische Katastrophe verbirgt?

Bei den akademischen Zungen reicht die verbale Spannweite der Warnungen meist nur von »sehr vorsichtig« bis »etwas deutlicher«. »Sehr vorsichtig« z. B. der schwedische Ökonom Assar Lindbeck in einem Aufsatz »Kann der Pluralismus überleben?«[35]: »Wenn wir nicht sehr vorsichtig sind, kann... die Wirkung all dieser Entwicklungstendenzen in ihrer Gesamtheit [gemeint sind staatliche Interventionsmethoden. D. V.] ...eine dramatische Umwandlung unserer Gesellschaft sein, nach der wenige von uns verlangt haben würden, wenn wir uns im voraus klargemacht hätten, welche Konsequenzen alle diese Entwicklungstendenzen auf lange Sicht haben würden.«[36]

»Etwas deutlicher« dagegen Professor Friedrich A. von Hayek (nicht nur meiner Meinung nach der wohl bedeutendste Nationalökonom der gesamten Geistesgeschichte) (1980): »Bei dem gegenwärtigen Stand der Ansichten wäre der Endsieg des Totalitarismus in der Tat nicht mehr als der schließliche Sieg der Ideen, die im intellektuellen Bereich bereits über einen bloß traditionalistischen Widerstand die Oberhand gewonnen haben.«[37] »Deutlich« darf sich da schon der geniale und brillant formulierende Professor Wolfram Engels ausdrücken (aber wohl auch erst seit er den Lehrstuhl mit dem Redakteurs- und Herausgeber-Sessel getauscht hat): »Wie schwer die Probleme sind, die erst in den kommenden Jahren auf uns zukommen, weiß bisher nur ein kleiner Kreis von Experten.«[38]

Freilich: diese verschiedenen Stimmen betreffen die unterschiedlichsten Dinge aus dem sozio-ökonomischen Paket, das wir noch aufzuschnüren haben, aber letztendlich gehören sie eben doch – wie wir noch sehen werden – zu *einem* Paket.

Zum rein finanztechnischen Aspekt des »Untergangs-Szenarios« gibt es so vielfältige populäre Literatur unterschiedlichster Bonität, daß ich darauf nur kurz eingehen möchte. Außerdem habe ich mich in anderen Publikationen darüber bereits zur Genüge ausgelassen.[39] Daß die internationale Verschuldung (die der Staaten ebenso wie die der Privaten) astronomisch ist und die Grenzen alles Vorstellbaren längst überschritten hat, dürfte sich inzwischen herumgesprochen haben. Daß *alle* diese Schulden eines bösen Tages bezahlt werden müssen, dürfte auch keine neue Weisheit sein. Fragt sich nur *wie* und *wann.* Der Philosoph Sören Kierkegaard: »Es ist nicht zu glauben, wie schlau und erfinderisch die Menschen sind, um der letzten Entscheidung zu entgehen.«

Es ist wichtig, festzuhalten, daß dieser »Zahltag« einen *ganz wesentlichen* und *dramatischen Beschleunigungseffekt* auf das Phänomen haben wird, das wir mit »Untergang« zunächst nur grob umschrieben haben. Der »Drei-Sprung« des berühmten Milton Friedman: »Von der öffentlichen Wohlfahrt über die Finanzkrise in die Unfreiheit« wird uns noch das Hupfen lehren, denn an der alten Weisheit – ebenfalls von Friedman –: »Wenn man das Geld eines anderen ausgeben will, muß man es ihm zuvor erst einmal wegnehmen. So werden Gewalt, Zwang und Zerstörung der Freiheit zu Konsequenzen des Versuchs, Gutes zu tun auf Kosten anderer.« – An dieser Weisheit also ändern all die »Fazilitäten« und »Ziehungsrechte« und »Dept-Equity-Swaps« und alle anderen tausend rosaroten Verbalschleifchen um das eitrige Geschwür der Verschuldung nichts. Ganz im Gegenteil!

Und das »Wann«? Tja, da geht's wie mit der »alten Tante«: Kann sein, daß sie erst zum Geburtstag vor der Türe steht, vielleicht aber auch schon morgen früh. Hören wir nochmals Professor Engels hierzu (der bekanntlich *nicht* zu den Crash-Propheten gehört): »Die Zahlungsunfähigkeit der Bundesrepublik ist zwar viel wahrscheinlicher als die der USA oder Brasiliens. Sie droht aber erst in 30 oder 40 Jahren. Überdies weiß niemand, wer dann welche Konkursquote bekommt.«[40] Beruhigend, nicht wahr?

Über das Stadium des »Merkens« sind wir jedenfalls längst hinaus. Wir sind bereits bei der Perversion der Perversion angelangt. So vertritt bspw. Claus Köhler, Professor für Volkswirtschaftslehre und Mitglied des Direktoriums der Deutschen Bundesbank, die These: Wer außer den öffentlichen Haushalten – soll denn die privaten Ersparnisse noch aufnehmen? Die privaten Unternehmen finanzieren sich doch seit Jahren nicht mehr über den Kapitalmarkt, sondern (billiger) über Eigenmittel und über Bankkredite.[41]

Die Perversion: Wenn der Staat mit crowding out wegen gigantischer Staatsverschuldung, sowie mit einer die private Verschuldungsbereitschaft erschöpfenden Geldmengen-Sintflut und mit Steuern, Verordnungen und Zinstreiberei die Unternehmen vom Kapitalmarkt vertrieben hat, dann kommt – die Perversion der Perversion – einer daher und sagt: Wer soll denn die Spargelder noch aufnehmen (außer dem Staat), welche die Unternehmen nicht mehr wollen.

»Ja, aber unser Wirtschaftswachstum!«, höre ich da die politischen Schlaumeier sagen, »wir platzen doch aus allen Nähten vor lauter Reichtum.« Auch hier hat das »Merken« längst aufghört, sonst hätten wir gemerkt, daß die Bundesrepublik mit einem Netto-Wachstum der Ausrüstungs-Investitionen von einem halben Prozent (in den späten 80er Jahren) die geringste Rate aller Industrienationen aufweist, und daß dies den konsequent geplanten und systematisierten Bankrott der Zukunft bedeutet.

Oft erschrecke ich bei Diskussionen über die Gefahren einer Depression oder eines »Finanzcrash'« über die arrogant-nonchalante Leichtfertigkeit, mit der viele Menschen über diese Themata hinweggehen. Nun zähle ich mich zwar selbst zu den Lachenden dieser schaurig-schönen Erde (trotz aller »Päckchen«, die wir wohl alle zu tragen haben), und bin weit davon entfernt, der uns geschenkten kurzen Lebensspanne mit dem Würgeeisen der düster-philosophierenden Melancholie oder des manischen Pessimismus' Gewalt anzutun, aber jener Frohsinn, der oft nur auf eine kalte, zynisch-hoffärtige Gleichgültigkeit hinweist, macht mich schaudern. Speziell bei den »Gebildeten«, die den »Wirtschaftskram« für eine Krämerseelen-Beschäftigung halten, vermisse ich das Minimum an Einsicht, daß Katastrophen apokalyptischen Ausmaßes wie der Zweite Weltkrieg nur auf dem Boden einer zerrütteten Ökonomie wachsen konnten. Mit dem Blut und den Tränen dieses Krieges könnte man den Bodensee füllen; mit dem kumulierten Schmerz der Opfer die Erde in Milliarden Fetzen sprengen. Lachen wir, Freunde, wo immer und wann immer wir können, aber lachen und spotten wir nicht bei ernsthaften Erörterungen der Apokalypse – trete sie erst in tausend Jahren oder schon morgen ein. Aber, wie gesagt: Die Finanzen sind nur ein Teilaspekt der Zusammenhänge, die es zu analysieren gilt. In der Tat handelt es sich bei der Betrachtung der bisherigen Entwicklungen (welche einen bestimmten weiteren Verlauf möglich oder wahrscheinlich werden lassen) um hochkomplexe und komplizierte geistesgeschichtliche, historische und sozioökonomische Phänomene und Strukturen, welche sich eigentlich jeder vereinfachenden Darstellung entziehen. Weil ich aber davon überzeugt bin, daß sich viele verhängnisvolle Abläufe auch deshalb ergeben haben und ergeben werden, weil die große Mehrzahl der Menschen sie *wegen* ihrer Komplexität nicht verstanden hat, muß ich mir wohl oder übel eine Aufgabe aufbürden, die im Grunde genommen nicht zu bewältigen ist: Eine breite Palette wissenschaftlichen Gedanken- und Ideengutes aus vielen Disziplinen der Geistes- und Sozialwissenschaften einem breiten Publikum in *populärer, relativ* leicht verständlicher (und manchmal vielleicht sogar unterhaltsamer) Weise zugänglich zu machen. Die streng wissenschaftlich-akademische Literatur kann diese Aufgabe trotz (und zum Teil auch *wegen*) ihrer unübersehbaren Fülle niemals erfüllen. Das liegt nur in seltenen Fällen an der akademischen Eitelkeit eines Autors und in noch selteneren Fällen an der Absicht der Verfasser, ihr wissenschaftliches Image zu wahren, sondern überwiegend an der grundlegenden Erkenntnis aller geistig Tätigen, daß Darstellungen komplexer Zusammenhänge durch Vereinfachung nicht verständlicher, sondern falsch werden. Diese Gefahr besteht bei jedem Versuch, wissenschaftlich-abstrakte Überlegungen einem breiten Publikum zu vermitteln. Ich hoffe, ihr weitgehend entgehen zu können und das zuwege zu bringen, was ein kluger Kopf mit »Popularisierung auf hohem Niveau«[42] umschrieben und als dringend erforderlich postuliert hat. Und wenn's beim »hohen Niveau« manchmal hapern sollte, weil mir beim »Aufmotzen« der journalistische Gaul durchgeht und der akademische Karren im Gelände stehen bleibt, dann bitte ich alle Einsichtigen um Nachsicht. Allen Uneinsichtigen kann ich nur den Rat geben: Weglegen!

Wenn mir der aufgezeigte Weg gelingen sollte, so wird am Ende eine Erkenntnis stehen, welche den Untertitel rechtfertigen mag: Obwohl sich der Sozialismus weltweit auf dem Rückzug befindet und besiegt erscheint, kündigt sich seit langem ein furchtbares Ereignis an: In einem anderen Gewand, mit einer mephistophelischen Maske kehrt er zurück und wird (erneut) die Grundfesten unserer Existenz und unseres politischen Gemeinwesens erschüttern und vielleicht sogar zum Einsturz bringen. Die Gefahr trägt das Kleid ihres Gegners und wird deshalb bis zum bitteren Ende nicht erkannt werden. Der Wolf spricht – nach dem Verzehr der Kreide – mit der Stimme der treusorgenden Muttergeiß. Noch schlimmer: Selbst dann, wenn wir vor den Trümmern stehen werden, werden wir die Ursachen und Zusammenhänge der Katastrophe nicht begreifen. Ob wir eine Überlebenschance haben, scheint mir davon abzuhängen, ob wir *jetzt, vorher* noch erkennen können, warum und wie die Gefahr getarnt ist, *was* die Kreide für den Wolf ist, und *wie* und *warum* er sie anwendet. »Noch ist es Tag, da rühre sich der Mann! Die Nacht tritt ein, wo niemand wirken kann.« (Goethe/Buch der Sprüche).

Das Unwissen in der Bevölkerung um ökonomische Vorgänge – und damit um die Essenz aller Politik – ist *grenzenlos*. Das sage ich nicht als ein von Hochmut und Überheblichkeit Befallener, sondern mit der Bescheidenheit eines Ökonomen, der – mit Haut und Haaren der sokratischen Demut verpflichtet – weiß, daß er von weit mehr als 99,99 Prozent der Dinge in der Welt nichts versteht, und der sich stets bemühen muß, wenigstens in seinem eigenen Fachgebiet *halbwegs* auf dem Laufenden zu bleiben. Wie soll auch ein Arzt, ein Künstler, ein Dachdeckermeister, ein Installateur oder Kfz-Mechaniker, die jeweils auf ihrem Gebiet oder an ihrem Arbeitsplatz hervorragende Fachleute oder gar Experten sein mögen, grundlegende ökonomische Kenntnisse haben können. Das zu erwarten, wäre genauso absurd wie anzunehmen, ein Nationalökonom könnte einen Blinddarm operieren oder Löwen im Zirkus bändigen. *Aber:* Unkenntnis in Chirurgie oder im Wickeln einer Elektrospule beeinflußt nicht die politischen Geschicke eines Landes; da jeder einzelne von uns aber Wähler ist, und Politik überwiegend aus Ökonomie besteht, hat Unkenntnis in Wirtschaftsfragen sehr wohl eine immense politische Dimension. Es ist deshalb unerläßliche Pflicht eines jeden freiheitlich gesinnten Bürgers, die elementaren Grundlagen der demokratisch-marktwirtschaftlichen Ordnung, in der er lebt, zu kennen, wenn er sie für sich und alle anderen erhalten will. Das Lesen der Leitartikel und das Anhören der Nachrichten-Kommentare reicht hierzu nicht aus. Es bedarf der zusäzlichen Lektüre leicht verständlicher Fachliteratur. Das ist – ich weiß – viel verlangt, denn es erfordert Zeit- und Energieaufwand *neben* dem ohnehin überstrapazierten Lastenbudget des Berufes, der Familie und der Steckenpferde (oder geg.f. der Schule und des Studiums). Aber: Wer nicht weiß, was »Grand«, »Ramsch«, »Schneider«, »Drücken«, »Reizen«, »Schieben« und »Mauern« beim Skat bedeutet, der sollte sich auch nicht in ein laufendes Spiel mit Ratschlägen und Besserwisserei einmischen, sondern sein Maul halten. Und wer sich nicht bemühen will, die Grundbegriffe der Freiheit, der Demokratie, des Rechts und der Ökonomie – und damit der politischen Existenz des Menschen überhaupt – kennenzulernen, der möge ebenfalls schweigen, wenn das Gespräch auf das große, vielseitige »Spiel« der Politik kommt, und seinen Stimmzettel nicht im Wahllokal, sondern an der Lotto-Annahmestelle abgeben. Es ist – auch das sei zugegeben – nicht einfach, zweckdienliche wirklich seriöse und verständliche Fachliteratur zu finden. Um hierbei mit Anregungen behilflich zu sein, habe ich mich entschlossen, mit besonders vielen Zitaten zu arbeiten, damit der Leser – auch und besonders der Jugendliche – aus einem vielseitigen »Probensortiment« die seinem »Geschmack« entsprechenden »edlen Tropfen« auswählen kann. Eine derartige Prozedur geht nicht leicht von der Hand, denn zum einen ist das kein guter Schreibstil (das viele Zitieren), zum anderen möchte jeder Autor die eigenen ebenso wie die fremden Ideen und Gedanken weitestgehend mit eigenen Worten formulieren (selbst wenn die fremden sehr zahlreich sind, was hier – mit Blickrichtung auf das Hayek'sche Werk – sicher der Fall ist). Vielleicht gelingt mir dennoch ein beiden Aspekten einigermaßen gerecht werdender Kompromiß. Im Grunde genommen sind es – in den Worten Friedrich A. von Hayeks – nur »drei Einsichten, die zur Erhaltung einer freien Gesellschaft notwendig sind«:

1. »daß eine von selbst entstehende oder spontane Ordnung und eine Organisation sich unterscheiden, und daß ihre Verschiedenheit bezogen ist auf die beiden verschiedenen Arten von Regeln oder Recht, die in ihnen vorherrschen.«
2. »daß, was heute im allgemeinen als soziale oder distributive Gerechtigkeit angesehen wird, Bedeutung nur innerhalb der zweiten Art von Ordnung hat, nämlich der Organisation; daß sie aber bedeutungslos *in* und gänzlich unvereinbar *mit* derjenigen spontanen Ordnung ist, die Adam Smith die Große Gesellschaft und Sir Karl Popper die Offene Gesellschaft genannt hat«, sowie
3. »daß das vorherrschende Modell liberaler demokratischer Institutionen, in denen *dieselbe* representative Körperschaft die Regeln gerechten Verhaltens festlegt *und* die Regierungsgeschäfte leitet, notwendig zu einer allmählichen Transformation der spontanen Ordnung einer freien Gesellschaft in ein totalitäres System führt, das im Dienste einer Koalition organisierter Interessen steht.«[43]

Man ist geneigt, zu denken, es könne doch nicht allzu schwer sein, diese drei Einsichten zu vermitteln, und doch ist hierzu ein hartes Stück intellektueller Knochenarbeit erforderlich, denn: »obwohl das Problem einer angemessenen sozialen Ordnung heutzutage von den verschiedenen Gesichtswinkeln der Ökonomie, der Jurisprudenz, der Politikwissenschaft, der Soziologie und der Ethik studiert wird, ist das Problem von der Art, daß es erfolgreich nur als ein Ganzes in Angriff genommen werden kann.«[44] Ein Aspekt, der es wirklich schwierig macht, besagte Einsichten zu gewinnen. Es ist wohl keine Übertreibung, zu behaupten, daß sogar der größere Teil der Studenten der Wirtschaftswissenschaften (ja sogar einige Professoren der Nationalökonomie) *nicht wirklich* verstanden haben, was »der Markt« ist und was »die Preise« sind. Das liegt natürlich nicht an einer Art »Dummheit« der Lehrenden und Lernenden, sondern zum einen am genannten Erfordernis interdisziplinärer Kenntnisse, zum anderen aber auch daran, daß das klassisch-liberale Ideen- und Gedankengut seit mehr als hundert Jahren fast vollständig vergessen und verschüttet worden ist. Das klingt verwegener als es in Wirklichkeit ist. Ein jeder kann sehr schnell die Probe aufs Exempel vornehmen: Man frage beliebige Exemplare der Spezies »Eierköpfe« nach zwei herausragenden Figuren des Klassischen Liberalismus des 19. Jahrhunderts: Nach Benjamin Constant und nach Lord Acton. Man kann sich schon glücklich schätzen, wenn man nicht die Auskunft erhält, es handle sich jeweils um einen französischen Seefahrer und einen englischen Kriegsminister. Dabei haben beide überragende Geister tiefe und weitreichende Bezüge zur deutschen Geschichte und Sprache.[45] Bei Lord Acton haben wir Deutschen ein ganz besonderes »Bravourstück« geleistet: Sein Grab in Tegernsee war uns nicht einmal der Erhaltung wert. Es ist schon vor Jahren eingeebnet und »weiterverwendet« worden. Überliefert ist nur seine Grabinschrift: *Ave Crux spes unica.* Ein mancher von den Jüngeren mag denken: »Na ja, nichts wird so heiß gegessen wie es gekocht wird«, oder: »Man darf das nicht so verkniffen sehen«, oder: »Die Wahrheit liegt in der Mitte« und all der faulen Sprüche mehr, welche für einige Lebensbereiche ihr Geltunghaben mögen, *für die Freiheit aber nicht!* Die Freiheit ist eine anspruchsvolle Braut. Wer sie nicht glühend, kompromißlos und in ewiger Treue liebt, und wer sie nicht rückhaltlos und mit letzter Entschlossenheit verteidigt, hat sie schon verloren. Sie verachtet die Laschen und Lauen, die Halbherzigen und Gleichgültigen, die Schwachen und Schwankenden, die Feigen und Opportunistischen. *Man darf nicht für grenzenlose Freiheit kämpfen, aber man muß grenzenlos für Freiheit kämpfen.* Mit dem Geist natürlich, nicht mit der Faust. Mit der Faust zerschlägt man *alles,* auch die Freiheit.

Friedrich A. von Hayek: Freiheit kann nur erhalten werden, »wenn sie als ein oberstes Prinzip angesehen wird, das um keiner besonderen Vorteile willen geopfert werden darf.«[46] Andere wiederum werden sagen: »Man kann ja doch nichts ändern.« Glauben Sie das nicht! Der Geist in einem Volk ist die Summe der Geister in den einzelnen Köpfen. Jeder, der sich bemüht, sein Wissen, seine Bildung und Urteilsfähigkeit zu mehren, trägt wesentlich bei zu diesem »Geist einer Nation«, »Geist eines Zeitalters«, »Geist einer Generation« – oder wie immer man eine größere Strömung dieser Art nennen will.

Allerdings: Speziell für junge Menschen ist das ein einsamer Weg. Wo bedächtige Führung herkommen *sollte* – von Schule und geistigen Eliten – da ist überwiegend nur Irreführung. Was die Schule anbetrifft, so gilt (wenn auch nicht generell, so doch zumeist) der Satz von Erich Wiedemann: »Die linken Pädagogen haben unsere Jugend so versaut, daß sie mit dem Alltag nicht mehr fertig wird,«[47], und – was die übrigen Sinn- und Orientierungs-Vermittler anbelangt – seine Feststellung: »Die dialektische Achse der neomarxistischen Eucharistie, um die sich bei den Linken alles dreht, ist der infantile Glaube an die Identität von Vernunft und Moral. These: Wer die Moral auf seiner Seite hat, der hat immer recht. Oder wie es in der deutschen Hymne, Ost, heißt: Denn wer kämpft für das Recht, der hat immer recht – et cetera, et cetera. Gegen diese Überzeugung anzuargumentieren ist so wie der Versuch, einen Pudding an die Wand zu nageln oder ein Nilpferd durch das Geigenspiel zu erfreuen.«[48] Klartext für Otto Normalleser: Die romantisch – weil »gesellschaftskritisch« – gefärbten Gemüter unserer Meinungsführer genießen den Ruf, sich in edler und selbstloser Weise um das *moralische* Wohl der Allgemeinheit zu kümmern. Und *Moral* ist eben nicht *Kommerz*. Das edle Handwerk ihrer Kunst *scheint* auch ihren Geist zu adeln. Deshalb: Wer *das Gute* anstrebt, hat auch das *Vernunft*-Monopol. Sozialismus ist deshalb »vernünftig«, *weil* moralisch. Wen kümmert's, daß kaum einer aus der Weltbelehrungs-Spezies eine Ausbildung besitzt, die ihn zum »vernünftigen« Urteil über eine sozio-ökonomische Ordnung befähigen und berechtigen würde: eine nationalökonomische.

Umso schlimmer, daß meist nur jene das Wort gegen den Sozialismus und für eine freie Marktordnung ergreifen, die faktisch oder vermeintlich interessengebunden sind: Unternehmer, Manager und Funktionäre von Unternehmensverbänden. Gegen sie und ihre Argumente spricht schon der erste Anschein ihrer »kapitalistischen« Profession. So vermitteln also die einen stets ein Image als Verteidiger der Moral, des Guten und Edlen im Menschen, und belegen damit das Trugbild, daß es sich beim Sozialismus um ein hohes Ideal handle, während die anderen das Kainszeichen egoistischen und niederen Instinkts anhängt. Geist *und Moral scheinen* also links zu stehen. In Wahrheit steht dort nur die künstlerisch und literarisch verbrämte Schwärmerei, jene oft geistreiche, nie aber geistvolle Romantik, die stets das Gute will und das Böse schafft. Jede Lehre vom irdischen Paradies und vom perfekten tugendhaften Menschen hat noch stets in die Hölle auf Erden – bewacht von Bestien in Menschengestalt – geführt.

Ludwig von Mises: »Nicht Argumente werden den Ergebnissen der nationalökonomischen Untersuchungen entgegengestellt, sondern jenes »sittliche Pathos«, ... zu dem Sozialisten und Etatisten immer wieder greifen, weil sie der Kritik, die die Wissenschaft an ihren Lehrern übt, nichts zu entgegnen vermögen.«[49] Dennoch – und gerade deshalb – mein Rat an den jugendlichen Leser: Auch wenn – aus den genannten Gründen – die Suche nach unverfälschter Information eine »einsame« Beschäftigung bleibt: Nimm sie in Angriff! Es lohnt sich, mündig zu werden und überlegene Klarheit zu gewinnen; und es ist eines der wenigen dauerhaften Glücksgefühle, den Drogen (den halluzinogenen ebenso wie den verbalen) aus eigener Kraft und aus der autonomen Souveränität einer selbstgeformten Persönlichkeit zu widerstehen, und allen Mafiosi dieser Welt – den kriminellen wie den »geistigen« – zu trotzen.

An dieser Stelle gleich noch ein Rat: Bemühe Dich um eine klare, geschliffene Sprache. Widersetze Dich der Sprachzersetzung! Eine verwahrloste Sprache führt zu einem verluderten Geist. Es gibt im Deutschen keine »Verunsicherung«, aber sehr wohl einen Unterschied im Gebrauch von »obwohl« und »trotzdem«; es gibt kein »und so«, aber sehr wohl einen Genitiv und den Konjunktiv der indirekten Rede, auch wenn Filmregisseure und Fernsehsprecher das vergessen haben sollten. Und: Sei wachsam gegen das Verschleierungsdeutsch, das sogar auf geübten Redner- und Journalisten-Zungen wie ein Trojanisches Pferd dahergeritten kommt. Merke: Man kann auch mit »wahren« Aussagen belogen werden. Aus tausend möglichen nur vier Beispiele ganz unterschiedlichen Charakters, um zu belegen, was ich meine:

1. (Aus Text und Kommentar der neuesten Renten»reform«): »Die Lasten der Bevölkerungsentwicklung sollen künftig von den Beitragszahlern, den Rentnern und dem Bund gemeinsam getragen werden.« Was heißt das in unverschleiertem Deutsch?: Beitragszahler ist gleich Bürger, Rentner ist gleich Bürger, Bund ist (via Steuern) gleich Bürger. Also lautet das »Reform«konzept »ins Reine« übersetzt: Die Lasten sollen von den Bürgern, den Bürgern und den Bürgern getragen werden. Das kann auch gar nicht anders sein; aber richtig formuliert, erzeugt der Satz halt keine Illusionen mehr. Man kommt nun eher auf die Idee: Wenn das *so* ist, warum trägt dann nicht jeder seine eigene Beitragslast in

Form einer Kapitalversicherung (mit einer Risikoverteilungs-Komponente natürlich, wie sich das für jede anständige Risiko-Lebensversicherung auch gehört)?

2. Die Schlagworte vom Kapitalismus als einer »Wegwerf-Gesellschaft« mit »Konsumterror«. Entschleiert: die kapitalistische »Gesellschaft« ist – ob das verwerflich ist oder nicht – ebenso eine Wegwerfgesellschaft wie die sozialistische. Der Unterschied besteht nur darin, daß die sozialistische nichts wegzuwerfen hat. Und »Konsumterror«? – Ursprünglich predigte die sozialistische Heilslehre, daß man das Paradies (auch das »Konsum«-Paradies) nicht im Jenseits, sondern jetzt und hier auf der Erde verwirklichen wolle; der sozialistische Produktionsprozeß sei dem kapitalistischen so weit überlegen, daß man aus dem Güterüberfluß einen jeden Genossen »nach seinen Bedürfnissen« befriedigen könne. Nach siebzig Jahren »real existierendem Sozialismus« hat nun selbst der Verbohrteste einsehen müssen, daß die Dichtung vom sozialistischen Überfluß eine Latrinenparole war. Einsicht? – Weit gefehlt! Jetzt wird das Ziel »uminterpretiert«: Jetzt reden Propheten und Apologeten von der moralisch höherstehenden asketischen Lebensweise, vom »einfachen, ökologisch-sauberen Leben« und wenden sich entrüstet vom »Konsumterror« der reichen kapitalistischen Nationen ab. So einfach geht das bei allem Sektierertum: Wenn's auch der letzte Trottel gemerkt hat, daß es »aufwärts« nur abwärts geht, dann wird nicht die Richtung geändert, sondern das hehre Ziel neu definiert. »Uminterpretiert«. Peinlich nur, daß die Antikonsum-Terroristen sogar hierbei noch in die eigene Falle tappen, denn keinesfalls im »real existierenden Sozialismus«, sehr wohl aber im »real existierenden Kapitalismus« steht es jedem freiwilligen Konsum-Verzichter frei, sich im Lotos-Sitz und bei minimierter Arbeitsleistung unter einem Baum niederzulassen und über das Einfache Leben nachzudenken. Er möge uns dann nur vor der Weisheit verschonen, daß wir ein Wirtschaftssystem wählen sollten, in dem man doppelt so lang und doppelt so hart arbeiten muß, um endlich ohne Konsumterror arm sein zu können.

3. Eine Zeitungsmeldung: »Die Bundesregierung hat Somalia achtzig Millionen DM nicht-rückzahlbare Zuschüsse zugesagt.« Sagt man zu Müll »nicht-eßbare Lebensmittel«? Warum also »nicht-rückzahlbare Zuschüsse«? Warum nicht gleich »Geldgeschenk«? Ein typisches Beispiel für die verbale Heckenwühlerei der Geld- und Politfunktionäre.

4. Die herzzereißende Hohl-Phrase von der »gerechteren Gesellschaft«. Merke: »Gesellchaft« ist ein Verschleierungswort. Wer es benutzt, will absichtlich in die Irre führen, es sei denn, er fügt hinzu, welchen der drei dahinter steckenden Begriffe er meint: a) die Menschen (also wir alle), oder b) die Rechts- und Wirtschaftsordnung, in der wir leben, oder c) die jeweilige Regierung. Außerdem: Eine »Gesellschaft« *kann nicht* gerecht oder ungerecht sein. Begriffliche Abstracta können genauso wenig »gerecht« oder »ungerecht« sein wie es ein Zustand sein kann, denn »Gerechtigkeit« setzt *persönlich* zurechenbare *Verantwortung* und *Handeln* voraus. Gerecht oder ungerecht können nur Handlungen von Individuen oder von abgestimmten, einheitlich handelnden Gruppen sein (und somit natürlich auch Gesetze, die von solchen Gruppen – z. B. der Legislative – beschlossen werden).

Da wir gerade bei den Begriffen sind, noch ein paar Sätze zum Ausdruck »Kapitalismus«:

Es ist eigentlich grundfalsch und irreführend, von einer marktwirtschaftlichen Ordnung als »Kapitalismus« zu sprechen. Die Ordnung eines freien Marktes ist kein »ismus«, keine Doktrin oder dogmatische Utopie (wie der Sozialismus). Eine Marktwirtschaft ergibt sich immer und überall spontan, wo Menschen ohne Zwang und ohne willkürliche Gewaltanwendung ihren Bedürfnissen nach Existenzerhaltung und -gestaltung nachkommen dürfen. Dazu ist noch nicht einmal das Vordenken oder Formulieren einer liberalen Idee vonnöten. Marktwirtschaft ist keine »Erfindung« der klassischen oder liberalen Nationalökonomie, sondern nur deren *Entdeckung.* Adam Smith, der Vater dieser klassisch-liberalen Lehre, hat etwas Vorgefundenes durchdacht und darüber philosophiert, was denn die Wirkmechanismen der so überraschend erfolgreichen Abläufe seien. Er – und seine Nachfolger – haben *interpretiert,* und *nicht* indoktriniert. Deshalb ist Marktwirtschaft kein »ismus«, auch kein »Kapitalismus«. Letzteres ist sogar ein Begriff der Gegner dieser freien Wirtschaftsordnung, eine feindliche Kampfparole. Helmut Schoeck: »Es gab wirtschaftlich blühende Länder und Städte, lange bevor verbissene Schöngeister am Schreibtisch den Sozialismus erfanden und dazu dann um 1840 das Etikett »Kapitalismus« als Schimpfwort für jede Art von Wirtschaft, die sich an Märkten und an Wünschen von Menschen orientiert. Marktwirtschaft ist kein »ismus«, sondern einfach das, was sich seit Menschengedenken überall von selber einstellt und einspielt, wenn Menschen ohne Gängelung durch Herrscher ihre Leistungen und Produkte austauschen.«[50]

– und Ludwig von Mises:

»Die Ausdrücke »Kapitalismus« und »kapitalistische Produktionsweise« sind Schlagwörter des politischen Kampfes. Sie sind von sozialistischen Schriftstellern geprägt worden, nicht um die Erkenntnis zu fördern, sondern um zu kritisieren, anzuklagen und zu verurteilen...Begrifflich sind sie so unklar und vieldeutig, daß sie überhaupt keinen Erkenntniswert besitzen.«[51] *Aber:* »Der Ausdruck »Kapitalismus« eignet sich besser als Gegenstück zum Ausdruck »Sozialismus« denn der oft dafür gebrauchte Ausdruck »Individualismus«. Wer Individualismus und Sozialismus zur Kennzeichnung der beiden Gesellschaftsformen verwendet, geht in der Regel von der stillschweigenden Annahme aus, daß zwischen den Interessen der einzelnen Individuen und denen der Gesellschaft ein Gegensatz bestehe, und daß Sozialismus jene Gesellschaftsordnung sei, in der das Gemeinwohl zum Ziel gesetzt sei, wogegen der Individualismus den Sonderinteressen der Einzelnen diene. Da in dieser Auffassung eine der folgenschwersten soziologischen Irrtümer unserer Zeit steckt, muß man eine Ausdrucksweise, die sie heimlich einschmuggeln könnte, sorgfältig zu vermeiden trachten.«[52]

Wenn ich also – trotzdem – wiederkehrend von »Kapitalismus«rede, dann hat das zwei Gründe: Der erste: Dies will eine Streitschrift sein, ein Streit der richtigen Ideen gegen die falschen. Und deshalb werde ich »Kapitalismus« als *Kampfparole* auf meinen Schild gravieren. Der zweite: Was ich bekämpfen will, ist nicht nur der »alte« Sozialismus, sondern auch das Trojanische Pferd seiner aktuellen und subtilen Maskerade: Den »neuen Liberalismus«, der nichts anderes ist als der »neue« Sozialismus der Lauen und Laschen, der »gemäßigten« Anpaßler, die uns nur Maß um Maß in den Abgrund führen. Die »Auswuchs«-Chirurgen des Kapitalismus sind hinter ihren sozialsozialistischen Zauberformeln nur Voodoo-Medizinmänner, die erst zufrieden sind, wenn der freie Markt ein Zombie ist, mit dem sie ihren einträglichen Hokuspokus treiben können.

Auch das jedoch ist nicht so »neu« wie es scheinen mag. Vor mehr als einem Menschenalter hatte Ludwig von Mises für seine Zeit schon erkannt: »Niemand hat den Liberalismus weniger verstanden als jene, die in den letzten Jahrzehnten behauptet haben, Liberale zu sein. Sie haben geglaubt, »Auswüchse« des Kapitalismus bekämpfen zu müssen; damit haben sie die charakteristische asoziale Betrachtungsweise der Sozialisten ohne Bedenken übernommen. Eine Gesellschaftsordnung hat keine »Auswüchse«, die man beliebig beschneiden kann. Wenn eine Erscheinung sich notwendig aus dem Wirken des auf dem Sondereigentum an den Produktionsmitteln beruhenden Gesellschaftssystem ergibt, kann kein ethische oder ästhetische Laune sie verurteilen.«[53]

Wir sehen: Der verderbliche Virus lebt fort. (Auch Aids ist keine *neue* Krankheit; aber der schlummernde Erreger wird zur menschheitsbedrohenden Seuche, wenn er sein ideales Umfeld im globalen Zeitgeist findet). Der Virus des Sozialismus hat dieses ideale Umfeld schon mehrfach vorgefunden. Und er findet es auch jetzt wieder vor. Wir lieben geradezu die Wölfe mit den hohen Kreidestimmchen.

Trotz allem: Nehmen wir den Streit auf. Noch ist es Tag!

1. Die Hybris der Vernunft

»Könnte ein Vogel genau sagen, was er pfeift, warum er das pfeift und was in ihm pfeift, würde er nicht pfeifen.

(Paul Valéry)

1. Der cartesianische Holzweg.

René Descartes (Renatus Cartesius) (1596-1650), französischer Philosph und Mathematiker, war der erste bedeutende Denk-Systematiker der Neuzeit. Ein Allround-Genie, gleichermaßen bewandert in Erkenntnistheorie, Metaphysik und Methodologie wie in Mathematik, Physik, Physiologie und Kosmologie. Er träumte von einer »mathesis universalis«, einer Univeralwissenschaft, und erlag damit dem typischen Irrtum des Naturwissenschaftlers und Mathematikers: der Vorstellung, es müsse ein großes Theoriegebäude mathematisch-logischer Gesetzmäßigkeiten geben, mit dessen Erforschung und Entschleierung die ganze Welt erklärbar werde. Es gelte also gewissermaßen, ihren »Konstruktionsplan« zu entdecken, wozu die menschliche Vernunft nur weit genug in die wichtigsten Wissensgebiete vordringen müsse. Diese rationalistisch-mechanistische Denkweise verleitete Descartes dazu, im lebendigen Mechanismus – besser: Organismus – eine Art Maschine zu erblicken. Damit legte er den Grundstein dessen, was der Philosoph und Wissenschaftstheoretiker Sir Karl Popper mehr als drei Jahrhunderte später den »Kollektivistischen Rationalismus« – und der Nationalökonom Friedrich A. von Hayek den »Konstruktivistischen Rationalismus« genannt haben. (Kurz und grob: Die Annahme, hinter allen natürlichen *und sozialen* Phänomenen steckte ein bewußter Plan oder ein planendes Bewußtsein).

Deutlich wird diese Amibition Descartes im Vorwort zu seinem Werk »Principia philosophiae« (1644): »Die gesamte Philosophie ist also einem Baume vergleichbar, dessen Wurzeln die Metaphysik, dessen Stamm die Physik und dessen Zweige alle übrigen Wissenschaften sind, die sich auf drei hauptsächliche zurückführen lassen, nämlich auf die Medizin, die Mechanik und die Ethik. Unter Ethik verstehe ich dabei die höchste und vollkommenste Sittenlehre, die, indem sie die gesamte Kenntnis der anderen Wissenschaften voraussetzt, die letzte und höchste Stufe der Weisheit bildet.«

Descartes' oberster Grundsatz: de omnibus dubitandum: alles ist anzuzweifeln (zweifelhaft). Aber – so Descartes – auch wenn alles Irrtum sein sollte, so existiert doch wenigstens der Irrtum, weil jemand da ist, der irrt. Also: Weil ich zweifle, bin ich, oder – weil alles Zweifeln Denken ist –: cogito ergo sum (Ich denke, also bin ich). Doch Cartesius geht noch weiter: Wer nach seiner Methode nur dem zustimmt, was klar erkennbar ist, kann sich nicht irren. In diesem Glaubenssatz steckt implizit die Behauptung: Wahr (oder richtig) ist nur das, was man klar und deutlich (rational) erkennen kann. Alles andere ist falsch. Im »Discours de la méthode« schreibt er: »Ich mußte als absolut falsch alles zurückweisen, an dem ich den kleinsten Zweifel hatte.« Als *Denkmethode* mag das noch zulässig sein, erkenntnistheoretisch aber wird es zum Verhängnis, denn es impliziert zweierlei: 1. (weil unser Unwissen stets größer ist als unser Wissen): Fast alles ist falsch; und 2.: Es gibt zweifelsfreies Wissen. Anders gesagt: Indem man den Zweifel absolut setzt, macht man Erkenntnis a) eingeschränkt (das ist richtig!), und b) radikal (und das ist falsch, denn Nichtwissen – oder zweifelbehaftetes Wissen – ist nicht inhärent falsch oder unwahr). Eigenartigerweise führt der radikale Zweifel auf diese (falsche) Weise geradewegs zu dem, was er verhindern und ausschalten will: Zum radikalen *Urteil* über das, was richtig und falsch, was wahr und unwahr ist.

Auch in dieser extrem ratonalistischen Position steckt der Keim des Konstruktivismus. Warum? – Die mathematische Erkenntnismethode Descartes' besteht aus zwei Schritten: Zuerst wird die Wirklichkeit – bzw. komplizierte Sätze – analytisch in ihre einfacheren Bestandteile zerlegt. Anschließend konstruiert man aus den nunmehr verstandenen (zweifelsfrei erkannten) Bauteilen wieder stufenweise ein Ganzes, das nunmehr der (im Ganzen erkannten oder erkennbaren) Wahrheit entspricht.

Anders gesagt: Die Welt existiert für Cartesius nur im Denken. Alles andere, auch die Sinneswahrnehmungen, können Traum und Täuschung sein. Somit hat der cartesianische Geist die Welt auf den Kopf gestellt, denn in Wirklichkeit hat nicht das Denken die Welt geschaffen, sondern die Welt hat das Denken hervorgebracht.

Das Leitbild des großen Philosophen, nur das als wahr anerkennen zu wollen, was er klar und deutlich erkennen könne, und alles andere dem radikalen Zweifel auszuliefern, ist zwar nicht identisch mit der Restriktion, wahr oder richtig sei nur, was sich rational erklären oder begründen lasse, kommt dem aber sehr nahe – und somit dem, was Friedrich A. von Hayek (wiederum mehr als drei Jahrhunderte später) »the fatal conceit«, den »verhängnisvollen Dünkel« nennen wird (mit dem wir uns noch ausführlich beschäftigen werden).

Die rationalistische Vermessenheit, die Hybris der Vernunft im Denken des großen Renatus Cartesius, birgt drei gefährliche Botschaften:

1. Die Überschätzung des Verstandes, den er nicht nur zweckrational einsetzen wollte (also zur Beantwortung der Frage: Wie läßt sich wissenschaftliche Erkenntnis auf die Wirklichkeit anwenden?), sondern mit dessen Hilfe er auch *letzte Zwecke* erkennen zu können glaubte.
2. Seine rationalistische Wissenschaftskonzeption: Die Annahme, daß alle wissenschaftlichen Erkenntnisse den Charakter notwendiger Wahrheiten haben und absolut unbezweifelbar sein müssten, und
3. sein erkenntnistheoretischer Dogmatismus, den Wolfgang Röd mit dem Satz charakterisiert: »Die Annahme, daß alles das tatsächlich zum Wesen einer Art von Dingen gehört, was wir klar und distinkt als zu ihrem Wesen gehörig erkennen.«[54]

Als gefährlicher aber sollte sich die Botschaft erweisen, die nur unausgesprochen hinter allen anderen versteckt ist – und doch von Generationen nachfolgender Denker (leider) verstanden worden ist: ›Weil alles prinzipiell dem Verstand zugänglich ist, ist alles auch in sich »verständig«, also verstandes- oder *vernunftgeboren.*‹ Oder noch schlimmer: ›Was nicht *vernünftig* oder der Vernunft zugänglich (rational erklärbar) ist, ist falsch und unvernünftig.‹ *Ein grandioser Irrtum!* Freilich dürfen wir nicht übersehen, daß das *Motiv* Descartes von zeitloser Gültigkeit für alles Philosophieren bleibt: Das Vermeiden dessen, was der blitzgescheite französische Philosoph André Glucksmann den »Inzest des Denkens «nennt:»Du sollst die Ideen nicht nur deswegen schön finden, weil es die deinen sind. Du sollst nicht sagen, sie seien wahr und gut, weil du selbst sie ausgesprochen hast.«[55]

Jedoch: Trotz der welthistorisch herausragenden Bedeutung des großen Denkers, bleibt ein bitterer Nachgeschmack. Vielleicht trifft die Formulierung Rainer Spechts am besten dieses »Bittere«, wenn er sagt: »...das Verhältnis zur Natur veränderte sich nicht zuletzt durch die Philosophie Descartes': Die Mutter der Menschen, der Tiere und Pflanzen verwandelte sich in einen seelenlosen Mechanismus, der uns nicht birgt, sondern den wir beherrschen können;« Beherrschen, so möchte ich hinzufügen, durch die bis zum äußersten getriebene ratio, die sich schließlich am Rande des Abgrunds wiederfindet – »allein und in den Finsternissen gehend«, wie Descartes von sich selbst berichtet. Aus dem vermeintlichen Beherrschen wird letztlich äußerste Hilflosigkeit. Die hypertrophierte Vernunft kennt am Ende den Standort der Vernunft in der Welt nicht mehr.

Nun hatte der Mensch seinen Verstand entdeckt, vom »Baum der Erkenntnis« gegessen – und sollte dreihundertfünfzig Jahre lang von ihm berauscht bleiben. Und so wie im Rausch Phasen der Euphorie und der Depression, der Furcht und der Aggression, der vorübergehenden Klarsicht und der völligen Verwirrung einander abwechseln, so taumelte er in dieser Zeit zerrissen zwischen den Extremen durch die Weltgeschichte.

Auch die Naturrechtslehre hat durch Descartes eine ungute Wende genommen. Sein »Holzweg« hatte bereits einen frühen Ausgangspunkt in der Antike [56]: Unbeschadet der Tatsache, daß Aristoteles wohl die bedeutendste Figur der Geistesgeschichte der Menschheit war, führte er doch eine Unterscheidung in die philosophische Begriffswelt ein, die ein verhängnisvolles Erbe durch mehr als zwei Jahrtausende geblieben ist: Grob gesprochen – die Unterscheidung zwischen Erscheinungen (sozialen Phänomenen), die »natürlich« = ungewollt, nicht bewußt »gemacht«, – und »künstlich« = gewollt, bewußt geplant oder gemacht (worden) sind. Dies ist aber *nicht ausreichend,* und somit als Unterscheidungskriterium *falsch.* Es gibt Erscheinungen, die weder das eine noch das andere, bzw. weder ganz das eine noch ganz das andere sind: Das, was von Hayek »Erscheinungen, die Ergebnis menschlichen Handelns, aber nicht Ergebnis menschlichen Entwurfs sind« nennt. Es handelt sich hierbei also um Phänomene, die im aristotelischen Sinne weder »natürlich« noch »künstlich« sind.

Unter vielem anderen aus dem Geistesgut der griechischen Antike wurde auch diese Kategorisierung im Spätmittelalter wieder aufgegriffen, vor allem in der Naturrechtslehre. Jedoch fand sich in der Spätscholastischen Naturrechtslehre (vor allem der spanischen Jesuiten) ein hoffnungsvoller Ansatz zur Korrektur: Sie sahen den Vernunftsbegriff nicht als Fähigkeit, logische Ableitungen vom Allgemeinen zum Besonderen (von prinzipiell gültigen Naturgesetzen auf konkrete Situationen) vornehmen zu können, sondern als Fähigkeit und Pflicht, nach bestimmten Regeln zu handeln, die als recht oder gerecht erkannt worden waren. Daraus leiteten sie die Erkenntnis ab, daß sich eine gesellschaftliche Ordnung gewissermaßen automatisch bildet, wenn und weil die Menschen nach diesen Regeln handeln.

Der Descart'sche Rationalismus hat diesen – im Ansatz richtigen – Erkenntnisweg wieder verschüttet. Bei und nach ihm wurde Naturrecht so verstanden, daß man von einem – je nach Betrachtungsweise – »vernünftigen« oder »unvernünftigen« Naturzustand jeweils ableiten könne, was an sozialen Phänomenen rational richtig (natürlich) oder falsch sei. Ein Irrweg, der bei Rousseau seine zweifelhafte »Hochblüte« erleben sollte.

Wie bescheiden nimmt sich da ein Zeitgenosse Descartes', Blaise Pascal (1623-62) aus, ebenfalls Philosoph und Mathematiker. In seiner Schrift »Der Mensch zwischen Unendlichkeit und Nichts« läßt er uns wissen: »Unsere Vernunft nimmt in der Ordnung der geistigen Dinge denselben Platz ein wie unser Leib in der Weite der Welt.« »Wenn der Mensch zuerst sich selbst erforschte, würde er sehen, wie unfähig er ist, darüber hinauszugehen. Wie könnte ein Teil das Ganze erkennen?« »Was wird also aus euch werden, ihr Menschen, die ihr mit eurer natürlichen Vernunft zu erkennen sucht, was eure wahre Lage ist? Erkennt also, ihr Hochmütigen, welches Paradox ihr euch selbst seid. Lernet, daß der Mensch den Menschen unendlich übersteigt, und vernehmet von eurem Meister eure wahre Lage, die ihr nicht kennt. Höret auf Gott!«

Damit jedoch nicht der falsche Eindruck entsteht, die Alternative zum Hyperrationalismus sei entweder Irrationalität oder aber nur schlichte Gläubigkeit (Religiosität), müssen wir an dieser Stelle eine methodologische Einordnung der Begriffe vornehmen (die sich weitgehend an die Systematik Karl Poppers anlehnt):

Der (philosophische) Rationalismus, also der Versuch, die Geschehnisse und Zusammenhänge in der Welt mit Hilfe des Verstandes und der Vernunft so weit als jeweils möglich begreifen und erklären zu wollen, ist eine dem Menschen angemessene Erkenntnismethode, denn schließlich ist es das, Verstand und Vernunft, was uns von allen anderen Lebewesen unterscheidet. Will man jedoch wissenschaftlich genau sein, muß man zwischen *Einstellung* und *Methode unterscheiden:* »Rationalismus« ist dann die Überzeugung (Einstellung), daß Erkenntnis – auch wissenschaftliche Erkenntnis – mit Hilfe der *ratio* möglich ist. Von der rationalistischen Denk*me-*

thode her gilt es jedoch zu trennen: den Methodologischen Individualismus vom Methodologischen Kollektivismus: Ersterer geht davon aus, daß wir bei der Betrachtung der Welt und der »Gesellschaft« – vom Verständnis des Individuums ausgehend – ein Modell des Ganzen nur rekonstruieren können (also das, was wir sehen und vorfinden, gedanklich Stück für Stück zu einem größeren abstrakten Ganzen zusammenfügen können.) Letzterer (der Methodologische Kollektivismus) geht davon aus, daß man Welt und Gesellschaft nur *als Ganzes* anschaulich erfassen könne (und das ist falsch!). Der Methodologische Individualismus führt zur Philosophie des *Kritischen Rationalismus* (Popper), der weiß, daß die Vernunft stets begrenzt und selbst ein sich wandelnder und entwickelnder Teil des zu Betrachtenden ist. Der Methodologische Kollektivismus führt zum *Konstruktivistischen Rationalismus* (eines Descartes, Hobbes und Leibnitz), der annimmt, alle menschlichen Institutionen seien das Ergebnis bewußter Konstruktion (oder zumindest, bewußt und rational errichtete Institutionen seien *besser* als solche, die auf andere Weise entstanden sind). Descartes war bspw. der Ansicht, der Staat der Spartaner sei besser als der der Athener gewesen, weil ersterer »aus einem Guß« (rational als Ganzes geplant) gewesen sei; eine Auffassung, der schon Friedrich Schiller energisch entgegengetreten ist (»Die Gesetzgebung des Lykurgus und Solon«). Die Gegenposition zum Konstruktivistischen Rationalismus ist also nicht Irrationalismus, sondern *Kritischer Rationalismus!*

Meiner Ansicht nach (die sich bei Popper jedoch nicht findet) ist der Descart'sche Rationalismus *methodologisch* nicht so weit vom Kritischen Rationalismus entfernt wie es scheinen mag, sondern leidet mehr an einer in die Irre führenden Variante der (rationalistischen) *Einstellung:* dem Glauben, was nicht rational klar erkennbar sei, sei auch nicht wahr, sei *falsch,* (was bei seinen Nachfolgern zu der noch verheerenderen Überzeugung geführt hat, alles was nicht rational erkennbar oder *begründbar* sei, sei nicht nur falsch, sondern auch *unvernünftig).* Der cartesianische Hyperrationalismus scheint mir deshalb treffender charakterisiert zu sein mit der Bezeichnung *»Rationalistischer Absolutismus«* (und der wiederum ist nicht weit vom Irrationalismus entfernt).(57)

Entscheidend für unsere weiteren Betrachtungen ist jedenfalls der Umstand, daß die Descart'sche Vernunfthybris in sehr verhängnisvoller Weise dazu geführt hat, daß der Freiheitsbegriff in der französischen Geistesgeschichte eine völlig andere Entwicklung genommen hat als in der britischen. Ersterer (in der französischen Überlieferung) hat von Descartes über die Enzyklopädisten, Rousseau, die Physiokraten, Condorcet und Thomas Hobbes (der zwar Engländer, aber francophil war) bis zu den französischen Utopisten und Frühsozialisten geführt, und schlußendlich zum viehischen Gemetzel der französischen Revolution ebenso wie zum Massenmord der Bolschewistischen Revolution und zu den Gulags und Genoziden der Neuzeit; letzterer (in der englischen Überlieferung) hat von den Schottischen Moralphilosophen (David Hume, Adam Smith, Adam Ferguson) und John Locke über Josiah Tucker, Edmund Burke und William Paley (sowie den *anglomanen,* der britischen Tradition verhafteten Franzosen Montesquieu, B. Constant und A. de Tocqueville) konsequent zur amerikanischen Verfassung und zum freiheitlichen Rechtsstaat geführt.

Natürlich muß man sich davor hüten, Descartes die »Schuld« an dieser Entwicklung zuzuschieben. Er selbst hat aus seiner rationalistischen Stringenz keine Schlußfolgerungen staatstheoretischer oder moralischer Natur gezogen; aber sein Denken hat die gesamte französische Aufklärung insofern beherrscht, als seine Zeitgenossen und Nachfolger solche Folgerungen sehr wohl gezogen haben. Descartes hatte nach Kriterien der Wahrheit von *Thesen und Sätzen* gesucht, und hierzu die Methode des »radikalen Zweifels« gewählt, die Methode der Unterwerfung aller *Aussagen* unter die Bedingung der streng logischen und völlig zweifelsfreien Ableitbarkeit der *Sätze* von ihren Prämissen. (Kein Wunder also, daß sein Satz »Ich denke, also bin ich« eine der wenigen Feststellungen – vielleicht die einzige – geblieben ist, die seinem Kriterium Genüge geleistet hat. Man denke nur an das geradezu entgegengesetzte erkenntnistheoretische Kriterum der Falsifizierung in der Popperschen Theorie.[58]) Seine Epigonen aber zogen daraus einen Schluß, den Descartes *nicht* gezogen hatte: Richtig und vernünftig sind nur *Verhaltensweisen und Handlungen* (bzw. *Regeln* des Verhaltens und Handelns), die diesem Kriterium streng rationaler Herleitung genügen. *Erst damit* wurde die Sache verhängnisvoll, denn damit wurde alles »unvernünftig«, »irrational« und zum »Aberglauben«, was sich bei den *menschlichen Handlungen* (und nicht nur bei den »Sätzen«) nicht rational und logisch begründen und herleiten ließ – *und das traf oder trifft auf die überwiegende Zahl* derselben zu.

Der nächste Schritt ist dann nur noch ein winziger, wenn auch folgenschwerer: Nicht nur die menschlichen Handlungen, *sondern auch deren Resultate:* Staat, Kultur, Tradition, Institutionen wie Ehe und Familie – werden als unvernünftig und irrational betrachtet, solange und soweit ihre Existenz nicht a) mir rationalen Denkmethoden und b) als im Dienste zweckrationaler Ziele stehend herleitbar ist. Rasch entsteht hieraus der Wunsch, alle diese Institutionen abzuschaffen, und sie nach den Regeln der Vernunft neu zu konstruieren. Implizit steckt hinter all dem die Annahme, alle Institutionen menschlicher Kultur und Zivilisation – wie Moral, Sitten, Recht, Regligion, Sprache, Eigentum, Ehe, Familie, Staat – seien bewußte Verstandesschöpfungen (und deshalb oft eben nur Mißgeburten eines unzureichenden, veralteten und böswilligen Verstandes).

Das aber ist – wie wir noch sehen werden – *falsch, abgrundtief falsch!!*

»Vollständige Rationalität der Handlung im cartesischen Sinn«, schreibt von Hayek, »verlangt vollständige Kenntnis aller relevanten Tatsachen ... Aber der Erfolg des Handelns in der Gesellschaft hängt von mehr besonderen Tatsachen ab als irgend jemand ... kennen kann. Und infolgedessen beruht unsere ganze Zivilisation darauf – und muß darauf beruhen –, daß wir vieles *glauben,* von dem wir nicht *wissen* können, ob es im cartesischen Sinne wahr ist.«[59] »Zivilisation [beruht] auf der Tatsache, daß wir alle aus Wissen Nutzen ziehen, das wir *nicht* besitzen.«[60] »Der Mensch handelte, bevor er dachte, und verstand nicht, bevor er handelte,«[(61)] und: »Das Problem, sich erfolgreich in einer Welt zu verhalten, die dem Menschen nur zum Teil bekannt war, wurde also gelöst, indem er an Regeln festhielt, die ihm gute Dienste geleistet hatten, von denen er aber nicht *wußte,* ob sie wahr im cartesischen Sinne waren und es auch gar nicht *wissen* konnte.«[62]

Mit diesen Bemerkungen haben wir zwar späteren Kapiteln ein wenig vorgegriffen, aber eine Erklärung zur Nicht-Verantwortlichkeit für epigonale Entwicklungen waren wir dem guten Renatus Cartesius wohl schuldig. Vielleicht bringt eine Hayek'sche Formulierung die Sachlage am ehesten auf den Punkt: »...however great an advance the work of a Descartes, a Hobbes, and a Leibniz may have meant in other fields, for the understanding of social growth process it was simply disastrous.«[63]

»Wer das Beste zum Werk machen will, scheitert; wer das Bessere zum Werk macht, dem wird es gelingen.

Max Müller[64]

2. Die Saat geht auf: Der rationalistische Gesellschaftsentwurf als Horror-Science-Fiction.

Kaum hatte der Mensch die Überzeugung gewonnen, er könne die Welt mit Hilfe seines Verstandes restlos durchdringen und enträtseln, da drängte es ihn auch schon übermächtig, sie von Grund auf zu »verbessern« und neu zu entwerfen. Das Zeitalter der Sozialingenieure, Gesellschafts-Klempner und Staatsvisionäre brach an. Das Nirgendland (Utopia) des Thomas Morus (1516) sollte aus dem Reich der Träume auf die Erde geholt werden, neu – mit aufgeklärtem Verstand – gestaltet, und ohne den alten Mann mit dem Rauschebart. Ohne Gott also; unterworfen einzig der neuen Göttin: der Vernunft. Der Verstand kreißte und gebar seinen schrecklichsten Balg: den »modernen« Sozialismus.

Der moderne Sozialismus (»modern« nur im Sinne eines zeitlichen Abstands zu antiken Frühformen) hat zwei literarische Quellen: Zum einen den sogenannten Utopischen Sozialismus des späten 17. und frühen 18. Jahrhunderts in Frankreich, zum anderen den sogenannten »wissenschaftlichen« oder evolutionistischen Sozialismus Marx'scher Prägung. Letzterer steht nicht im Widerspruch zum utopischen Vorgänger, sondern schließt diesen ein, denn beide halten eine sozialistische Wirtschafts- und Gesellschaftsform für besser, edler, moralischer und effektiver als die jeweils vorgefundenen oder denkbaren anderen Varianten; letzterer geht nur insofern über ersteren hinaus als er die »Höherentwicklung« der Menschheit – hin zum Sozialismus – nicht (oder nicht nur) in Abhängigkeit vom aktiv gestalterischen Willen der Menschen sieht, sondern als naturnotwendigen historischen Prozeß.

Marxisten jedoch, die erklärten ebenso wie die heimlichen, zeichnen sich – wie ihr Stammvater selbst – dadurch aus, daß sie die sozialistischen Schriftsteller des 17. und frühen 18. Jahrhunderts verächtlich als »Utopisten« vom Diskussionstisch wischen. In Wirklichkeit haben Marx und seine Epigonen sehr wohl maßgebliche Wurzeln im Ideengut und in den Denkmustern jener ersten Generation. Die vorgetäuschte Verachtung hat natürlich ihren Grund: Die »Frühen« hatten ihre Ideen konkretisiert, hatten die erwünschten Gesellschaftsbilder minutiös gezeichnet und sozusagen die Karten auf den Tisch gelegt; mit der Folge, daß deren utopischer Charakter schnell zu entlarven gewesen war. Marx und Co. haben sich vor Demaskierungen dieser Art wohlweislich gehütet. Wo sie hätten Farbe bekennen und erklären müssen, wie das Edelgebilde denn aussehen werde, auf das die Geschichte so unabwendbar hinauslaufe, da ist das große Schweigen – oder die Marx'sche Sabbermystik. Vom »Absterben des Staates« munkelt er da, und vom »Sprung aus dem Reich der Notwendigkeit in das Reich der Freiheit«. Halleluja!

Es lohnt sich also durchaus, einen kurzen Blick auf jene Wirrköpfe zu werfen, welche das Erbmaterial des »modernen« Sozialismus geliefert haben – ob diese Tatsache von Marx und Nachfahren nun bestritten wurde/wird oder nicht.

Dem Interessierten steht eine Fülle von Fachliteratur zur Verfügung, weshalb ich mich auf eine stichwortartige tour d'horizon beschränken will. Es geht mir hierbei lediglich darum, die geistige Brücke von der Aufklärung und ihren Übertreibungen (wozu der Frühsozialismus gehört) zur Französischen Revolution – und in der Folge zu Marx und zum heutigen sozialistischen Ideengut zu schlagen. (Anzumerken wäre noch, daß die historische und ideengeschichtliche Fachliteratur zwischen den Theoretikern des »Utopischen Sozialismus« des späten 17. und frühen 18. Jahrhunderts – und denen des »Frühsozialismus« der Zeit von der Endphase der Französischen Revolution bis zur Februarrevolution 1848 unterscheidet. Ich treffe diese Differenzierung hier nicht, sondern subsumiere beide Gruppen unter den Begriff »Frühsozialisten«. Für eine wissenschaftliche Arbeit wäre das unzulässig; hier, in einem populärwissenschaftlichen Abriß mag das erlaubt sein.)

Es ist bezeichnend und ein nochmaliger Fingerzeig auf den von Descartes ausgehenden Hyperrationalismus, daß es sich – mit einer einzigen Ausnahme (Robert Owen) – bei allen namhaften Frühsozialisten um französische Theoretiker gehandelt hat.

Da wäre also als erster aus der illustren Reihe Denis Vairasse d'Allais (kurz: Vairasse) zu nennen, der mit der »Histoire des Sévarambes« (1675) wohl das bedeutendste Werk des französischen Utopismus geschrieben hat. Sevarias, der Gesetzgeber eines erfundenen Märchenlandes der Sevaramben, ist auf den weisen Trichter gekommen, daß alles Übel der Welt auf Hochmut, Habsucht und Müßiggang zurückzuführen ist (womit er ja nicht so ganz unrecht hat). Also schafft er die Quellen dieser Pfui-Deifi-Leidenschaften ab, indem er die Ungleichheit und das Privateigentum beseitigt. (Klar doch). Bleibt nur, zu schauen, wie er es trotzdem schafft, seine Sevaramben glücklich und wohlhabend zu machen und zu halten. Wie wir feststellen werden, ist das gar nicht so schwer (frei nach der alten chinesischen Volksweisheit: Für einen Ingeniör ist nichts zu schwör.): Mit der Verstaatlichung des Eigentums – so Vairasse – werden alle reich und sorgenfrei, denn jeder erhält alles, was er braucht, von der Verwaltung. (Logo). Und – schwupp – ist es mit der Armut ebenso aus wie mit dem Hochmut und der Habsucht. Bleibt noch der Müßiggang. Auch Null Problemo: Der wird durch Arbeitspflicht beseitigt und in freudigen Dienst am Gemeinwohl verwandelt (Ist halt so). Die Sevaramben sind schon deshalb tugendhaft, weil Tugend als der einzige Qualifikationsnachweis für das Erlangen eines Öffentlichen Amtes gilt. (Vielleicht gibt's dann noch 'ne Extrawurst? Aber ja doch: Die Beamten dürfen als einzige Volksgruppe mehrere Frauen haben! Damit's mit der Tugend nicht mehr hapert!). Die paar Restleidenschaften, denen die Sevaramben dann noch frönen – als da sind die Liebe und die Rachsucht – sind auch rasch eliminiert: durch frühe Heirat und gemeinsame Erziehung (Vairasse schreibt noch nicht »Umerziehung«). Glauben dürfen die guten Leute natürlich, was sie wollen, aber eben nur die Staatsreligion, und die ist natürlich »aufgeklärt«, also eine »Vernunftreligion«.

Wie, so fragen wir uns, soll denn auch derjenige arbeitsverpflichtete Sevaramber glücklich sein, der hart maloochen muß? Nix da, weiß Vairasse schnell Rat: Die schmutzigen und schweren Arbeiten werden selbstverständlich von Sklaven erledigt. (Da schau her!). Und wo kommen die Sklaven her? Aus dem Ausland natürlich (woher denn sonst!). Die glücklichen Sevarambesen arbeiten – stets ein Liedchen auf den Lippen – in sogenannten Osmasien, in Voll-Genossenschaften; und das sind palastartige Gebäude (die halt so rumstehen; wär' ja noch schöner!) mit jeweils rund tausend glücklichen Arbeitern. Jede Osmasie besitzt ihre eigenen Spezialmagazine, wo alles gelagert wird, was man selbst benötigt. Die »Überschüsse« (die natürlich reichlich »anfallen«) werden in öffentliche Lager abgeliefert, von wo aus sie auf die anderen Osmasien verteilt werden. (Muß ja sein; schließlich soll *alles* da sein, und nicht nur die Produkte der eigenen spezialisierten Osmasie). Wohnung? – Kein Problem: Jede Familie »besitzt« eben eine eigene Wohnung. Essen? Auch nur eine Lappalie: Die Osmasien-Arbeiter essen gemeinsam (frei nach dem Patent: wo man ißt gemeinsam Brot, ist zu Ende alle Not. – Macht ja auch viel mehr Spaß!). Außerdem liegen die fetten Würste und strammen Kohlköpfe ja sowieso im großen Magazin, wohin sie die Agrar-Osmasien geliefert haben. Aus deren »Überschüssen« selbstverständlich, die ja stets reichlich »anfallen«. Es gäbe noch viel zu berichten aus Happy-Sevaramboland, aber ich glaube, es sollte ausreichen, uns auf den nächsten Märchen-Onkel neugierig gemacht zu haben: auf Jean Meslier (1664-1729 oder 1733). Meslier, der zu seinen Lebzeiten nie mit einer Schrift in die Öffentlichkeit getreten war, hat ein mit »Testament« überschriebenes Werk hinterlassen, das erst um 1850 von Voltaire und den Enzyklopädisten aufgefunden und in Auszügen veröffentlicht worden ist. Mesliers Utopie wird darin nur kurz dargestellt; der überwiegende Platz wird der Kritik an den Zuständen des Ancien Régime eingeräumt und enthält Mesliers atheistische, materialistische und kommunistische Doktrinen in extrem scharfer Diktion. Seine Haßtiraden wären durchaus eines Goebbels würdig. Sein metaphysischer und anthropologischer Materialismus (sogar die Seele definiert er als ein aus der Bewegung kleinster Materieteilchen herrührendes physikalisches Phänomen) wird (für spätere Theoretiker) zur Grundlage einer langen materialistischen Philosophie-Tradition. Seine Gesellschafts- und Staatsutopie malt er in den Umrissen eines primitiven Agrarsozialismus, ohne im Detail auf dessen ökonomische Gestaltung einzugehen. Auch er – wie schon Vairasse – verbindet die rechtliche Gleichheit der Menschen mit der materiellen, welche er durch gesellschaftliches Alleineigentum und gleiche Verteilung der daraus fließenden Erträge gewährleistet sieht. Die falsche Frage: »Wer soll herrschen?« (siehe Kapitel V dieses Buches), deren Keim schon Platon in der antiken Welt gelegt hat, wird bei Meslier – wie bei vielen Sozialisten, bis hin zur schönen Neuzeit – mit der Antwort gelöst: Die Weisesten und Ältesten. Ihnen haben sich die einzelnen Glieder des Gemeinwesens streng unterzuordnen, damit Produktion und Verteilung »gerecht« erfolgen können. Der ›Gemeinsame Nenner des Schrekkens‹ zur Lösung des Unlösbaren, der als roter Faden durch alle sozialistischen Horror-Paradiestheorien zieht, findet sich natürlich auch bei Meslier: die »Gesellschaft« übernimmt die Erziehung der Kinder zu wahrhaft kommunistischen Menschen, denn nur durch »Erziehung zur Gleichheit« kann der »gleiche Mensch« geformt werden, der gar nichts anderes mehr will als »gleich« zu sein. Es ist das ewig alte und ewig neue Lied vom »neuen Menschen«, der zu seinem Glück erzogen und umerzogen werden muß, egal mit welchen Mitteln. (Die ungezählten Leichen-Armeen der großen Umerzieher Stalin, Hitler, Mao, Pol Pot, Kim Il Sung und Genossen werden es ihm, Meslier, nicht danken.) Ist diese »Ordnung« verwirklicht – so Meslier –, dann werden alle Menschen »unvergleichlich glücklich und zufrieden« sein, und für alle Zeiten wird man »niemals mehr einen elenden oder Unglücklichen auf der Erde sehen.« Und deshalb ruft er mit flammenden Worten zum revolutionären Umsturz als dem einzigen Mittel zur Umwandlung der alten in die neue Ordnung auf. Ein halbes Jahrhundert vor der Französischen Revolution ist hier die Saat der radikalen, kompromißlosen Gewalt gelegt.

Kommen wir zu Morelly. Bei der Lektüre seiner unsäglichen Illusions-Spinnereien bleibt dem Leser buchstäblich die Spucke weg. Dennoch ist er für das Verständnis nicht nur des utopischen, sondern des Sozialismus sui generis von großer Bedeutung; zeigt sich doch bei ihm am deutlichsten die nahtlose Verbindung zwischen Hyperrationalismus cartesianischer Provenienz und Hyperillusionismus aller sozialistischen Gsellschaftsträumerei. In seinem »Code de la Nature« (1755) versucht er mit mathematisch-rationalistischer Akribie, alle menschlich-sozialen Regungen und Beziehungen in die streng logische Form von Naturgesetzen zu gießen. Moral- und Sozialtheorie werden zur (angeblich) exakten Wissenschaft nach dem Muster der Mathematik. Die sozialen Abläufe vollziehen sich für Morelly ebenso mechanistisch wie das Naturgeschehen; und das gilt nicht nur für die Geschichte als Ganzes. Alle historischen »Stufen« sind nur logisch aufeinanderfolgende Schritte zum finalen Zustand harmonischer Vollendung in einer »ordre naturel«, einer natürlichen herrschaftsfreien Ordnung. (Marx, ick hör' dir trapsen!).

Andererseits ist in Morellys zweitem Werk, der »Basiliade« (1753)[65] von ratio oder Rationalismus nichts mehr zu finden. Es herrscht der schiere, wahnwitzige, an Raserei grenzende Illusions-Schwulst. Es würde zu weit führen, hier die paradiesische Natur, die glückseligen Völker, triefend von Gemeinsinn und Edelmut, wandelnd in seligen Gefilden unter zahm gewordenen Wildtieren, näher zu beschreiben. Es reicht der Hinweis, daß sich auch in Morellys irdischem Paradies, das er in der Basiliade in Romanform vorstellt, alle Probleme in nichts auflösen durch die simple Zauberformel »Gemeineigentum«. Notwendig ist daneben lediglich noch die

»Zwangserziehung« durch »die Gesellschaft«, um von frühester Kindheit an den bösen Trieb zum Privatbesitz unterdrücken zu können. Was wir im Gedächtnis behalten sollten, ist der bei Morelly besonders deutliche Zusammenhang zwischen einem schrankenlosen Rationalismus und einer ebenso uferlosen irrationalen Entwurfs-Euphorie für eine Idealgesellschaft.

Beide Phänomene scheinen einander zu bedingen (doch ist dieser Kausalnexus – wie wir noch sehen werden – nicht nur ein scheinbarer).

Die Reihe der am Hyperrationalismus (und damit am Irrationalismus) erkrankten Phantasten müßte der Vollständigkeit halber fortgesetzt werden mit den Namen Mably, Foigny, Rétif de la Bretonne, Fénélon, etcetera etcetera. Doch wenn sie auch in ihrer Bedeutung für den sogenannten Utopischen Sozialismus den bisher erwähnten Theoretikern nicht nachstehen, so werde ich sie an dieser Stelle dennoch übergehen, um das Thema nicht überzustrapazieren; zumal die wichtigsten der »eigentlichen« Frühsozialisten (also jene, deren Wirken in die Zeit nach der Französischen Revolution fällt) noch beleuchtet werden müssen. Als Hinweis möge genügen, daß sich – bei aller Vielfalt und Unterschiedlichkeit der hier vernachlässigten Figuren – in sämtlichen Entwürfen ein gemeinsames Grundaxiom findet: eine primitive Agrargesellschaft in einer idealisierten Natur voller verschwenderischer Fruchtbarkeit; asketische und/oder tugendhafte Edelmenschen, die – vermittels »Einsicht« oder aufgrund rigoroser »Erziehung« – vor Gemeinsinn strotzen; überall lösen sich existentielle und menschliche Probleme durch Einführung des Gemeineigentums quasi von selbst; überall wird zu gleichen Teilen oder »nach Bedürfnissen« das »verteilt«, was in freudig verrichteter Arbeit im Überfluß »entsteht«; und stets blüht die Gleichheit der edlen Naturmenschen und die Gleichheit des Glücks (oder das Glück der Gleichheit) unter der weisen Regentschaft hochedelster Tugendbolzen (wenn nicht – wie bei Foigny – die »harmonische Anarchie« sich wegen der »natürlichen Vernunft« von ganz alleine einstellt).

Man könnte alle diese infantilen (Alp-)Traumvisionen als geistesgeschichtliche Pubertätspickel im Witz- und Gruselkabinett der Geschichte ruhen lassen, hätten sie nicht so furchtbare Folgen in den Gehirnen – und nicht nur dort! – der Denker und Doktrinäre der folgenden zwei Jahrhunderte gezeitigt, und würden sie nicht – was mir noch bedeutsamer zu sein scheint – ein erhellendes Licht werfen auf eine psychologische, instinktive und geistige Grunddisposition des Menschengeschlechts, welche uns noch beschäftigen und dann wesentliche Einsichten vermitteln wird. Was wir als wichtigen Baustein für unsere weitere Analysen festhalten müssen, wollen wir uns nochmals aus anderem Mund formulieren lassen: Hans Girsberger (in einem Kompendium über den utopischen Sozialismus des 18. Jahrhunderts in Frankreich): »Die Vernunft ist [für die utopischen Sozialisten] das alles erschließende Erkenntnisorgan, dem keine Grenzen gesetzt sind. Alle Erscheinungen des sozialen Lebens werden einer rationalen Analyse unterworfen, und der Grad ihrer Richtigkeit ist entscheidend für ihre Bewertung. Diesem methodischen Rationalismus geht eine *rationalistische Metaphysik* parallel, die ...in intensivstem Masse die Sozialphilosophie des 18. Jahrhunderts bedingt ... Den Höhepunkt erreicht der optimistische Rationalismus der utopischen Sozialisten in ihrem Vertrauen auf die *Macht der Vernunft*...«[66] Wir werden – um es zu wiederholen – noch sehen, wie und warum sich dieser Vernunftsabsolutismus seine eigene Falle gebaut hat, in der *alle* Vernunft erschlagen worden ist.

Von Friedrich Engels stammt die Bemerkung, der deutsche theoretische Sozialismus [also vor allem der Marxismus] werde nie vergessen, daß er auf den Schultern Saint-Simons, Fouriers und Owens stehe. Es sollte deshalb ein kurzer Blick auf diese Figuren und ihre Ideen hier nicht fehlen. (Ich beschränke mich auf Saint-Simon und Fourier, da Owen Engländer und für die Ideengeschichte außerhalb Frankreichs untypisch gewesen ist).

Eine wichtige Vorbemerkung zum Zeitgeist jener Nach-Revolutions-Epoche: Die französische Variante der Aufklärung – speziell das Frankreich des ausklingenden 18. Jahrhunderts – war tief geprägt vom naturwissenschaftlichen Denken und von den großen Erfolgen und Fortschritten der Mathematik, der Physik, Chemie, Biologie und Physiologie. Das Jahrhundert war geradezu berauscht von der neuen Fülle wissenschaftlicher Erkenntnisse und der hieraus resultierenden technischen Möglichkeiten. Die Ingenieurwissenschaften verdrängten mehr und mehr die klassischen Bildungsideale und feierten schließlich ihren ersten großen Triumph in der Gründung der »Ecole Polytechnique« (1794) in Paris. Weniger die großen Primärköpfe der Naturwissenschaften als vielmehr ihre Nachfolgegeneration stülpten das Experimentier- und Beobachtungsmuster ihres Fachs auch den Geisteswissenschaften über und entarteten so zu »Gesellschaftstechnikern«. Da es gelungen war, die Gesetzmäßigkeiten der Natur in rascher Folge aufzudecken und ihrer bislang mystischen und beängstigenden Kräfte zu entkleiden, lag der Schluß der von den Kräften des Verstandes Berauschten nicht fern, auch den »Gesetzmäßigkeiten« der Geschichte und der menschlichen und gesellschaftlichen Entwicklung – sozusagen den »anthropologischen Naturgesetzen« – mit Zirkel, Lineal, mathematischen Formeln und chirurgischen Seziermessern auf die Spur kommen zu können. (Das ging so weit, daß der Frühsozialist Auguste Comte einmal bemerkte, er habe nur Verachtung für die Bewunderer der »Weisheit der Natur«. Ein paar fähige Ingenieure hätten diese Natur wesentlich besser planen und entwerfen können.)

Diese »Methode« sollte sich als verheerend erweisen, denn sie führt bei komplexen sozio-ökonomischen Gebilden nicht nur zu falschen »Erkenntnissen«, sondern – was noch schlimmer ist – von den falschen »Erkenntnissen« zu absurden Schlußfolgerungen über Zukunft und Veränderbarkeit sozio-ökonomischer Entwicklungsprozesse. Die falsche Methode hat lediglich den zweifelhaften »Vorteil«, daß sich mit ihr jeder noch so abstruse Unsinn (angeblich) »wissenschaftlich« beweisen läßt. Kein Wunder also, daß Karl Marx später die sogenannte polytechnische Bildung als eine Erziehung gefordert hat, »welche die allgemeinen wissenschaftlichen Grundsätze aller Produktionsprozesse mitteilt«.[67] (Produktionsprozeß bedeutet in der Marx'schen Terminologie eben mehr als nur technische Verfahren, nämlich den »Unterbau«, auf dem der marxistische »Überbau« ruht. Genaueres in späteren Kapiteln).

Genau gegenüber der Ecole Polytechnique nahm der abenteuerliche Bonvivant aus aristokratichem Hause, Henri de Saint-Simon, im Jahr 1798 seinen Wohnsitz. Während der Revolution hatte er seinen Adelstitel abgelegt und sich als extremer Sansculotte betätigt. Obwohl er mit den wildesten Spekulationen – insbesondere beim Verschachern der enteigneten Kirchengüter – große Vermögen zusammengerafft hatte, blieb er wegen seines großspurigen Lebenswandels ständig auf die finanzielle Unterstützung eines befreundeten Diplomaten und Geschäftspartners angewiesen (auch diesbezüglich also ein »Vorbild« für Marx). Erst als sein Freund und Partner die Bücher prüfte, versiegten Freundschaft und Finanzquellen sehr plötzlich. Saint-Simon, immer noch wohlhabend, aber nun ohne Diener, Koch und Kaltmamsell, beschloß, Philosoph zu werden. Zu diesem Behuf lud er alle großen Gelehrten, deren er habhaft werden konnte, zu üppigen Mahlzeiten in sein Haus ein. Professor von

Hayek bemerkt zu diesem »Bildungsweg« mit einer für den großen Gelehrten ungewöhnlichen Süffisanz: »Doch der Wert dieser Methode des Studiums scheint sich als fragwürdig erwiesen zu haben.«[68] – und schildert dann den Beginn der philosophischen Laufbahn Saint-Simons: »Er beginnt mit dem Vorschlag, daß vor dem Grab Newton's eine Subskription eröffnet werden soll, um das Projekt eines großen »Newton-Rates« zu finanzieren, für den jeder Subskribent drei Mathematiker, drei Physiker, drei Chemiker, drei Physiologen, drei littérateurs, drei Maler und drei Musiker nominieren darf. Die einundzwanzig auf diese Weise von der ganzen Menschheit gewählten Gelehrten und Künstler unter der Präsidentschaft jenes Mathematikers, der die meisten Stimmen erhalten hat, sollen zusammen die Representanten Gottes auf Erden werden, die den Papst, die Kardinäle, Bischöfe und die Priester ihrer Ämter entheben werden, weil diese das göttliche Wissen nicht verstehen, das Gott ihnen anvertraut hat und das eines Tages die Erde wieder zum Paradies machen wird. In den Divisionen und Sektionen, in die der oberste Newton-Rat die Welt einteilen wird, werden ähnliche lokale Newton-Räte eingerichtet werden, die in und um die Newton-Tempel, die überall erbaut werden sollen, Anbetung, Forschung und Unterweisung zu organisieren haben werden.«[69] »All das ist Saint-Simon von Gott selbst geoffenbart, der Seinem Propheten ankündigt, daß Er Newton an Seine Seite gesetzt und mit der Aufklärung der Bewohner aller Planeten betraut habe.«[70] Hayeks Urteil über Saint-Simons Eröffnungs»werk«: »Sie ist der Erguß eines größenwahnsinnigen Schwärmers, der halbverdaute Ideen aussprüht, der ...versucht, die Aufmerksamkeit der Welt auf sein verkanntes Genie und auf die Notwendigkeit der Finanzierung seiner Arbeit zu lenken, und der dabei nicht vergißt, für sich als dem Gründer der neuen Religion große Macht und den Vorsitz in allen Räten auf Lebenszeit vorzusehen.«[71]

Was später noch aus der Saint-Simon'schen Feder floß, wirkt etwas weniger beknackt, ohne jedoch inhaltlich besser zu sein. Stets kreisen seine Gedanken um die Sonne des eigenen halbgöttlichen Genius', triefen von wahnwitziger Überschätzung der Wissenschaft und ihrer Representanten, und haben stets den architektonischen »Umbau« und die ingenieurhafte »Organisation« der Gesellschaft zum zentralen Thema. Schon die Titel seiner Schriften zeugen von dieser Intention: »Über die Neuordnung der europäischen Gesellschaft« (1814), »Der Organisator« (1819), »Der Katechismus der

Industriellen« (1823/24), »Über die Gesellschaftsorganisation« (Unveröffentlichtes Fragment). Im letztgenannten Fragment unternimmt er einen »Vergleich der Entwicklung der Intelligenz des Einzelnen und der Allgemeinheit«, womit er zeigen will, daß sich die Gesellschaft mit den gleichen »Gesetzmäßigkeiten« entwickele wie ein einzelner Mensch (eine Position, die – wie vieles von Saint-Simon – später auch bei Comte und Hegel auftaucht), und daß diese Entwicklung deshalb beschleunigt und verbessert werden könne. Der Schwulst endet mit der verzückten Verkündung: »Folgt man dem von uns gezeigten Weg, so entdeckt der Philosoph auf dem höchsten Punkt der Zivilisation angelangt, auf der einen Seite die zurückliegendste Vergangenheit und auf der anderen die fernste Zukunft.«

Es ist kaum verwunderlich, daß Saint-Simons Nachfolger eine Saint-Simonistische »Kirche« in Form einer quasi-religiösen Sekte gründeten, die ihren Ideensalat selbst als »Religion der Ingenieure« bezeichnete, als Heilslehre zum Aufbau einer sozialistischen Gesellschaft (der Zeitmode entsprechend »Organisation« genannt). Ihre »Päpste« zelebrierten lächerliche Riten für ihre »Gläubigen« und stolzierten in Talaren umher: aufgeblasene Popanze der Hochmut und der menschlichen Selbstüberschätzung.

Es mag für die Witze-Sammler ebenso lohnend sein wie für den depressiv Veranlagten, sich weiter mit Saint-Simon und seinen noch aberwitzigeren Schülern – den nach Friedrich Engels »bedeutendsten Köpfen aller Zeiten« – zu beschäftigen. Wir aber wollen das traurige Kapitel hier verlassen, jedoch nicht ohne den Hinweis, daß viele Bausteine der Marx-Engels'schen Lehre auf Saint-Simon zurückgehen (bis hin zu den Begriffen »Klassenkampf«, »Bourgeosie«, »Proletariat«), und nicht ohne einen abschließenden Satz von Hayeks, der die kurz skizzierte Figur in den Zusammenhang stellt, auf den es mir hier ankommt: »Saint-Simon sieht klarer als die meisten Sozialisten nach ihm, daß die Organisation der Gesellschaft zu einem gemeinsamen Zweck, die allen sozialistischen Systemen zugrunde liegt, mit individueller Freiheit unvereinbar ist und die Existenz einer spirituellen Macht erfordert, die »die Richtung wählen« kann, »in der die nationalen Kräfte verwendet werden sollen.«[72]

Das nächste frühsozialistische »Genie«: Charles Fourier (1772-1837). Sein Grundgedanke: Der Geschichtsverlauf vollzieht sich in fünf Phasen analog zur Entwicklung eines menschlichen Individuums (ähnlich also wie bei Saint-Simon). Ein Ausbrechen aus dem gegenwärtigen »Inferno« der Zivilisation als einem »allgemeinen

Gegeneinander« sei nur durch den Übergang in eine »vernünftig gestaltete sechste und siebte Periode« möglich. Die harmonische Zukunft sei realisierbar, wenn alle Haushalte und Betriebe in »Phalanstères« mit je rund 1600 Migliedern vereinigt seien und wenn die menschlichen Triebe nicht mehr unterdrückt, sondern ihre Befriedigung so organisiert sei, daß sie die produktive Arbeit förderten, anstatt sie zu behindern. Wir wollen uns darauf beschränken, in eine Buchseite aus Fouriers »Theorie der vier Bewegungen« reinzuschmecken, und zwar in den Abschnitt mit der Überschrift »Die Methode der Vereinigung der Geschlechter in der Siebten Periode«:

»In dieser so leicht zu organisierenden Periode entfaltet sich die Liebesfreiheit und läßt unsere meisten Fehler zu Tugenden werden, so wie sie unsere meisten Liebenswürdigkeiten zu Lastern macht. Verschiedene Grade der Liebesbeziehung werden aufgestellt, die drei hauptsächlichsten sind:

Die anerkannten Favoriten und Favoritinnen
Die Erzeuger und Erzeugerinnen
Die Ehemänner und Ehefrauen.

Die letzteren müssen mindestens zwei gemeinsame Kinder haben, die zweiten haben nur eines, die ersten keines. Diese Titel geben den so Verbundenen entsprechend größer werdende gegenseitige Erbschaftsansprüche.

Eine Frau kann gleichzeitig haben: einen Ehemann, von dem zwei Kinder sind, 2. einen Erzeuger, von dem sie nur ein Kind hat, 3. einen Favoriten, der mit ihr zusammengelebt und den Titel behalten hat; weiterhin einfach Besitzer, die keine Bedeutung vor dem Gesetz haben. Diese Abstufung nach Titeln wird große Höflichkeit und Treue bei den eingegangenen Verbindungen zur Folge haben. Die Frau kann dem Favoriten, von dem sie schwanger ist, den Titel Erzeuger verweigern, sie kann ebenso, falls sie Grund zur Unzufriedenheit hat, den verschiedenen Männern den geforderten höheren Titel verweigern. Diese Methode beugt gänzlich der Heuchelei vor, deren Quelle die Ehe ist. In der Zivilisation erhält man alle Rechte auf ewige Zeit, sobald jene fatale Verbindung eingangen worden ist, und man genießt dann in vollen Zügen die Ergebnisse seiner Heuchelei. Daher kommt es, daß sich Ehemänner und Ehefrauen schon nach wenigen Tagen beklagen, ANGEFÜHRT worden zu sein. Und sie bleiben für ihr Leben ANGEFÜHRT. Solche TÄUSCHUNGEN gibt es in der 7. Periode nicht mehr. Die Paare erlangen die höheren

Liebesgrade nur mit der Zeit. Zu Beginn führen sie keinen anderen Titel als die des Favoriten oder der Favoritin, deren Rechte gering sind und wegen Unverträglichkeit des Partners widerrufen werden können ... Die ehelichen Titel endlich werden nur auf Grund hinreichender Beweise erworben und dienen, da sie nicht ausschließich sind, dem Gatten nur als Mittel ritterlichen Umwerbens und nicht als Verfolgungsmittel, wie sie jetzt ausschließliche Ehe und Gleichheit, auf die alle Liebesverbindungen beschränkt werden, geben.«[73]

Mit diesem kleinen Panoptikum zur abstrusen Hirnakrobatik der »bedeutendsten Köpfe aller Zeiten« wollen wir's bewenden lassen. Die entscheidenden Webfehler ihrer Denkweise werden wir in den Kapiteln II und IV herausarbeiten. Den über die »Frühen« hinausweisenden »religiösen« Aspekt, der uns nur als Begleiterscheinung interessiert, möge ein abschließendes Zitat von Profesor Wilhelm Bitter (vorläufig) erhellen: »Die Vorläufer von Marx und Engels, die Sozialisten Saint-Simon, Owen und Fourier, waren in ihrem Glauben an das »Tausendjährige Reich« tief im Religiösen verankert. Trotz der theoretischen, scharfen Ablehnung der religiösen Grundlage des Sozialismus durch Marx und Engels waren beide unbewußt von der messianischen Idee des Arbeiterparadieses, des Tausendjährigen Reichs ewigen Friedens auf Erden, durchdrungen. Die völlige Unbewußtheit dieses Vorgangs beweist die archetypische Gewalt dieser chiliastischen Idee.[74] Die kommunistischen Massen werden von einem tiefen Glauben an diese Zukunft völlig beherrscht. Wir haben es mit echten Glaubensbewegungenn, mit einer säkularisierten Religion zu tun. Ohne sie ist die Entstehung und Ausbreitung des Marxismus nicht zu verstehen... Jede andere Beurteilung des Bolschewismus ist irreal und politisch gefährlich. Der Kampf gegen die »Kapitalisten«, die Dynamik der Massenbewegungen, ist vergleichbar mit dem Vordringen des Islam oder auch mit den christlichen Religionskriegen des Mittelalters. Nur das totale Ergriffensein der Menschen durch einen solchen Archetypus erklärt ihren Einsatz an Gut und Blut.«[75]

Wir werden noch sehen, daß es für das »Unerklärliche« durchaus noch tiefer gehende und andere Erklärungen gibt.

Hüten sollten wir uns auch vor dem Glauben, die vorstehende kleine Auswahl sei auf die besonders pathologischen Geister beschränkt gewesen. Neben und nach ihnen weisen noch Dutzende von Namen in ein schauerliches Gruselkabinett kranker Gehirne, welche eher noch Unseligeres hervorgebracht haben. Godwin beispielsweise hielt es für möglich, daß die Menschen nach Abschaffung des Eigentums unsterblich werden, und Kautsky (1854-1938) glaubte an das Entstehen eines neuen Menschentyps im Sozialismus, eines »Übermenschen«, eines »erhabenen Menschen«. (Man sieht die Spaten und Hacken der Roten Khmer direkt vor sich, mit denen sie jene Hunderttausende von Landsleuten erschlagen haben, die nicht schnell und gründlich genug »erhaben« gewesen sind. Ebenso Hitlers Gaskammern, wo die Millionen »Nicht-Übermenschen« gelandet sind). »Trotzki weiß darüber noch Genaueres zu sagen: »Der Mensch wird unvergleichlich stärker, klüger, feiner werden. Sein Körper – harmonischer, seine Bewegungen – rhythmischer, seine Stimme – musikalischer ... Der menschliche Durchschnitt wird sich bis zum Niveau des Aristoteles, Goethe, Marx erheben...«[76]

Der Wahn ist ohne Ende und grenzenlos.

Immer noch haben die die Welt zur Hölle gemacht, die vorgeben, sie zum Paradies zu machen.
Friedrich Hölderlin.

3. Die Diktatur des Paradieses

An Jean-Jacques Rousseau (1712-78) scheiden sich die Geister. Nicht nur in ihm selbst (er litt vermutlich an Paranoia), sondern auch bei seinen Bewunderern und Kritikern bis zum heutigen Tag. Die überwiegende Zahl der Intellektuellen sehen in seinem »edlen Wilden«, seinem Kulturhaß und seiner Mahnung an die »Werte des Urzustandes« (oft mit dem Schlagwort »Zurück zur Natur« belegt) noch immer eine Vorbildfunktion; freiheitliche Denker – wie bspw. Benjamin Constant – ordnen ihn als »Theoretiker des Totalitarismus« ein.[77] Selten aber wird erkannt, daß Rousseau ein entscheidender Wegbereiter des Sozialismus gewesen ist (was allerdings in der Constant'schen Beurteilung schon implizit enthalten ist.) Ein wenig davon leuchtet durch den romantischen Schleier, der Rousseau umgibt, in der Feststellung hindurch, daß sein Name – wie Hans Brockard das ausdrückt – zum Schlachtruf der Revolution, und sein »Gesellschaftsvertrag« zu deren Bibel geworden ist.[78]

Es ist ein reizvolles Unterfangen, den Spuren des »Contract Social« in den Werken älterer Philosophen nachzugehen, als da sind: Jean Bodin, Hugo Grotius, Thomas Hobbes, Samuel Pufendorf und John Locke; doch wollen wir es hier bei der Bemerkung belassen, daß Grundelemente und -ideen des »contract« weitgehend schon in den staatsphilosophischen Schriften vor Rousseau zu finden sind. Was aber macht dann Rousseau und seine Schriften so populär? Es ist das alte Lied: Die radikale Betonung der *ratio* als Quelle der Zivilisation und des Staats*entwurfs,* jetzt aber noch verbunden mit dem ebenso radikalen Dogmatismus der Volkssouveränität. Eine unheilige, wenn auch zwangsläufige Ehe. Wir müssen sie näher betrachten.

»Der Mensch ist frei geboren...«, so beginnt der erste Satz des »Contract«. Eine wohlklingende, aber irrationale Vorstellung. Der Mensch kommt als das hilfloseste aller Geschöpfe auf die Welt, jahrelang davon abhängig, daß ihn jemand füttert, hegt und pflegt. Aber auch als Erwachsener ist er Jahrhunderttausende lang existentiell abhängig geblieben von der Horde, dem Stamm, der Sippe. Ein

Ausschluß aus der Gruppe kam dem Todesurteil gleich, nicht nur wegen der lauernden Gefahren, sondern vor allem, weil es der Gruppe zum Überleben reichte, wenn jeweils einem der Mitglieder das Auffinden eines verendeten Tieres oder eines nahrungsbietenden Pflanzenstandorts gelang; ein für einen Einzelgänger nicht zu gewinnendes Hazardspiel. Die Gruppe ihrerseits war wiederum nur überlebensfähig, wenn gemeinsame Verhaltens- und Taburegeln gewahrt und die Gruppen-Hierarchie anerkannt wurden. Die Rousseau'sche Freiheit des Wilden ist nichts als ein frommer Wunsch.

Von diesem »Zustand der Freiheit« – so Rousseau – bewegt sich der Mensch mit zunehmender Zahl seiner Artgenossen und mit wachsender Zivilisation weg, um schließlich in Ketten und Knechtschaft zu landen. Es taucht hier die Thomas Hobbes'sche abwegige Vorstellung vom bellum omnium contra omnes – vom Krieg aller gegen alle – auf. Doch Hobbes' Lösung befriedigt Rousseau nicht. Hobbes hatte gefolgert: Der von Vernunft und Furcht diktierte Friede kann nur von einer starken Macht gesichert und erhalten werden. Die Mitglieder einer Gesellschaft müssen ihre gesamte Macht und Stärke auf einen Einzelnen oder eine Versammlung übertragen, welche die Summe der Einzelwillen auf einen einzigen Willen reduzieren (bzw. potenzieren) kann. Dieser Träger der höchsten Gewalt ist der »Souverän«, der »sterbliche Gott«: *Leviathan,* der zwar durch einen Unterwerfungs- und Beherrschungsvertrag eingesetzt wird, selbst aber an kein Gesetz gebunden und unantastbar ist.

Rousseau variiert diesen Alptraum: Der alleinige und absolute Souverän ist nicht der Leviathan, sondern »das Volk«. Der Wille aller (volonté de tous) wird automatisch zum Gemeinwillen (volonté générale), also zum einhelligen Willen der Gemeinschaft (und zur Gemeinschaft), denn das gemeinsam Gewollte ist auch – *weil* gemeinsam gewollt – das Gute. Wie soll aber die ausschließliche und unantastbare Souveränität des Volkes sich artikulieren? Rousseau erfindet hierzu einen quasi-göttlichen »Gesetzgeber«, der den Volkswillen in Worte fassen muß. In diesen wenigen, aber wirksamen Schlagworten steckt ein ganzes totalitaristisches Arsenal; Propagandawaffen mit einer Durchschlagskraft für Jahrhunderte. Wir wollen von einem guten Dutzend nur ein halbes herausgreifen:

1. Da ist als erstes wieder unsere altbekannte Hyperrationalität (= Irrationalität): auch wenn er nur stillschweigend anerkannt und in Kraft gesetzt wird, so hängt doch *alles* am *Vertrag:* die Volks-

souveränität, die Freiheit, das Gute, das Gemeinnützige. Er ist quasi Akt der Menschwerdung, Ursprung aller Sittlichkeit, Moral und Kultur, und doch gleichzeitig Vertragsakt, also kompakte Essenz und Produkt der *ratio*.

2. Der Wille eines Abstraktums: der Kollektivwille, steht für Rousseau (als Summe aller Einzelwillen) moralisch über den Individualwillen *aller* und eines jeden einzelnen Mitglieds der Gemeinschaft. (Originalton Rousseau: »Aus dem Vorhergehenden ergibt sich, daß der allgemeine Wille beständig der richtige ist und immer auf das allgemeine Beste abzielt.« Gesellschaftsvertrag II,3). Dem ist entgegenzuhalten: So wie der »Volkseigene Betrieb« *niemandes Betrieb* ist, so ist der »Volkswille« oder »Allgemeine Wille« *niemandes* Wille. Ein Kollektivwille kann ebenso wenig existieren wie ein Kollektivnutzen oder ein Kollektivverstand. Die Fiktion eines qualitativ-ethisch überlegenen Kollektivwillens ist gleichbedeutend mit der Autorisierung zur totalen, unbeschränkten Willkür-Herrschaft.
3. Die Rousseau'sche absolute Volkssouveränität impliziert: Mehrheit ist per se höchste politische und moralische Autorität, ist *per se* oberstes *Recht*. Ein folgenschwerer Irrtum. Recht kann nämlich nur aus einem übergeordneten Rechts*prinzip* kommen (wie wir in Kapitel IV noch sehen werden), und der Glaube, höchste Autorität bedürfe keiner Beschränkung, wenn sie nur »vom Volk« komme, ist einer der verhängnisvollsten Irrtümer gewesen – und geblieben bis in unsere Tage (ja besonders im Demokratieverständnis der Gegenwart, wie wir in Kapitel V noch näher ausführen werden.)
4. Rousseaus Verknüpfung von paradiesischem Urzustand mit der volonté générale impliziert eine Gleichsetzung von Instinkt und Moral. In Wirklichkeit sind es aber gerade die moralischen Traditionen, die dazu dienen, unsere Instinkte zu unterdrücken. Erst das macht soziale Evolution überhaupt möglich (Hierauf wird Kapitel II eingehen).
5. Der falsche Freiheitsbegriff: Über die unbeschränkte Volkssouveränität gewinnen die Rousseau'schen Staatsbürger *unmittelbar* ihre bei Verlassen des Urzustands verlorene *Freiheit* zurück. Das bedeutet: ein Gleichsetzen der individuellen Freiheit, die eine gesellschaftliche Ordnung uns sichern kann, mit der physischen Möglichkeit, zu tun, was man (oder jedenfalls die Mehrheit) will.[79] Freiheit also als Macht. (Rousseau spricht von einer sol-

chen Identität nicht expressis verbis – das geschieht erst bei Voltaire –, aber wie so vieles ist auch sie in seinem Werk unausgesprochen zu finden). Diese Verwechslung der Freiheitsbegriffe aber ist – nach Professor Hayek – die gefährlichste (unter vielen) überhaupt: »Wenn diese Gleichsetzung von Freiheit und Macht einmal zugelassen ist, gibt es keine Grenzen mehr für die Sophismen, zu denen die Anziehungskraft des Wortes »Freiheit« benützt werden kann, um Maßnahmen zu unterstützen, die die persönliche Freiheit zerstören, kein Ende der Tricks, mit denen die Menschen bewogen werden können, im Namen der Freiheit ihre Freiheit aufzugeben.«[80]

6. Rousseau's Paradies wandelt sich endgültig zur Diktatur durch die Vermittlung des Glaubens, »die Gesellschaft« diene einem bestimmten *Zweck;* entweder dem (angeblich historisch zwangsläufigen) Zweck der Entwicklung zu einer Idealgesellschaft (irdisches Paradies), oder/und dem Zweck, das höchstmögliche Glück aller (was immer das sein mag) zu sichern (und/oder höchstmögliche »Gleichheit«, Sicherheit etc.). Dies wiederum kann bei allen Sozialisten nur erreicht werden, indem die Mitglieder zu edlen Übermenschen »erzogen« werden, (das findet sich bei Rousseaus totalitärem Waffenarsenal nicht), und/oder durch Eliminierung des Eigentums (so auch bei Rousseau) – oder vermittels einer übermächtigen Regierung oder Gesetzgebung, die alle hehren Ziele durchsetzt (auch das bei Rousseau). Der Rousseau'sche Gesellschaftsbegriff dient der Durchsetzung eines neuen kollektiven Zustands, der dem Naturzustand unter veränderten Bedingungen entsprechen soll. Das aber – die vorgebliche Zweckgerichtetheit eines Gesellschafts»systems« – ist einer der fundamentalen Eckpfeiler des Totalitarismus. Warum? – Einen einheitlichen oder bestimmten *Zweck* (oder eine vorgegebene Zweckhierarchie/Zwecke-Katalog) verfolgen – oder diesem dienen – *kann nur eine Organisation,* also beispielsweise ein Unternehmen, ein militärischer Verband, oder eine überschaubare Menschengruppe *innerhalb des Rahmens* einer organisierten Vereinigung. Der Beitritt zu einer solchen Vereinigung ist in der Regel freiwillig – oder eigenen Zwecken dienend; in jedem Fall aber vorübergehend und sozusagen »kündbar«, verlaßbar. Dem vorgegebenen Zweck oder Ziel der *Organisation* entspricht das *Organisationsprinzip* des *Befehls* und der *Anordnung.* Das *ganze* Leben *aller* Menschen hingegen (soweit es sich also außerhalb der

zeitweiligen Einbindung in einen organisierten Verband abspielt) *kann niemals einen einheitlichen Zweck* (oder Zwecke-Katalog) haben und *niemals einem einheitlich definierbaren Ziel dienen.* Das *organismische Prinzip* (von Organismus kommend, nicht von Organisation!) einer großen Menschengruppe (Volk, Nation, Land, Region, Stadt, Dorf, kurz: »Gesellschaft«) *kann nur die spontane Ordnung* und die *Ungewißheit der evolutorischen Entwicklung* sein.

Soweit die Individuen überhaupt konkrete Zwecke oder Ziele verfolgen, existieren so viele verschiedene Ziele-Kataloge wie es Menschen gibt. Zudem wandeln sich diese täglich/stündlich/minütlich mit der Veränderung der Bedingungen, welche wiederum niemand vollständig kennen kann (schon gar nicht im voraus).

Eine *Große* oder *Spontane Ordnung,* in der Menschen zusammenleben, kann also weder einem konkreten noch einem einheitlichen noch einem bekannten oder definierbaren Zweck (oder Zwecken) dienen, *wenn* und *soweit* die Menschen nicht dazu *gezwungen* werden. Wenn sie aber gezwungen werden, außerhalb freiwillig gewählter organisierter Lebensbereiche einheitliche oder konkrete Zwecke zu verfolgen, so wird die spontane Ordnung zerstört und zu einer *Organisation* deformiert.

Deshalb – weil einheitliche und konkrete Entwicklungs»zwecke« (wie »Gleichheit«, »Glück«, »Solidarität« etc.) und Endziele (wie Klassenlosigkeit, Herrschaftsfreiheit, Verschwinden von Unsicherheit etc.) angestrebt werden, ist jede sozialistische Gesellschafts»ordnung« *keine Ordnung, sondern eine Organisation,* ein kollektivistisch-totalitäres Zwangssystem.

Eine sozio-ökonomische Ordnung, welche die entscheidende Bedingung »Freiheit« erfüllen will, muß von der Art sein, daß sie den unendlich vielfältigen und unterschiedlichen, ja divergierenden und sich ständig wandelnden Zwecken der *einzelnen Menschen* und damit *aller Menschen* dienen kann. Das kann niemals in der Verfolgung eines kollektiven, »gemeinsamen« Zweckes (Zieles) verwirklicht werden, sondern nur in einer freien, arbeitsteiligen, spontanen, komplexen, evolutorischen Ordnung, deren Entwicklung und Funktionieren lediglich durch Gesetze vor Verletzungen der »Spielregeln« geschützt werden muß: in einem *lebendigen Organismus* also, *nicht* in einer *Organisation.*

Es muß an dieser Stelle deutlich darauf hingewiesen werden, daß vorstehende Zusammenhänge noch von keinem Philosophen,

Staatstheoretiker oder Nationalökonomen so klar formuliert und herausgearbeitet worden sind, wie von Friedrich A. *von Hayek*. (Inclusive der Begriffe »Spontane und Komplexe Ordnung«, die von ihm stammen). Alles, was ich hier tun konnte, war der Versuch, seine wesentlich professionelleren Ausführungen aus vielen Fachpublikationen so wiederzugeben, daß sie in meiner vereinfachten Darstellung nicht über Gebühr strapaziert oder gar verfälscht wurden. (Auch sind sie bei von Hayek nicht im Kontext mit Rousseau zu finden).

Am ehesten finden sich ähnlich klare Unterscheidungen zwischen »Organismus« und »Organisation« im sozioökonomischen Zusammenhang noch bei Hayeks großem Lehrer, Ludwig von Mises. Im bereits mehrfach erwähnten Werk »Die Gemeinwirtschaft« (1922/32) findet sich eine Vielzahl großartig formulierter Hinweise. Eine kleine Blütenlese möge davon einen Eindruck vermitteln: »Die Gesellschaft ist ein Organismus, bedeutet: Gesellschaft ist Arbeitsteilung.«[81]

»Organismus und Organisation sind so verschieden wie Leben von einer Maschine, wie eine natürliche Blume von einer künstlichen. In der natürlichen Pflanze führt jede Zelle ihr eigenes Dasein für sich und in Wechselwirkung mit den anderen. Dieses Selbstsein und Sichselbsterhalten ist es, was wir leben nennen. In der künstlichen Pflanze fügen sich die einzelnen Teile zu einem Ganzen nur soweit zusammen als der Wille ihres Schöpfers [Herstellers D. V.], der sie verbunden hat, wirksam ist ...Nicht anders ist es in der menschlichen Organisation. Auch sie ist eine Willenstatsache wie die Gesellschaft. Doch der Wille, der sie schafft, bringt damit ebensowenig einen lebenden Gesellschaftsorganismus hervor wie die Blumenmacherin eine lebende Rose.«[82] »Die Organisation ist ein herrschaftlicher Verband, der Organismus ein genossenschaftlicher [freiwillig gemeinsamer D. V.]. Der primitive Denker sieht überall das, was von außen organisiert wurde, niemals das Selbstgewordene, das Organische... Er sieht die organisierte Gemeinde, in der ein oder mehrere Herrscher den Beherrschten gegenüberstehen, und danach sucht er auch das Leben als Organisation zu verstehen, nicht als Organismus.«[83] »Es ist ein Wahn, eine Gesellschaft organisieren zu wollen, nicht anders als ob jemand eine lebende Pflanze zerstückeln wollte, um aus den toten Teilen eine neue zu machen. Eine Organisation der Menschheit wäre nur denkbar, wenn man zuerst den gesellschaftlichen Organismus erschlagen hat ...Will man den Kollektivismus zur Tatsache machen, dann müßte man alles gesellschaftliche Leben zuerst ertöten und dann den kollektiven Staat aufbauen. Die Bolschewiken denken ganz folgerichtig, wenn sie zuerst alle überkommenen gesellschaftlichen Bindungen auflösen und den in ungezählten Jahrtausenden aufgerichteten Gesellschaftsaufbau niederreißen wollen, um auf den Trümmern einen Neubau aufzuführen... Organisationen sind nur soweit möglich, als sie sich nicht gegen das Organische kehren und es nicht verletzen. Alle Versuche, den lebendigen Willen der Menschen in ein Werk einzuspannen, dem er nicht dienen will, müssen scheitern.«[84]

Bei dieser Gelegenheit noch einen Mises'schen Satz, der nicht ganz offensichtlich (nichtsdestoweniger aber konsequent) in den vorstehenden Zusammenhang paßt: »Ein Untergang der ökonomischen Gesellschaft, die sich unter dem Einfluß des langsam aufkeimenden liberalen Gedankens seit zweihundert Jahren zu bilden begonnen hat, würde eine Weltkatastrophe darstellen, die sich mit nichts, was die uns bekannte Geschichte enthält, auch nur im entferntesten vergleichen läßt. Kein Volk bliebe von ihr verschont.«[85] Das schrieb Mises in dem Jahr, in dem Stalin das Amt des Generalsekretärs seiner Partei übernahm (1922) und ein bis zwei Jahrzehnte vor Hitler und dem Zweiten Weltkrieg.

Beim Thema der großen Antinomie zwischen Organismus und Organisation sollte auch der bedeutende Jurist und Theoretiker des Rechtsstaats, *Franz Böhm,* wenigstens mit einem kurzen Zitat bedacht werden: »...die Anhänger des Rechtsstaats [setzen] ihr Vertrauen in *einige wenige lapidare Grundmaximen* des Gesetzes (der Rechtsordnung) und in *einige wenige Spielregeln,* denen sie die Kraft zutrauen, eine Gesellschaft freier Menschen sehr verschiedener Kulturstufe, verschiedener Denkweise und verschiedener Zeitalter zu ordnen. Die Anhänger des Wohlfahrtsstaates dagegen vertrauen im Grunde allein der *bewußten Organisation,* dem lenkenden und gestaltenden politischen Willen.«[86]

Doch jetzt laufen wir Gefahr, vom Thema abzuschweifen. Wir wollen die wichtigen Sätze rekapitulieren: Eine »Gesellschaft« (im Sinne einer sozio-ökonomischen Ordnung) kann – als komplexe und spontane Ordnung – niemals einem einheitlichen, bekannten oder vorgegebenen *Zweck* (Zwecke-Katalog) dienen (genauso wenig wie alle anderen komplexen evolutorischen Ordnungen der gesamten Natur), es sei denn, man vergewaltigt sie zu einer *Organisaion.* Was aber für einen geschlossenen Zweck- und Zielverband (Heer, Unternehmung, Interessenvereinigung) ein sinnvolles und mächtiges Mittel darstellt, um bekannte oder vorgegebene Zwecke und Ziele zu verfolgen (das Mittel »Organisation«), das wird auf den Organismus einer großen pluralistischen Gemeinschaft (»Gesellschaft«) angewendet – zur totalitären, dikatorischen Zwangsherrschaft.

Genau das meint Hayek, wenn er sagt: »Freiheit kann nur erhalten werden, wenn man Prinzipien folgt, und sie wird zerstört, wenn man der Zweckmäßigkeit folgt.«[87] Seine Mahnung richtet sich aber nicht nur gegen den deutlich sichtbaren Totalitarismus jeglicher couleur, sondern auch gegen den weniger klar erkennbaren des Interventionsstaates. Das wird augenfällig, wenn er ausführt: »Da der Wert der Freiheit auf den Gelegenheiten beruht, die sie zu unvorhergesehenen und unvoraussagbaren Handlungen bietet, wissen wir selten, was wir durch eine bestimmte Beschränkung der Freiheit verlieren. Jede solche Beschränkung, jeder Zwang, der nicht der Durchsetzung allgemeiner Regeln gilt, ist auf die Erzielung eines bestimmten voraussehbaren Ergebnisses gerichtet, aber das, was dadurch verhindert wird, ist gewöhnlich nicht bekannt. Die unmittelbaren Wirkungen jedes Eingriffs in die Marktordnung sind deutlich sichtbar, während die indirekten und entfernteren Wirkungen meist unbekannt sind und deshalb außer Betracht bleiben. Wir werden uns nie all der Kosten bewußt sein, die dadurch verursacht werden, daß wir besondere Ergebnisse durch einen solchen Eingriff erzielen ... Unsere Wahl wird immer eine zwischen einem bekannten und greifbaren Gewinn und der bloßen Wahrscheinlichkeit... sein..., daß irgendeine unbekannte vorteilhafte Handlung unbekannter Personen verhindert werden könnte. WENN DIE WAHL ZWISCHEN FREIHEIT UND ZWANG IN DIESER WEISE ALS EINE FRAGE DER ZWECKMÄSSIGKEIT BETRACHTET WIRD, IST FREIHEIT DAZU VERURTEILT, IN BEINAHE JEDEM FALL GEOPFERT ZU WERDEN.«[88]

Es ist durchaus keine Übertreibung, eine spontane und komplexe Wirtschafts- und Gesellschaftsordnung (als Organismus) im Kontext mit der komplexen evolutorischen Ordnung der gesamten Natur zu sehen. Organismus will Dynamik, hin zu Unbekanntem; Organisation will planerische Statik (bestenfalls gezielte Entwicklung, hin zu Bekanntem). Die Natur aber, *alle* Natur des Mikro-, Mezzo- und Makrokosmos', der Erde und des Himmels, lehrt uns, daß es statische Gleichgewichte in einem lebendigen Organismus nicht gibt (und auch keine vorgezeichnete Dynmaik). Die Ordnungsstruktur der Natur: das ist eine unendliche Vielzahl kybernetisch vernetzter, vorübergehender (dynamischer) Gleichgewichte, eine permanent sich wandelnde Selbstordnung des Chaos. Das Chaotische – und doch innerhalb des Chaos sich ständig ordnende – macht Evolution für alle Teilsysteme und das Gesamtsystem »Natur« überhaupt erst möglich, weil es allem Neuen, Unvorhergesehenen, Zufälligen – und allen Anpassungen hieran – offen bleibt. Statisches Gleichgewicht ist Tod. Dynamischer Selbstordnungsprozeß im Chaos einer unendlich sich wandelnden Vielfalt ist Leben. Deshalb gilt auch: Die Gesellschafts-Konstrukteure, die eine rational ersonnene (zweckgerichtete) und deshalb implizit statisch-gleichgewichtige »Gesellschaft« planen und verwirklichen wollen, planen unweigerlich den Tod der Gesellchaft und ihrer Bausteine: der Menschen.

Es ist leider nicht zutreffend, wenn einige Autoren behaupten: »Der Sozialismus ist tot«; was zutrifft, ist der Satz: *Sozialismus ist Tod.*

Doch zurück zu Rousseau: auch dein Paradies, guter Jean-Jacques, hat sich letztlich als Diktatur erwiesen. Kein Wunder, daß deine Worte zu den Parolen einer bestialischen Revolution geworden sind. Das hast du nicht gewollt – zugegeben! –, aber die wenigsten Paradies-Denker haben die Hölle gewollt, die zu schaffen sie beigetragen haben.

4. Des Doktors skandalöse Bienchen.

Man könnte nun auf die Idee kommen, die Denkweise der Frühsozialisten und der Philosophen Hobbes-Rousseau'scher Tradition sei insofern einfach »zeitspezifisch« gewesen als die Zeit noch nicht »reif« gewesen sei für eine andere Sicht der Dinge. Das wird jedoch von Publikationen widerlegt, welche in der fraglichen Epoche längst bekannt gewesen waren. Ganz besonders sticht hier – eine Generation vor Rousseau – eine Figur und ein Werk heraus: Dr. Bernard Mandeville und seine »Bienenfabel«.

Der englische Arzt und Philosoph, Dr. Mandeville (1670-1733), entstammte einer französischen Hugenottenfamilie und zog in den 90er Jahren des 17. Jahrhunderts nach England. 1705 erschien seine erste (anonyme) Sixpenny-Broschüre »Der unzufriedene Bienenstock« in Gedichtform. Sie war ein so großer Erfolg, daß in rascher Folge weitere Auflagen gedruckt werden mußten. Eine erweiterte Fassung erschien 1714 mit dem Titel »Die Bienenfabel, oder private Laster, öffentliche Vorteile«. Von Anfang an galt die Publikation als Skandal, fand sich aber im Bücherschrank eines jeden literarisch Interessierten wieder. Das Obergericht von Middlesex verurteilte das Werk mit der Begründung, es sei dazu angetan, alle Religion und bürgerliche Herrschaft umzustürzen. Nun hat Mandeville seine Ideen tatsächlich stark überzeichnet, aber nichtsdestoweniger setzen sie sich wohltuend von all dem Edelgeschwalle ab, das wir bisher von den Paradieserfindern bis zum Erbrechen gehört haben. Da ist nichts mehr zu finden von den Reichen der kollektiven Tugend, die von allmächtigen Leviathans heranerzogen werden müssen, und nichts mehr von einer Massenmoral, die ihren Urquell in den Instinkten edelsinniger Naturburschen haben soll. Schon im Vorwort stoßen wir auf erstaunliche Formulierungen: »Gesetze und Regierung sind für den sozialen Organismus [sic!] bürgerlicher Gesellschaften, was die Lebenskräfte und das Leben selbst für den natürlichen Organismus beseelter Wesen.«[89], und: »[Wer] sich unter Absehung von Kunst und Erziehung in die menschliche Natur vertieft, um zu erfahren, was eigentlich den Menschen zu einem sozialen Wesen macht... der sieht nämlich, daß dies nicht in seinem Geselligkeitstriebe, in Sanftmut, Mitleid, Wohlwollen und anderen äußerlich schön erscheinenden Tugenden besteht, sondern daß es gerade seine schlechtesten und am meisten verabscheuten Eigenschaften sind, was ihn zur Bildung großer und, wie man sagt, glücklicher und blühender Gemeinschaften befähigt.« »Von Montaigne heißt es, daß er über die Fehler der Menschen recht gut unterrichtet, aber mit den Vorzügen der menschlichen Natur unbekannt war. Sollte von mir nichts Schlechteres gelten, so würde ich's wohl zufrieden sein.«[90]

Das Wesentliche der Botschaft, die Mandeville am skandalösen Beispiel seiner fleißigen Bienchen übermitteln will, lautet: Der mächtigste Grundtrieb der Menschen ist (gleich dem aller anderen Lebewesen) der Selbsterhaltungstrieb. Unmittelbar damit einher geht die Eigenliebe. Alle anderen Triebe und Kräfte leiten sich hieraus ab. Die Vernunft ist nicht das wesentliche Merkmal der menschlichen Natur, sondern »Sklavin der Leidenschaften«. Verstand und Leidenschaften jedoch wirken *gemeinsam* zum Zweck der Selbsterhaltung zusammen. Mandeville weiter: Die »Gesellschaft« wird erst einer analytischen Betrachtung würdig, wenn sich eine große Zahl von Menschen Gesetze zum Schutz des Privateigentums gegeben hat und somit die Herausbildung von *Arbeitsteilung* möglich geworden ist. (Der Begriff »Arbeitsteilung« – division of labour – stammt sehr wahrscheinlich von Mandeville). Da Arbeitsteilung – so Mandeville – Arbeit *für andere* ist (aber für Zwecke der *eigenen* Subsistenz), kann Arbeit *für andere aus eigenem Interesse* nur entstehen, wenn andere diese Arbeit auch brauchen. Daher setzt eine funktionierende Gesellschaft eine Vielzahl verschiedener Bedürfnisse voraus. Deshalb – so Mandeville weiter – ist auch jede Art von Luxus und Verschwendung einzelner für die Gesamtheit von Nutzen, weil damit neue Bedürfnisse, neue Arbeit und neue Subsitenzmöglichkeiten entstehen Umgekehrt schade nichts einer prosperierenden Gemeinschaft so sehr wie allgemeine Genügsamkeit. Private Laster, sagt Mandeville, sind öffentliche Vorteile. Und er gibt Beispiele:

- Die Eitelkeit der Frauen schafft für viele Gewerbe der Kleidung und der Mode Arbeit und Brot,
- die Trunksucht schafft Einkommen bei den Obstbauern, den Schnapsbrennern und Händlern,
- der Geiz sorgt für die notwendige Akkumulation des Kapitals,
- die Verschwendungssucht beschleunigt den Zirkulationsprozeß.

(Aber: Daß Mandeville das Laster als nützlich ansah, bedeutet nicht, daß er es gebilligt hätte. Die Nützlichkeit des Lasters, schrieb er, ändert nichts daran, daß es böse ist. Man muß ungezügelte Leidenschaften zurückdrängen, die gezügelten aber gleichzeitig klug ausnutzen und in öffentliche Vorteile verwandeln).

Köstlich seine Verse über den sittlich-maroden, aber blühenden Bienenstaat, gipfelnd in den Zeilen:

Trotz all dem sündigen Gewimmel
War's doch im Ganzen wie im Himmel.

Und noch pikanter die Reime nach dem schrecklichen Ereignis, als plötzlich – auf Befehl Jupiters – im Bienenstock die Tugend »ausgebrochen« war.

O Gott, wie war der Schreck entsetzlich!
Der Wandel war auch gar zu plötzlich.

(Jetzt verdienen plötzlich die Juristen nichts mehr, denn:)

Wie still's nun im Gerichtssaal war!
Der willige Schuldner zahlte bar.
...Worauf – da keiner schlechter steht
Als der Jurist, wo's ehrlich geht –
Wer nicht noch grad zu leben fand,
Die Mappe unterm Arm, verschwand.

(– und auch die Ärzte nagten nun am Hungertuch, denn:)

Die Bienen, die als Ärzte jetzt
Noch lebten, waren hochgeschätzt,
Weil alle tüchtig und erfahren
Und immer gleich zur Stelle waren.
Beiseite ließ man alles Zanken
Und widmete sich ganz den Kranken,
Verschrieb nur, was daheim sich fand,
Nicht schlechtes Zeug aus fremdem Land.

(Selbst die Politiker mußten sich nun bescheiden, denn:)

Bei den Ministern, und mit ihnen
Bei allen, die dem Staate dienen,
War groß die Wandlung, denn alsbald
Lebt man genügsam vom Gehalt.

(Kurz: Der Bienenstaat ist am Ende.)

Da man auf Luxus jetzt verzichtet,
So ist der Handel bald vernichtet.
Manch Handwerk mehr und mehr verfällt,
Betriebe werden eingestellt.

(– und Mandeville erzählt uns die »Moral von der Geschicht«:)

Stammt nicht des edlen Weines Saft
Von einem garstig dürren Schaft?
Der, wenn man ihn nicht sorgsam pflegt,
Bloß nutzlos wuchert und nichts trägt,

Doch dessen Frucht uns Lust bereitet,
Wenn man ihn bindet und beschneidet,
Genauso uns das Laster nutzt,
Wenn das Gesetz es kappt und stutzt,
... Mit Tugend bloß kommt man nicht weit;
Wer wünscht, daß eine gold'ne Zeit
Zurückkehrt, sollte nicht vergessen:
Man mußte damals Eicheln essen.

Natürlich ist Mandeville's These, private Laster seien öffentliche Vorteile, eine Übertreibung insofern als er alles unter den Begriff »Laster« einordnet, was eigennützigen Zwecken dient (Hayek nannte sie einmal »die Übertreibung einer guten Idee«). Wichtig aber bleibt seine (frühe!) Erkenntnis, daß in der komplexen Ordnung der »Gesellschaft« die Individuen bei der Verfolgung ihrer eigenen Ziele (ob egoistischer oder altruistischer) nützliche Ergebnisse für andere und für *alle* bewirken. Und zwar Ergebnisse, die niemand vorhergesehen hat oder kennen konnte. Ja, Mandeville erkennt sogar (das beweisen seine späteren Arbeiten), daß alles, was wir *Kultur* nennen, das Ergebnis individueller Bemühungen ist, die niemand *bewußt* angestrebt und deren Ergebnisse niemand gekannt oder vorausgesehen hat,[91] also daß *Kultur nicht das Ergebnis rationalen Entwurfs ist.*

Jedenfalls mögen sich alle Nutznießer einer freien und wohlhabenden Wirtschafts- und Gesellschaftsordnung, die stets über die Fehler und Mängel des »Kapitalismus« zu lamentieren haben, die Mandeville'sche Mahnung und Hoffnung ins Stammbuch schreiben, »daß diejenigen, die so sehr an Bequemlichkeit und Komfort hängen und sich alle Errungenschaften einer großen und blühenden Nation so gern aneignen, dazu gebracht werden möchten, geduldiger jene Übelstände zu ertragen, die keine Regierung auf Erden beseitigen kann, – sobald sie nämlich die Unmöglichkeit sehen, ein gut Teil jener ersten zu genießen, ohne zugleich diese letzten mit in Kauf zu nehmen.«[92]

Leider kann man es jenen »bedeutendsten Köpfen aller Zeiten« (Friedrich Engels über die Frühsozialisten) nicht mehr ins Stammbuch schreiben, welche die Paradiese erfinden *wollten* und nur die Gulags und KZs erfunden *haben.*

5. Das Elend der Aufklärung.

Alles, was wir bisher behandelt haben, läßt sich unter die große Überschrift »Aufklärung« subsumieren. Es führt im Rahmen vorliegender Publikation eigentlich zu weit, diesen geistesgeschichtlichen Begriff *generell* zu betrachten. Wenn ich es dennoch zu tun versuche, so hauptsächlich deshalb, weil mir – mit Blick auf die Jugendlichen – die gängige Darstellung von Epoche und Inhalt der »Aufklärung« in den Schulen von unerträglicher Einseitigkeit geprägt zu sein scheint. Als Reaktion auf eine einseitig positive, oft sogar euphorische Interpretation (meist von »linksgestrickten« Pädagogen) verfalle ich vielleicht in den Fehler einer ebenso einseitigen negativen Darstellung. Es sei deshalb ausdrücklich vorweggeschickt:

Aufklärung (als historische Epoche *und* als geistesgeschichtliches Ereignis) ist *nicht* ein »Übel an sich«. Sie hat sogar unendlich viele Übel beseitigt und überwunden. Sie ist *ambivalent,* oder – wie Golo Mann es in Berufung auf Raymond Aron ausdrückt –: Sie »kann zu etwas Gutem führen und zu etwas Schlechtem auch.«[93] Ihre schlechte Seite haben wir in Auszügen bereits kennengelernt: Die Hybris, die Übertreibung, die Euphorie der Vernunft – und von diesen Übeln wiederum das übelste: der Konstruktivistische Rationalismus: die Überzeugung, nun könne der aufgeklärte, der vernünftige, selbstbestimmte, von allen tradierten Zwängen befreite Mensch den Verlauf der Welt endlich selbst in die Hand nehmen und »vernünftig« festlegen, wohin die Reise geht. Doch auch hierzu gilt das Wort von Golo Mann: »Nie hat der Mensch gewußt, wohin er ging: nicht im Großen und Ganzen, nicht im einzelnen Abenteuer.«[94] Doch gehen wir's zunäschst systematisch an:

Aufklärung ist eine geistige Bewegung und Strömung, die im 17. Jahrhundert entstanden ist und bis heute das gesamte moderne Denken beeinflußt, ja wesentlich geprägt hat. Sie fordert den Menschen auf, sich seines Verstandes mit Mut zu bedienen, um sich von Bindungen zu befreien, die seine Freiheit und Selbständigkeit einschränken (*wohlverstanden* also ein begeisterndes Postulat). Während sie sich im England des 17. und 18. Jahrhunderts vorrangig religiösen, sittlichen und naturrechtlichen Fragen zugewandt hat, ist ihre Ausprägung in Frankreich überwiegend radikal gewesen.

Nach Immanuel Kant (»Was ist Aufklärung?« (1784)) ist Aufklärung das Heraustreten des Menschen aus seiner selbstverschuldeten Unmündigkeit. »Unmündigkeit« ist hierbei das Unvermögen, sich seines Verstandes ohne fremde Leitung zu bedienen, und »selbstverschuldet« ist diese Unmündigkeit, weil ihre Ursache nicht im Mangel an Verstandeskraft, sondern im Mangel an Mut und Entschlußkraft liegt, sich des Verstandes autonom und unbeeinflußt zu bedienen.

Weit davon entfernt, ein geschlossenes Denksystem oder eine einheitliche geistige Bewegung zu sein – vielmehr in unzähligen Schattierungen je nach Land, Zeit und Interpreten variierend – ist ihr doch überall gemeinsam, daß sie den Menschen auffordert, sich von allen Bindungen zu lösen, die seine Selbständigkeit und Unabhängigkeit einschränken könnten, soweit diese Bindungen nicht freiwillig und aus rationalen Gründen eingegangen worden sind.

Geistesgeschichtlich gehört die Aufklärung zur breiteren Strömung des Individualismus und Subjektivismus, ausgehend vom Menschenbild des ihr in seinen Ansätzen vorausgehenden Humanismus, und eng verknüpft mit dem gewaltigen Aufschwung der Naturwissenschaften.

Am Anfang der Bewegung stehen der Engländer Baco v. Verulam (»Wissen ist Macht«) und der französische Philosoph und Mathematiker René Descartes, der Meister des methodischen Zweifels. In England und Deutschland beschränken sich die aufklärerischen Denker auf überwiegend gelehrt-besonnene und theoretische Erörterungen, die gelegentlich in gewaltige Denkgebäude genialischer und weltbewegender Natur einmünden (in Deutschland vor allem bei Leibnitz und Kant). In Frankreich aber gebärden sich die entsprechenden Köpfe zunehmend radikal, materialistisch und atheistisch, und driften meist in eine kompromißlose und zersetzende Kritik an den politischen und klerikalen Einrichtungen und Verhältnissen ab. In den Werken von Bayle, Montesquieu, Diderot, Voltaire und Rousseau wird – wenn auch oft unbewußt – der geistige Boden für die Revolution von 1789 aufbereitet.

Die deutsche Geistesgeschichte hat bis heute kaum zu würdigen gewußt, wieviel an geistig-denkerischer Fehlentwicklung ihr der mäßigende Einfluß des großen Philosophen Kant erspart hat. Von Eduard Hegel stammt der schöne Satz: »Kant hat zwar den aufklärerischen Rationalismus zu einem Höhepunkt geführt, aber auch die Grenzen der Erkenntnisfähigkeit der Vernunft aufgezeigt (Kritik der reinen Vernunft, 1781) und versucht, von der praktischen Vernunft her, von der Tatsache des sittlichen Bewußtseins aus die Existenz Gottes zu postulieren (Kritik der praktischen Vernunft, 1788).«[95]

Wie wir bereits gesehen haben (und in Kap. II noch deutlicher sehen werden), liegt nämlich das Verhängnisvolle des Glaubens an die unbegrenzte Erkenntnisfähigkeit des Verstandes nicht nur im ersten anmaßenden Schritt (der lautet: Es gibt nichts, was der Verstand nicht durchdringen und erklären könnte), sondern noch mehr im zweiten (der besagt: was Verstand und Vernunft nicht erklären können, ist entweder nicht existent oder aber irrational, also falsch), und am meisten im dritten Schritt, in der Unterstellung: wenn und weil der menschliche Verstand alles Wesentliche erfassen, durchdringen und erklären kann, kann er auch uneingeschränkt alles rational (vernünftig) planen und gestalten, was gewünscht und gewollt oder als richtig erkannt wird.

Der Fortschritt der Naturwissenschaften führte dazu, daß mehr und mehr der Gesetzmäßigkeiten des materiellen Weltverlaufs entdeckt und erklärt werden konnten. Entsprechende Gesetzmäßigkeiten glaubte man deshalb auch im Geistigen, Sittlichen und Sozialen erkennen zu können, wenn nur die Denkmethoden entsprechend den logisch-exakten der Naturwissenschaften gestaltet werden könnten. In dieser Methodensuche wurde Descartes mit seiner Verfahrensweise des »methodischen Zweifels« zum Wegbereiter des sogenannten philosophischen Kritizismus. Das wäre noch kein Beinbruch gewesen; der Weg dieser Erkenntnismethode jedoch führte über Hobbes und Locke zur Überzeugung, daß sich *alle* Erkenntnis aus der Erfahrung ableiten lasse. In einem solchen Denksystem ist Metaphysik nicht mehr möglich. Wo aber Metaphysik ausgeschlossen ist, da ist nur noch Physik. Übertragen auf Geistiges bedeutet das: Krasser Materialismus. Physik als singuläre Erklärung und Substanz des Menschen, des Menschlichen und der Menschheit, der Person wie der Gesellschaft, endet konsequent in den Schlächtereien der Revolution, den Gaskammern von Auschwitz und den Friedhöfen der Gulags.

Institutionell und historisch wurde daraus anschließend die Säkularisation (modern: »Emanzipation«) nicht nur des Staates von der Kirche, sondern auch des Menschen von Gott, und schließlich die des Menschen von seinesgleichen und von sich selbst. In perfekter Konsequenz entspricht dem nur noch ein einziges »Glaubensbekenntnis«: der Nihilismus.

Anders erklärt: Aus dem »richtigen« Erkennen – so der aufgeklärte Geist – müsse das »richtige« Tun folgen. »Richtiges« Handeln heiße »sittliches« Handeln, denn Elend, Mangel und Not könnten ihre tiefste Ursache nur in fehlender oder mangelhafter Einsicht haben; weshalb der durch Vernunftgebrauch vollständig erkennende oder nur das Vernünftige anerkennende Mensch auch nur noch tugendhaft (weil »richtig«) handeln könne.

Der *entscheidende* logische Schritt des Aufgeklärten: Die »Tugend« muß (vermittels Vernunft) *aus ihm selbst* kommen. Somit *lehnt* der mit den Waffen der eigenen Vernunft Befreite *die Bindung an moralische Autorität oder an Tradition ab.*

Am Ende dieses Denkens stehen Männer wie Holbach und de la Mettrie – später auch Marx –, für die Metaphysik nur mystischer Firlefanz und dumpfes Unwissen bedeutet, und deren Theorien folglich in krassesten, primitivsten Materialismus münden. Soweit Tugend, Sittlichkeit, Moral, Religion überhaupt noch angeführt werden, sind sie zweckrationale Instrumente einer utilitaristisch-eudämonistischen Sinnes-Glückseligkeit. Logische Konsequenz dieser geistigen Bodenbereitung ist die politische (also faktische) Säkularisation. Ihr irdischer Gott ist der neue Staatsbegriff. Wenn das Individuum nicht mehr eingebunden ist in die (vermeintlich »unvernünftigen«) Zwänge der Tradition, der Religion und der hierarchischen Autoritäten, wer soll dann seinen autarken Willen zügeln? Wer soll die Souveränität des einen Bürgers daran hindern, die Souveränität des anderen Bürgers zu verletzen? Konstruktivistisch (und »systemlogisch«) gedacht, kann das nur *einer* leisten: die Summe der vernünftigen Einzelindividuen und ihrer Rechte, also die »Supervernunft« und das »Superrecht«– und somit die höchste und einzige Autorität mit *unbeschränkter* Souveränität: der *neue Staat.* Er ist das Ergebnis eines Vertragsschlusses seiner (vernünftigen) Mitglieder. (Rousseau's Contract Social). Tragische Ironie: Der Götze der Vernunft hat die absoluten Monarchen (die – weil aus Fleisch und Blut – zu bändigen gewesen wären) vom Thron gestürzt und an ihre Stelle eine mehr als absolute, nämlich totalitäre Abstraktion gesetzt, die – weil abstrakt – prinzipiell unbezähmbar sein muß. Der Versuch jedenfalls, die abstrakt (und somit usurpatorisch) gewordene Herrschaft zu bändigen, indem man sie vermittels Gewaltenteilung wieder rekonkretisiert, muß künftig historischen Zufälligkeiten überantwortet bleiben. Der totale Staat – und somit der totalitäre – ist denkbar geworden. Zwischen der unbeschränkten Allgewalt des souveränen Staates und dem Einzelnen (und über beiden) steht nun keine übergeordnete Autorität mehr, keine Tradition und keine Gottesfurcht, sondern nur noch das rationalistische Hilfsinstrument der

Gewaltenteilung; und zwischen Leben und Freiheit des Individuums – und deren Vernichtung – steht nur noch die bange Frage, ob und wielange sich der Staat an diese Spielregel halten mag.

Das »Elend« der Aufklärung ist deckungsgleich mit der Hybris der Vernunft: Weil man nicht erkannt hat, wie die Welt geworden ist und wird, denkt man sie als »Konstruktion der *Un*vernunft«, welche durch eine »Konstruktion der Vernunft« zu ersetzen sei. Von da an ist diese Welt Menschenwerk – und entsprechend miserabel.

Auch wenn ich mich wiederhole, muß ich – um nicht mißverstanden zu werden – nochmals betonen: Aufklärung war und ist nötig. Rationalität und Rationalismus sind leuchtende Errungenschaften des menschlichen Geistes. Erkenntnis und Erkenntnisfähigkeit ist das, was den Menschen über alle anderen Geschöpfe erhebt. Von größtem Übel war und ist nur die Überschätzung und Einseitigkeit des aufklärerischen Weges. Ein Denker, dessen Name mir leider entfallen ist, der aber überaus klug (gewesen) sein muß, hat einmal formuliert: »Die größte Unwahrheit: das ist die Wahrheit – ein wenig verbogen.« Ähnlich kann man zum Aufklärungsbegriff formulieren: Die größte Finsternis: das ist die Aufklärung – ein wenig mißverstanden. Die *wirklich* großen Denker der Aufklärung – allen voran Immanuel Kant wußten sehr wohl, daß es zu beachten gilt: Aufklärung als Abschütteln von Zwängen und Abhängigkeiten, in die man aus Unwissenheit und geistiger Trägheit (oder Verantwortungsscheu) geraten ist, *ist nicht gleichzusetzen* der Meinung, der Mensch könne *alle* Zwänge und Abhängigkeiten durch Wissen und Verstandesgebrauch (Vernunft) beseitigen; und auch *nicht gleichzusetzen* dem Glauben, es sei *überhaupt wünschenswert,* alle diese Restriktionen im menschlichen Leben aufzulösen. Gerade aus der Erkenntnis der großen Gefahr eines solchen Mißverstehens heraus hat Kant sein berühmtes Traktat *»Kritik* der *reinen* Vernunft« geschrieben. Das aber hat die Menschen und die meisten ihrer Denker und Philosophen nicht daran hindern können, diesen beiden Irrtümern emphatisch anzuhängen und deshalb historische Epochen und Ereignisse der Finsternis heraufzubeschwören, welche die furchtbarsten des »finsteren« Mittelalters (und aller historischen Zeit überhaupt) weit in den Schatten gestellt haben.

Die modernen Epigonen einer mißverstandenen und schrecklich fehlinterpretierten Aufklärung sind die Emanzipationsprediger und -gläubigen der verschiedensten Art, die in allen Ländern des Westens zu einer Massenbewegung geworden sind. Auch ihr gemeinsamer

Nenner ist das Zwillingsdogma: Alles, was das Individuum oder »die Gesellschaft« einenge, sei entweder willkürliche und systematisch betriebene Unterdrückung oder die Folge von Unwissenheit (mangelnder Aufklärung) des Einzelnen und/oder Unwilligkeit zu vernünftiger Aktion. Ergo sei es Aufgabe und »Recht« der emanzipierten Vernunft, alle auf dem Individuum und seinen Gruppierungen (bis hin zur »Gesellschaft«) lastenden Zwänge zu beseitigen, insbesondere die »Repressionsmechanismen« der Gesellschaft aufzulösen. Ganz gleich, welcher politischen couleur diese Emanzipationsstrategen und -jünger zuneigen: Der *nervus rerum* aller ihrer Spielarten ist zutiefst sozialistisch. Nicht ohne Grund gibt der Sozialismus seit eh und je vor, einen Alleinanspruch auf den Emanzipationsbegriff zu haben.

Da die vertiefte Behandlung dieses Themas noch ein ganzes Kapitel (II) in Anspruch nehmen wird, will ich mich hier auf ein einziges Beispiel beschränken: auf den Glauben, auch jene menschlichen Institutionen seien Gebilde und Mechanismen des Zwanges, der Herrschaft und der Unterdrückung, die in Wirklichkeit (von Entstehungsgeschichte und Funktion her) Institutionen des Schutzes und der Sicherheit sind, sowie Anpassungsgebilde an grundlegende menschliche Bedürfnisse und Veranlagungen. Eine herausragende unter diesen Institutionen ist die Familie (mit den ihr eigenen Formalstrukturen, wie Ehe, Kindererziehung, Generationen-Verpflichtungen etc.).

Nicht von ungefähr – sowohl hinsichtlich der geistigen Wurzeln als auch der verfolgten Absichten – gehören Auflösung, Umgestaltung und Zerstörung der Familie und ihrer Formalstrukturen zu den Eckpfeilern aller sozialistischen Gesellschaftsentwürfe: Bei den Utopisten ebenso wie bei Marx und Lenin, bei den Genozid-Spezialisten für eine neue Steinzeitgesellschaft in Äthiopien und Kambodscha ebenso wie bei den Emanzipations-Sirenen der jüngsten Tage der Gegenwart. Das geht dann bei letzteren ganz locker vom Hocker und von der mit soziologischen Phrasen gespickten Emanzen-Zunge: Da wird die liebende und geliebte Ehefrau fluchs zur staatlich/kirchlich sanktionierten Gratishure, die treusorgende Mutter zum Repressionsobjekt eines patriarchalischen Gebärterrors, und die in Heim, Haus und Hof aufgehende Hausfrau zur Putzminna mit Null-Gehalt, der egoistische Machos die Möglichkeit zur Selbstverwirklichung vorenthalten. Ruckizucki hat das frisch aus den Psychologie-, Soziologie- und Politologie-Seminaren kommende – und natürlich ungeschminkte – Mäulchen alle Werte umgewertet.

Doch damit ist des Elends Ende noch nicht gekommen. Der zweite Akt findet im Auditorium statt: Das andächtig lauschende Heimchen- und Mutter-Herz erwacht, wird – dank neuer Bewußtseinsbildung – der »Täuschung« über sein bisher so erfülltes Leben gewahr, trägt seinen Frust nach Hause und zum nächsten Psychiater – wenn nicht gleich zum Scheidungsanwalt – und gründet eine Bürgerinitiative gegen die Verbreitung von Schwiegermutter-Witzen.

Der Vorgang ist jedoch weit ernsthafter und bedrohlicher als einige ironische Sätze andeuten können. Der Krankheitskeim, einmal gesetzt, wird die ganze Gesellschaft zerstören, so wie Krebs erst eine Zelle, dann viele Zellen – und bald den ganzen Körper zerstört.

Der britische Wissenschafts-Autor Gordon R. Taylor: »Die Zerströung der Gesellschaft beginnt in der Familie... die Familie ist der Mikrokosmos der Gesellschaft: Eine Familie, in der Kinder alles dürfen, bedeutet eine Gesellschaft, in der fast alles möglich ist; eine Familie, in der alles durcheinandergeht, bedeutet eine chaotische Gesellschaft; eine Familie voller Haß bedeutet eine Gesellschaft voller Haß; eine auseinanderbrechende Familie bedeutet eine auseinanderbrechende Gesellschaft.«[96]

Emanzipation ist nicht gleich Aufklärung, aber sie ist deren Kind, oder – wie Professor Reinhart Koselleck das formuliert: Der Ausdruck wurde schließlich »plurivalent«, »konnte mit politisch völlig differierenden Inhalten besetzt werden.«[97]

Die ursprüngliche *Ambivalenz* der Aufklärung also, die Karl Popper so eindringlich beschrieben hat: »Ich glaube, ... daß alle unsere Nöte und Schwierigkeiten einen Ursprung haben, der bewundernswert und gesund, wenn auch sehr gefährlich ist: sie sind die Folge unseres ungeduldigen Bemühens, das Los unserer Mitmenschen zu verbessern. Denn alle diese Schwierigkeiten sind eine Begleiterscheinung einer Bewegung, die vielleicht die größte aller moralischen und geistigen Revolutionen unserer Geschichte darstellt, eine Bewegung, die vor dreihundert Jahren begann: Es ist das Bestreben ungezählter unbekannter Menschen, sich und ihre Seelen von der Herrschaft der Autorität und des Vorurteils zu befreien, ...ihre Weigerung, sich passiv zu verhalten und alle Verantwortung für die Lenkung der Welt einer menschlichen oder übermenschlichen Autorität zuzuschreiben...[*Aber:*] Die zerstörerischen Kräfte, die durch diese Revolution entfesselt wurden, sind erschreckend.«[98]

– Diese *Ambivalenz* also hat sich in der modernen Mutation namens »Emanzipation« zur *Plurivalenz* eines alle Lebensbereiche durchdringenden geistigen Terrors gewandelt. Jetzt gibt es nicht nur die mitbestimmende Emanzipation des Säuglings im Kindergarten, sondern auch die der Alten in einer Alten-Partei; jetzt gibt es nicht nur die »Theologie der Befreiung«, sondern sogar eine »Feministische Theologie«, obwohl Frau Professor Ranke-Heinemann in ihrer giftspeienden Verleumdungskampagne gegen die Kirche bis ins Jahr 1200 zurückkramen muß (Kardinal Huggucios »reservierte Umarmung«), um ihren einseitigen Unsinn belegen zu können.[99]

Aber nicht nur auf dem Buchmarkt, auch – und vor allem – partei- und machtstrategisch lassen sich mit solchen Parolen glänzende Geschäfte machen. Die »Quoten-Frau« ist keine in ihrer Würde aufgewertete Frau, sondern eine zu Stimmenfang-Zwecken abgewertete Schaufenster-Figur. Die Einführung einer verbindlichen Frauenquote von 40 Prozent für Ämter und Mandate der SPD 1988 kommentierte Joseph Huber treffend: »Es gibt keinen plausiblen Grund, weshalb Kontingentierung auch in der Politik etwas anderes sein sollte als ein Stück uneffizienter Planwirtschaft, ein Stück Protegismus. Den Nachteil hat das Publikum, dem nicht die Leistungen geboten werden, die es ohne Kontingentierung erhalten könnte«, und: »Wozu immer die Frauenquote führen mag – zuerst einmal ist sie ein Schachzug im professionellen Karrierekampf um Ämter und Posten. Das Thema wäre damit als das formuliert, was es ist – ein Stück Macht- und Interessenpolitik.«[100] Noch mutiger kratzt Erich Wiedemann an diesem Geschwür der Demokratie: »Die chauvinistischen Weiber [gemeint sind die »Feministinnen« – vor allem bei den »Grünen«] tragen den wesentlichsten Teil der Verantwortung für die Räterepublikanischen und totalitären Anachronismen in der grünen Denke. Sie setzen sich mit ihren Quotenregelungen souverän über das demokratische Mehrheitsprinzip hinweg, fordern Femejustiz für Sexualstraftäter und Straffreiheit für politisch motivierte Gewaltverbrecher der eigenen Couleur. Alles im Namen der Menschlichkeit und der Gerechtigkeit.«[101]

Ich gehe weiter und behaupte: die Quotenregelung ist ein genauso durchsichtiger Stimmenfang-Schachzug wie es die Herabsetzung des Wahlalters gewesen ist und wie es das sogenannte Ausländer-Wahlrecht noch werden wird. Sie bedeutet darüber hinaus einen Eingriff ins Wählervotum, Ersatz qualitativer Aspekte in der Volksvertretung durch quantitative. Wer die »gerechte« Zusammensetzung des Parlaments und die »richtige« Besetzung von Ämtern in demoskopisch ermittelten Bevölkerungsanteilen sieht, der muß als nächstes »richtig gerecht« werden und die entsprechenden Gremien partialisch auch mit Homosexuellen und Hermaphroditen besetzen, und warum dann eigentlich nicht auch mit Skatspielern, Alkoholikern und Rheuma-Kranken?

Joseph Huber machte jedoch eine noch wichtigere Bemerkung: »Die Realität des Frauenlebens, auch in den Mittelschichten, ist eine andere als die rationalistische Gleichheitsidee vorgibt.«[102] Bei diesem Aspekt landen wir mitten in dem Sumpf, wo das Wesen »Frau« mit immer engmaschigeren Gesetzesnetzen gefangen wird, um es zwecks vorgeblicher »Selbstverwirklichung« in einen meist stumpfsinnigen Arbeitsprozeß zu locken. Da kann Frau Süssmuth (als Familienministerin 1988 in einem Artikel im »Rheinischen Merkur«) lange behaupten: »Ich treibe keine Frau in den Arbeitsprozeß.« Ja, was ist es denn sonst,

- wenn eine fünfköpfige Familie mit *einem* Verdiener genauso besteuert wird wie ein Doppelverdiener-Haushalt ohne Kinder, wenn die Mütter also arbeiten *müssen,* um die Steuern zu kompensieren? (Der Freibetrag je Kind entspricht dem Unterhaltsniveau eines gutgenährten Haushundes, und das »Kindergeld« ist steuersystematisch ein Almosen: Erst viel nehmen, dann wenig zurück»schenken«);
- wenn die Präferenzen einer »angemeldeten« Beschäftigung (mit Mutterschaftsgeld, Erziehungsurlaub, Arbeitsplatzgarantie und Einbezug von Erziehungszeiten in die Rentenanwartschaft) im Vergleich zur »Nur-Hausfrau« mit Kindern immer abenteuerlicher werden,
- wenn ein sozialisiertes Gesundheits(un)wesen so teuer geworden ist, daß sich niemand mehr außerhalb des beschäftigungsgebundenen Kassensystems privat versichern kann; schon gar nicht mit mehreren Kindern? (Vor allem für Selbständige zutreffend).

Was, gute Frau Süssmuth, ist das alles denn anderes als das Hineintreiben der Frauen in den Arbeitsprozeß, die drastische »Bestrafung« einer verantwortungsvollen Mutterschaft und liebevoller Nestwärme für Kinder bis zum 16. Lebensjahr seitens nicht-berufstätiger Frauen? (wobei – das sei fairerweise dazugesagt – alles das nicht »Ihr Werk« ist).

In Wirklichkeit dient die allseits propagierte Emanzipation der Frau vielen Köchen in der kollektivistischen Giftküche:

- Die arbeitende Frau ist Lohnsteuerzahler,
- sie ist Beitragszahler in die Renten- und Krankenkassen, die ohne sie längst pleite wären,

- sie ist eher zahlendes Mitglied einer Gewerkschaft als eine Hausfrau,
- sie vergrößert die Zahl der Arbeitssuchenden und sporadisch Arbeit Verlierenden – und erhöht somit das Zuständigkeits- (sprich: Macht-)Potential der haupt- und nebenamtlichen Funktionäre,
- und sie ist nicht zuletzt (ob beabsichtigt oder nicht) wirksamer Hebel zur Zerstörung der »konservativen« Zelle des Gemeinwesens: der Familie.

Ihren Mißbrauch im Mechanismus des Kollektivs läßt sie sich schmackhaft machen mit den emanzipatorischen Parolen von der »Selbstverwirklichung«, der »Gleichberechtigung« und des »Rechts auf individuelle Lebensgestaltung«. Dabei ist die wirkliche Persönlichkeits- und Motivationsstruktur der Frau eine ganz andere. So hat bspw. eine Repräsentativ-Umfrage des US-Verlages Conde Nast ergeben, daß sogar die ach so emanzipierte Amerikanerin (im Alter zwischen 16 und 65 Jahren)

- den Beruf zugunsten der Familie aufgeben würde (77 % der Befragten),
- Heirat der beruflichen Karriere vorzieht (59 %), und
- Hausfrau und Mutter sein möchte (82 % der Befragten).

Doch Kurzzeit-»Familien«ministerin Ursula Lehr konnte es noch besser: Hausfrau-sein und Mutterschaft – so Frau Professor – stellten heute keine Lebensaufgabe mehr dar; der »Glorifizierung der Mutter« müsse entschieden entgegengewirkt werden. Der Publizist Hans-Dieter Schoen hat ihr die richtige Antwort gegeben, indem er darauf hinwies, daß dies nahtlos mit der (ehemaligen?) DDR-Politik übereingestimmt hat: »Offiziös heißt es dazu in der DDR: »Alle, die dem Ausschließlichkeitsanspruch des Kindes an die Mutter erliegen, sind eigentlich nur Opfer solcher bürgerlichen Auffassungen, die die Frauen in ihrer Hausfrauenrolle belassen wollen.« Und Dr. Schoen fährt fort: »Solche Auffassung nimmt nicht wahr, daß 99 Prozent aller Tätigkeiten von Männern und Frauen reiner Broterwerb sind, von Gleichförmigkeit, Routine, geringer Verantwortung geprägt und ohne schöpferisches Element. Nicht nur verglichen damit sind Mutterschaft und Haushaltsführung erfüllend, selbständig, verantwortungsvoll, abwechslungsreich, kreativ und insgesamt betrachtet eine Lebensleistung, an die die meisten Männer und die kinderlosen Frauen nie herankommen. Wer Frauen in sozialversicherungspflichtige Tätigkeiten um einer Emanzipations-Illusion willen drängt, bringt sie um das Glück des Lebens, und im Alter in Einsamkeit.«[103]

Kurz: Die zerstörerische Wucht des Hyperrationalismus der europäischen Revolutionen – von der jakobinischen über die marxistische und nationalsozialistische bis zur neuesten Spielart, der *sozial* sozialistischen – entwickelt ihre höchste Sprengkraft in der kleinsten und wichtigsten Zelle eines gesellschaftlichen Organismus': in der Familie.

Merke: Auch falsch verstandene »Emanzipation« ist Teil des Konstruktivistischen Rationalismus.

Umso schlimmer, daß es gerade die CDU-Vorzeigedamen gewesen sind, die an diesem Hebel kräftig mitgedrückt haben. Frage: Was hat das C eigentlich noch in der CDU zu tun? Es ist zur Blasphemie geworden.

Womit wir beim unerschöpflichen Thema »Aufklärung und Religion« oder »Emanzipation von Gott« angelangt wären. Es stellt sich vorweg eine Quiz-Frage: Der Atheist oder Gottferne des 19. und frühen 20. Jahrhunderts konnte sich sein ethisches Korsett noch notdürftig aus Bildung und Umgangskultur schnüren. So konnte beispielsweise der Dramatiker Ludwig Fulda, einer der besten Sprachvirtuosen der deutschen Literatur (der nach eigenem Bekenntnis seiner jüdischen Kirche ebenso fern stand wie jeder anderen) noch sagen: »Goethe, Schiller und Lessing, so heißen meine Propheten; Kant und Schopenhauer, so heißem meine Evangelisten.«[104] Aus was – so die Frage – bastelt sich der heutige Freizeit-Agnostiker und Hobby-Hedoniker sein ehtisches Korsett? Etwa aus den hehren Worten von Rambo? – oder von Otto?

Aber die eigentlichen Fragen sitzen tiefer.

Wer am wahrhaftig großen Thema »Aufklärung und Religion« grundlegend und umfassend interessiert ist, kommt an einem der wenigen großen, noch lebenden Philosophen deutscher Sprache, an Professor Günter Rohrmoser, nicht vorbei. Wer darüber hinaus an den Blüten des Geistes sich zu delektieren versteht wie die Biene am Nektar, für den ist Rohrmosers neues Werk »Religion und Politik in der Krise der Moderne« ein Kunstwerk von erlesener Schönheit.[105]Ohnehin ist das Gesamtwerk des Philosophen eine Art Anthologie der Aufklärung – und ihres Scheiterns. Warum ich einige seiner zentralen Thesen hier aufgreife, hat jedoch einen anderen Grund: An seiner konservativen Position läßt sich einerseits die klassisch-liberale Werte-Diskussion *kontrastieren,* andererseits aber auch aufzeigen, *was beiden Positionen gemeinsam sein kann,* wenn sie sich nur Mühe geben, einander zu verstehen.

Rohrmoser: »Es war der im Grunde tragische Irrtum der Aufklärung, die christliche Religion entweder nur in einer privaten Form zuzulassen oder durch eine neue Religion, d. h. letzten Endes durch sich selbst, zu ersetzen ... [Die Neuzeit] hat nicht die civitas dei außer Kraft und Vollzug gesetzt und sich bescheiden mit der civitas terrena begnügt, sondern sie hat die Verwirklichung und Verheißungen der civitas dei zum Thema und Ziel der civitas terrena gemacht.«[106]

Hier, meine ich, gilt es, eine Unterscheidung zu treffen: Diesen »Sündenfall« hat die Moderne nur insoweit begangen, als sie hyperrationalistisch und kollektivistisch – und das heißt im Kern *sozialistisch* – war und ist (und das war/ist sie tatsächlich ganz und gar), nicht jedoch in ihren klassisch-liberalen Theorien (soweit diese überhaupt jemals eine Chance gehabt haben). Man hat stets die klassischen Lehren als hedonistisch mißverstanden (wozu leider vereinzelte eudämonistische Utilitaristen de facto beigetragen haben). Aber: Weder der »echte« Liberalismus noch die von ihm interpretierte kapitalistische Realität haben jemals eschatologischen Sinn-Ersatz angeboten. Allzuoft sind es nur die vom Liberalismus aufgezeigten Auswege aus *materieller* Not gewesen, die als Wege aus *aller* Not umgedeutet worden sind (also *auch* aus der metaphysischen, die allem Menschsein anhaftet). Doch der »Götze des Mammon« ist in Wirklichkeit immer nur ein Schriftgelehrter der Fruchtbarkeit gewesen. Mag die klassisch-liberale Lehre in den Herzen vieler Menschen auch ein Religionsersatz gewesen sein, so doch nicht in ihrer theoretischen Substanz. Quasi-religiös haben sich stets nur die ihr feindlichen Dogmen gebärdet. Man muß sich hüten, den großen konservativen Gelehrten (Rohrmoser) hierfür als Zeugen aufzurufen. Damit würde man seinen Gedanken Gewalt antun. Und doch kommt es mir wie eine Bezeugung meiner These vor, wenn er schreibt: »Eine Theologie der Revolution, der Befreiung und der politisch-demokratischen Partizipation kann marxistische, sozialistische, basisdemokratische und anarchistische Inhalte und Zielsetzungen ohne große Komplikationen sich zu eigen machen, indem sie sie auf der einen Seite christlich legitimiert und auf der anderen Seite die Wege und Methoden ihrer Verfolgung mit einem eschatologischen Vorbehalt versieht. Wenn es schon nicht um die Verwirklichung des Reiches Gottes in dieser Welt geht, so doch um seine Antizipation oder eine das Reich Gottes voraus abbildende Analogie.«[107] Wenn nach dem

Scheitern aller heilsgeschichtlichen Ideologien nunmehr die »Linken ohne Utopie« und die »Rechten ohne Tradition« sind – wie Rohrmoser es ausdrückt, dann wage ich zu formulieren, daß die (echten) Liberalen erstere (die Utopie) nie gebraucht haben und letztere (die Tradition) nie entwickeln konnten (wann auch?); und daß es an der Zeit ist, dieser einzigen mit der Moderne verträglichen Lehre wieder ins Leben zu helfen, die keinen Gott neben sich braucht, ihn aber stets über sich weiß; die nicht die zwei Reiche nebeneinander oder miteinander will, sondern dort, wo sie hingehören: Übereinander; und die sich damit zufrieden gibt, die Ordnungsgesetze des unteren (irdischen) Reiches zu erforschen und zu befolgen, und die Ordnungsgesetze des oberen (himmlischen) zu bestaunen und zu verehren: der liberalen Idee.

Es sind stets *nicht* – liberale Ideen gewesen, die einer quasi- oder ersatzreligiösen Dimension bedurft haben, und die – nach ihrem jeweiligen Scheitern – auch die christliche Religiösität mit-desavouiert und die Moderne als Sinn-Wüste hinterlassen haben. Vor diesem Hintergrund werden Rohrmosers Worte in ihrer Dichte zum aufhellenden Blitz, der bis ins Mark trifft (auch wenn sie von ihm nicht in diesem Zusammenhang gestellt worden sind): »Mit der Verflüchtigung religiöser und quasireligiöser Substanz endet, was man in einem anspruchsvollen Sinne bisher Politik genannt hat. Was dann noch überdauert, ist Politik als technokratisches Management, das Krisen nicht löst, sondern durch andere substituiert unter Aufrechterhaltung der sozialreligiösen Fiktionen einer Hoffnung auf die Realisierbarkeit eines kollektiven Glücks, hinter denen in Wirklichkeit das Netz bürokratischer Verwaltung zusammengezogen wird.«[108]

Wer die individualistischen, *nicht*-egalitären, *nicht*-sozialreligiösen (sondern nüchternen) Maximen des klassischen Liberalismus kennt, wird seine ›Substanz als Alternative‹ zwar nicht in – aber vor dem Hintergrund der Rohrmoserschen Formulierung erkennen.

Natürlich weist Klassische Liberalität nicht den Weg zur Substanz des Religiösen, aber sie verbaut ihn auch nicht. Den Kern *dieser* Problematik vermag sie nicht zu lösen (hat das aber auch nie vorgegeben). Besagten Kern formuliert Rohrmoser in kristallener Klarheit: »Wissenschaft und Technik haben zwar die Eigenschaft, alle geschichtlich überkommenen Ethosformen aufzulösen, ohne aber imstande zu sein, sie ersetzen oder gar Ethik überhaupt begründen zu können. Ethik im wissenschaftlich-technischen Zeitalter ist sicher dringlich, aber vielleicht unmöglich. Die moderne Wissenschaft gibt keine Kriterien her, nach denen man entscheiden könnte, was man machen darf und was nicht.«[109]

Genau diesen entscheidenden letzten Satz hoffe ich, wiederlegen zu können. Es gilt, aufzuzeigen, daß wohlverstandene kritische Rationalität (und somit auch die wohlverstandene Friedensordnung der kybernetischen Ordnungsstrukturen, welche Ausgangs- und Zielpunkt aller klassisch-liberalen Theorie sind) nach Tabu-Werten geradezu verlangt. Nach Tabu-Werten, die exakt jenes zum Thema haben: was man machen darf und was nicht. Vor allem gilt es, aufzuzeigen, daß diese Tabus formulierbar sind, wenn auch nur in Form von Allgemeinen Sätzen. Insofern kann Liberalismus als Wissenschaft (und als Lebensform) durchaus ein Weg (vielleicht der einzige) um jene Klippen der Moderne sein, an denen Sinn sonst zerschellt.

Zugegeben: Das *Ergebnis* von Liberalismus ist ein Wohlstandsstrom, in dem bedächtige Fahrt nicht möglich ist. (Mag nur sein, daß Abstinenz vom Machbarkeits- und Eingriffswahn einem Klima genereller Mäßigung mehr Raum geben könnte).

Die entscheidende Schwierigkeit ist wohl die, daß kritische Rationalität Bescheidung impliziert, und Bescheidung hat mit Ehrfurcht zu tun. Insofern ist Kritischer Rationalismus (hier: Liberalismus) ohne Religiösität wohl nur für einzelne Köpfe (wie von Hayek) möglich, nicht aber generell für die Vielen. Rohrmoser hat deshalb wohl in letzter Konsequenz recht, wenn er sagt: »Was aber heißt tabu? Das argumentlose Akzeptieren von Grenzen. Davon kann in unserer Gesellschaft keine Rede sein. Das wäre auch nur von einer Gesellschaft... zu erwarten, für die es etwas gäbe, was ihr heilig ist. Damit wäre im Grunde eine religiöse begründete Ehtik überlebensnotwendig...«[110]

Obwohl ich (im Hayek'schen Sinne) nicht Konservativer, sondern Liberaler bin, scheint es mir zum Rohrmoserschen Ruf, mit dem sein Buch schließt, keine Alternative zu geben: »Nemo contra deum nisi deus ipse.«[111]

In einem anderen, nicht minder entscheidenden Aspekt jedoch stehen sich konservative und (klassisch) liberale Werte- oder Sinn-Diskussion (fast) unversöhnlich gegenüber: In der Frage nach dem *Ziel* der gesellschaftlichen Entwicklung (und damit implizit nach dem »Sinn des Ganzen«).

Rohrmoser konstatiert in seiner faszinierenden Analyse der

Gegenwart (sinngemäß): ›Die wichtigste Frage ist die nach der Zielkrise. Konkret: Befindet sich die Bundesrepublik in einer Zielkrise? Was ist eigentlich das Ziel, das wir anstreben? Selbst die Wünschbarkeit der Fortschrittsutopie, also die totale Emanzipation auch vom materiellen Mangel, ist zusammengebrochen. Hier setzen die Grünen und Alternativen an. Sie stellen sich der Zielkrise, und das macht sie medien-attraktiv. Wenn wir (also die staatstragenden Parteien) diese Frage nicht beantworten, dann bedeutet das: Chaos.‹

Genau an dieser Stelle muß der (klassisch) Liberale kompromißlos kontern: *Diese Frage ist nicht zu beantworten!* (und es ist typisch, daß sie von den Grün-Alternativen – vorgeblich – beantwortet wird), denn Zieldefinition für einen evolutorischen Organismus (und ein solcher ist der sozio-ökonomische Komplex »Gesellschaft«) ist *Teleologie,* und Teleologie ist – nach Jan Tumlir – »keine Hypothese, sondern ein Geisteszustand.«[112] Es mag eine göttliche Teleologie geben, eine menschlich-gesellschaftliche *kann es niemals geben!* Evolution ist nicht teleologisch, und schon gar nicht in einer dem menschlichen Verstand erschließbaren Weise, denn der Verstand ist selbst Teil und perpetuiertes Ergebnis der Evolution. Es gibt keine Entwicklungs»gesetze«, außer der allgemeinen Aussage, daß das jeweils Anpassungsfähigere die größere Überlebenswahrscheinlichkeit auf seiner Seite hat, und daß sich spontane Ordnungen vom jeweils Einfacheren in selbstordnenden Prozessen zum jeweils Komplexeren hinentwickeln. Das sind aber keine »Gesetze«, weder im naturwissenschaftlichen noch in irgend einem anderen Sinne, weil die Ergebnisse dieses Prozesses niemals vorhergesagt werden können oder in irgendeiner Form sicher sind, (auch dann nicht, wenn man alle gegenwärtigen Daten und Variablen kennen würde, was aber ohnehin unmögich ist). Solche allgemeinen Sätze besagen lediglich, daß etwas *anders* werden wird. Auch Darwins Entwicklungs»gesetze« waren oder sind keine Gesetze im wissenschaftstheoretischen Sinne – und sind auch von Darwin selbst niemals so gesehen oder vorgestellt worden. So sagt auch sein Evolutions»gesetz« sinngemäß nur aus: Das Anpassungsfähigere setzt sich durch. Dabei ist aber weder erkennbar noch jemals wißbar, *was sich wie* und *wann – an was* anpassen wird. Hier schließt sich der Teufelskreis der »Hybris der Vernunft«: Emanzipation versteht sich »aktiv«, als Macher, als Schöpfer, als Verursacher der »Befreiung« des Menschen – und damit als Ausgeburt der Vernunft; in Wahrheit ist sie »passiv«, eine Begleiterscheinung und ein Ergebnis des »Machers« Evolution. Sie ist nicht der Schöpfer oder Träger des Lichts, sondern der Beleuchtete, der schnell zum Verbrannten werden kann. Wer im Dunkel der Nacht einen Weg erkennt, der von einer fernen Lichtquelle erhellt wird, verfällt leicht dem Irrglauben, dies sei »sein«Weg – und der einzig gangbare. In einer *freien* Gesellschaft ist »das Ziel« ebenso wenig definierbar wie in der freien Natur. Deshalb *müssen* diejenigen Politiker, die sich besagter Zielkrise stellen und die Zielfrage *konkret* beantworten wollen, Scharlatane sein. Wer im Bereich des Irdischen Teleologie vortäuscht – oder gar daran glaubt, erhebt sich zur Gottgleichheit. Nicht ohne Grund heißt Luzifer: »Träger des Lichts«. Eine Menschheit, die mit dem Licht ihres Verstandes den Weg zu erhellen und das Ziel ihres Weges zu erkennen glaubt, macht sich zum blasphemischen Weggefährten Luzifers – geradewegs in die Finsternis. Verstand und Vernunft als Selbstausleuchter *eines* Weges in einer Evolution, die aus unendlich vielen, täglich neu geborenen und neu vernetzten Wegen besteht (welche für immer – im Vorhinein – unbekannt bleiben müssen), kann nur Fata Morgana eines Verdurstenden in der Wüste sein. *Emanzipation* (von etwas Bestimmtem und hin zu etwas Bestimmtem) bedeutet deshalb: Nichtverstehen der Evolution. Sie ist luziferische Wahnvorstellung, Totentanz um das goldene Kalb des vergötzten Verstandes.

Hier, wenn auch am Endpunkt verschiedener Wege, treffen Professor Rohrmosers Fazit und mein apologetischer Versuch wieder aufeinander: »Die Kraft des Christentums«, sagt Rohrmoser, »ist die entscheidende Kraft zum Überleben«, und: »Wenn »die Gesellschaft« an der Stelle Gottes absolut gesetzt wird, dann bedeutet dies den Atheismus der sittlichen Welt.«[113]

Und wenn es – so möchte ich mein eigenes Fazit ziehen – eine Antwort auf die Zielfrage, wenn es Telelogie geben kann, dann ist die Antwort »nicht von dieser Welt«. Das Ziel des menschlichen Weges kann – wenn überhaupt – nur Gott sein. Der Verstand könnte uns diesen Weg erhellen, aber: in Apotheose, als selbsternannter Träger des Lichts, verbrennt er im eigenen Feuer und hinterläßt nur Asche und Dunkelheit.[114]

»Dubiose Tugend aller Revolutionäre: So viele Gefühle für die Menschheit, daß keines mehr bleibt für den Menschen.«

Hans Kasper

6. Die luziferische Revolution.

(Vorbemerkung: Das Kapitel »Französische Revolution« habe ich – gegenüber dem ursprünglichen Entwurf – stark gekürzt, weil in letzter Zeit eine unübersehbare Fülle an einschlägiger Literatur erschienen ist. Darunter – endlich – auch kritische. Im deutschsprachigen Raum sind es vor allem die Publikationen von Erik v. Kuehnelt-Leddihn, die mit der verlogenen Gloriole der Revolution von 1789 gründlich aufgeräumt haben).[115]

Vor dem geistesgeschichtlichen Hintergrund der Aufklärung nach französischem Muster nimmt es nicht wunder, daß die Französische Revolution alles andere als »glorreich« war. In Wahrheit war sie nur eine Randale des Pöbels (des intellektuellen wie des nicht-intellektuellen), mit einem sich anschließenden Massengemetzel, dem ersten Völkermord der neueren abendländischen Geschichte. Es rollten nicht nur achtzehntausend Köpfe über das blutverschmierte Pariser Pflaster; allein in der Vendée wurden auf Befehl des Konvents sechshunderttausend Menschen in so widerwärtigen Abschlacht-Orgien hingemetzelt, daß sich die Mongolenstürme der Frühzeit gegen diese unbeschreibliche Sauerei ausnehmen wie ein Kasperle-Theater.

Der »Heldenhafte Sturm auf die Bastille« war in Wirklichkeit das Zusammenrotten eines Pöbelhaufens, der gegen den minimalen Widerstand einer Handvoll Wachen ein paar Geistesgestörte und Betrüger aus dem Gefängnis befreite; und der französische Historiker Pierre Chaunu weist zurecht darauf hin, daß »die Freiheit« nicht 1789 geboren worden sei, und daß auch »Gleichheit und Brüderlichkeit« nicht die Tugenden der Revolution, sondern des Christentums seien. »Die Bilanz der Revolution«, faßt Klaus Huwe in einer Rezension zusammen,[116] »das sind für Pierre Chaunu zwei Millionen Tote, ein ruiniertes Land, eine geminderte Fruchtbarkeit, kurzum: der Anfang eines dauerhaften Niedergangs. Die Revolution... habe Frankreich daran gehindert, ohne Bruch einzutreten in das Zeitalter der Industrialisierung und der Demokratie. Die Revolution sei zu einer Hypothek für Frankreichs Zukunft geworden. Die Verfolgung der Priester, die Verwüstung der Gotteshäuser, die Enteignung und Verschleuderung des Kirchenbesitzes haben... ein seit dem Mittelalter bestehendes soziales System beseitigt, ohne es zu ersetzen: Es gab keine Schulen, keine Hospitäler, keine Hilfe für die Armen mehr.«

Nicht nur historische Laien betrachten die Französische Revolution als eine Art Sturzgeburt der bürgerlichen Freiheit aus dem Schoß feudalistischer Gewaltherrschaft. Nichts ist falscher als das!

Die entscheidenden sozialen, wirtschaftlichen und politischen Entwicklungen, die zur bürgerlich-kapitalistischen Ordnung des 19. Jahrhunderts geführt haben, haben sich in den maßgeblichen Ländern gerade *nicht* als »Revolution« vollzogen, sondern als Evolution, als permanenter Prozeß. Dieser Prozeß hatte schon Jahrzehnte vor dem 14. Juli 1789 begonnen und hat in seiner konsequenten Fortentwicklung außerhalb Frankreichs von den schrecklichen Ereignissen jener Tage kaum Notiz genommen. Diese Revolution war sinnlos, makaber und widerlich. Sie hat Frankreich wirtschaftlich und moralisch ruiniert, und die freiheitlich-demokratische Entwicklung in Kontinental-Europa um eine ganze Generation zurückgeworfen (Napoléon!). Der Aufstieg Englands zur Weltmacht des neuen bürgerlich-freiheitlichen Zeitalters war nicht zuletzt eine Folge der Tatsache, daß das Land nicht durch die Finsternis eines 1789 gehen mußte.

Es ist zutreffend, daß Frankreichs lange absolutistische Erfahrung sich deutlich von der englischen monarchischen Tradition unterschieden hat, aber es ist falsch, anzunehmen, die Revolution sei in einem verarmten, vom Feudalismus geknechteten Land ausgebrochen. Beide »ismen« waren schon lange unaufhaltsam gebröckelt, und der seit 1750 einsetzende wirtschaftliche Aufschwung hatte die Chancen für das Handwerk und Handel betreibende Bürgertum verbessert, sie ökonomisch zu zähmen und »auszuhebeln«. Francois Furet, französischer Historiker und »Revolutions-Spezialist«: Das Ancien Régime ist 1789 schon tot. Die Revolution konnte es nur noch in den Köpfen töten, da es nur noch dort existierte.[117]

Die frühesten und bedeutendsten Denker, die mit den Fehlern und Lügen der Französischen Revolution in umfassender und glasklarer Analyse aufgeräumt haben, waren Edmund Burke und Alexis de Tocqueville. Der Ire Edmund Burke (1729-1797) hat bereits 1790 in seiner Schrift »Betrachtungen über die Französische Revolution«

die Schwächen des Ereignisses so tiefschürfend aufgedeckt, daß er sowohl das Terrorregime Robespierres als auch die nachfolgende Militärdiktatur voraussagen konnte. Der französische Historiker und Politiker Alexis de Tocqueville (1805-1859) gilt als der wohl scharfsinnigste Denker der Staatsform »Demokratie« überhaupt. Sein Hauptwerk »Über die Demokratie in Amerika« (2 Bände, 1835-40) ist ein geniales Monument der Geistesgeschichte der Freiheit, und kann als Kontrastgemälde zum Bild der Französischen Revolution dienen, der er sich originär dann 1856 mit der Schrift »L'Ancien Régime et la Révolution« zuwendet. Es ist wohl die Analyse der Revolution schlechthin. (Voraus ging 1836 ein Aufsatz »Die gesellschaftlichen und politischen Zustände in Frankreich vor und nach 1789«). Erstaunlich (und wohl nur dem rapiden Anwachsen sozialistischen Ideenguts zuzuschreiben) bleibt die Tatsache, daß sich trotz des ernüchternden Tocqueville'schen Sezierergebnisses der unredliche und trügerische »Mythos der Revolution« über zwei Jahrhunderte halten konnte.

Keines der Trugbilder, aus denen sich dieser Mythos zusammensetzt, hat vor Tocquevilles Scharfblick Bestand. »Wie radikal auch die [Französische] Revolution gewesen sein mag«, schreibt er im »Ancien Régime«, »sie hat sehr viel weniger Neuerungen gebracht als man gemeinhin vermutet... Wenn sie nicht stattgefunden hätte, so wäre das alte Gesellschaftsgebäude nichtsdestoweniger überall eingestürzt, hier früher, dort später; es wäre nur weiter Stück um Stück zerfallen, anstatt auf einen Schlag zusammenzubrechen.«[118]

Zur Mär, die Revolution habe dem Volk mehr Macht verliehen bzw. die Regierungen entmachtet, kommentiert Tocqueville: »Es ist richtig, daß die Regierungen, die sie begründet hat, gebrechlicher sind, aber sie sind hundertmal mächtiger als eine von denen, die sie gestürzt hat: gebrechlich und mächtig aus den gleichen Gründen...« – und er belegt dieses Faktum ausführlich.

Zum Märchen vom »reichen Adel und dem verarmten Volk«: »In Frankreich [des Ancien Régime] scheinen ausschließlich die Nichtadligen alles Vermögen zu erben, das der Adel verlor; man hätte meinen können, daß sie nur von seiner Substanz gediehen. Dabei gab es kein Gesetz, das den Bürgerlichen gehindert hätte, sich zugrunde zu richten, oder ihm geholfen hätte, reich zu werden. Trotzdem wurde er ständig reicher; in vielen Fällen war er genauso reich und manchmal noch reicher geworden als der Edelmann... Erziehung und Lebensweise hatten bereits tausend andere Angleichungen zwischen diesen beiden Menschen geschaffen. Der Bürger besaß ebensoviel Bildung wie der Adlige, und ...er hatte seine Bildung von derselben Stelle bezogen.«[119]

Zur Fabel von der »Geburt der politischen Freiheit«: »Bemerkenswert ist, daß unter allen Ideen und allen Gefühlen, welche die Revolution verbreitet haben, sich die eigentliche Idee der politischen Freiheit und der Sinn für sie erst zuletzt einstellen, wie sie auch zuerst wieder verloren gingen.«[120] Und: »Sie [die Physiokraten, die »Vordenker« der Revolution. D. V.] haben sich bereits alle gesellschaftlichen und Verwaltungsreformen, welche die Revolution eingeführt hat, ausgedacht, bevor ihnen überhaupt die Idee freier Institutionen aufzugehen begann. ...an die eigentlichen politischen Freiheiten aber denken sie nicht... Die einzige Sicherung, die sie gegen den Mißbrauch der Macht erfinden, ist die Erziehung der Öffentlichkeit [das kennen wir ja schon! D. V.]; denn wie... Quesnay sagt, »wenn die Nation aufgeklärt ist, ist der Despotismus unmöglich«[121] Und: »man schien die Freiheit zu lieben, und nun stellt sich heraus, daß man nur den Herrn gehaßt hat. Was die [wirklich D. V.] zur Freiheit geschaffenen Völker hassen, ist aber das Übel der Abhängigkeit selbst.«[122]

Zum Märchen vom »Grausamen Gewalt-Regime«, das es zu stürzen galt:

»Niemals waren Toleranz in Fragen der Religion, Milde in der Herrschaft, Menschlichkeit und auch Wohlwollen eindringlicher gepredigt und, so schien es, stärker anerkannt worden als im achtzehnten Jahrhundert; sogar das Kriegsrecht, sozusagen der letzte Schlupfwinkel der Gewalt, war eingeschränkt und abgemildert worden. Dennoch sollte aus so friedlichen Sitten die unmenschlichste Revolution geboren werden!«[123]

Und nun zur zweitgrößten Legende der Französischen Revolution (die größte kommt noch): Zum Satz: »Die Französische Revolution war *nicht* sozialistisch« (den u. a. auch Golo Mann vertritt, dem – das sei hinzugefügt – im übrigen meine uneingeschränkte Verehrung gilt).

An diesem Satz ist nur eines richtig: Die Französische Revolution wurde nicht unter dem Banner sozialistischer Parolen durchgeführt, aber: ihre geistige Vorbereitung, die Ideen in den Köpfen ihrer geistigen Führer, ihre Methoden – und nicht zuletzt die Verbreiter ihrer ebenso klaren wie falschen Ideen über die ganze Erde – sie alle *waren sozialistisch.* Die Grundprinzipien der sozialistischen Irrlehren sind relativ leicht zu erkennen. So auch hier. Es sind stets die gleichen, ob bei Robespierre, bei Stalin oder Hitler: Sie bestehen aus einem dreifachen Verstoß gegen die Grundprinzipien der Freiheit:

1. Der rationalistische Gesellschaftsentwurf (Konstruktivismus) verstößt gegen das grundlegende Lebensprinzip der Evolution.
2. Die sozialistische Doktrin befaßt sich stets schwergewichtig mit der Frage, wer herrschen soll – bzw. wer am effektivsten im Sinne der angestrebten Ziele herrschen soll, und niemals mit der entscheidenden Frage, wie Herrschaft beschränkt werden kann. (Da die Ziele – die sozialistischen Glückseligkeiten und »Gerechtigkeiten« – feststehen, geht es immer nur um die Frage, wer und wie man diese Ziele am schnellsten und gründlichsten verwirklichen kann. Herrschaft wird so zu einer Frage der Zweckrationalität und wird nicht mehr als Gefahr wahrgenommen, die es einzudämmen gilt).
3. Die sozialistische Doktrin setzt stets persönliche mit politischer Freiheit gleich, weil sie den Einzelnen nur als Kollektivwesen begreift und somit die »Freiheit des Kollektivs« (was immer das sein mag) als die einzig mögliche und erstrebenswerte Form der Freiheit überhaupt ansieht. (In der schönen Neuzeit begegnen wir dieser Doktrin in Gestalt der »Demokratisierung« wieder: Freiheit scheint umso mehr und besser verwirklicht, je mehr Lebensbereiche »demokratisiert«, also dem »politischen Freiheitsbegriff« unterworfen werden. In Wirklichkeit dehnt sich damit die Herrschaft – auch wenn es die einer Mehrheit sein sollte – als unbeschränkter Zwang auf alle Lebensbereiche aus, auch auf solche, die um der persönlichen Freiheit willen frei von Politik und politischer Herrschaft bleiben müßten).

Das Ende ist immer der »Terror der Tugend« oder die »Tugend des Terrors« im Robespierre'schen Sinne. Robespierre hat in seiner Rede vor dem Nationalkonvent vom 7. Februar 1794 (»über die Tugend und den Terror«) unübertrefflich dargelegt, wohin es führt, wenn politische und persönliche Freiheit als identisch betrachtet werden: Was nicht zur Deckung gebracht werden kann – so Robespierre –, das muß »weggouillotiniert« werden, und: »Das, was unmoralisch ist, ist auch unpolitisch (woraus folgt: was unpolitisch ist, ist auch unmoralisch). »Die Demokratie«, so Robespierre weiter, »ist ein Staat, in dem das souveräne Volk durch Gesetze, die *sein* Werk sind, *all* das selber tut, was es tun kann, und durch Abgeordnete *alles,* was es selber nicht tun kann... Aber da das Wesen der Republik und

Demokratie Gleichheit ist, bedeutet folglich Liebe zum Vaterland auch Liebe zur Gleichheit. Dieses *erhabene* Gefühl setzt nun voraus, daß das *Volksinteresse* wirklich *jedem persönlichen Interesse* vorangeht, und daher kommt es, daß die Liebe zum Vaterland wiederum *alle Tugenden* voraussetzt oder *alle Tugenden* weckt.« »*Alles,* was die... Leidenschaft des Menschenherzens zum *Allgemeinwohl* hinlenkt, müssen wir annehmen und pflegen. Alles, was sie niederträchtig auf ein *persönliches Ich* konzentriert... müssen wir verwerfen und *unterdrücken*... Glücklicherweise ist *Tugend* dem *Volke angeboren.*« »Wenn der Geist der Regierung im Frieden die *Tugend* ist, so ist er während der Revolution *Tugend und Terror zugleich; Tugend,* ohne die der Terror verderblich ist. *Terror,* ohne den die *Tugend* ohnmächtig ist. *Terror ist nichts anderes als rasche, strenge und unbeugsame Gerechtigkeit. Er ist eine Offenbarung der Tugend. Der Terror* ist nicht ein besonderes Prinzip der *Demokratie,* sondern er *ergibt sich aus ihren Grundsätzen*...«.

Es ist nur folgerichtig, daß Robespierre diese »Tugend« durch einundzwanzigtausend Ausschüsse im ganzen Land überwachen und in ihrem Namen die Guillotinen Tag und Nacht in Betrieb halten ließ. Seine Rede könnte unverändert auch Engels, Lenin, Stalin oder Hitler als Vorlage gedient haben. Die furchtbaren kollektivistisch-sozialistischen Irrlehren, die in ihr zum Ausdruck kommen, sind stets die gleichen.

Hören wir noch den bedächtigen von Hayek zu diesem Thema: »Obwohl in vieler Hinsicht die französische Revolution von der amerikanischen angeregt war, hat sie nie erreicht, was das Hauptergebnis der anderen war – eine Verfassung, die den Gewalten der Gesetzgebung Grenzen setzt. Außerdem wurden vom Anbeginn der Revolution die Grundprinzipien der Gleichheit vor dem Gesetz durch die neuen Forderungen der Vorläufer des modernen Sozialismus bedroht, die eine égalité de fait anstatt einer bloßen égalité de droit verlangten.«[124]

Auch beim guten alten Mises sollten wir mal wieder nachschlagen: »Vergesellschaftung [in der Mises'schen Terminologie heißt das: Bildung von Gesellschaft. D. V.] ist immer Zusammenschluß zu gemeinsamem Wirken; Gesellschaft ist immer Frieden, niemals Krieg. Vernichtungskampf und Krieg sind Entgesellschaftung. Das verkennen alle jene Theorien, die den gesellschaftlichen Fortschritt als ein Ergebnis von Kämpfen menschlicher Gruppen auffassen.«[125]

Und abschließend Benjamin Constant: »Um ein Gebäude zu errichten, haben sie zunächst einmal die Materialien, die sie brauchten, zu Staub zermahlen.«[126] Mein Kommentar: Das ist schon immer die Lieblingsbeschäftigung aller sozialistischen Usurpatoren gewesen.

Soviel zur zweitgrößten Legende. Was aber ist die größte aller Erdichtungen über die Französische Revolution?

Es ist das Gerücht von den Menschenrechten, die vorgeblich aus der Vernunft und der Würde des neuen, »volkssouveränen« Menschen geboren worden seien.

Es wird mir immer unerfindlich bleiben, wie man die Menschenrechte aus aufgeschlitzten Frauenleibern gebären kann, und wie die einzig von Gott herleitbare Würde des Menschen aus der Asche niedergebrannter Kirchen erstehen soll.

Die Menschenrechte sind keine »Erfindung« der Französischen Revolution, sondern christlichen Ursprungs, erstmals formuliert von den Theologen der Spätscholastik. Danach – vor und in der Revolution – wurden sie bestenfalls marktschreierisch popularisiert. Wo soll sie denn auch sitzen, jene sagenhafte Würde des Viertel-, Halb- oder Dreiviertel-Affen, der fressend, saufend, mordend, vergewaltigend und folternd seine Rasse repräsentiert; der mit seinen Fäkalien und Abfällen Meere und Flüsse verpestet, Luft und Boden vergiftet; der seine »geistige Überlegenheit« mit Lug und Trug, mit Krieg und Verwüstung, mit Raub und Diebstahl, mit Pornografie und Perversionen dokumentiert? Wo ist denn der »habeas corpus« bei den Millionen Föten, die krankenkassenfinanziert im Abfalleimer landen? Wie würdig ist gegen ihn der geringste Grashalm, die unscheinbarste Feldblume, die sich anmutig im Winde wiegen und sich bescheiden einfügen in den ewigen Kreislauf der Natur! Und seine, des Viertel-, Halb- oder Dreiviertel-Affen aus dieser »Würde« abgeleiteten »Menschenrechte«: *Woher* sind sie abgeleitet, *was* sollen sie umfassen? Wird morgen auch das »Recht« auf Euthanasie, das Recht auf »Befreiung« von den Alten und Kranken dazugehören?, das Recht auf Hirnoperation an den Intelligenteren, um mehr »Chancengleichheit« herzustellen? Wie »edel« ist die Stunde ihrer Proklamation in jener Revolution gewesen, die die Erde mit Blut und Eingeweidefetzen übersät hat; wie »frei« waren die Leichen, die man zu obszönen Bildern zusammengesetzt, wie »gleich« jene Frauen, die man mit Pulver gefüllt und in die Luft gesprengt, wie »brüderlich« jene Säuglinge, die man – auf Bajonette gespießt –

umhergeschleift hat? Nein, es gibt sie nicht, nicht in dieser Form. Weder die »Würde« des Menschen noch seine »Menschenrechte«, seine selbsterfundenen, zynisch verhöhnten, lächerlichen und verlogenen »Rechte« für sich – und aus sich selbst heraus. Es kann sie nur in *einer Weise*, aus *einer Quelle* und in *einem* gerechtfertigten Sinne geben: In der personalen Beziehung zu Gott, im letzten geheimnisvollen Schöpfungswillen des Allmächtigen; als Derivat von der Würde Gottes und von seinem Recht zur Ordnung und zur Liebe alles Geschaffenen.

Und deshalb: Wo Gott nicht ist als einzig mögliche Quelle der Legitimation, da ist auch keine Menschenwürde und kein Menschenrecht. Das sinnlose und verlogene Funktinärsgeschwafel in den UNO-Palästen ersetzt nicht den Gnadenakt der Gotteskindschaft; und die Agrarsubventionen der Erbsenbürokratie ersetzen nicht den Liebesimperativ der Dreieinigkeit. Mit dem heuchlerischen und eitlen Menschenrechtsgesabber, das der Dreiviertel-Affe aus seinem Primatentum gegenüer dem Vollaffen ableitet, sind wir verloren. Verloren wie alle Gottlosen.

Diese Revolution sollte die gewaltsam aufgestoßene Tür zum Zeitalter des Bürgertums werden. Geworden ist aus ihr das mystische Fanal aller Linken des 19. und 20. Jahrhunderts, deren Denkgebäude schon immer bis in die Fundamente konstruktivistisch gewesen sind; ein Fanal zum angeblichen Aufbruch ins Zeitalter der omnipotenten ratio. Für Karl Marx war der Jakobiner-Terror der erste historisch-deterministische Fingerzeig zur Herrschaft des Proletariats, und der Links-Intelligenzia des Abendlands konnte die stalinistische Massenvernichtung nur ein müdes Achselzucken abringen; schien sie ihr doch nur die konsequente Fortsetzung des französischen »Reinigungs«-Gemetzels; waren doch Lenin, Trotzki und Stalin nur die Erben von Robespierre und Saint-Just.

Politische Mythen aber sind totalitäre Entwürfe. Weil alles Menschliche ein Vermischtes ist aus Rationalität und Irrationalität – und aus noch weit mehr, deshalb verwandelt die Glorifizierung der ratio den »Rest«-Menschen zum Abfallprodukt, mit dessen Kadaver man die jeweiligen Paradiese der neuen Zeitalter düngen kann. Was den schlimmen Absolutismus überwinden sollte, endete in weit Schrecklicherem: Im Absolutismus der Vernunft – und damit in der Diktatur einer usurpatorischen Welterlösungs-Idee.

II. Zwischen Instinkt und Vernunft.

»Bilden wohl kann der Verstand, doch der tote kann nicht beseelen. Aus dem Lebendigen quillt alles Lebendige nur.«
J.W. Goethe (tabulae votivae)

»Unser Entscheiden reicht weiter als unser Erkennen.«
Immanuel Kant

1. Die Enthüllung des »verhängnisvollen Dünkels«.

Obwohl sich dieses ganze Kapitel weitgehend auf Gedanken von Hayeks stützt, kann es natürlich nicht meine Aufgabe sein, die ganze Tiefe und Breite der Ideenwelt des großen Gelehrten wiederzugeben, den viele Menschen für den bedeutendsten Sozialphilosophen und Nationalökonomen unseres Jahrhunderts halten. Das wäre angesichts eines Werkes von rund fünfzig Büchern und ca. dreihundert Broschüren und Aufsätzen (mit Übersetzungen in 17 Sprachen) auch schlicht unmöglich. An der Originallektüre führt – für den gründlich Interessierten – kein Weg vorbei. Was uns hier eingehender beschäftigen soll, ist die Enthüllung dessen, was Hayek »the fatal conceit«nennt, und was man wohl am treffendsten mit »Verhängnisvollem Dünkel« übersetzt.[127] Die gleichlautende Überschrift der neuesten Publikation Hayeks trägt den Untertitel: »The Errors of Socialism«, woraus ersichtlich ist, daß es sich bei dem verhängnisvollen Dünkel um eine ganze Palette von Irrtümern sozialistischen Denkens handelt. Unter Inkaufnahme der Gefahr einer gewissen Einseitigkeit muß ich mich hier auf etwas beschränken, das mir nichtsdestoweniger der springende Punkt der fatalen Einbildung zu sein scheint: Die Vorstellung, daß die Fähigkeit des Menschen, gewisse Fertigkeiten zu erwerben, vom Verstand stamme; während in Wirklichkeut der homo sapiens deshalb intelligent und findig geworden ist, weil er etwas erlernen konnte, was *zwischen Instinkt und Vernunft* (Verstand) angesiedelt ist. (Das erste Kapitel des Buches »The Fatal Conceit« lautet denn auch: Between Instinct and Reason, also: Zwischen Instinkt und Vernunft/Verstand). Dieser überaus bedeutsame Zwischenbereich besteht aus dem, was wir Überlieferung, Tradition, Sitte, Brauch, Gewohnheit nennen. Das meiste an diesen Fähigkeiten und Institutionen, ihre wesentliche Substanz, ist weder in unseren Instinkten genetisch verankert noch rational von irgendjemandes Verstand entworfen oder ausgedacht worden. Deshalb, *weil* viele unserer Sitten, Praktiken und Moralregeln nicht vernunftgeboren sind, sind sie auch zum weit überwiegenden Teil nicht rational begründbar, nicht mit logischen oder Verstandesargumenten zu erklären, ja sind uns oft noch nicht einmal bewußt. Das Erlernen von Verhalten, sagt Hayek, ist mehr die Quelle als das Ergebnis von Einsicht, Vernunft und Verstand: »Die Vorstellung, daß die kulturelle Evolution der biologischen und genetischen vollständig hinterherhinkt, übergeht den wichtigsten Teil des Evolutionsprozesses, nämlich den, in welchem der Verstand selbst geformt wurde. Es ist weniger zutreffend, anzunehmen, daß der denkende Mensch seine kulturelle Entwicklung hervorbringt und kontrolliert, als zu sagen, daß Kultur und Evolution seinen Verstand hervorgebracht haben... Es war nicht der Verstand, der die Zivilisation entwickelt hat (geschweige denn die Richtung dieser Entwicklung), sondern Verstand und Zivilisation haben sich wechselseitig entwickelt.«[128] »So wie der Instinkt älter ist als Brauch und Überlieferung, so sind letztere älter als die Vernunft: Brauch (Sitte) und Tradition stehen zwischen Instinkt und Vernunft – logisch, psychologisch und zeitlich. Sie gehören weder zum Unbewußten noch zur Intuition noch zum rationalen Verstehen. Obwohl gewissermaßen auf menschlicher Erfahrung beruhend, wurden sie nicht geformt, indem aus bestimmten Tatsachen oder Vorgängen vernünftige Schlüsse gezogen wurden. Obwohl wir in unserem Verhalten von dem geleitet werden, was wir gelernt haben, wissen wir oft nicht, warum wir tun was wir tun.«[129] »Der wohl größte Fehler der heutigen »Sozialbiologie« ist es, anzunehmen, daß Sprache, Sitten, Gesetz und dergleichen durch den genetischen Prozeß... vermittelt worden seien, eher jedenfalls als daß sie das Produkt einer selektiven Evolution seien, die durch nachahmendes Lernen übermittelt wurden. Diese Vorstellung ist genauso falsch... wie die Annahme, daß die Menschen Institutionen wie die Sprache, die Sitten, das Recht oder das Geld bewußt erfunden oder entworfen hätten, und daß sie diese deshalb nach ihrem Willen verbessern könnten...[130]«

(Der letzte Halbsatz ist besonders wichtig, denn darin steckt der Bezug zu unserem alten Bekannten: dem »Konstruktivismus«).

Schauen wir uns den Satz »wir wissen oft nicht, warum wir tun was wir tun« näher an. In der Tat sind fast alle unsere Moral- und Verhaltensregeln (soweit sie überhaupt formulierbar sind) nicht positiv formulierbare Normen (Du sollst), sondern negativ zu buchstabierende Regeln (Du sollst nicht...; man tut nicht...), also sogenannte *Tabus.* Sie sind im Grunde abstrakte Regeln, die befolgt werden (müssen), obwohl man sie nicht »vernünftig« begründen kann, ja obwohl man sogar in den meisten Fällen überhaupt nicht *weiß,* daß sich bestimmte Handlungen und Verhaltensweisen nach Regeln richten, und obwohl es oft sogar unangenehm ist, sich nach ihnen zu richten. Wenn wir bei allen unseren Verhaltensweisen und Aktivitäten befragt werden würden: Warum machst du das? – oder: warum verhältst du dich so und nicht anders (obwohl es doch angenehmere Verhaltensweisen gibt)?, dann müßten wir fast immer antworten: »Das ist halt so, – oder: Die anderen machen's doch auch so. »Die Befolgung abstrakter Regeln (in der Großgruppe, der Gesellschaft)«, schreibt von Hayek, »erfordert Disziplin und Zwang, die wir eigentlich instinktiv ablehnen und hassen. Da uns diese Zwänge so sehr mißliebig sind, kann man kaum behaupten, wir hätten sie uns [bewußt] ausgesucht; eher haben diese Zwänge uns ausgesucht: sie haben uns das Überleben ermöglicht.«[131]

Das ist entscheidend: Diese Moral- und Verhaltensregeln sind maßgebliche Instrumente unseres Überlebenskampfes. Allein auf unsere Instinkte angewiesen, hätten wir es nicht weiter als zu einer primitiven Tierexistenz gebracht; allein auf unseren Verstand angewiesen – noch nicht einmal dazu (denn der Verstand ist erst das *Produkt* unserer Entwicklung). Und eine Kombination beider – ohne den Bereich »zwischen Instinkt und Verstand« – hätte zum gleichen Ergebnis geführt: Der Mensch hätte sich »entwickelt« wie ein Säugling, den man allein (oder mit anderen Frischgeborenen) in einen Wald gelegt und mit dem Rat versehen hätte: Jetzt verlasse dich auf deine Instinkte und benutze deinen Verstand.

Es ist wichtig, zu erkennen, daß es drei verschiedene Phänomene sind, die jener Domäne zwischen Instinkt und Vernunft entstammen: Zum einen sind es Fertigkeiten wie bspw. die Sprache (die niemand »erfunden« oder »entworfen« oder »vorgedacht« hat, die aber auch nicht instinktgeboren ist – sonst müßten wir sie nicht erlernen, und sonst könnten auch die Tiere sprechen), zum zweiten sind es Regeln (Tabus) wie bspw. die Respektierung des Eigentums (die auch längst Übung war, bevor das erste geschriebene Gesetz zum Eigentumsschutz niedergelegt worden ist). Zum dritten sind es

»Institutionen«, wie Ehe, Familie, Eigentum, Geld, die wir uns mehr unbewußt als bewußt geschaffen haben, und die nur eine gewisse äußere Form der besagten Regeln verkörpern. Genau besehen handelt es sich bei aller Verschiedenheit doch nur um ein Gleiches: um das nachahmende Erlernen von (mehr unbewußten als bewußten) Regeln, denn auch hinter der Sprache zum Beispiel stehen Regeln, die es uns ermöglicht haben, *nachträglich* (für jede Sprache) eine Grammatik aufzustellen und niederzuschreiben.

Welche kaum zu überschätzende Bedeutung diese Phänomene haben, kann man sich an Hand einer Extremsituation klar machen: Man stelle sich vor, ein verirrter Tourist treffe im brasilianischen Urwald auf einen Eingeborenen-Stamm, der noch keinen Kontakt zur Zivilisation gehabt hat. Er sehe sich unvermittelt von seltsam bemalten Gestalten mit Speeren und Knochenäxten umringt. Der arme Mann ist in diesem Moment völlig hilflos (im wahrsten Sinn des Wortes). Weder Instinkt noch Verstand können ihm weiterhelfen. Instinktiv möchte er fliehen. Der Verstand mag ihm sagen: tue das nicht; das ist gefährlich. Mehr aber nicht. Denn auch der klügste Mann kann in dieser Situation nicht wissen, was jetzt die »richtige« Verhaltensweise wäre. Die Hand als Zeichen der Friedlichkeit auszustrecken, kann als Angriff mißdeutet werden. Lachen kann als »auslachen« mißverstanden werden und wütende Reaktionen auslösen. Starre Unbeweglichkeit kann als Furcht, Bewegungen andererseits als Aggression oder Täuschung aufgefaßt werden. Kurz: Der Mann kann nur Glück oder Pech haben. Wenn er Glück hat, decken sich einige seiner Verhaltensweisen mit denen, die bei besagtem wilden Stamm üblich sind – oder ähneln sich wenigstens.

Nicht anders erginge es jedem Einzelnen von uns inmitten unserer eigenen zivilisierten Mitbürger, wenn jede unserer Handlungen entweder instinktgelenkt wäre oder in jedem Einzelfall auf eine rationale Entscheidung zurückgeführt werden müßte. Wir würden innerhalb kurzer Zeit in Wahnsinn fallen; so wie es auch einem Autofahrer erginge, der sich nicht mehr auf die in sein Unterbewußtsein eingegangenen Verkehrsregeln, Lenk-, Schalt- und Bremsbewegungen verlassen könnte, sondern sich vor jeder Bewegung erst die in der Fahrschule erlernte Anleitung bewußt machen müßte. (Das letzte Beispiel ist freilich schlecht gewählt, denn viele Verkehrsregeln und viele technische Abläufe im Automobil sind am Reißbrett der Ingenieure entstanden, und sind somit bewußte Schöpfungen der ratio, was die meisten Regeln des »menschlichen Verkehrs« ja gerade nicht sind).

Der bekannte Anthropologe Arnold Gehlen ist schon in den Dreißiger und Vierziger Jahren unseres Jahrhunderts sehr weit in diesen »Zwischenbereich« kultureller Evolution vorgedrungen. In seinen Aufsätzen und Forschungsberichten spricht er von der »Entlastungsfunktion der Erfahrungssymbole und Institutionen« und zeigt, wie und warum »der Mensch in seiner organischen Mittellosigkeit genötigt ist, ...ein System von Gewohnheiten des vitalen Verhaltens und praktischen Handelns in sich großzuziehen.«[132]

Diese erste und grundlegende Schicht – so Gehlen – wurde von der Philosophie deswegen meist übersehen, weil die »erwachsene« Weltsicht als die ursprüngliche erschien, der die Dinge allein begrifflich schon genügend erkennbar vorkommen, während sie (diese Weltsicht) in Wirklichkeit ein *Resultat* ist: »Inzwischen ist nämlich ein unendlich wichtiger zweiter Schritt unserer Erfahrung... hinter dem Rücken des Bewußtseins erfolgt: es haben sich höhere, *symbolische,* d. h. einfach: abgekürzte und damit *entlastende* Formen der Wahrnehmung und überhaupt des vitalen Könnens herausgebildet, die ganz weite und schwer errungene Erfahrungsketten entlasten, indem sie sie sozusagen kurzschließen.«[133]

Eindrucksvoll zeigt Gehlen, daß diese erste Seite des Vorgangs nicht »durch das Bewußtsein hindurch«, nicht einsichtsvoll gelernt und erworben wird, sondern eben mit der »Weisheit der Physis«, die auch die Sprachfähigkeit schon entwickelt hatte, ehe sie gebraucht wurde.

Die »Entlastungsfunktion der Institutionen« schließlich ist überlebensnotwendig, weil beim Menschen nicht – wie beim Tier – die Instinkte festgelegte Verhaltensabläufe bestimmen. »Stattdessen nimmt jede Kultur aus der Vielheit der möglichen menschlichen Verhaltensweisen bestimmte Varianten heraus und erhebt sie zu gesellschaftlich sanktionierten *Verhaltensmustern,* die für alle Glieder der Gruppe verbindlich sind. Solche kulturellen Verhaltensmuster oder *Institutionen* bedeuten für das Individuum eine *Entlastung* von allzu vielen Entscheidungen, einen Wegweiser durch die Fülle von Eindrücken und Reizen, von denen der weltoffene Mensch überflutet wird.«[134]

Diese Institutionen sind Formen, die ein »affektüberlastetes Wesen« braucht, um sich selbst und sich gegenseitig zu ertragen, und um sich auf sich selbst und auf die anderen verlassen zu können. Das Individuum erlebt dann eine Institution (wie das Eigentum oder die Ehe) als ein »überpersönlich vorgefundenes Muster, dem er sich einordnet.«

Mit erstaunlich einfachen Worten faßt Gehlen dann diese komplizierten Erscheinungen zusammen: »Die Formen, in denen die Menschen miteinander leben oder arbeiten, in denen sich die Herrschaft ausgestaltet oder der Kontakt mit dem Übersinnlichen – sie alle gerinnen zu Gestalten eigenen Gewichts, den *Institutionen,* die schließlich den Individuen gegenüber etwas wie eine Selbstmacht gewinnen, so daß man das Verhalten des einzelnen in der Regel ziemlich sicher voraussagen kann, wenn man seine Stellung in dem System der Gesellschaft kennt, wenn man weiß, von welchen Institutionen er eingefaßt ist. Die Forderungen des Berufes und der Familie, des Staates oder irgendwelcher Verbände, denen man angehört, regeln uns nicht nur in unserem Verhalten ein, sie greifen bis in unsere Wertgefühle und Willensentschlüsse durch, und diese verlaufen dann ohne Bremsung und Zweifel wie von selbst, d. h. selbstverständlich…, also schließlich mit der Überzeugungskraft des Natürlichen. Vom Inneren der Einzelperson her gesehen, bedeutet das die »bienfaisante certitude«, die wohltätige Fraglosigkeit oder Sicherheit, eine lebenswichtige Entlastung, weil auf diesem Unterbau innerer und äußerer Gewohnheiten die geistigen Energien sozusagen nach oben abgegeben werden können; sie werden für eigentlich *persönliche,* einmalige und neu zu erfindende Dispositionen frei.«[135]

So tiefschürfend und bahnbrechend die diesbezüglichen Erkenntnisse Arnold Gehlens auch gewesen sind, so ist es doch Hayek, dem das Verdienst gebührt, die Phänomene zwischen Instinkt und Vernunft in einem weit größeren und komplexeren Zusammenhang aufgedeckt und erklärt zu haben. Von der eigentlichen Gesellschaftsbildung, von dem, was er »spontane Ordnung« nennt, über die Entstehungsquellen und -mechanismen unserer moralisch-ethischen Werte, bis hin zur Herausbildung von Recht, von arbeitsteiligem Wirtschaften und politischen Herrschaftsstrukturen reicht sein analytisch gespannter Bogen. Es ist die große Geschichte der kulturellen Evolution selbst, die er zu erzählen weiß.

(Wir müssen uns hier auf unseren »roten Faden« beschränken; und auch das nur kurz und gerafft. Weil unter solchen Restriktionen jedoch eine Darstellung der Hayek'schen Ideenwelt nicht möglich ist – noch nicht einmal ansatzweise –, will ich wenigstens einen Eindruck vom Originaltext vermitteln, verlege die entsprechenden Zitate jedoch wegen ihres akademisch-schwierigen Charakters in die Anmerkungen.)[136]

Natürlich haben auch bedeutende Köpfe vor und neben Hayek

und Gehlen um diese Dinge gewußt (ohne sie freilich in gleicher Tiefe und Systematik begriffen und gezeichnet zu haben). Eine kleine Blütenlese möge hier genügen:

Xenophanes (ca. 500 v. Chr.): »Keineswegs haben die Götter von Anfang an alles den Sterblichen aufgezeigt, sondern mit der Zeit *finden* sie suchend Besseres vor.«[137]

Arthur Schopenhauer: »Jeder, der etwas leisten will, muß in jeder Sache, im Handeln, im Schreiben, im Bilden, die Regeln befolgen, ohne sie zu kennen.«

Marie von Ebner-Eschenbach: »Ausnahmen sind nicht immer Bestätigung der alten Regel. Sie können auch Vorboten einer neuen Regel sein.«

Benjamin Constant (zitiert den politischen Schriftsteller August Wilhelm Reberg): »Aber jede Generation« bemerkt ein Ausländer, der unsere Irrtümer von Anbeginn am treffendsten erkannt hat, »erbt von ihren Vorfahren einen Schatz an sittlichen Reichtümern, einen unsichtbaren köstlichen Schatz, den sie an ihre Nachfahren weitergibt.« Der Verlust dieses Schatzes bedeutet für ein Volk einen unermeßlichen Schaden. Wenn man es seiner beraubt, nimmt man ihm jedes Gefühl seines Wertes und seiner Eigenwürde.«[138]

Friedrich Schiller: »Mit dem ersten Sohn... der vom Weibe geboren war, fängt das große Werkzeug an, wirksam zu werden – das Werkzeug, durch welches das ganze Menschengeschlecht seine Bildung erhalten hat und fortfahren wird zu erhalten – nämlich die Tradition und die Überlieferung der Begriffe.«[139]

Gordon R. Taylor: »...unsere Gesellschaft [ist] bis in ihre Wurzeln dadurch bedingt..., daß es Allgemeinverbindlichkeiten gibt, die man nicht antasten darf.«

Und – abschließend – der Philosoph Hermann *Lübbe*: »Die moderne Zivilisation lebt von Bedingungen, die älter sind als sie selber – Tugenden, auch Religionen –, und die Verteidigung der Moderne schließt daher die Verteidigung dieser Bedingungen ein.«

Das Thema »Zwischen Instinkt und Vernunft« ist von so unermeßlicher Bedeutung für das Verständnis der Welt (und auch des Sozialismus!), daß ich es – selbst auf die Gefahr einer mehrfachen Wiederholung hin – nochmals unter zwei Aspekten beleuchten will:

1. Unter dem Aspekt »Allgemeine Regeln und Evolution«,
2. Unter dem Blickwinkel »Wohlstand und Werte«.

Zu 1.: Allgemeine Regeln und Evolution.

Wie in der Natur, so kann auch in einer Gesellschaft (also einer großen Zahl von Menschen) eine »Spontane Ordnung« nur entstehen, wenn ihre Mitglieder (Elemente) bestimmten *allgemeinen Regeln* folgen (die zwar eine große Variationsbreite und Vielfalt aufweisen können, aber doch insgesamt bestimmten *Mustern* entsprechen). Diese Regeln sind überwiegend (in der Biologie natürlich gänzlich) nicht-rationaler Natur, und zwar insofern als sie niemand erfunden hat, und sie auch überwiegend nicht rational begründbar sind. Ihr »Sinn« wird meist gar nicht verstanden, noch sind sie in ihrer Gesamtheit überhaupt verstehbar, noch ist das »Verstehen« notwendig für ihr segensreiches Wirken. Sie können befolgt werden und ihre ordnungschaffende Wirkung entfalten, ohne daß sie »eingesehen« werden. Diese allgemeinen Regeln des richtigen und gerechten Verhaltens sagen uns seltener, was wir tun sollen als (meistens), was wir nicht tun sollen oder dürfen. Es sind also überwiegend sogenannte Tabu-Regeln. Ihre Gesamtheit ist das, was wir Sitte, Brauch, Tradition und Kultur (aber auch Religion) nennen. Sie werden durch Vorbild, Nachahmung, Erziehung, Überlieferung und Anpassung von Generation zu Generation weitergegeben und fortentwickelt, ohne daß es jeweils »vernünftiger« Begründungen dafür bedürfte. Letzteres wäre in den meisten Fällen auch gar nicht möglich, weil fast alle dieser »du sollst« – oder »du sollst nicht«-Regeln, dieser »man tut« – oder »man tut nicht«-Normen (wie bspw. Respektierung des Eigentums, Respekt vor den Eltern und den Alten, Sorge für die Kinder, Eheliche Treue, Familienzusammenhalt, Umgangsformen etc.) rationalen Rechtfertigungen oder Deutungen nur vage oder gar nicht zugänglich sind. Niemand hat sie »erfunden« oder »konstruiert«, und man übernimmt sie nicht im Wege bewußter Einsicht in irgendeine begründbare »Vernünftigkeit« der Regeln. Sie haben sich gemeinsam mit unserem Verstand und unserer Vernunft – und im Wechselspiel mit diesen – entwickelt. Verstand und Vernunft sind nicht ihr Ursprung oder ihr Schöpfer, sondern sind selbst Ergebnis dieser integralen kulturellen und zivilisatorischen Evolution, die längst nicht fertig ist und wohl auch niemals vollendet sein kann. Die Evolution hat keinen »Zweck« und kein »Ziel«, zumindest nicht solche, die für den Menschen erkennbar wären. Gerade weil die unendlich vielfältigen und im Detail unmerklichen Schritte der Evolution ohne erkennbaren Zweck und ohne definierbares Ziel sind, können wir sie weder vorhersehen noch sie rational erklären. Zwar kann man das Überleben einer Gattung oder ihren Fortpflanzungsvorteil durchaus als Grundmuster der Evolution erkennen, aber wer wollte es wagen, daraus einen Zweck oder ein Ziel abzuleiten? Wer vermöchte zu sagen, ob dieser »Zweck« – kennte man ihn denn – »vernünftig« sei, oder welche Richtung die milliardenfach sich vernetzende Evolution im Detail oder im Ganzen nehmen wird? Die zwischen Instinkt und Verstand angesiedelten Regeln und Institutionen sind eine Art Anpassungsraster an die undurchschaubare Entwicklung allen Lebens und aller lebendigen Ordnungen. Sie ermöglichen es uns als Einzelwesen und als Gesamtheit, uns immer weiter anpassen und entwickeln zu können. In eine »Richtung«, die wir nur ganz allgemein mit »Kultur« oder »Zivilisation« beschreiben können. Von diesen Regeln anzunehmen, sie seien aus bewußtem menschlichen Entwurf hervorgegangen, heißt, sie nicht zu verstehen. Und anzunehmen, man könne sie dem Urteil des Verstandes unterwerfen, sie in »rationale« und »irrationale« sortieren, und man könne neue, »vernünftigere« Regeln und Institutionen entwerfen, heißt die wesentlichen Grundlagen des Lebens und Überlebens zu negieren und zu zerstören. *Genau das* aber, das Abschaffen und »Überwinden« des sogenannten Althergebrachten und angeblich »Unvernünftigen«– und sein Ersatz durch »besser geplanten Entwurf« – sind die Grundannahmen des Sozialismus. Deshalb ist Sozialismus letztlich ein Verbrechen wider die Natur – und ein Handeln und Denken gegen das Leben und gegen alle menschliche Entwicklung. Er ist die tiefste Substanz der Zerstörung des Lebendigen.[140]

Zu 2.: Wohlstand und Werte.

Wohlstand hat auf das moralische Grundgerüst der Menschen einen eher demontierenden als einen aufbauenden Effekt. Einige Dutzend Sprichwörter weisen auf diese uralte Volksweisheit hin (»Müßiggang ist aller Laster Anfang«; »Nichts ist schwerer zu ertragen als eine Reihe schöner Tage« usw.). Gleichwohl wäre es der Gipfel der Unmoral und des Unverstandes, wollte man daraus den Wunsch ableiten, die Menschen und Völker sollten – um der Moral willen – in Armut und Elend leben. *Keine* Zustände, *keine* äußeren Umstände (weder Reichtum noch Armut) sind denkbar, die der menschlichen Unvollkommenheit in idealer Weise adäquat wären. Der treffliche Jean Paul hat es wunderschön formuliert: »An jeder Freudenblume unseres Lebens hängt der Tautropfen einer Träne.« Die Menschen streben nun einmal nach Glück und materiellem

Wohlergehen. Und das ist gut so, denn dies ist die Quelle aller Entwicklung, aller Kultur und Zivilisation, allen Erfindungsreichtums und aller Vielfalt des Lebens. Obwohl die Anforderungen an Verantwortlichkeit, Disziplin und charakterliche Festigkeit im Verlauf der ständigen Verbesserung der materiellen Lebensumstände eher zunehmen (zumindest subjektiv gesehen, weil auch die Möglichkeiten des Fehlverhaltens wachsen), ist es nicht das – der Wohlstandsgewinn –, was eine Zivilisation, ein Volk oder eine Nation zerstören kann, sondern die Gesetze, mit welchen man glaubt, dem jeweils Erreichten Rechnung tragen zu müssen. Wenn eine Großgruppe, eine Gesellschaft, einen hohen zivilisatorisch-kulturellen Entwicklungsstand erreicht hat, dann aufgrund der Tatsache, daß sie eine hierfür geeignete (oder günstige) Werte-Skala hatte, einen *ungeschriebenen* Verhaltenskodex (oder einen geschriebenen, der nur den günstigen ungeschriebenen nachvollzogen hat). Also eine Palette jener Taburegeln, die »überlebensgünstig« waren. Die Eigenschaft der »Überlebensgünstigkeit« ist jedoch *nicht identisch* mit »Vernünftigkeit«.

Die Versuchung war schon immer groß (und sie ist mit der »Aufklärung« und »Emanzipation« ins Unermeßliche gestiegen), all diese Regeln »vernünftig« interpretieren zu wollen, sie als *Ergebnis* von Vernunft oder Unvernunft zu betrachten. Von hier aus ist es dann nur noch ein kleiner Schritt, bloß noch jene Gepflogenheiten anzuerkennen, die uns vor dem Hintergrund angeblich oder tatsächlich veränderter Umstände als »vernünftig« erscheinen. Vernünftig in dem Sinne, daß sie von uns gesetzten oder gewollten Zwecken dienen. Im gleichen Sinn wohnt dem, was wir »Gesetz« nennen, also dem positiv gesetzten Recht, immer eine konstruktivistische Tendenz inne.

Je mehr nun eine Gesellschaft sich »Recht« setzt, das nicht lediglich eine schriftliche Dokumentation der geltenden Tabu-Regeln sein will, sondern bestimmten vorgedachten Zwecken dienen soll, desto mehr zerstört sie die Struktur jener gewachsenen Regeln menschlichen Verhaltens – und damit die Bedingungen ihres eigenen Überlebens. Nicht der Reichtum zerstört ein Volk, sondern die Gesetze, die auf diesem Reichtum wachsen.

Ein Beispiel möge hier genügen: In allen erfolgreichen Kulturen kennen wir die Institution des »Respekts vor dem Alter« und des »Altenteils« (also die Verpflichtung der Kinder, für den Unterhalt der alten Eltern Sorge zu tragen). Nachträglich analysiert, erkennen wir – neben den Aspekten der familiären Liebesbande – darin auch den Sinn, daß die jeweils Jungen sich damit auch die traditionelle Grundlage für die eigene Versorgung im Alter geschaffen haben. Diese Verhaltensweise baute sich in Form einer strengen und hohen Moralregel in die Werteskala ein. Ihre Verletzung wurde mit Ächtung durch alle Mitglieder der Großgruppe (Gesellschaft) negativ sanktioniert. Banal gesprochen: Wer seine alten Eltern nicht versorgt hat, war nicht »unvernünftig« (weil er seine eigene Sicherheit im Alter verspielt hat, denn das war ja nicht unmittelbar einsichtig), sondern ein Charakterschwein, mit dem man nichts mehr zu tun haben wollte.

Wohlhabende Staaten nun erliegen – aus vielerlei Gründen – der Versuchung, die Altersversorgung gänzlich zur Angelegenheit der Allgemeinheit oder des Staates zu machen (das heißt: zu sozialisieren). Man erfand zu diesem Zweck den Begriff des »Generationenvertrages« (der genauso eine Chimäre ist wie Rousseaus »Gesellschaftsvertrag«). Das Ergebnis ist nun nicht nur eine radikale Veränderung der technischen Struktur der Altersversorgung, sondern ein ebenso radikaler »moralischer« Wandel. Wer nun seine alten Eltern versorgt, ist dumm (»Soll doch der Staat... Schließlich haben die ein Leben lang »einbezahlt«); wer sie der Fürsorge des Staates überläßt (Rente), nimmt nur vernunftgemäß sein Recht und das der Alten wahr. Mit Gesetzen – das war unser Ausgangspunkt – kann man auch Moral und Tradition zerstören – und damit eine ganze Gesellschaft. (Das heißt nicht, daß ein staatliches Rentensystem von Übel wäre, sondern nur, daß man eine über Jahrtausende gewachsene Institution nicht radikal und blindwütig nach rein »rationalen« Aspekten zerschlagen soll. Dieser Hochmut wird sich noch bitter rächen).

Mit Bezug auf unser Generalthema können wir zusammenfassen: Da Sozialisten von diesem wichtigen – vielleicht wichtigsten – Bereich kulturellen Werdens, jener Welt zwischen Instinkt und Vernunft, nichts wissen – oder nichts wissen wollen, ist ihr Menschenbild stets das von einem rationalistisch verkrüppelten Halb- oder Viertelsmenschen, dessen andere, »unvernünftige« Hälfte (wenn schon nicht »wegguillotiniert«, so doch) »umerzogen« werden muß. Es ist das schreckliche Bild, das nur eine Alternative kennt: Entweder den edlen, aus »Vernunft« zu kollektiver Volltugend gelangten Ameisen-Genossen – oder den Wegwerf-Homunkulus des wahren Menschen, den es im nationalen oder internationalen Interesse, immer aber im »humanitären Menschheitsinteresse« auszurotten gilt.

Ein vielleicht noch bedeutsamerer zusammenfassender Aspekt: Die meisten der genannten Verhaltensregeln und Institutionen (Tabus) werden nicht durch rationale Einsicht, sondern von *religiösen* Vorschriften und Glaubensinhalten gedeckt und geschützt. Friedrich A. von Hayek: »Wie kam es, daß Völker oder Gruppen Jahrzehnte, ja Jahrhunderte und viele Generationen lang Moralregeln fortpflanzten, die sie nicht rational rechtfertigen konnten? ...Die Erhaltung unserer Kultur war zweifellos nur möglich, weil die Moralregeln, deren Funktion die Menschen nicht einsehen konnten, durch religiöse Sanktionen belegt wurden... Wahrscheinlich ist kaum jemand je imstande, rational zu rechtfertigen, warum Institutionen, wie die des Privateigentums, für die Gesellschaft besser sind als sie sind. Dies ist eine der Aufgaben, die der Nationalökonomie gestellt sind, die sie aber bisher nur sehr unvollkommen erfüllt hat. WIR SIND IMMER NOCH IN DER SITUATION, DASS WIR VON MORALREGELN LEBEN, DIE SOZUSAGEN NUR DESHALB WEITERBESTEHEN, WEIL ES FÜR DIE GROSSE MEHRHEIT DER MENSCHEN ÜBERNATÜRLICHE RECHTFERTIGUNGEN GIBT.«[141]

Wir sollten jetzt auch verstehen, warum Sozialismus, Marxismus, Kommunismus und jede Art von Totalitarismus Religion und religiöse Institutionen beseitigen müssen. Anders gesehen: (Originalton Baader, nicht Hayek): Sozialismus ist eine Konkurrenz-Religion, ein Anbetungs-Kult des Götzen »ratio«. Wo diese Religion des Irdischen vordringt, verdrängt oder vernichtet sie die Konfessionen der Transzendenz, und damit die göttlichen Wächter vor dem geheimnisvollen Reich »zwischen Instinkt und Vernunft«.

Wenn aber – wie wir gesehen haben – diesem Zwischenbereich die wichtigsten Überlebensregeln menschlicher Existenz entstammen, dann bedeutet Niedergang oder Zerstörung von Religion konkret: Tod.

Ich wiederhole: *Sozialismus ist Tod!*

»Nicht das Genie ist 100 Jahre seiner Zeit voraus, sondern der Durchschnittsmensch ist um 100 Jahre hinter ihr zurück.«
Robert Musil

2. Die zwei Welten der Halbaffen

Bisher haben wir uns mit dem Widerspruch zwischen dem Hyperrationalismus und der spontanen, nicht-verstandesgeborenen Ordnung beschäftigt. Diese Ordnung ist aber nicht nur nicht-rational (im Sinne von: nicht vom Verstand entworfen), *sondern auch nicht-instinktiv.* (Nicht ohne Grund haben wir ja vom Bereich *zwischen Instinkt* und Vernunft gesprochen). Es besteht also ein weiterer Widerspruch, nämlich der zwischen der *nicht-instinktiven* Ordnung der Großen Gesellschaft und unseren archaischen Urinstinkten. Wir haben es also mit einer *doppelten Unvereinbarkeit* zu tun: mit der Diskrepanz zwischen atavistischen Instinkten *und* hypertrophierter ratio einerseits – und nicht-instinktiver *und* außerrationaler Ordnung andererseits.

So wie man aus der Sicht vieler Philosophen und Theologen sagen kann, daß wir in »zwei Reichen« leben (dem göttlichen und dem irdischen), so kann der Nationalökonom und Philosoph mit weit größerer Belegbarkeit davon ausgehen, daß wir auch in »zwei Welten« leben: der »kleinen« und der »großen«. Doch dazu müssen wir ein wenig ausholen:

Lassen wir uns von einigen Passagen aus dem letzten Werk des großen britischen Historikers, Kulturtheoretikers und Geschichtsphilosophen Arnold Toynbee (»Menschheit und Mutter Erde«) in die kurze Geschichte der menschlichen Zivilisation einführen:

»Seit unsere Vorfahren Menschen wurden, hat die Menschheit fast die ganze Zeit mit Ausnahme des letzten Abschnitts (etwa ein Sechzehntel) in der älteren Altsteinzeit (Altpaläolithikum) gelebt. In dieser Epoche mußte eine Gruppe von Sammlern und Jägern klein an Zahl sein und anderen Gruppen aus dem Wege gehen, denn auf dieser Stufe der Technik und Wirtschaft hätte eine Bevölkerungskonzentration den Hungertod bedeutet. Die Technik (Faustkeilkultur) blieb so gut wie unverändert, und jede Gruppe war so klein, daß sich alle Angehörigen persönlich kannten. Vor vielleicht vierzigtausend, höchstens siebzigtausend Jahren ereignete sich eine schnelle und verhältnismäßig unvermittelte Entwicklung der Technik... In der jüngeren Altsteinzeit (Jungpaläolithikum) werden die Feuersteinwerkzeuge verbessert, neue (organische) Werkstoffe entdeckt, Pfeil und Bogen erfunden, der Hund wird vom Menschen gezähmt. In der Jungsteinzeit (Neolithikum) treten neue und vielfältige Werkzeuge hinzu, weitere Tierarten und Pflanzen werden genutzt, Spinnerei, Weberei und Töpferei erfunden. Dies waren die ersten beiden »technischen Revolutionen«. Die dritte »Revolution« war die Erfindung des Rades, des Segels, der Metallurgie und der Schrift im fünften Jahrtausend v. Chr.; die vierte, die industrielle Revolution, die vor zweihundert Jahren begann und noch andauert.«[142]

So weit der Historiker Toynbee. In den nächsten Passagen hören wir nicht den Historiker, sondern den Sozialphilosophen Toynbee; und dem unterläuft ein kleiner, aber schwerwiegender Fehler. Es ist nicht leicht, diese Denkfalle in den faszinierenden – und natürlich auch weitgehend zutreffenden – Formulierungen des großen Geistes zu entdecken:

»Die Technik ist das einzige Feld der menschlichen Tätigkeit, in dem es eine Vervollkommnung gab. Der ungeheuren Entwicklung von der altpaläolithischen Technologie zu der mechanisierten unserer Tage entspricht kein ähnlicher Fortschritt in den Beziehungen der Menschen zueinander, obwohl die sozialen Veränderungen infolge der industriellen Revolution Verbesserungen dringend notwendig machten.«[143] »Seit der Morgendämmerung der Zivilisation gibt es eine Diskrepanz zwischen dem technologischen Fortschritt des Menschen und seinem gesellschaftlichen Verhalten. Der technologische Fortschritt hat besonders in den letzten zweihundert Jahren Macht und Reichtum des Menschen gewaltig vermehrt, während die Kluft zwischen der physischen Möglichkeit, Böses zu tun, und der geistig-sittlichen Fähigkeit, diese Kräfte zu meistern, so klaffend weit geworden ist, wie die mythischen Schlünde der Hölle.![144]

Hier haben wir eine typische Denkfalle (die – wenn auch nur im weiteren Sinne – etwas mit unserem altbekannten »rationalistischen Konstruktivismus« zu tun hat): Toynbee sieht – wie die meisten Menschen – die geistig-sittlichen Fähigkeiten als etwas Eigenständiges, das neben den technischen Fertigkeiten des Menschengeschlechts hätte mitwachsen sollen, in Wirklichkeit aber zurückgeblieben sei. Er erkennt also nicht klar genug, daß es sich bei der kulturell-zivilisatorischen Evolution um eine kybernetisch-verwobene Einheit, um ein Konglomerat aus Technik, Geist und Moral handelt, das sich im vernetzten Wechselspiel entwickelt und gegenseitig gefördert hat. Insbesondere scheint das Ethisch-Sittliche für Toynbee einen autarken Charakter zu haben. Damit aber kommt er (der kein Sozialist war) in gefährliche Nähe zum sozialistischen Irrglauben, es gebe eine von den faktischen Verhältnissen der Welt unabhängige, eigenständig entwickelbare Moral. (Natürlich hat das Moralisch-Sittliche wohl auch eine von der Welt losgelöste seelische Komponente, die göttlichen Ursprungs sein mag; aber die meint der Sozialist nicht, wenn er von Moral spricht. Sein irdischer Heiligenschein hat etwas mit Gleichheit und Solidarität zu tun). Prinzipiell führt solches Denken in die Irre. Haben wir doch gesehen, daß Moral sich (abgesehen von der genannten seelischen Komponente) als Adaption jener Allgemeinen Regeln oder Muster aus dem Bereich »zwischen Instinkt und Vernunft« bildet, die uns helfen, uns an die veränderten technischen (äußeren) Umstände der Welt anzupassen. Deutet doch schon der Begriff »Sittlichkeit« darauf hin, daß damit im Grunde eine Haltung gemeint ist, die sich so nah wie möglich an *Sitte*, Brauch und Tradition anlehnt. In *dieser* Hinsicht besteht also – entgegen Toynbees Ansicht – keine Diskrepanz bzw. kein zeitliches Auseinanderklaffen zwischen unseren physischen und unseren sittlichen Fähigkeiten. Zwischen der Möglichkeit, mit der Steinaxt Böses zu tun, und der Möglichkeit, mit dem Maschinengewehr Unheil anzurichten, besteht weniger ein qualitativer als vielmehr ein quantitativer Unterschied; und die moralische Reife des Steinzeitjägers mag ebensoweit von seiner Faustkeil-Technik entfernt gewesen sein wie die unsere von der Panzerfaust. Entweder eine Menschengruppe *hat* die geeigneten moralischen Werte herausgebildet und angenommen, die ihr eine Entwicklung zu hoher Kultur und Zivilisation ermöglichen, oder sie entwickelt sich eben nicht. Eine »sittliche Höherentwicklung« jedenfalls neben oder außerhalb der kulturell-zivilisatorischen gibt es nicht (zumindest dann nicht, wenn man Religion in den Kulturbegriff miteinbezieht). Toynbee muß also im Grunde etwas anderes gemeint haben. Eigentlich hätte es ihm bei der Formulierung des von ihm erkannten Zusammenhangs zwischen »gewaltigem Reichtum« und »sittlichen Fähigkeiten« auffallen müssen. Denn gäbe es einen von den äußeren Umständen weitgehend unabhängigen Moralkodex, wie wäre es dann erklärlich, daß in unserer Zeit der technisch-wissenschaftlichen Allmacht zivilisierte Nationen materiell auf Steinzeitniveau zurückfallen (wie die des »real existierenden Sozialismus«)? (Es müssen dort also – wie nicht anders möglich – Technik *und* Moral zerfallen sein). Anders gesagt: Wenn ein Volk einen hohen kulturell-zivilisatorischen Standard erreicht hat, dann *weil* es die »richtigen« oder geeigneten Werte entwickelt und übernommen hat (auch die sittlich-ethischer Natur, denn alle »Werte« haben mit Sittlichkeit und Ethos zu tun), und nicht, weil es einer »eigentlich erforderlichen Werte-Vollkommenheit« technisch-zivilisatorisch vorausgeeilt wäre.[145]

Wenige Zeilen später stößt denn Toynbee auch auf die wahren Gründe seines und unseres »Unbehagens«: »Als die Bedürfnisse der Technik die Gründer der frühesten Kulturen zwangen, menschliche Arbeitskräfte in größerem Umfang zusammenzuziehen, erfanden sie [»fanden« wäre besser! D. V.] eine neue soziale Einrichtung: unpersönliche Institutionen. Diese können größere Gemeinschaften verwalten und versorgen, denn sie ermöglichen die Zusammenarbeit von Menschen, die sonst nichts miteinander zu tun haben. Aber institutionalisierte gesellschaftliche Beziehungen sind kühl und zerbrechlich. Der Mensch fühlt sich in ihnen nie so wohl wie im Rahmen persönlicher Beziehungen...«[146] Jetzt ist der große Denker – vielleicht unbewußt – zweifach auf dem Punkt: Bei der Arbeitsteilung – und bei den Instinkten (beim »Wohlbefinden«). Was hat Arbeitsteilung mit Instinkt zu tun? Auf den ersten Blick gar nichts, denn:

Arbeitsteilung ist nichts für Affen:

Wenn jedermann sein eigenes Radio basteln müßte, hätte keiner eines; allenfalls einige begabte Elektrotechniker, und auch die erst nach langer Arbeit. Die simple Tatsache, daß ein Mann nur den technischen Entwurf aufzeichnet, ein anderer nur bohrt, ein dritter nur lötet und ein vierter nur Knöpfe drückt, beschert uns (aus vielerlei Gründen) als Resultat, daß ein jeder ein Radio besitzt, mancher sogar mehrere; und daß dieser Apparat für den Gegenwert von nur wenigen Arbeitsstunden erschwinglich ist. Einer Affenhorde würde eine derart subtile Art von Arbeitsteilung niemals einfallen – mit dem Ergebnis, daß sie nichts zuwege bringt, was auch nur entfernt etwas mit Zivilisation oder Kultur zu tun hat. Eine Affenhorde verhält sich sicher in vielfältiger Hinsicht »gemeinnützig« im Sinne von »der Gemeinschaft/Horde nützlich«, aber kein Affe wird je begreifen, daß er seiner Gemeinschaft unendlich viel nützlicher – auch viel »gemeinnütziger« sein könnte, wenn die Horde sich arbeitsteilig organisieren würde (wenn sie groß genug wäre). Der Affe lebt eben nur in der »Kleinen Welt«. Wir aber leben in zwei Welten.

Die Tragik: Jene Regeln aus dem Reich »zwischen Verstand und Vernunft« haben uns in die »Große Welt« geführt, unser Herz (und vielfach unser Verstand) aber, unsere *Instinkte* sind noch der »Kleinen Welt« verhaftet. (Wir leben in doppelter Hinsicht in zwei Welten: einmal entwicklungsgeschichtlich durch unsere Instinktbindungen an die unendlich lange Zeit unseres Hordenlebens, zum anderen aber auch aktuell wegen unserer Zugehörigkeit sowohl zur kleinen, intimen Welt der Familie und des Freundeskreises als auch zur großen Welt der arbeitsteiligen Berufseinbindungen). Dort, wo wir faktisch in der Kleinen Welt leben, also in Familie und Freundeskreis, kommen wir mit unseren Instinkten weniger in Konflikt; sehr wohl aber in der Großen Welt außerhalb dieser Refugien. In *dieser* Hinsicht hätte Toynbee recht behalten; wenn er also gesagt hätte, unsere technische Welt sei *nicht der Moral, sondern den Instinkten* weit vorausgeeilt.

An dieser Stelle müssen wir wieder einen Schwenk zu unserem Denk-Giganten Hayek machen. Bei ihm finden wir nämlich die klarste und umfassendste Aufdeckung der uns hier interessierenden Zusammenhänge. In seiner revolutionären Schrift »Die drei Quellen der menschlichen Werte«[147] hat er in überzeugender Weise dargelegt, woher jenes »Unbehagen« kommt, woher es rührt, daß die Menschen das Grundprinzip der »Großen Welt«: die Arbeitsteilung – noch nicht genügend verstanden und »verinnerlicht« haben. »Im Übergang von der primitiven Gesellschaft«, schreibt von Hayek, »oder zumindest von kleinen Gruppen, deren Mitglieder einander bekannt waren, zur offenen Großen Gesellschaft, die nicht länger durch gemeinsame konkrete Ziele, sondern nur durch den Gehorsam gegenüber denselben abstrakten Regeln zusammengehalten wird, vollzog sich die große Veränderung, aus der eine Gesellschaftsordnung hervorging, die in zunehmendem Maße für den Menschen unverständlich wurde, und für deren Erhaltung er sich erlernten Regeln unterwerfen mußte, die häufig seinen angeborenen Instinkten zuwiderliefen. Am schwersten fiel es dem Menschen wahrscheinlich zu begreifen, daß die einzigen gemeinsamen Werte einer offenen und freien Gesellschaft nicht mehr konkrete Ziele waren, die es zu erreichen galt, sondern nur allgemeine abstrakte Verhaltensregeln, die den dauernden Bestand einer ebenso abstrakten Ordnung sicherten... Die Verhaltensweisen, die zur Sicherung des Fortbestandes der kleinen Gruppe der Jäger und Sammler notwendig gewesen waren, und jene Verhaltensweisen, die die Voraussetzung für eine offene, auf

Tausch gegründete Gesellschaft sind, unterscheiden sich sehr stark voneinander. Aber während die Menschheit hunderttausende von Jahren Zeit hatte, sich die Reaktionen, die sie für die erstere Gesellschaftsform brauchte, anzueignen und sie genetisch zu verankern, war es für den Aufstieg der letzteren notwendig, daß der Mensch nicht nur lernte, sich neue Regeln anzueignen, sondern daß auch einige der neuen Regeln gerade der Unterdrückung jener instinktiven, einer Großgesellschaft nicht mehr angemessenen Reaktionen dienten. Die Aneigung dieser neuen Regeln wurde nicht dadurch erleichtert, daß man sie für wirksamer hielt. WIR HABEN UNSERE WIRTSCHAFTSFORM NICHT ENTWORFEN, DAFÜR WAREN WIR NICHT INTELLIGENT GENUG. Wir sind in diese Wirtschaftsordnung hineingestolpert, und sie hat uns zu unvorhersehbaren Höhen getragen und Ansprüche aufkommen lassen, die uns vielleicht noch dazu verführen werden, sie zu zerstören. Diese Entwicklung muß für all jene, die einerseits nur angeborene Triebe und andererseits nur rational entworfene Systeme von Regeln anerkennen, vollkommen unverständlich sein... Diese Tauschgesellschaft und die Lösung des Koordinationsproblems für eine weitreichende Arbeitsteilung durch bewegliche Marktpreise wurden dadurch möglich, daß sich allmählich gewisse Moralvorstellungen herausbildeten und verbreiteten... Zu [diesen]... Moralregeln gehörte es auch oft, darauf zu verzichten, die bekannten Bedürfnisse [der]... Nachbarn zu befriedigen und statt dessen den unbekannten Bedürfnissen vieler unbekannter Menschen zu dienen... In der westlichen Welt wachsen hingegen immer mehr Menschen als Mitglieder großer Organisationen heran und das bedeutet, daß ihnen jene Regeln des Marktes fremd sind, die die offene Gesellschaft möglich gemacht haben. Für sie ist die Marktwirtschaft weitgehend unverständlich; sie haben die Regeln, auf denen sie beruht, niemals angewandt, und ihre Ergebnisse scheinen ihnen irrational und unmoralisch zu sein... Als Folge davon sind die lange Zeit unterdrückten Urinstinkte wieder an die Oberfläche gekommen. Die Forderung nach gerechter Verteilung und nach einer organisierten Macht, die jedem das zuteilt, was er verdient, ist somit genau genommen ein *Atavismus, der auf diesen Urinstinkten beruht.* Und an diese weithin vorherrschenden Gefühle wenden sich die Propheten, Moralphilosophen und Konstruktivisten mit ihrem Vorhaben, bewußt eine neue Gesellschaftsordnung zu schaffen.«[148]

Das also ist der Hinkefuß unserer Entwicklung und das Unbehagen an der Zivilisation: daß wir – um überhaupt die große, offene Gesellschaft und ihre Kultur und Zivilisation hervorbringen zu können – jahrmillionenalten *Instinkten* widerstehen mußten und nach wie vor widerstehen müssen. Der Halbaffe steckt noch zu tief in uns, als daß wir uns in der großen Welt der Nicht-Affen rundherum wohlfühlen könnten. Die Regeln und Instinkte des Horden-, Sippen- und Stammeslebens von hunderttausenden von Jahren sind noch immer – und noch lange – abgrundtief in unserem Unterbewußtsein und unserer Erbsubstanz verankert. *Das* ist eines der entscheidenden Geheimnisse der Wirkung sozialistischer Ideen. Mit diesen atavistischen Halbaffen-Urinstinkten spielen die großen Führer und Verführer der Menschheit, um die Individuen und Völker ihren eigenen egoistischen Macht- und Habgierzielen zu unterwerfen und dienstbar zu machen. Mit den mißbrauchten Begriffen »Altruismus« und »Solidarität«, die nur zwischen einander bekannten Menschen sinnvoll angewendet werden können, auf der Ebene des Kollektivs aber zu Begriffen des Affen-Primitivismus werden, locken sie uns mit heuchlerischer Pseudo-Moral in unseren eigenen Untergang und in die Knechtschaft. Ob Gewerkschaften oder sozialistische Parteien, ob »leuchtende Führer« oder dichtende Bänkelsänger: Wer mit jenen »Überbleibseln der instinktiven Mikro-Ethik der kleinen Horde«[149] geschickt taktiert und von der »solidarischen Gesellschaft« (als Gegenstück zur »Ellenbogen-Gesellschaft«) oder der »Solidarität der arbeitenden Klasse« redet, der ist ein Pyromane an den Zündschnüren unserer Primitiv-Instinkte – und ein machtvolles Werkzeug der Zerstörung unserer gesamten Zivilisation.

Ich wiederhole auch hier: *Sozialismus ist Tod.*

III. Das zarte Pflänzchen »Freiheit«

> Die Idee der Freiheit ist der Einklang, der einzige Einklang der Geschichte der Welt, und das alleinige Prinzip einer Philosophie der Geschichte.
>
> Lord Acton.

1. Bescheidene Denker.

Vor einiger Zeit fielen mir zufällig Unterrichts-Kopien der Klasse 12 eines Gymnasiums in die Hände. Bei einem Dutzend der Blätter handelte es sich um Auszüge aus den Werken von Hobbes, Comte, Marx und konstruktivistische Konsorten. Nur ein einziges Blatt gab einen Text von Adam Smith wieder. Auf meine ironische Bemerkung: ›Ach, zu einer ganzen Seite von Adam Smith habt ihr's gebracht!‹ kam prompt die Antwort des Schülers: »Dem seinen Mist kann man sowieso den Hasen füttern. Man sieht's ja in den USA, wo es immer mehr Arme gibt, was daraus geworden ist. Jedenfalls hat das unsere Geschichtslehrerin gesagt.«

Nun, auch wenn Frau Geschichtslehrerin es sicher anders formuliert hat, so gab doch diese Aussage sinngemäß Kunde vom Stand ihrer Erleuchtung. Wird man mit einer derartigen Ballung von Ignoranz und Indoktrination konfrontiert, dann hängt man zunächst einmal sprachlos und knocked out in den Seilen der Wissenschaft. Es bleibt einem nur die mühselige Wahl, entweder zu schweigen – oder zu versuchen, vermittels einer mehrstündigen Vorlesung – beginnend bei Adam und Eva – den geistigen Kehricht aus dem vernagelten Hirn des Gegenübers auszuräumen. Das ganze könnte man als kleine Episode belächeln, wäre es nicht symptomatisch für das, was in der zweiten Hälfte unseres Jahrhunderts gelehrt und geglaubt wird.

Adam Smith, der große schottische Moralphilosoph des 18. Jahrhunderts, eines der wenigen herausragenden und umfassend gebildeten Genies der gesamten Menschheits- und Wissenschaftsgeschichte, der erste Denker, der Entstehung und Wirkungsweise spontaner Ordnungen entdeckt und erkannt hat, und dessen evolutionstheoretische Erkenntnisse sogar die Grundlagen für die Charles Darwin zugesprochenen Theorien geliefert haben, hätte gewiß besseres verdient als im Geschichtsunterricht der gymnasialen Oberstufe als geistesgeschichtlicher Blindgänger diffamiert zu werden.

Wenn die Menschen und Regierungen dieser Erde die Smith'schen Erkenntnise und Lehren zur Grundlage ihrer politisch-ökonomischen Systeme gemacht hätten, dann wäre nicht die Mehrheit der Erdbevölkerung wesentlich ärmer als die Ärmsten der Armen in den Vereinigten Staaten. Und wenn die politisch-ökonomische Ordnung der USA nicht in den Grundzügen dem entsprechen würde, was Adam Smith als den »Ursprung des Reichtums der Nationen« erkannt hat, dann könnte es sich diese Nation nicht leisten, eine Bevölkerungsgruppe statistisch den Armen zuzurechnen, die immer noch um ein zwanzigfaches reicher ist als Milliarden von wirklich Armen auf der Welt.

Die englisch-schottischen Denker des 17. und 18. Jahrhunderts – allen voran Adam Smith – waren bescheidene Männer; bescheiden in dem Sinne, daß sie nicht an geistigem Hochmut litten. Sie wollten die Welt nicht aus den Angeln heben, um sie neu zu erschaffen, sondern sie wollten sie verändern, mißliche Zustände verbessern. Hierzu wollten sie ihre Entwicklungsprinzipien erforschen, um evolutorisch an den Geschehnissen mitwirken zu können – oder um einfach herauszufinden, warum die Welt so ist wie sie ist. Was sie herausfanden und in einem großen Ideengebäude formulierten, läßt sich zusammenfassen unter der Überschrift »Klassischer Liberalismus«.

Der Liberalismus hat zwar einige Wurzeln in der Antike und in der italienischen Renaissance, aber seine eigentliche Kinderstube steht im England des 17. Jahrhunderts. Die politischen Kämpfe dieses Säkulums (siehe nächstes Kapitel) haben in zähem Ringen die eigentlichen Freiheitsideen hervorgebracht. Die Partei der »Whigs« hatte in der »Glorreichen Revolution« von 1688/89 am erfolgreichsten ihren Widerstand gegen monarchische Willkür durchgesetzt und blieb rund hundert Jahre lang (also bis zur Französischen Revolution) Träger der liberalen politischen Idee. Die Überzeugung der Whigs kristallisierten sich um die Staatstheorie von John Locke (1632-1704), dem Begründer der »anderen« – der britischen – Form der Aufklärung; später (im 18. Jahrhundert) um die Werke der schottischen Moralphilosophen, allen voran: Adam Smith (1723-90), David Hume (1711-76), und Adam Ferguson (1723-1816).

Die Whig-Ideale waren[150]:

1. Meinungsfreiheit (woraus sich nach und nach die präziseren Forderungen nach Religions-, Gewissens-, Presse-, Rede-, Versammlungs- und Lehrfreiheit konkretisierten).
2. Herrschaft des Gesetzes (rule of law). Was darunter zu verstehen ist, kann niemand besser formulieren als Professor Hayek: »Das Wesentliche sind hier strenge Bindungen aller Gewaltausübung und feste, jede Willkür ausschließende Regeln – Regeln, die sowohl in gleicher Weise auf alle Mitglieder der Gesellschaft Anwendung finden als auch im Einzelfall die Regierungen nicht weniger binden als die Regierten. Das Ziel des Grundsatzes [rule of law] ist die Beseitigung aller von der Rechtsordnung geschaffenen Privilegien, d. h. die formelle Gleichheit vor dem Gesetz, und zugleich, wie das schon John Locke mit aller Deutlichkeit ausdrückte, die allgemeine Verminderung der Macht, die Menschen über Menschen ausüben. Zugrunde liegt ihm der Wunsch, den Bereich der Entscheidungsfreiheit des Individuums so sehr wie möglich zu erweitern, die Eingriffe der Staatsgewalt durch die Bindungen an feste Regeln so weit wie möglich voraussehbar zu machen und zugleich auf solche Fälle zu beschränken, in denen sie nicht bestimmt sind, bekannte Personen zu begünstigen, sondern für alle günstigere Gelegenheiten zu bieten, es jedoch dem einzelnen zu überlassen, welchen Gebrauch er davon macht. Nicht immer wird erkannt, daß dieses zunächst rein formelle Prinzip tatsächlich eine sehr weitgehende materielle Beschränkung des Umfanges der zulässigen Staatstätigkeit in sich schließt: Wenn der Staat verschiedene Menschen trotz verschiedener Veranlagung und Position gleich behandeln muß, muß das Ergebnis ungleich sein; und um z. B. in ihren Fähigkeiten ungleichen Personen die gleichen Chancen zu sichern, müßte er sie ungleich behandeln. Gerade das aber schließt der Grundsatz der Gleichheit vor dem Gesetz aus.«[151]
3. Sondereigentum (Privateigentum, insbesondere an den Produktionsmitteln). »Tatsächlich hängt die Eigentums- und Vertragsfreiheit auf das innigste mit der Herrschaft des Gesetzes zusammen: die eine ist ohne die andere nicht möglich. Bewußt wurde die Forderung nach Wirtschaftsfreiheit aber eigentlich erst erhoben, nachdem ihre weitgehende tatsächliche Verwirklichung ihre Vorteile gezeigt hatte. Der Kampf gegen Privilegien und um die Einschränkung der Macht des Königs war zunächst im Interesse der Gleichberechtigung der Staatsbürger geführt worden; und es

war eine Folge davon, daß der Einfluß der Verwaltung auf die Wirtschaft auf ein Minimum herabgesetzt wurde. Adam Smith hatte im Grunde nur noch für die Ausdehnung eines im Inland weitgehend geltenden und erfolgreichen Prinzips auf den Außenhandel zu plädieren und dazu zu zeigen, warum sich die wirtschaftliche Freiheit als so erfolgreich erwiesen hatte.«[152]

Der englische Liberalismus hatte weder das Hyperrationalistische noch das Antireligiöse noch das Abstrakte der französischen Variante. Er vertraute auf die schöpferische Kraft der sozio-ökonomischen Evolution (und nicht auf die Macht eines vernunftgeborenen Plans). Seine Sorge galt der Beschränkung *jeglicher* Gewalt (und nicht der Suche nach einem mächtigen, von der »unfehlbaren Weisheit der Mehrheit«[153] legitimierten Souverän). Ihr Bemühen galt der Gleichheit vor dem Gesetz (und nicht der Gleichheit der Einkommen und Lebensumstände). Je mehr jedoch die Ideen und der trügerische Freiheitsbegriff der Französischen Revolution auf England übergriff, desto schwächer wurde auch dort die Position der Klassisch-Liberalen. Die Whig-Partei spaltete sich – grob gesprochen: in Anhänger und Gegner der Französischen Revolution. Letztere sammelten sich um den genialen Edmund Burke[154]; erstere entwickelten jene Spielart des »Liberalismus«, die noch heute überall auf der Welt einen schillernden Liberalitätsbegriff vertritt, der mehr mit den Ideen des Sozialismus zu tun hat als mit denen der »old whigs«. (Es ist deshalb heute – und schon lange – für einen Klassisch-Liberalen nicht mehr möglich, sich einfach als einen Liberalen zu bezeichnen. Es wird darunter alles mögliche verstanden, nur nicht das, was er sich selbst unter seiner Position vorstellt). Letztendlich beruht der falsche Liberalismus auf dem Irrglauben, daß es *politische* Freiheit ohne *wirtschaftliche* Freiheit geben könne. Beide bilden jedoch eine unabdingbare Einheit. »Ein Kind ohne Kopf bleibt ein Krüppel zeitlebens« sagt ein alter Fastnachtsspruch der Stadt Singen am Hohentwiel. Analog können wir festhalten: Demokratie ohne Marktwirtschaft bleibt ein totgeborenes Kind. Sie kann niemals funktionieren. Sie ist wie ein Auto ohne Motor. Man kann sich zwar hineinsetzen und diskutieren bis man schwarz wird; aber es fährt nicht. Demokratie ist nur ein *Methode* der Begrenzung von Regierungsmacht, *nicht Freiheit per se.* Die Essenz der Freiheit ist arbeitsteiliges Wirtschaften in der spontanen Ordnung der Großen Gesellschaft. Und das ist nur in einer freien Wirtschaftsordnung möglich, wo man den Menschen nicht alles vorschreiben will, was sie zu tun und zu lassen haben, und das heißt: wo auch politische und individuelle Freiheit erhalten bleiben. »Liberale«, die den Markt und jenen Mann nicht verstehen, der ihn erstmalig umfassend erforscht und erklärt hat (Adam Smith), sind nur Scharlatane einer unverstandenen Wirklichkeit. (Das gewinnt derzeit wieder höchste Aktualität bei der Rückwärts-Revolution der Völker Osteuropas. Wenn die Menschen und Verantwortlichen nicht begreifen, daß Freiheit nur auf den Fundamenten einer freien Marktwirtschaft errichtet werden kann, werden sie dort landen, wo sie begonnen haben: in Not und Knechtschaft).

Damit die Dinge nicht verwechselt werden: Der englische Liberalismus des 17. und 18. Jahrhunderts (Freihandel; nur minimale Staatsinterventionen ins Wirtschaftsgeschehen) ist NICHT DAS ERGEBNIS des Wirkens der liberalen Denker und Philosophen. Umgekehrt wird ein Schuh daraus: Der Interventionismus (außerhalb Englands) ist ein Kind des Absolutismus. Die absolutistischen Herrscher des Kontinents mußten ihre Kriege und ihren Feudal-Luxus mit einer Vielzahl von Steuern, Zöllen und Import-/Export-Regulierungen finanzieren (Merkantilismus!) und griffen deshalb überall ins Wirtschaftsgeschehen ein. In England dagegen scheiterte der Versuch, eine absolutistische Regierung zu installieren. Es kam zum Bürgerkrieg (siehe nächstes Kapitel). Aus dieser Erfahrung rührte die Empfindlichkeit und Wachsamkeit der Bürger und Parlamente gegen zu viel Macht in der Hand des Königs bzw. der Regierung. Selbst als 1680 die Monarchie restauriert wurde, blieb die Beschränkung der Macht das vorherrschende Ziel der Politik. Das Mißtrauen gegen wirtschaftspolitische Eingriffe der Regierung war lediglich eine Begleiterscheinung des Mißtrauens gegen *alle* politische Macht. Interventionen wurden also nicht abgelehnt, weil man den Wirtschaftsliberalismus als Programm gehabt hätte, sondern weil man sie als Machtmittel der Regierung ansah. Das *Ergebnis* dieser Abstinenz des Staates von der Wirtschaft war dann ein außergewöhnlicher Aufstieg Englands. Im *Rückblick* auf dieses erstaunliche Geschehen entwickelten sodann die Moralphilosophen (vor allem Adam Smith) ihre Theorien des wirtschaftlichen Liberalismus. Auch der Liberalismus ist keine Erfindung, sondern eine Entdekkung.

Aus dieser Erfahrung – aus dem Staunen darüber, was gewissermaßen »von alleine« (spontan) geschehen war –, resultiert denn auch die bescheidene Einstellung der englischen Denker zur ratio. Sie wußten, daß keine menschliche Institution und kein Vordenker die Mechanismen des wirtschaftlichen Aufschwungs entworfen oder auch nur vorausgeahnt hatte, und lernten deshalb, ihren Verstand INTERPRETIEREND zu gebrauchen ohne ihn KONSTRUIEREND zu mißbrauchen. Auf dem Kontinent hingegen – vor allem in Frankreich –, wo die Macht des absolutistischen Staates total war und wo dieser Staat in alles Wirtschaftsgeschehen geldscheffelnd und bürgerschröpfend eingriff, schienen Feudalgesellschaft und Wirtschaft das Ergebnis eines ausbeuterischen Plans des ebenfalls geplanten Machtapparates zu sein, eine ORGANISATION also, die man für austauschbar hielt. Aus der Illusion, Staat, Gesellschaft und Wirtschaft seien nichts anderes als der Organisationsentwurf einer Feudalclique, erwuchs der Wunsch, diese vermeintliche Konstruktion insgesamt beseitigen und durch eine bessere ersetzen zu wollen. Dieser Wahn und Irrtum ist der Ursprung aller sozialistischen Gesellschafts- und Wirtschaftsmodelle.

2. England: Das Glück des Zufalls.

Nicht nur die wirtschaftliche Liberalität, auch die politisch-rechtlichen Mechanismen der Freiheit lernten die Engländer mehr durch »learning by doing« als durch philosophische Kampfparolen. Historische Zufälligkeiten sind ihnen hierbei zweifellos entgegengekommen. Obwohl die englische Geschichte des 17. Jahrhunderts mehr einem schaurigen Gruselkrimi gleicht als landläufiger Historie, kann man sie doch als einen für die Entwicklung der Freiheit und der Demokratie des Abendlandes glücklichen Zufall betrachten. Der fast das ganze Säkulum dauernde Kampf zwischen König und Parlament hat dem englischen Volk und seinen Denkern eindrucksvoll demonstriert, wie leicht, schnell und unmerklich sich unbeschränkte Gewalt aus *jeder* politischen Institution entwickeln kann: aus der Monarchie ebenso wie aus parlamentarisch-republikanischen Herrschaftsgebilden. Oberflächlich betrachtet zeigen sich die Ereignisse dieses englischen Jahrhunderts zwar als eine Kette aneinandergereihter Perlen immer heller aufleuchtender Parlaments- und Menschenrechte, aber genau besehen wurden immer wieder von beiden Seiten – vom Thron *und* vom Parlament – die Grenzen der Anmaßung, der Diktatur und des Terrors überschritten. Die Folgen waren eine Zeit absoluter Monarchie (Karl I regierte 11 Jahre lang ohne Parlament: 1629-40, dafür aber mit den Schreckensvisionen weltlicher und kirchlicher Sondergerichte), ein Bürgerkrieg (ab 1641), und schließlich sogar die Diktatur Cromwells (1653-58), der alle drei Säulen stürzte, auf denen die Regierung des Reichs geruht hatte (König, Oberhaus, Unterhaus). Auch was in diesem wilden Jahrhundert aus den Parlamenten kam, verdiente nicht selten die Bezeichnung »Gesetze des politischen Wahnsinns«.[155] Mehr als drei Generationen lang lernten die Engländer die Mechanismen und Folgen der Maßlosigkeit kennen, sei es von der einen oder der anderen Seite der Herrschafts-Waage. Der Historiker Heinz Höpfl formuliert: »Die Revolution, die Karl den Kopf abschlug, um der absoluten Monarchie zu entgehen, hatte den Diktator geboren, der über mehr Macht gebot, als sie je ein König verwaltet hatte.« Es scheiterte jeder Versuch, an die Stelle der alten monarchischen Staatsordnung eine neue zu setzen, und so wurde Karl II. aus der Verbannung auf den Thron berufen, »weil das Volk einer Republik müde war, die mit sich selbst nicht fertig würde![156]

Was war geschehen?

Karl I. (1625-49), verheiratet mit der Schwester Ludwigs XIII. von Frankreich, hatte nach der unumschränkten Gewalt gestrebt (Absolutismus). Es war zu mehreren Parlamentsauflösungen gekommen. Das dritte Parlament schließlich, das Karl zur Bewilligung der Mittel zur Fortführung des Krieges (gegen Spanien und Frankreich) einberufen hatte, machte seine Zustimmung von der Annahme der »Petition of Right« abhängig. Diese bestand aus vier Forderungen an den König: Keine Steuer ohne Genehmigung des Parlaments, keine Einquartierung von Soldaten in Privathäuser; kein Kriegsrecht in Friedenszeiten; und keine Verhaftung ohne Angabe von Gründen. Karl antwortete mit erneuter Auflösung des Parlaments – und regierte elf Jahre lang ohne dasselbe. Turbulente Ereignisse (vor allem der schottische Aufstand) machten jedoch eine Wiedereinberufung erforderlich. Das 1640 berufene »Lange Parlament« wurde unter Führung des demagogischen Pym bald mächtiger als der König. Schließlich führte der Versuch des Königs, die Köpfe der Opposition zu verhaften, zum Bürgerkrieg (1641). Die »Independenten« unter ihrem Führer Oliver Cromwell gewannen mehrere Schlachten und schließlich die Macht. Das Parlament wurde umstellt, 143 Mitglieder verhaftet oder ausgeschlossen. Die Anhänger Cromwells waren nun unter sich und beschlossen, einen Gerichtshof zur Verurteilung des Königs zu bilden. Karl wurde schuldig gesprochen und am 30. Januar 1649 hingerichtet. Cromwell schaffte das Oberhaus ab. Der Kopf des Rumpf-Unterhauses war das Heer. Und das Heer war Cromwell. England war Republik unter einem Staatsrat geworden. Faktisch aber war es eine Diktatur unter Oliver Cromwell, die erst nach dessen Tod 1660 durch die Berufung Karls II. zum König zu Ende ging.

So viel zu Höpfls zusammenfassendem Satz.

Doch der Streit zwischen Krone und Parlament ging weiter. Jakob II., Bruder und Nachfolger Karls II., war zum Katholizismus übergetreten und berief – entgegen geltendem Recht – Katholiken in Staatsämter, nicht zuletzt auch in der Absicht, religiöse Toleranz (ohne Zustimmung des Parlaments) durchzusetzen. Sechs protestantische Bischöfe, die sich weigerten, die Indulgenzerklärung von der Kanzel verlesen zu lassen, ließ er in den Tower werfen und setzte zwei Richter ab, als diese die Bischöfe freisprachen. Vor dem Hintergrund dieser Rechtsbrüche ließen sieben Notabeln 1688 Wilhelm II. von Oranien, Statthalter von Holland, nach England rufen, um den König in seine Schranken zu verweisen und den befürchteten Rückfall der Stuart-Dynastie in den Absolutismus zu verhindern. Wilhelm, Neffe und Schwiegersohn Jakobs II., war für das Abenteuer leicht zu gewinnen, weil ein katholisches England – gemeinsam mit dem katholischen Frankreich – zu einer Gefahr für die protestantischen niederländischen Provinzen geworden wäre, und weil andererseits das protestantische, mit den Niederlanden verbundene England ein Schutzwall gegen Frankreich darstellen würde. Wilhelm also nahm die Aufforderung an und landete am 5. November 1688 mit einer Armee von 16 000 Mann an der englischen Küste. Jakob II floh nach Frankreich. Das Parlament verkündete am 6. Februar 1689, Jakob II. habe durch seine Flucht abgedankt, und erhob eine Woche später die »Bill of Rights« zum Gesetz. Am 11. April wurden Wilhelm II. und seine Gemahlin Maria (Tochter aus Jakob II. erster Ehe) als König und Königin gekrönt.

Erstaunlich, wie selbst in dieser desolaten Situation und revolutionären Stimmung sich das englische Traditions- und Rechtsdenken durchsetzte: Wilhelm wurde nicht durch einen willkürlichen oder umstürzlerischen Akt eingesetzt, sondern erst nach einem gewundenen Umweg durch das Traditionsgewissen der englischen Notabeln: Das Parlament war aufgelöst und konnte nur durch einen König neu berufen werden. Jakob II. andererseits hatte nicht abgedankt und konnte somit auch nicht abgesetzt werden. Als man schließlich glaubte, eine salomonische Lösung gefunden zu haben, indem ein parlamentarischer Konvent verkündete, Jakob II. habe durch sein Verhalten den Vertrag zwische König und Volk gebrochen, und damit seine Regierung niedergelegt – der Thron sei also vakant –, stimmte eine Mehrheit der Lords gegen die Unrechtmäßigkeit der Formeln »niedergelegt« und »vakant«. Schließlich einigte man sich auf den Kompromiß, die Krone der Tochter Jakobs II. (und Gemahlin Wilhelms von Oranien), Maria, anzubieten, ihrem Gatten Wilhelm aber die Regentschaft. Beide lehnten aus unterschiedlichen Gründen ab. Schlußendlich bot man *beiden* die Krone an, und sie bestiegen 1689 als Doppelkönige – ein Unikum in der englischen Geschichte – den Thron. Das Angebot war verbunden mit einer »Declaration of Rights«, einem Meilenstein in der Geschichte der bürgerlichen Freiheits- und Menschenrechte, der noch im gleichen Jahr Gesetz wurde (Bill of Rights). Sie besteht aus einer Aufzählung von Rechten, die dem König *nicht* zustehen, und von solchen, die dem Parlament und den Untertanen garantiert werden.

Der Historiker Heinz Höpfl würdigt die Ereignisse mit dem knappen und treffenden Satz: »Dieser Katalog der Rechte und die Tatsache, daß nun die Krone von einem zwar nicht gewählten, aber dennoch parlamentsähnlichen Konvent übergeben war, der auch die Thronfolge geregelt hatte, waren wahrhaft eine Revolution – und eine glorreiche dazu.«[157] Und ein anderer Historiker (Robert Schneebeli) faßt prägnant zusammen: »Die Revolution von 1688 errichtete eine feste Schranke gegen den »Staat«. Die Würde des Rechts galt dank ihr und nach ihr mehr als die Würde des Königs.«[158]

Im tiefsten Grund war die englische Geschichte des 17. Jahrhunderts ein geistesgeschichtliches Pendant zur Säkularisation und zum Dreißigjährigen Krieg auf dem Kontinent, verwoben nur in ein Ringen zwischen Thron und Parlament, was sich als äußerst fruchtbar für die politische Dimension des Staats- und Rechtsdenkens und für die Tradition der rule of law in der angelsächsischen Welt erweisen sollte. Die kostbarsten Früchte waren die Habeas Corpus-Akte von 1679 und die Declaration of Rights 1689. Letztere war also – genau hundert Jahre vor der Französischen Revolution – wichtigster Teil der GLORREICHEN REVOLUTION, welche diesen Namen wahrhaft verdient. Auch sie, die Glorreiche, war jedoch nicht nur konsequentes Resultat eines historischen Lehr- und Lern-Schauspiels, sondern auch Ergebnis glücklicher Zufälle. »Sie ist ohne Blutvergießen möglich geworden«, schreibt Höpfl, »weil der französische König sich verrechnete und der englische die Nerven verlor.«[159] (Ludwig XIV. hatte zu spät begriffen, was vorging, hatte dann zwar eingegriffen, aber die Landschlacht verloren. Und Jakob II. hatte – wie wir gesehen haben – kampflos aufgegeben).

Daß die Vorgänge – und mit ihnen das Freiheitsverständnis der angelsächsischen Welt – aber eine Dimension besitzen, die weit über das historisch Zufällige hinausgeht (besonders, was den Vergleich mit der Französischen Revolution angeht), erfahren wir am aufschlußreichsten beim großen Rechts- und Staatsphilosophen Franz Böhm: »Es ist … ein großer Unterschied, ob die Demokratie aus rechtsstaatlicher Tradition herausgewachsen ist oder aus dem Kampf gegen eine bereits befestigte absolute Monarchie. Im ersten Fall [dem englischen] eignet sich das Volk Attribute der königlichen Gewalt an, weil es … sich endlich einmal seiner Freiheiten und des Gesetzes ohne Furcht vor der diskretionären Gewalt erfreuen will. Im anderen Fall [dem französischen] greift das Volk nach der Krone, um sie sich selbst aufs Haupt zu drücken… DIE RECHTSSTAATLICHE

REVOLUTION SOZIALISIERT DIE HERRSCHAFTSGEWALT, UM SIE STILLZULEGEN, UND DIE AKTIONENSTAATLICHE VOLKSREVOLUTION SOZIALISIERT DIE HERRSCHAFTSGEWALT, UM SIE BIS ZUM RAND AUSZUÜBEN.«[160] »Der Gedanke war ganz einfach der: wenn man die königliche Prärogative auf das Parlament überträgt, dann ist man endlich vor den nie abreißenden Grenzverletzungen sicher ... Die Engländer insbesondere entschlossen sich sehr ungern zu diesem Schritt; ihre Empfindungen der Krone gegenüber waren in hohem Grade Empfindungen der Loyalität, und nichts lag ihrem Denken ferner als die Idee der Volkssouveränität. Ungern und aus den rein praktischen Überlegungen des gebrannten Kindes eigneten sie sich schließlich das Spielzeug an, um seinen Mißbrauch zu unterbinden. MIT JEAN JACQUES ROUSSEAU HAT DAS NICHT DAS MINDESTE ZU TUN.«[161] »Man wird kaum fehlgehen, wenn man sagt, ...daß dieses Parlament und dieses Volk in diesen Kämpfen ihr politisches Denken und ihre politischen Ideale geformt hatten und aus diesem Grunde auch NACH TISCHE EBENSO DACHTEN, WIE SIE VOR TISCHE GEDACHT HATTEN, NÄMLICH RECHTSSTAATLICH.«[162]

Es war also tief im englischen Volk und seinem Denken verwurzelt, was John Locke unter der rule of law verstand: »Gesetze werden gemacht und Regeln niedergelegt..., um die Macht zu begrenzen und die Herrschaft *jedes Teils* und *jedes Mitglieds der Gesellschaft* zu mäßigen,« – und – so kann man hinzufügen – nicht, um eine Regierung oder eine Mehrheit zu ermächtigen, alles durchsetzen zu können, was sie für richtig oder zweckmäßig hält.

So ähnlich sich also die äußeren Ereignisabläufe auch darstellen, so verschieden waren die Wesenszüge dieser beiden Revolutionen. Was unsere eingangs erwähnte Bescheidenheit der englischen Denker anbetrifft, so gilt diese auch in Bezug auf den uns inzwischen hinlänglich vertrauten ›Konstruktivistischen Rationalismus‹: Ein eidgenössischer Historiker der Jahrhundertwende hat es vielleicht am besten getroffen mit dem Satz: »diejenigen, welche eine Rolle [in diesem englischen Drama] gespielt haben, haben nicht die Kühnheit besessen, im Namen des Menschengeschlechts auftreten zu wollen.«[163]

»Die Amerikaner sind das erste Volk, dem der Himmel eine Gelegenheit gewährt hat, über die Formen der Regierung, unter denen es leben wird, zu beraten und darunter eine auszuwählen.«
John Jay (einer der amerikanischen Gründerväter)

»Ich bleibe der Idee verbunden, daß wir unseren Glauben hinaustrompeten und unsere amerikanischen Ideale vermitteln – bis die Türme der Tyrannen in den Staub sinken.«
Ronald Reagan.

3. Die amerikanische Revolution.

Wir haben gesehen, wie in England nicht nur eine andere Rechtstradition (Nichtübernahme des Römischen Rechts), sondern auch die bittere Erfahrung, daß *alle* Regierungsgewalt (auch die des Parlaments) entarten kann, das Empfinden für die rule of law gefestigt hat. Für ein aller menschlichen Macht – aber auch allen menschlichen »Gesetzen« – übergeordnetes höchstes Recht also. Es ist deshalb nicht verwunderlich, daß dieses Gefühl auch bei den Gründervätern der amerikanischen Nation tief verwurzelt war. So haben denn auch die Wortführer der Kolonien jenseits des Atlantik die Anmaßung des Parlaments in London als letzte entscheidende Ursache des Bruchs mit dem englischen Mutterland betrachtet. Natürlich waren es nicht nur Differenzen in parlamentarisch-rechtlichen Grundsatzfragen, welche die Trennung einleiteten (so war bspw. auch das Selbstwertgefühl der Kolonisten im Siebenjährigen Krieg mit den Franzosen und Indianern gewachsen. Sie hatten festgestellt, daß sie ebensogut – und oft sogar besser als die regulären englischen Truppen kämpfen konnten), aber den Ausschlag haben die als Bevormundung und Anmaßung empfundenen Steuer- und Zollgesetze des Mutterlands zweifellos gegeben. Besonders das sogenannte Stempelgesetz von 1765 (Stempelsteuer auf Zeitungen und amtliche Formulare) wurde als klarer Verstoß gegen das Rechtsprinzip »no taxation without representation« aufgefaßt. Das Gesetz wurde zwar – nach regelrechten Anwendungsboykotten der ausführenden Behörden – 1766 wieder aufgehoben, aber ungeschickterweise hatte das englische Parlament den Aufhebungsbeschluß mit der förmlichen Feststellung verbunden, es habe sehr wohl das Recht, den Kolonien in allen Angelegenheiten bindende Gesetze zu geben. Für die politisch hellwachen Whigs beiderseits des Atlantik war dies ein unerträglicher Verstoß gegen die mühsam erkämpften Rechte und Pflichten des Parlaments.

Neigten schon in England die Führer der Whigs (der ältere Pitt, Burke, Barré und Fox) gegen solche Anmaßung, so erst recht die aus der Whig-Tradition stammenden maßgeblichen Persönlichkeiten der Kolonial-Parlamente. Die Kolonien hatten ja ihre eigenen Regierungen, und diese waren zwar der englischen Krone verpflichtet, nicht aber dem englischen Parlament. Der König sei zwar – so argumentierten sie – ebenso der König der Kolonien wie der des englischen Mutterlands, aber das Parlament in London habe ebensowenig das Recht, Gesetze für Virginia oder Massachusetts zu erlassen, wie umgekehrt die Kolonial-Legislativen für England. Da sich in der Folge aber in London die »hardliner« durchsetzten, wurde der 1775 ausbrechende Unabhängigkeitskrieg unvermeidlich.

Am 4. Juli 1776 – dreizehn Jahre vor der Französischen Revolution – verabschiedete der Kongreß die einstimmige Erklärung der dreizehn Vereinigten Staaten von Amerika: die sogenannte Unabhängigkeitserklärung, welche bereits wesentliche Elemente der späteren Erklärung der Menschenrechte in Paris enthielt. So lautete schon der zweite Satz: »Folgende Wahrheiten erachten wir als selbstverständlich: daß alle Menschen gleich geschaffen sind [Gleichheit vor dem Gesetz! D. V.]; daß sie von ihrem Schöpfer mit gewissen unveräußerlichen Rechten ausgestattet sind [von Gott abgeleitete Menschenrechte! D. V.]; daß dazu Leben, Freiheit und das Streben nach Glück gehören; daß *zur Sicherung* dieser Rechte Regierungen unter den Menschen eingerichtet werden [rule of law steht über der Regierung! D.V.], die ihre rechtmäßige Macht aus der Zustimmung der Regierten herleiten [»gemäßigte« Volkssouveränität! D. V.]; daß, wenn irgendeine Regierungsform sich für diese Zwecke als schädlich erweist, es das Recht des Volkes ist, sie zu ändern oder abzuschaffen und eine neue Regierung einzusetzen [Beschränkung der Macht auf das Legitimitätsprinzip! D. V.] und sie auf solchen Grundsätzen aufzubauen und ihre Gewalten in der Form zu organisieren [Anklingen der Gewaltenteilung! D. V.], wie es zur Gewährleistung ihrer Sicherheit und ihres Glücks geboten zu sein scheint.«

Wenn für irgendeine der Revolutionen in der Menschheitsgeschichte das Adjektiv »konservativ« angebracht ist, dann – vielleicht noch vor der Glorious Revolution – für die amerikanische. Nach der Unabhängigkeitserklärung und nach dem Friedensvertrag mit England, der den Revolutionskrieg beendete, vollzogen sich in den dreizehn Gründungsstaaten der Union – auf unblutigen und weitestgehend rechtskonformen Wegen – tiefgreifende Reformen, die als die

Grundlagen des demokratischen Rechtsstaats der Neuzeit gelten können. Die Gouverneure der nunmehr souveränen Staaten wurden nicht mehr vom König ernannt, sondern vom Volk gewählt. Ebenso die erste Kammer in den gesetzgebenden Körperschaften. Nach und nach wurde das Wahlrecht immer weiteren Bevölkerungskreisen zugestanden, in einigen Staaten allen steuerzahlenden Bürgern. Die feudalen Reminiszenzen aus dem alten Kontinent (Europa) wurden sukzessive durch Gesetze abgeschafft; so insbesondere der Fideikommiss (Unveräußerlichkeit bestimmten Familienbesitzes) und die Primogenitur (Alleinerbschaft des Landbesitzes für den ältesten Sohn). Noch mehr gilt das Wort von der »konservativen Revolution« für die sich anschließende Entwicklung zur bundesstaatlichen Einheit und zur Bundesverfassung. Einige Sätze des amerikanischen Historikers Allan Nevius vermögen die grandiose Einzigartigkeit des Geschehens herauszustreichen: »Es besteht allgemeine Übereinstimmung darüber, daß die Vereinigten Staaten eine der ausgewogensten und anpassungsfähigsten Verfassungen haben, die je geschaffen wurden; eine Verfassung, die – im Gegensatz zur englischen – schriftlich festgelegt ist, sich aber mit der Nation entwickelt hat...[sie war] weitgehend das Produkt einer Entwicklung [sic! Wie die englische »rule of law« also Produkt einer Entwicklung, nicht des abstrakten Entwurfs. Siehe nachfolgende Überlegungen. D. V.] Doch wurde sie von einer der bemerkenswertesten Versammlungen der neueren Geschichte geformt. Man darf es wohl als ein Glück ansehen, daß die »Articles of Confederation«, welche die Staaten gegen Ende des Krieges annahmen, so schwerwiegende Mängel aufwiesen. Hätten sie eine etwas effektivere Regierungsform begründet, würde man wohl versucht haben, an ihnen herumzuflicken, und das Land hätte sich viele Jahrzehnte mit einer schlechten Verfassung abgeplagt. Weil sie sich als völlig unbrauchbar erwiesen, verwarf man sie; und da sie wegen ihrer Schwäche untauglich waren, sah die neue Verfassung einen außerordentlich starken Bund vor. Weiter war es ein Glück, daß sich die Lage in Amerika so verzweifelt zuspitzte [Kriegsfolgen, Streitigkeiten zwischen den Einzelstaaten, Fehlen eines einheitlichen Währungssystems, Rechtsunsicherheit und Betrügereien wegen des Fehlens einheitlicher Gesetze und Zuständigkeiten etc. D. V.], wie sie es 1786 tat. Nur eine furchtbare Krise konnte viele mißtrauische Amerikaner dazu bringen, der neuen, mit großen Machtbefugnissen ausgestatteten Zentralgewalt zuzustimmen.[164]

Wichtig auch, was Nevius zur verfassungsgebenden Versammlung zu sagen hat, die am 14. Juni 1787 erstmals in Philadelphia zusammentrat: »Von den 55 erschienenen Delegierten waren 29 Graduierte verschiedener Universitäten, darunter Oxford, Edinburgh und Glasgow; wogegen Washington, Franklin und andere Politiker eine bessere Bildung besaßen als sie irgendeine Universität vermitteln konnte. Und wenn die Altersspanne auch von 26 bis 81 Jahren reichte, war es im ganzen doch eine Versammlung junger Männer. Der geistvolle Alexander Hamilton war erst dreißig, und der Mann, der am meisten zur Verfassung beitrug, James Madison, erst 36 Jahre alt. Im ganzen gesehen repräsentierte sie Besitz, Bildung und die tüchtige Schaffenskraft des Landes. Es war kein wilder Radikaler unter ihnen, und der Mann, der wohl am schärfsten eine extreme Volksherrschaft vertreten hätte, Jefferson, weilte in Europa. Die demagogischen Politiker verschiedener Staaten hatten glücklicherweise ihre Teilnahme verweigert. Die Versammlung wählte Washington zum Präsidenten. Sie ... ging von vielen, vor allem angloamerikanischen, Vorbildern aus. Ihre Mitglieder beriefen sich häufig auf die Bünde des antiken Griechenland, auf die Beispiele der Schweiz und der Niederlande; sie zitierten William Blackstone, John Locke... und Montesquieu; am meisten aber schauten sie auf die englische Verfassung und die Regierungsformen der Kolonien und Staaten.«[165]

Zur glücklichen Fügung einer außerordentlichen persönlichen Qualität der Versammlung trat also die Notwendigkeit des *permanenten Kompromisses* zwischen den kleinen und bevölkerungsarmen Einzelstaaten auf der einen Seite und den großen, bevölkerungsreichen auf der anderen Seite, sowie zwischen den generellen einzelstaatlichen Interessen und dem Erfordernis einer starken bundesstaatlichen Zentralgewalt. Aus diesem Kompromiß-Gebot resultierte das ausgewogene System der »checks and balances«, der Beschränkungen und Gleichgewichte, die alle zur Einschränkung und Kontrolle willkürlicher und machtkonzentrischer Gewalt beitrugen und doch den Einzelstaaten-Regierungen und der Bundesregierung hinreichende Befugnisse zur Lenkung und Leitung eines geordneten Gemeinwesens beließen. Hier sei als Beispiel nur eines der sinnvollen Kompromißergebnisse aufgeführt: Ursprünglich sollte der Unions-Kongreß aus zwei Kammern bestehen, in denen die Einzelstaaten nach der jeweiligen Einwohnerzahl vertreten sein sollten. Das hätte den bevölkerungsreichen Staaten ein erhebliches Machtübergewicht gesichert und wurde von den »Kleinen« abgelehnt. Der

Gegenvorschlag der kleineren Staaten: Nur *eine* Kongreß-Kammer mit nur *einer* Stimme je Staat, wurde von den »Großen« abgelehnt. Der glückliche Kompromiß: Der Kongreß sollte aus zwei Kammern bestehen: aus dem Repräsentantenhaus, in dem die Staaten entsprechend ihrer Bevölkerungszahl – und dem Senat, in dem sie mit jeweils gleichem Stimmgewicht vertreten sein sollten. Außerdem einigte man sich darauf, die Mitglieder des Repräsentantenhauses auf zwei Jahre zu wählen, die Senatoren auf sechs Jahre.

Das sich schließlich der Vollendung des Verfassungsentwurfs anschließende Ringen um die Ratifizierung durch die Gründungsstaaten (einzigartig dokumentiert in den sog. »Federalist-Papers«) führte zu weiteren, meist sinnvollen Ergänzungen (Amendments) mit Betonung der Grundrechte. Nach der Ratifizierung durch Virginia als zehntem Staat konnte die Verfassung im Juli 1788, ein Jahr vor der Französischen Revolution, in Kraft treten. 1789 schließlich wurde die Verfassung von allen Staaten ratifiziert – und George Washington zum ersten Präsidenten gewählt.

Im Gegensatz zu all diesen segensreichen Fügungen gehört es zu den traurigen Kapiteln der Weltgeschichte, daß die französischen Revolutions-Denker und -Führer so wenig aus dem amerikanischen Vorbild gelernt haben. Alles, buchstäblich alles, was sie zu übernehmen glaubten, haben sie mißverstanden und falsch gemacht. Sie waren auf dem von den Frühsozialisten vergifteten Acker gewachsen, und auch der hochwertige amerikanische Dünger konnte nicht mehr verhindern, daß sie nur verdorbene Früchte hervorbrachten.

Vielfach wird behauptet, die Geburt der amerikanischen Nation sei gar keine Revolution gewesen. Diese Behauptung verkennt die gewaltige Bedeutung und Wirkung der Ereignisse in der Neuen Welt. Die Unabhängigkeitserklärung mit den in ihren Text verwobenen Menschen- und Bürgerrechten, sowie die lange vor der Bundesverfassung erstellten einzelstaatlichen Verfassungen von Massachusetts, Pennsylvania und Virginia gingen wie ein Fanal um die Welt und bestätigten das Gefühl der Menschen – auch in Europa – vom Anbruch eines völlig neuen Zeitalters, während die französische Randale in der übrigen Welt kaum zur Kenntnis genommen wurde. Robert R. Palmer, Professor für Geschichte an der Princeton-University: »...die Gesellschaft wurde nicht wie in Frankreich nach 1789 oder in Rußland nach 1917 erschüttert. Dennoch bedeutete die amerikanische Revolution für die westliche und schließlich für die ganze Welt ein wahrhaft revolutionäres Ereignis.«[166] Und natürlich haben die Ereignisse jenseits des großen Wassers auch die Revolution in Frankreich mitausgelöst (und zwar nicht nur in dem Sinne, den Palmer am Rande erwähnt: »Die französische Intervention im amerikanischen Krieg – sie kostete zwei Milliarden Francs – trieb die Bourbonenmonarchie in den Bankrott, der sechs Jahre nach Friedensschluß die Französische Revolution auslöste.«[167]) Denn: »Die amerikanischen Verfassungen [also die einzelstaatichen] wurden vor 1789 in Frankreich...auch von Köpfen wie Turgot, Mably, Condorcet,...Morellet, Mirabeau und Brissot ernsthaft studiert.«[168] »Vor allem und am direktesten haben die Verfassungen von Massachusetts, Pennsylvania und Virginia die politischen Ideen in Europa beeinflußt..., während die Unabhängigkeitserklärung... voller rechtstechnischer Beschwerden gegen England und daher in Europa nicht so verständlich war.«[169] Das ist es ja gerade: Das Unverständnis für das Wesen und den Sinn der »rule of law« und für den Ernst, mit dem sich die angelsächsische Welt diesem Prinzip gewidmet hat.

Am ehesten kommen wir den entscheidenden Unterschieden zwischen der amerikanischen und der französischen Revolution auf die Spur, wenn wir das aufnehmen, was Professor Palmer den »interessantesten Beitrag der Amerikaner zum politischen Ideenschatz der westlichen Welt« nennt, nämlich »der praktische Weg, auf dem sie gewisse Grundsätze in die Wirklichkeit überführten. Es war die Idee einer geschriebenen Verfassung, aber es war mehr als dies, denn es schließt die Idee einer verfassungsgebenden Versammlung ein als einer Körperschaft, der die Souveräntität des Volkes innewohnte und die noch wie außerhalb des Staates stand, IM JURISTISCHEN SINNE FRÜHER DA WAR ALS DER STAAT... Diese Versammlung, in Amerika Konvent genannt, brachte Staat und Regierung ins Dasein...; sie rief die öffentlichen Verantwortlichen und Ämter ins Leben, ein jedes mit einer ausdrücklich von ihm verliehenen Befugnis; sie BEGRENZTE DIESE BEFUGNISSE UND WOG SIE GEGENEINANDER AB, um ein Gleichgewicht zu schaffen. Das Dokument, durch welches das Volk seinen Staat, seine Regierung auf so formelle Art schuf und organisierte, war die Verfassung, der eine Erklärung der Rechte beigefügt werden mochte. DIESE RECHTE GALTEN ALS »FRÜHER« ALS DER STAAT, ALS UNABHÄNGIG VON STAAT UND REGIERUNG, DEREN ZWECK ES EBEN WAR, SIE ZU SCHÜTZEN. Der Konvent, immer im Namen des Volkes handelnd, stellte DIE RECHTE DER

PERSÖNLICHKEIT fest und begründete gleichzeitig eine öffentliche Autorität.«[170] Die französischen Hitzköpfe hingegen betrachteten ihre Parolen von Freiheit, (faktischer, nicht nur rechtlicher) Gleichheit und Brüderlichkeit nicht als Eckpfeiler einer ausgewogenen Verwaltung, sondern als Thesen für den Kampf zwischen Gut und Böse. Sie konzentrierten sich auf das Problem, wer denn die Rechte, die angeblich automatisch dem Volkswillen entsprungen waren, durchsetzen sollte; und nicht auf die Fragen: wie soll deren Durchsetzung institutionalisiert werden, und wie sollen die entsprechenden Autoritäten kontrolliert werden? Vor allem aber verwechselten sie die Begriffe »Gesetz« und (übergeordnetes) »Recht«: Artikel 6 der französischen Erklärung der Menschen- und bürgerrechte lautet: »Das Gesetz ist der Ausdruck des allgemeinen Willens...« Damit wird jedes Gesetz sakrosankt, ohne daß es seine Legitimation aus einem höheren Rechtsempfinden ableiten müßte. In Art. 12 machte man einen kläglichen Einschränkungsversuch: »Die Sicherung der Menschen- und Bürgerrechte macht eine öffentliche Gewalt notwendig; diese Gewalt wird demnach zum Nutzen aller eingesetzt, nicht aber zum Sondervorteil derjenigen, denen sie anvertraut ist.« Das ist aber keine Sicherung, sondern eine Beschwörungsformel (und sinngemäß nur eine weitere Rechtfertigung schrankenloser Macht). Es wird weder gesagt, *wer* die öffentliche Gewalt sein soll, noch *wie* sie besagte Rechte gewährleisten soll. Außerdem ist keine *Sicherung* gegen diese Gewalt eingebaut. Vor allem aber sind die Leitsterne der Revolution: Freiheit, Gleichheit, Brüderlichkeit – illusionäre Irrlichter, »Freiheit« steht abstrakt im Raum; »Gleichheit« wird nicht rechtstheoretisch verstanden, sondern als Rasenmäher-Prinzip; »Brüderlichkeit« gehört als Begriff in die Bibel, aber nicht in eine Verfassung.

Wie anders dagegen die Bill of Rights des Staates Virginia vom Juni 1776 (13 Jahre vor der französischen Erklärung der Menschen- und Bürgerrechte): In Art. 3 lesen wir: »...von all den verschiedenen Regierungen und Regierungsformen ist diejenige die beste, die ... am wirksamsten gegen die Gefahr des Machtmißbrauchs gesichert ist;«

Es ist eine folgenschwere Ignoranz, zu glauben, diese rechtsphilosophischen und verfassungstechnischen Fragen seien in der Gegenwart ohne – oder von nurmehr geringer – Bedeutung für uns. Zum einen haben sie die Geschicke der gesamten Welt entschieden[171], zum anderen sei an einem Beispiel demonstriert, wohin es auch heute noch führen kann, wenn der Geist freiheitlicher Verfassungen nicht in unseren Köpfen und Herzen fortlebt: Die Väter der amerikanischen Verfassung – insbesondere der kluge Madison – hatten zurecht Vorbehalte gegen eine allzu ausführliche (oder ausdrückliche) Festschreibung der Menschen- und Bürgerrechte in der Verfassung. Ihre prinzipiellen Bedenken entsprangen der Überlegung, daß eine detaillierte Aufzählung der Rechte so ausgelegt werden könnte, daß alles verboten sei, was nicht ausdrücklich erlaubt sei. Ein durchaus berechtigter Gedanke, weil sich die Grundprinzipien der Freiheit nicht präzise und vollständig *positiv* formulieren lassen. (Es ist sogar besser, sie *negativ* abzugrenzen, also bspw.: Alles, was nicht verboten ist, ist erlaubt); und weil außerdem allzu konkrete Bestimmungen, die weit von allgemeinen Sätzen abweichen, zu sehr an den jeweiligen Zeitgeist gekettet sind, um im Wandel der Zeiten unverändert bestehen zu können. Eine sporadische oder gar permanente »Anpassung« einer Verfassung an die politischen Gegebenheiten (oder Machtverhältnisse) ist aber das schlimmste, was dem geschriebenen höchsten Recht eines freiheitlichen Gemeinwesens passieren kann. (Soll sie doch den zeitlosen Geist jenes übergeordneten Rechts – rule of law – atmen, dem sich alle Veränderungen einfügen – jedenfalls solange sie der gleichen freiheitlichen Atmosphäre entstammen). Wohin es führen kann, wenn gegen dieses Prinzip verstoßen wird, zeigt der Entwurf für eine neue Verfassung des Kantons Bern (Schweiz, 1989). Der jede Verfassung unterhöhlende Anspruch, daß sie Antworten auf Gegenwartsfragen nicht auf dem Wege der Auslegung ihrer allgemeinen Grundsätze geben dürfe, sondern konkrete und ausdrückliche Lösungen enthalten müsse, führt konsequent zu Zeitgeist-Eskapaden, die in einer Verfassung nichts zu suchen haben. So ist denn im genannten Entwurf von »Vollbeschäftigung« und von »sozialem Frieden« die Rede, vom »gleichen Lohn für gleichwertige Arbeit«, vom »sozialen Anspruch auf preisgünstige Wohnungen«, von »Institutionen zur Prüfung von Frauenfragen«, von der »Sorge des Staates für umweltschonenden, sicheren und wirtschaftlichen Einsatz der Verkehrsmittel«, und schließlich gar von der Verpflichtung zum Ausstieg aus der Kernenergie. Es geht hier also um »höchste Rechte«, die bestenfalls von einer Zwangsorganisation gewährt werden könnten, niemals aber von einem freiheitlichen Gemeinwesen. (Das »Recht auf Vollbeschäftigung« würde natürlich staatlich verordnete Arbeitspflicht und Zwangszuweisung des Arbeitsplatzes für jeden einzelnen Bürger bedingen; das »Recht« auf gleichen Lohn für gleichwertige Arbeit würde letztlich staatliche Fixierung aller Arbeits»werte« und Löhne bedeuten; das »Recht« auf preisgünstige Wohnungen wäre gleichbedeutend mit totaler staatlicher Wohnungsbewirtschaftung. Und so weiter und so fort. In Wirklichkeit handelt es sich hierbei nicht um »Rechte«, die einen individuellen Schutzraum abstecken – und nur das wäre Recht –, sondern um Forderungen *gegen* die individuellen Freiheitsrechte, also um Rechtsverletzungen).

Schon vor 150 Jahren hat Alexis de Tocqueville geschrieben: »Ein anderes Prinzip der amerikanischen Gesellschaft, das man nie aus den Augen verlieren darf: da jedes Individuum der maßgebendste Sachwalter seiner Interessen ist, darf die Gesellschaft ihre Sorge für es nicht zu weit treiben, sonst steht zu fürchten, daß es sich ausschließlich auf sie verlasse und daß der Gesellschaft damit eine Aufgabe zufiele, die sie unfähig wäre zu erfüllen.«[172]

Ihr braven Schweizer, was ist aus Euch geworden! Das Wieselwort »sozial«[173] wird auch Eueren Rechtsstaat in einen »Sozialstaat« verwandeln, in ein äußerlich scheinbar unversehrtes, innen aber ausgesaugtes und hohles Gebilde. Die Wiesel des Sozialismus werden den Apfel Euerer Freiheit aushöhlen, bis Wilhelm Tell sich im Grabe umdreht.

Zurück zu unseren Revolutionen: Um was es mir bei der Gegenüberstellung hauptsächlich ging: Bis zum heutigen Tag wird das Märchen verbreitet und geglaubt, die Französische Revolution habe das Zeitalter des freien Bürgers eingeläutet, habe die Aufklärung in die Tat umgesetzt und den emanzipierten Vernunftmenschen von den Ketten der Feudalknechtschaft befreit. Das aber ist *falsch!* Die geistigen, rechtlich-institutionellen und faktischen Grundlagen der Freiheit sind im England des 17. und 18. Jahrhunderts geschaffen worden. Die konstitutionellen Elemente und das weltweit gehörte Signal des Aufbruchs in eine neue Epoche des freien Bürgers in einem freien demokratischen Rechtsstaat gingen von Amerika und den Amerikanern aus. *Das* ist der Stoff, aus dem die Freiheit und das neue Zeitalter des mündigen Bürgers sind. Die französischen Schreihälse der Revolution haben nur ihre ebenso publikumswirksamen wie untauglichen Parolen auf diese wahrhaft revolutionäre Entwicklung, die längst geschehen oder in Vollzug war, obendrauf gesetzt und mit Hekatomben aus Blut getauft. Die verführerischen Troubadoure der Hörigkeit haben sich mit Kränzen für einen Sieg behängt, den ganz andere erkämpft und errungen haben. Die Geschichte hat ihnen ihre Maske längst entrissen. Ganz konsequent hat ihr Weg in die Diktatur und hundert Jahre nach rückwärts ins Kaiserreich geführt. Ihre Ideen aber – das ist wahr! – haben fortgewirkt. Ihre schreckliche Spur aus Blut, Tränen, Tod und Finsternis führte – mit den gleichen Parolen von »Freiheit«, »Gleichheit« und »Brüderlichkeit« (Solidarität) – in die bolschewistische Weltrevolution und hat bis heute vielen hundert Millionen Menschen das Leben gekostet, und noch mehr Millionen alles, was das Leben lebenswert macht, nämlich *wirkliche* (rechtsstaatliche) Freiheit, *wirkliche* (rechtliche) Gleichheit und *wirkliche* (Christliche) Brüderlichkeit.

Bevor dieses makabre Märchen nicht aufgeklärt ist, wird das Leiden und Sterben der Menschen für falsche Begriffe und Leitbilder nicht aufhören. Es ist Bestandteil jenes großen, schaurig-schönen Märchens vom Sozialismus und seinen emanzipierten Edelmenschen. Und Sozialismus ist Tod.

IV. Der Triumph der Gesellschaftskonstrukteure.

Nächstenliebe kann eben durch eine zwangsweise solidarische Verpflichtung nicht ersetzt werden. Liebe läßt sich nicht anonymisieren, nicht bürokratisieren, ohne ihre Substanz einzubüßen.

Gerd Habermann.

Moral predigen ist leicht, Moral begründen schwer.

Arthur Schopenhauer

1. Von Platon bis zu den Grünen: Totalitäre Moral.

Der Liberalismus angelsächsischer Provenienz hat kaum die Chance gehabt, richtig erwachsen zu werden. Auf den Kontinent und die Mitte Europas hat die englisch-amerikanische Freiheitsidee nie einen besonders tiefen Eindruck gemacht, und auch in England selbst wurde sie in der zweiten Hälfte des 19. Jahrhunderts – nach kaum zweihundert Jahren des Heranreifens – sukzessive wieder zugeschüttet, um schließlich zu Beginn des 20. Jahrhunderts ganz beerdigt zu werden. (Sogar in den USA haben spätestens die beiden Weltkriege zu radikalen Brüchen mit der klassisch-liberalen Tradition geführt). Zwei Jahrhunderte lang schienen zwar die englischen Ideale ihren Siegeszug um die Welt anzutreten, doch dann trat um das Jahr 1870 ein Stillstand – und schließlich der Rückzug ein. Alte Vorstellungen und Begriffe, im Westen (Frankreich) geboren, im europäischen Osten wiederaufgegriffen und zu neuem Leben erweckt, brachen auf, das verlorene Terrain zurückzuerobern. England ging seiner führenden Stellung als politisch-sozialökonomischer Ideenlieferant verlustig und wurde zu einem »geistigen Einfuhrland«.[174] Für rund sechzig Jahre sollte dann Deutschland zum ideologischen Zentrum Europas werden – mit Wirkungen weit ins 20. Jahrhundert hinein. Hegel und Marx, Schmoller und Sombart stehen als stellvertretende Namen für einen wiedererwachten Sozialismus oder für die akademischen Vertreter eines etatistisch-dirigistischen Planungs-Staates. Die sozialistischen Früh- und Mißgeburten, mit denen Deutschland ursprünglich nichts zu tun hatte, wurden dort jetzt nach alter gründlicher Manier so richtig hochgepäppelt und schulmeisterlich »organisiert«.

Die Gesellschaftskonstrukteure sind also wieder da. Die vom französischen Geist des 17. und 18. Jahrhunderts eingebrockte Suppe wird wieder aufgekocht; diesmal auf den nationalsozialistischen Feuern der neuentstandenen oder wiedererweckten Nationalstaaten. Von den vielen bitteren Zutaten dieses Gebräus wollen wir uns eine besonders traditionsreiche, ja uralte, herausgreifen: die sozialistische oder totalitäre Kollektiv-»Moral«.

Der Moralbegriff aller Gesellschaftskonstrukteure repräsentiert immer – ganz gleich, wie er lautet – eine Scheinmoral. Warum? Der Gesellschaftskonstrukteur will stets eine »Idealgesellschaft«. Deren angebliche Notwendigkeit muß er »moralisch« begründen. (Welche Rechtfertigung sollte er sonst haben, eine bestehende Gesellschaftsordnung abschaffen und eine »bessere« installieren zu wollen?). Er weiß aber auch, daß der Einzelmensch, das Individuum, *nicht-ideal* ist (sonst wäre ja die Gesellschaft als Summe der Ideal-Individuen a priori perfekt). Also benötigt er eine »höhere«, über dem egoistischen (dem Eigeninteresse verhafteten) Individuum angesiedelte, eine über der »individuellen Moral« stehende *Kollektivmoral.* »Moral« setzt aber immer Verantwortlichkeit voraus; und Verantwortung ihrerseits kann es nur bei Freiheit der Entscheidung – also *in Freiheit* – geben. Freiheit der Entscheidung wiederum kann nur heißen: *Individuelle* Freiheit. »Moral« ist also immer bezogen auf die Einzelpersönlichkeit. Somit kann »Kollektivmoral« nicht existieren. Sie ist eine Schimäre. Folglich muß der Gesellschaftskonstrukteur beständig versuchen, alle individuelle Moral – und damit *jede Moral* – zu zerstören, um sie durch eine Kollektivmoral zu ersetzen. Hierzu muß er die Menschen *zwingen.* Das bedeutet: Es bleibt ihm gar keine andere Wahl, als nicht nur *alle Moral,* sondern auch *alle Freiheit* auszumerzen.

Diese Darstellung ist – ich sehe es ein – zu stichworthaft. Wir müssen ein wenig weiter ausholen:

Daß Moral oder – weiter gefaßt – Ethik nur individueller, personaler Natur sein kann, hat uns in umfassender Weise Immanuel Kant gelehrt und belegt. Der Philosoph Karl Popper hat den Kern der diesbezüglichen Kant'schen Lehren – in Anlehnung an dessen eigene Ausdrucksweise – die »Kopernikanische Wendung der Ethik« genannt. Damit ist wohl zweierlei gemeint: Zum einen erhält der Mensch moralisch seine zentrale Stellung in der Welt zurück, die ihm Kopernikus auf dem Gebiet der Kosmologie genommen hatte; zum anderen bleibt der Wesensgehalt des naturwissenschaftlichen (kopernikanischen) und des moralphilosophischen (Kant'schen) Erkenntnisvorgangs derselbe: Der gestirnte Himmel dreht sich nicht um den Menschen, sondern die Position der Menschen und ihrer Erde ist es, die den Himmel nach Gesetzmäßigkeiten zu bewegen scheint. Es sind *seine,* des Erdenbürgers Gesetze, die er *seinem* (von sich aus gesehenen) Kosmos gibt. So ist auch *seine* Ethik in *seiner eigenen Autonomie* begründet. Deshalb dürfen wir fremden Autoritäten nicht blind gehorchen. Wo immer wir uns nicht nackter physischer Gewalt beugen müssen, sind immer wir es, die entscheiden müssen, ob Befehle und Vorschriften moralisch oder unmoralisch sind, ja sogar ob die jeweiligen Autoritäten selbst moralisch sind oder nicht.[175] Doch selbst da, wo sich der Einzelne der Gewalt beugen muß, bleiben Verantwortung und Freiheit untrennbar verbunden, und sei es nur in der ultima libertas: der Entscheidung zwischen (eigenem) Leben und Tod. Es war wiederum Popper, der die Einheit von Ethik und Freiheit an einem eindrucksvollen Beispiel demonstriert hat: »Die Verteidigungsrede und der Tod des Sokrates haben die Idee des freien Menschen zu einer lebendigen Wirklichkeit gemacht. Sokrates war frei, weil sein Geist nicht unterjocht werden konnte; er war frei, weil er wußte, daß man ihm nichts anhaben konnte. Dieser Sokratischen Idee des freien Menschen, die ein Erbgut unseres Abendlandes ist, hat Kant auf dem Gebiete des Wissens wie auf dem der Ethik eine neue Bedeutung gegeben. Und weiter hat er ihr die Idee einer Gesellschaft freier Menschen hinzugefügt – einer Gesellschaft aller Menschen. Denn Kant hat gezeigt, daß jeder Mensch frei ist: *nicht* weil er frei geboren, sondern weil er mit einer Last geboren ist – mit der Last der Verantwortung für die Freiheit seiner Entscheidung.«[176]

Moral, so können wir festhalten, setzt voraus, daß DER EINZELNE für seine Handlungen VERANTWORTLICH ist. Verantwortung ihrerseit setzt FREIHEIT (der Entscheidung) voraus.

Sozialistische oder kollektive Moral (oder »Ethik«), die Moral der Gesellschaftskonstrukteure hingegen, muß immer *Scheinmoral* sein. Doch dieses Trugbild ist – wie bereits gesagt – uralt. Es war ebenfalls Sir Karl (Popper), der die Wurzeln des Trugbildes in der Antike – bei Platon – nachgewiesen hat. Der erste Band seines Werkes »Die offene Gesellschaft und ihre Feinde« trägt die Überschrift: »Der Zauber Platons«. Sein Inhalt ist jedoch im wahrsten Sinn des Wortes eine *Ent*zauberung des griechischen Philosophen und seiner Lehren. Er entlarvt Platon als einen der geistigen Väter des Totalitarismus und als Erfinder des – später von den Frühsozialisten wieder ausgekramten – »absolut gerechten« und »absolut guten« Glückseligkeits-Staates. Der angeblich so große Vertreter humanitärer Prinzipien war in Wirklichkeit der erste große Theoretiker des totalitären Antihumanismus. Zentraler Kern aller Ethik ist für Platon die Gerechtigkeit. So weit so gut. Doch Platon verwendet den Begriff »gerecht« nur in einem Sinne: gerecht ist, was im

Interesse des »besten Staates« liegt. (Und der beste Staat ist der, in dem alle Veränderung durch strenge Klassenteilung und Klassenherrschaft zum Stillstand gebracht wird). Der Staat seinerseits ist »gerecht«, wenn er gesund, stark und stabil ist. »Hinter Platons Definition der Gerechtigkeit«, schreibt Popper, »steht im Grunde sein Verlangen nach einer totalitären Klassenherrschaft und sein Entschluß, sie herbeizuführen.«[177] Um seine Theorie von der Gerechtigkeit zu begründen, arbeitet Platon mit einem Taschenspielertrick der Begriffsverwirrung (der sich bis heute größter Beliebtheit erfreut): Als Alternative zum Egoismus verwendet er nicht den Ausdruck »Altruismus«, sondern »Kollektivismus« (der in Wahrheit die Alternativbezeichnung zu »Individualismus« ist). Er setzt also als identisch die Begriffe Altruismus = Kollektivismus und Individualismus = Egoismus. Ein »erfolgreicher antihumanitärer Propagandatrick«.[178] Mit diesem Trick wird Platons Schülern und Lesern stillschweigend die Lüge untergejubelt, der Individualist, der sich um die Rechte des Einzelnen kümmere, handle ausschließlich aus egoistischen Motiven, und der um das »Gemeinwohl« (als das Wohl der anderen) Bekümmerte könne nur der Kollektivist sein. Warum nun verlegt sich der edle Philosoph auf ein derart mieses Täuschungsmanöver? Wir müssen in Betracht ziehen, daß zu Platons Zeit ein gewaltiger geistiger Umbruch stattfand: Der Bürger der polis hatte begonnen, sich als Individuum zu entdecken. Die als Idee bereits bekannte Gleichheit vor dem Gesetz war auf dem Wege, nicht nur als ›gleiches Recht für alle‹, sondern auch als ›Recht für jeden Einzelnen‹ gegenüber aller Obrigkeit erkannt zu werden. Platon aber war Traditionalist und überzeugter Verteidiger der überkommenen Standeshierarchie. Mit einfühlsamer Intuition erkannte er die heraufdämmernden demokratischen Kräfte, die er zutiefst (als vulgär und populistisch) haßte und verachtete.

Platon wußte also durchaus, was er tat, und seine wohlkalkulierte Begriffsverwirrung war schiere Demagogie. Daß der Kern aller ethischen Lehren unserer Zivilisation (auch im Christentum) gerade die *Verbindung* von Individualismus und Altruismus ist, hat Kant mit seinem moralischen Imperativ auch in philosophischer Tiefe deutlich gemacht. Nur das eigenverantwortliche Individuum kann (und soll) über sich selbst hinaus auf den Nächsten, das andere Einzelwesen schauen.

Man muß nur irgendeine – fast beliebige – Stelle aus den NOMOI (»Die Gesetze«) lesen, um zu erkennen, woher die Frühsozialisten aus unseren Eingangskapiteln ihren Terror der Tugend bezogen haben. (Z. B. 739 c,d – oder 740 a,b): »Der erste Staat, die erste Verfassung und die besten Gesetze sind da, wo möglichst im ganzen Staate der alte Spruch in Erfüllung geht; dieser lautet aber, daß der Freunde Besitz in Wahrheit ein gemeinsamer ist. Ob nun das jetzt irgendwo stattfindet oder irgendeinmal stattfinden wird – daß die Frauen gemeinsam sind, die Kinder gemeinsam und gemeinsam aller Geldbesitz –, und wenn mit allen Mitteln [sic!] das sogenannte Eigentum in jeder Beziehung aus dem Leben verbannt ist, nach Möglichkeit aber bewerkstelligt ist, daß auch das von Natur Eigene irgendwie ein Gemeinsames wird, so daß z. B. Augen und Ohren und Hände gemeinsam zu sehen scheinen und zu hören und zu schaffen ... wenn endlich Gesetze so weit irgend möglich den Staat zu *einem* gestalten: dann wird niemals jemand, indem er ihrer Vorzüglichkeit in Hinsicht auf Tugend einen anderen Maßstab setzt, einen richtigeren oder besseren setzen.« ... »Zuerst sollen sie die Ländereien und Wohnsitze *verteilen* ... Damit aber diese Einrichtung eine für immerdar bestehende sei, muß man auch darauf noch sein Augenmerk richten, daß die Anzahl der jetzt von uns verteilten Wohnstätten stets dieselbe bleibe und weder größer noch kleiner werden dürfe. So etwas dürfte nun wohl in bezug auf den ganzen Staat in folgender Weise mit Sicherheit zu erreichen sein. Der Inhaber eines Loses hinterlasse nur *eines* seiner Kinder, welches er will, als Erben dieser Wohnstätte...; von den übrigen Kindern aber, wenn jemand mehr als eines hat, werden die Töchter, einem noch aufzustellenden Gesetz gemäß, ausgestattet, die männlichen aber als Söhne unter denjenigen Mitbürgern verteilt, denen es an Nachkommenschaft fehlt, vorzüglich nach dem Verhältnis der Freundschaft; fehlt es aber manchen an freundschaftlichen Beziehungen oder bekommen die einzelnen zu zahlreiche Töchter oder Söhne oder fehlt es auch umgekehrt bei eintretender Unfruchtbarkeit daran – für dieses alles sei diejenige Obrigkeit, der wir den höchsten Rang und das größte Ansehen zuschreiben, indem sie erwägt, was bei Überfluß oder Mangel anzufangen sei, eifrigst auf Mittel bedacht, damit es stets nur bei 5040 Wohnstätten bleibt. Mittel aber gibt es viele.«

Aus all dem – und allem anderen bei Platon spricht Feindschaft, ja geradezu Haß gegen das Individuum – und Haß auf dessen Freiheitswunsch. Platons Maßstab für Sittlichkeit ist das Staatsinteresse. Was diesem dient, ist gerecht und tugendhaft, was es gefährdet, ist ungerecht und moralisch verwerflich. Mit Poppers Worten: »Platons sittlicher Kodex ... ist der Kodex eines kollektivistischen oder politischen Utilitarismus. DAS KRITERIUM DER SITTLICHKEIT IST DAS INTERESSE DES STAATES. Die Sittlichkeit ist nichts als politische Hygiene. Das ist die kollektivistische, die stammesverwurzelte, die totalitäre Theorie der Sittlichkeit.«[179] Dieser totalitäre Ethik-Begriff und diese kollektivistische Scheinmoral ist in den vergangenen dreihundert Jahren zu einer der wirksamsten Waffen im Arsenal des Sozialismus geworden. Wie viele seiner »Geheimnisse« ist ihre Durchschlagskraft auf verborgene Ur-Triebkräfte in der Tiefe des Menschengemüts zurückzuführen. Im vorliegenden Fall handelt es sich um eine atavistische, im Hordenwesen wurzelnde Verantwortungsscheu, um Angst vor *persönlicher* Verantwortung. Anders gesagt: um den tiefen Wunsch nach Gewissen-Entlastung. Er findet Erfüllung durch das Ausweichen auf eine Kollektiv-Moral. Dieser Trick liefert eine praktikable Ausrede: Verantwortlich bin nicht ich persönlich, sondern »die Gesellschaft«, und zwar für alles, was mich in einen Gewissenskonflikt bringen könnte. Persönliche Moral (sprich: das eigene »schlechte Gewissen«) wird ersetzt durch Kollektiv-Moral (sprich: kollektives »schlechtes Gewissen«). Ein Kollektiv-Gewissen aber ist *niemandes* Gewissen. Das Manöver ist verlogen und erbärmlich, *aber es entlastet.*

(Das ist – nebenbei bemerkt – auch das Erfolgsgeheimnis vieler Sekten. Sie schreiben exakt und bis ins Detail vor, was gut und was böse, was richtig und falsch ist, und entledigen ihre unmündigen Zöglinge damit der persönlichen, oft mühseligen und schmerzlichen Gewissensentscheidung).

Der Trick funktioniert aber auch in anderer Richtung: Schlechtes Gewissen läßt sich nicht nur durch Kollektiv-Moral ersetzen (die nicht existieren kann), sondern Scheinmoral läßt sich auch durch kollektives schlechtes Gewissen *demonstrieren.* So gewinnt man doppelt: man hat sich entlastet und man ist doch gleichzeitig der große moralische Zampano. So haben denn alle Kollektivisten und Sozialisten die Welt-Moral für sich gepachtet. *Deshalb* der grandiose Unsinn von unserer Schuld am Zustand der Dritten Welt, an allem Hunger und Elend auf dem weiten Erdenrund. Doch dem nicht genug: Mit dem platonischen und – genau besehen – steinzeitlichen Moralbegriff lassen sich noch viele Kunststücke aus dem alten Hut des Sozialismus zaubern. Kollektivmoral muß konsequent auch dem Kollektiv ANGEHEFTET werden: Also wird der Staat nicht nur zum Objekt, sondern auch zum Subjekt der höchsten Tugend stilisiert, zum Ritter finaler Sittlichkeit. Seine edlen Rosse reiten, das Ziel des irdischen Paradieses vor Augen, über alles hinweg, was das niedere Gewürm seiner Bürger für sich als »kleinbürgerliche Moral« in Anspruch nehmen könnte.

Moralisch ist dann – nicht nur (wie bei Platon), was dem Staat dient –, sondern vor allem der Staat selbst, weil er dem ENDZWECK seiner Existenz: der sozialistischen Gesellschaft dient. Deshalb also kann das Außenpolitische Forschungsinstitut in London lange seine Schätzungen belegen, daß die bisherige Zahl der Opfer des »marxistisch-leninistischen Experiments« bei einhundertvierzig Millionen Menschen liegen dürfte, ohne daß dies der linken Intelligenzia mehr als ein Schulterzucken abringen würde; und deshalb werden die roten Schergen Pol Pots nach den zwei Millionen Kambodschanern, die sie unter dem Befehl »Tötet sie und macht Kunstdünger daraus« erschlagen haben, nun den Rest des Khmer-Volkes ausrotten, ohne daß auf den Straßen der Studentenstädte ein einziges Protestfähnchen wehen wird. Die *wahre* Ethik des Sozialisten ist eben: DAS FÜR DAS ENDZIEL NOTWENDIGE. Auf seinem Altar ist jedes Opfer nur geheiligtes Mittel zum hehren Zweck, Ritual im Namen der Ethik des Kollektivismus.

Und auch neue Mystik läßt sich aus diesem Stoff stricken. Die »Grünen«, jene Endmoränen aus drei Jahrhunderten unbewältigter Aufklärungs-Eiszeit, führen es uns täglich vor: Das technische Pendant zur vormodernen Mystik war die Alchemisten-Küche. Der Atomreaktor und das Großchemiewerk kann den neuen Mystikern aber diese Funktion nicht mehr erfüllen, weil der verbindende Geist zwischen der Technik und dem spiritistischen Werkler abhanden gekommen ist: der Glaube. So sind die neuen Mystiker denn nur faustische Attrappen und mephistofelische Boten einer neuen Hölle. Denn Hölle: das ist ja die Vertreibung aus dem Paradies nach dem Essen vom Baum der Erkenntnis, ist also Aufklärung *und* Gottesferne. In der neuen Hölle weiß der moderne Adam und die moderne Eva nicht mehr, von was, über was, warum und wozu sie aufgeklärt sind. Der moderne Paradies-Vertriebene will aber beides zurück: den paradiesischen Wohlstand *und* den Lebenssinn. Und nun verlangt er beides von seinem NEUEN GOTT: dem STAAT. Und der Sozialismus verspricht ihm *alles:* Paradies, Sinn und neuen Schöpfer. Konsequenter als seine Genossen in anderen Staaten hat denn auch Nordkoreas Kim Il Sung sich selbst und seine Partei im Dezember 1989 offiziell für UNFEHLBAR erklärt.

Wenn gültig ist, daß Gott das Leben ist (und nicht der Staat), dann kann auch unter diesem religiösen Aspekt Sozialismus nur eines sein: Tod.

Die Todsünde der Intellektuellen ist nicht die Ausarbeitung von Ideen, wie fehlgeleitet diese auch immer sein mögen, sondern das Verlangen, diese Ideen anderen aufzuzwingen.

Paul Johnson

2. Die größte Katastrophe der Menschheitsgeschichte: Murks als Wissenschaft.

Den schwersten Rückschlag, ja geradezu den Todesstoß, hat die liberale Weltsicht in der Person und in den Lehren von Karl Marx erlitten. Marx war kein Gesellschaft-Konstrukteur in unserem bisher behandelten Sinne (er hat kein Wunschbild einer Idealgesellschaft entworfen). Er war Schlimmeres: Der Künder eines nach angeblich ehernen sozio-ökonomischen und historischen »Gesetzen« ablaufenden, automatischen Selbstentwurfs für eine neue Gesellschaft. Und diese Doktrin hat er eingebettet in das monströse Theoriegebäude einer irrationalen Pseudowissenschaft und in die mystische Heilslehre einer sozio-ökonomischen Quasi-Religion. Unbegreiflich würde die Tatsache bleiben, daß sich Generationen von Professoren und Autoren bemüht haben, die Marx'schen Theorien wissenschaftlich zu diskutieren, zu analysieren und zu widerlegen – denn das war und ist zuviel der Ehre für den größten Murks der Weltgeschichte –, wäre da nicht die andere Unbegreiflichkeit: der weltumspannende Ruhm und die welthistorisch gigantische Wirkung dieses unermeßlichen Schwachsinns.

Man muß sich einmal die Widersprüchlichkeit – aber auch die gewisse innere Logik – des Marx'schen Auftritts in der europäischen Geistesgeschichte vor Augen führen: Die Aufklärung mit ihren Umwälzungen (Säkularisierung, Zweifel an Monarchie und Tradition) und ihren Folgen (Revolutionen) hatte die Menschen in tiefe Verwirrung gestürzt; noch mehr die sich anschließende, alle Sozialstrukturen umwälzende Industrialisierung des 19. Jahrhunderts mit ihren Massenagglomerationen, technischen Neuerungen und einer bis dato nie gekannten Arbeitsteilung. Bis zum heutigen Tage haben die Menschen (jahrhunderttausendelang ihren Hordeninstinkten und Stammestraditionen verhaftet – wie wir gesehen haben) diese Prozesse geistig nur teilweise bewältigt und nachvollzogen. Da kommt einer aus Trier daher und hat für alles eine scheinbar ganz einfache Erklärung: Dies sei eben ein logischer, zwangsläufiger und vorgegebener geschichtlicher Entwicklungsprozeß. Die eschatologichen Zutaten liefert er gleich mit: die Lehre vom kommenden irdischen Paradies der Proletarier. Den an der alten Religion und den alten Traditionen Zweifelnden und Verzweifelnden präsentiert er eine Glaubenslehre zum Anfassen. Vergangenheit, Gegenwart und Zukunft – also Geschichte insgesamt – wird auf simple – und somit auch jedem einfachen Gemüt sofort einleuchtende – Klassenkampfdialektik reduziert, und fertig ist die Bratensoße der gesellschaftlichen Entwicklung. Alles wird vereinfacht – neulateinisch: versimpelt: Die revolutionären Umwälzungen in Produktion und Technik, in Gesellschaft und Wissenschaft – das ist eben der Kapitalismus als logische Zwischenstufe der Entwicklung zum Sozialismus; die komplizierten neuen Mechanismen der wirtschaftlichen Kooperation und Arbeitsteilung – das ist eben die Ausbeutung; und Darwin, reduziert und eingekocht auf Vorschul-Brei – das ist der gesellschaftliche Fortschritt. Alles zusammengekocht zum marxistischen Eintopf – das ist eben die einzig »wissenschaftliche« Methode der Forschung und der Erkenntnis. Und damit niemand auf die Idee kommen möge, beim Eintopf-Essen das Denken anzufangen, verkündet Simpel-Karlchen: alles Denken, das nicht zum gleichen Ergebnis kommt, ist eben »bürgerliches«, also falsches, unwissenschaftliches Denken. Also könne man es auch gleich sein lassen. Alles Dunkle, Unbegreifliche, furchterregend Neue hat sich im Licht der Marx'schen Erkenntnis in ein durchsichtiges Aha-Erlebnis verwandelt. Vom Anbeginn der Zeit hechtet Karlchens Geschichtsverlauf in dialektischen Sprüngen – hupf hinüber, hupf herüber – in unabänderlicher Logik dem paradiesischen Ende in Schlaraffias Zimtbrei entgegen. Endlich null-problemo. Inmitten des sozialen, wissenschaftlichen, philosophischen und politischen Wandels steht Karl der Große wie ein Fels in der Brandung und hat in jeder Tasche eine Erklärung für alles und jedes: einfach und einleuchtend, von grandioser Schlichtheit – und grandios falsch. Was er lehrt, ist in Wirklichkeit die Negation aller Erkenntnis, die Umkehrung aller Wissenschaft, und die Perversion des Denkens. Das ganze aber ungeheuer »menschlich« (im Sinne von schön einfach, schön primitiv und schön einleuchtend). Das ist bis heute seine unbegreifliche Wirkung geblieben, die Wirkung von Karlchens Marxismus.

Der philosophische und ökonomische Unsinn, den die Frühsozialisten verzapft hatten, war um die Mitte des 19. Jahrhunderts von den (vorwiegend englischen) Köpfen der Philosophie und Nationalökonomie in (wirklich) wissenschaftlicher Weise so gründlich und streng logisch widerlegt, daß man den Sozialismus als mausetot betrachten konnte. Eine geistesgeschichtliche Gehirn-Pubertät schien überwunden zu sein. Doch dann kam Marx. Die verhängnisvollste Figur der Weltgeschichte trat an, um den Ungeist wiederzubeleben und den Geist zu vernichten; letzteres gleich in dreifacher Gründlichkeit:

1. Weil er wohl wußte oder ahnte, daß der Sozialismus einer wissenschaftlichen und logischen Analyse nicht standhalten konnte, erklärte Marx das Denken zum Vorurteil. Das Denken, lehrte er, sei an das Klassenbewußtsein des jeweiligen Denkers gebunden, sei also nur ein ideologischer Überbau über der realen interessengeprägten Klassen-Existenz. Man solle es also lieber unterlassen. Sofern es der sozialistischen Idee widerspreche, sei es ohnehin nur »bürgerliches« oder »kapitalistisches« Interessen-Denken.
2. Denken – im Sinne eines vergeblichen Anstinkens gegen den Sozialismus – sei auch deshalb nutz- und sinnlos, weil der dialektisch-materialistische Geschichtsverlauf unabdingbar und mit historischer Notwendigkeit zum Sozialismus führe, zum Ende der Geschichte in der Diktatur des Proletariats und letztlich in der herrschaftsfreien Gesellschaft. Was soll's also mit der Denkerei.
3. (Eine wahre Meisterleistung der Demagogie): Weil sein (Marxens) Sozialismus »wissenschaftlicher« Sozialismus sei – und seine (Marx') Geschichtsauffassung »wissenschaftliche« Geschichtserkenntnis, müsse man jegliches Denken und Argumentieren gegen diese unumstößlichen Fakten eben als unwissenschaftlich betrachten, als a priori belegten Irrtum.

Der Erfolg solch unsäglichen Cerebral-Eiters ist nur zu verstehen, wenn man bedenkt, daß damit die Worthülsen und Argumentationsinstrumente geschaffen waren, mit denen man zwei uralten Atavismen ein wissenschaftliches Mäntelchen umhängen konnte: dem Menschheitstraum vom irdischen Paradies – und den ebenso uralten Neid-, Haß- und Mißgunst-Gefühlen aller Zu-kurz-Gekommenen. Jetzt konnte man den Stuß der Frühsozialisten wieder aus den Kloaken der utopistischen Sabber-Literatur ausgraben und im »wissenschaftlichen« Popanz-Gewand vor den Massen tanzen lassen.

Die Marx'schen Theorien sind längst restlos und gründlich widerlegt, in der Praxis ebenso wie in der theoretischen Diskussion und Analyse. Und dennoch: Der Schwachsinn lebt fort wie ein Feuer, das gelöscht zu sein scheint und doch in allen Ecken und Winkeln weiterschwelt. Hunderte von namhaften Autoren haben ihr Hirnschmalz geopfert, um dem Spuk ein Ende zu bereiten. Aber sie werden nicht gelesen. Als im Jahr 1976 Professor Konrad Löw mit seinem zweibändigen Werk »Ausbeutung des Menschen durch den Menschen«[180] den marodierenden Lumpenhaufen der marxistischen Ideen-Armee – wieder einmal – vernichtend geschlagen zu haben schien, schrieb Ludek Pachmann in einer Rezension: »Vielleicht hängt das Schicksal unseres ganzen Kontinents davon ab, ob wir in der entscheidenden geistigen Auseinandersetzung mit dem Marxismus genügend qualifizierte Argumente haben, um den Marxismus in jeder Situation und an jedem Ort als eine Irrlehre entlarven zu können... Eine Idee: Es würde mit voller Sicherheit genügen, wenn alle Europäer ein solches Buch [Löw's »Ausbeutung...«] läsen; dann könnte wohl kaum noch etwas passieren. Alle werden es leider nicht tun...«[181] Man darf wohl unbesehen konstatieren: Die wenigsten haben es getan. Die von Pachmann vorausgesehene »entscheidende geistige Auseinandersetzung« ist aber inzwischen Realität: Das marxistisch-leninistische Kolonialreich – das größte der Weltgeschichte – zerfällt. Werden wir die damit einhergehende geistige Auseinandersetzung bestehen?

Obwohl es – wie gesagt – bei Marx und dem Marxismus nichts mehr zu widerlegen gibt (weil alles längst widerlegt ist), möchte ich dennoch einige wenige Streiflichter auf dieses Sujet werfen, nicht zuletzt wegen des »roten Fadens« in unserer geistesgeschichtlichen tour d'horizon.

Zunächst zu Marx als Person: Noch immer spukt auch in nichtsozialistischen Köpfen das Bild von Karl Marx als edelmütigem Kämpfer für die Befreiung der Unterdrückten, als Ersatz-Christus der Gerechtigkeit für die Armen und Rechtlosen. Nichts ist von der Realität weiter entfernt als das. Die zeitgenössische Literatur zeigt – ebenso wie neuere Quellenforschungen – Marx als eine miese, krankhafte, haßvergiftete und heuchlerische Figur. Selbst seine ehemaligen Freunde (und er hatte fast nur »ehemalige«, weil keiner ihn längere Zeit ertragen konnte) beschreiben ihn angewidert als einen überheblichen Hohepriester, der sich als neuer Babeuf Massenschlächtereien mit der Guillotine ausdenken muß, weil er sie in der Realität nicht durchführen kann; als arroganten Zyniker, der auf jede abweichende

Meinung mit verletzendem Spott und Hohn reagiert.[182] Für Freund und Feind ist ihm kein Schimpfwort zu vulgär, um es nicht in aller Öffentlichkeit anzuwenden, wenn jemand ihm zu widersprechen wagt: Idiot, Hanswurst, Biederrindvieh, Gesindel, demokratisches Geschmeiß.[183] Genau besehen, waren für Marx eigentlich alle Menschen Trottel. Seine persönliche Lebensführung stand in grobem Widerspruch zur Aura des idealisierten Proletarierführers, die er um sich verbreitete. Der Mann, der als der große Edle aus Trier noch heute durch unsere Schulbücher geistert, war in Wahrheit ein parasitärer Schnorrer, der sich vom Fabrikbesitzer Engels zeitlebens aushalten ließ; ein arroganter Arbeiterverächter, der niemals seinen Fuß in eine Fabrik gesetzt oder mit einem Arbeiter gesprochen hat (außer von der Rednertribüne herab). Seine Familie mußte in bitterer Armut leben, während der Patriarch sich teure Anzüge schneidern ließ und nie weniger als zwei Diener beschäftigte – und sich niemals aufraffen konnte, einer brötchenbringenden Arbeit nachzugehen. (Lieber verpfändete er die Kleider seiner Frau, um nach außen groß repräsentieren zu können). Im trauten Heim, das für seine Familie in Wirklichkeit eine Hölle war, hängte der Vater dreier Töchter seiner Haushälterin ein Kind auf, für das Freund Engels dann die Vaterschaft übernahm, damit Tugend-Karls Heiligenschein keinen Kratzer bekam. Die Marx-Studien des gelehrten Erik von Kuehnelt-Leddiehn sind wahrlich der Lektüre wert. Mit Recht weist der meisterliche Denker darauf hin, daß der Bauern- und Judenhasser Marx den Grund dafür gelegt hat, daß Stalin bereits bei Ausbruch des Zweiten Weltkriegs weit mehr Juden umgebracht hatte als später Hitler, und fragt mit bissiger Ironie: »Im Lichte dieser Tatsache [der Judenhetze übelster Art] ist es amüsant, sich daran zu erinnern, daß ein christlich-demokratischer Postminister einer Bonner Koalitionsregierung eine Sondermarke mit dem Bildnis von Karl Marx herausgab – von Karl Marx, der unendliches Elend über die Menschheit gebracht hat. Warum dann aber nicht von einem seiner Epigonen in der Judenhetze, Julius Streicher?«[184]

Auch der britische Historiker Paul Johnson hat auf die enorme Kluft zwischen Marxens egalitären Ideen und seinen Taten hingewiesen: »Marxens ganzes Leben war eine Studie in emotionaler und finanzieller Ausbeutung – Ausbeutung seiner Frau, seiner Töchter, seiner Freunde. Wenn man das Leben von Marx studiert, kommt man zum Schluß, daß die Wurzel menschlichen Unglücks, und vor allem des durch Ausnützung verursachten Elends, weniger in der

Ausbeutung von Kategorien oder Klassen liegt, sondern in der direkten persönlichen Ausnützung einzelner durch egoistische Individuen.«[185]

Das traurige Kapitel über Marx als Person schließt man am besten mit dem Hinweis ab, daß Marx lange Jahre seines Lebens an schweren Abszessen an den unangenehmsten Körperstellen gelitten hat und dadurch auch geistig und charakterlich immer unangenehmer und menschenverachtender geworden ist. Vielleicht verdankt die Welt das eitrige Geschwür des Marxismus den eitrigen Geschwüren in der Marx'schen Hose.

Es wäre reizvoll, sich an dieser Stelle das ganze Marx'sche Theoriengebäude vorzuknöpfen, um es mit den Waffen der Nationalökonomie analytisch bis auf die Grundmauern niederzureißen. Doch das ist – wie bereits gesagt – in der einschlägigen Fachliteratur schon zur Genüge geschehen (wenn auch meist viel zu akademisch), und würde auch Absicht und Rahmen des vorliegenden Buches sprengen. Für jene Interessierten, die sich noch mit keinem der Dogmen befaßt haben, will ich jedoch – als pars pro toto – nur eines herausgreifen und seiner pseudowissenschaftlichen Fassade berauben: die Marx'sche Arbeitswertlehre, die ihm als Fundament für viele seiner anderen Theorien gedient hat (z. B. auch für seine »Mehrwert«- und »Ausbeutungs«-Theorie). Sie lautet vereinfacht (wenn man außer acht läßt, was Marx die »gesellschaflich notwendige« Arbeitsmenge nennt): Der Wert einer jeden Ware entspricht der Menge der in ihr enthaltenen Arbeit. Volkstümlicher ausgedrückt: Jede Ware ist soviel »wert« wie an Arbeit zu ihrer Herstellung in ihr steckt. (Aus der Sicht des Nationalökonom hat Marx lediglich die – falsche – Arbeitswertlehre David Ricardos ausgebaut; mit der Folge, daß sie noch falscher geworden ist). Marx geht noch weiter und wendet diese Arbeitswerttheorie auch auf die Arbeit selbst an: Die Arbeit ist soviel wert, wie Arbeit in ihren Unterhalt (ihre »Reproduktion«) eingeht. (Was darüber hinausgeht, ist eben der »Mehrwert«).

Man muß sich das Abstruse einer solchen Theorie einmal bildlich vor Augen führen: eine Dampfmaschine ist nach ihr so viel »wert«, wie die Arbeitsmenge, die zu ihrer Herstellung erforderlich war. Diese »drinsteckende« Arbeit ist ihrerseits wieder so viel wert, wie die beim Bau der Dampfmaschine (und bei der Materialgewinnung) beteiligten Arbeiter zur Erhaltung ihrer Arbeitskraft verzehrt haben; also soundsoviel Tomaten, Brotscheiben, Schweinswürste und Schwarztee; und der Wert des so Verzehrten wird wiederum in den

Arbeitsmengen gemessen, welche die Landarbeiter benötigt haben, um die Tomaten, Brote und Würste zu erzeugen; und sofort bis in alle Ewigkeit. Selbst wenn es eine *objektive* Wertlehre (oder einen objektiven »Wert«) gäbe – die es nicht geben kann –, wäre diese Formel so sinnlos wie die Henne-Ei-Frage, denn sie löst sich niemals auf. Es gibt in dieser Kette keinen Anfang, weil sich alle Arbeit immer wieder nur definiert durch die »in der Arbeit steckende Arbeit«. Aber das ist eben – nach Marx – »Wissenschaft«.

Wie unsinnig eine objektive (Arbeits-)Wertlehre (für alle Güter) sui generis ist, kann man sich an einem anderen Beispiel verdeutlichen: Stellen wir uns zwei Männer auf einer schönen Südsee-Insel vor. Der eine ist ein ausgebildeter, fleißiger Ingenieur, der andere ein fauler Strand-Casanova. Der Ingenieur baut in zweijähriger mühseliger Arbeit eine Palmen-Schüttelmaschine, weil er beobachtet hat, daß die herkömmliche Art der Kokosnußernte mühsam und gefährlich ist. Der Papagallo hingegen flaniert am Meeresstrand und beobachtet die Insel-Schönen, die alle ein wenig Kummer ob ihrer allzu üppigen Rundungen haben. Eines Tages (bei einer gedanklichen Assoziation mit orientalischen Bauchtänzerinnen) kommt dem Müßiggänger die Idee, man müsse einen Sport kreieren, welcher der Tanzlust der örtlichen Weiblichkeit entgegenkommt – und gleichzeitig ihrem Wunsch nach schlankeren Figuren. Er entblättert den Wedel einer Palme, bindet den elastischen Stock zu einem Reif zusammen und nennt das Ding »Hula-Hup-Reif«. Kaum übt er sich im anmutigen Kreisen der Hüfte, da bestürmen ihn auch schon sämtliche Insel-Damen mit dem Begehren, so einen Reif schnellstens besitzen zu wollen. So wie er die runden Dinger in jeweils fünfzehnminütiger Arbeit herstellt, so werden sie ihm aus der Hand gerissen; zu Preisen, die jeweils dem Tageslohn für mühselige Kokosverarbeitung entsprechen. Also: Ein Sport- und Spaßgerät, in welchem nur fünfzehn Arbeitsminuten »drinstecken«, ist den Insel-Schönen acht Stunden ihrer eigenen Arbeit »wert«. Der Ingenieur hingegen hat inzwischen feststellen müssen, daß niemand seine Schüttelmaschine haben will, weil beim Palmen-Gerüttle viel zu viele unreife Früchte mitheruntergerissen werden, und wirft das Gerät enttäuscht auf den Müll. Die Maschine ist also nicht die zweijährige qualifizierte Ingenieur-Arbeit »wert«, die in ihr steckt, sondern null und nichts.

Man könnte nun einwenden, die (richtige) *subjektive* Wertlehre, die den Wert eines Gutes nach seinem subjektiven Nutzen für die

Bedürfnisbefriedigung der Menschen definiert, also nach der individuellen Wertschätzung der Konsumenten (relativ zu anderen Gütern), sei ja erst Ende des 19. Jahrhunderts entwickelt worden;[186] Marx könne sie also gar nicht gekannt haben. Das ist zutreffend – und dennoch nicht richtig. Denn in ihren wichtigen Ansätzen und ihrem grundlegenden Prinzip war sie (die subjektive Wertlehre) lange Zeit vorher erarbeitet worden – und in dieser Form auch Marx bekannt. Mit Eifer hatte er Galiani studiert, der fast 120 Jahre vor dem »Kapital« (1751 »De la moneta«) schon geschrieben hatte, daß der »Wert« ein relativer Begriff sei (»Der Wert ist ein Verhältnis, das die Dinge zu unseren Bedürfnissen haben«). Noch gründlicher hatte sich Marx dem Studium der Adam Smith'schen Werke gewidmet, wo im »Wohlstand der Nationen« – ebenfalls rund hundert Jahre vorher niedergelegt – zu lesen steht: »Der wirkliche oder reale Preis aller Dinge, also das, was sie einem Menschen, der *sie haben möchte* [also nicht dem, der sie herstellt! D. V.], in Wahrheit kosten, sind die Anstrengung und Mühe, die er [also der Käufer, nicht der Hersteller oder Verkäufer, D. V.] zu ihrem Erwerb aufwenden muß.[187]

Das ist zwar noch nicht d i e subjektive Wertlehre, aber doch zumindest ein massiver Anstoß, der Marx von seiner lächerlichen Arbeitswertlehre hätte abhalten müssen. Aber dieser geborene Funktionär (mit den klassischen Funktionärseigenschaften: intellektuell, überheblich und arbeitsscheu) hatte das gewaltige Macht- und Einflußpotential der neuentstandenen Industriearbeiter-Massen erkannt und wollte es für seinen Führungsanspruch ausnutzen. Dieser Umstand hat wohl bei allen Studien seinen Blick auf solche Gedanken und Theorien verengt, die ihm in seinen ehrgeizigen Kram gepaßt haben.

Die Begleittheorien, mit denen Marx seine Arbeitswertlehre ausschmückt, sind nicht weniger primitiv. So bspw. die Lohndruck-Theorie, die besagt, daß die Arbeiter immer nur das Existenz-Minimum verdienen können, weil sie sich – sobald die Löhne über das pure Überlebensniveau steigen – so stark vermehren, daß neu Arbeitermassen auf den Arbeitsmarkt drängen. Solch zynisches Kopulations-Axiom zeugt vielleicht besser als zeitgenössische Charakterstudien vom Dünkel des Herrn Kammerzofen-Casanova. Wie muß er die »Arbeiterklasse« eingeschätzt haben, wenn er als »ehernes Gesetz« unterstellt, daß jede Mark Lohn über dem Existenzminimum die Arbeiterheere sofort zu karnickelhafter Rammelei veranlaßt. Es spiegelt sich hier seine wirkliche Einstellung zum »Proleten«, den eigentlich erst er – Marx selbst – zum proles gekürt hat.

Man sollte es nicht für möglich halten, daß der pseudowissenschaftliche Sondermüll dieser Geisterbahnfigur immer noch die halbe Welt regiert. Es gibt sogar im freien Europa noch einen Lehrstuhl für Marxismus (Prof. Mandel). Ich plädiere konsequent für die Einführung einer neuen Doktorwürde an dieser Fakultät: für den Dr. hgc. – humbugensis causa.

Doch Marx ist – wie gesagt – ein alter Hut, und ich will nicht länger auf einer alten Leier herumzupfen, deren Lieder längst gespielt sind, will also weitere Marx'sche »Theorien« hier nicht erörtern. Was jedoch kein alter Hut ist, das ist der sogenannte »Geist« des Marxismus. Der Parierschlag, mit dem der bürgerliche Edel-Marxist (sozusagen der »Herzensmarxist«) kontert, lautet denn auch: ›Ja, mögen sich Marx' Theorien auch als falsch erwiesen haben: was zählt und was wir Marx verdanken, das ist der *Geist* seines Wirkens, das Aufzeigen des Elends, und die Bewußtseinsbildung der unteren Klassen.‹ Nun kann ich mir aber leider keinen Reim darauf machen, was in einem Lehrgebilde, das sich ausdrücklich als *rein materialistisch* bezeichnet, der *Geist* zu suchen haben sollte. Und der sogenannte »Elends-Beweis«: den hatten andere Lügenbeutel der frühindustriellen Geschichtsverfälschung längst erbracht (wie wir in Kap. VI.2. noch sehen werden), und die »Bewußtseinsbildung« war nur die ideologische Vorbereitung der Massen auf eine Verführbarkeit durch Demagogen in wahrhaft satanischen Dimensionen. Genau dieser angebliche »Geist«, diese falsche, verlogene, heuchlerische und verhetzte Hirnpest war es, welche die Gulags und KZs geschaffen hat, welche Millionen in Massengräber und Hungertod getrieben und mehr als die Hälfte der Erdbevölkerung für Generationen in stumpfsinnige Gefängnisinsassen verwandelt hat. Der vorgebliche »Geist der Befreiung« war nur der Hauch des Todes und der stinkende Atem des Weltbürgerkriegs; der faule Mundgeruch eines verbohrten Doktrinärs, in dem die Lebenschancen ganzer Völker verstunken sind.

»Was also ist der Irrtum der Schöpfung?« – fragt Peter Dittmar – »der Mensch oder der Marxismus?«[188] Wenn der Marx'sche Murks – so meine Antwort – wichtiger wäre als der Mensch, wichtiger vor Gott, der Natur und den Menschen selbst, dann freilich wäre der Mensch ein Irrtum der Schöpfung, ein schrecklich verkorkstes Wesen; das man mit Gewalt und permanenter Revolution, mit Terror und Genozid, mit Gehirnwäsche und Folter bis in alle Ewigkeit »umerziehen« – oder ausrotten müßte. Und mit dieser Antwort sind wir zwei »Geheimnissen« auf die Spur gekommen: einem Geheimnis des Marxismus, und einem Geheimnis des Sozialismus. Das »marxistische«: Weil genau *dieses* Menschenbild für Marx und alle Marxisten zutrifft (daß der Mensch also *unwichtiger* sei als der Marxismus!!!), werden wie durch ein Wunder – in Wahrheit aber nur folgerichtig – in marxistisch-sozialistischen Systemen *alle Marx-Theorien zutreffend,* sozusagen *todsicher:*

Die Ausbeutungstheorie! Die Verelendungstheorie! Die Konzentrationstheorie (Staat)! Die Klassenpolarisierung! Der Profitraten-Verfall! Das Ende des Technischen Fortschritts (Stagnationstheorie)! Die Existenzminimum-(Reproduktions-)-Theorie! – und schließlich – und hoffentlich – sogar die Zusammenbruchs-Theorie! Marx triumphiert! Aber nur dort, wo er hingehört: in der Hölle menschenverachtender Mördersysteme.

Das zweite »Geheimnis« ist ein generelles, allem Sozialismus (auch dem Marxismus) innewohnendes. Der bereits erwähnte Paul Johnson ist ihm wohl am besten auf die Spur gekommen, wenn er von der »Herzlosigkeit der Ideen« spricht, und den denkenden Teil der Menschheit in zwei Gruppen teilt: diejenigen, die sich für *Menschen* interessieren, und jene, die auf *Ideen* versessen sind.[189] Letztere scheren sich nicht darum, was die Menschen wirklich wollen, sondern lieben nur ihre eigenen Ideen – und beharren darauf, daß die Welt nach ihren Vokabeln zu funktionieren habe. Wer der Idee im Wege steht, ist für sie ein Feind der Menschheit. Ob Lenins »Liquidation der Klassenfeinde« oder Hitlers »Rassenvernichtung«, ob Maos »Kulturrevolution« oder Pol Pots »Düngerbefehl«: Immer ist es die *Endlösung*: die gnadenlos rasende Beseitigung der menschlichen »Schwächen« (gegenüber der »starken« Idee) – oder die Vernichtung der Menschen selbst, die nicht *in die Idee* passen. Genau das aber, die Verliebtheit in – und die Überbewertung von Ideen ist das hervorstechende Charaktermerkmal der Intellektuellen. Deshalb ist Sozialismus niemals ein Traumbild des Volkes oder der Massen gewesen, sondern immer und überall eine defäkatorische Kopfgeburt der Viertel-, Halb- und Dreiviertel – Intelligenzia. Deshalb auch deren Gleichgültigkeit gegenüber noch so vielen Völkermorden. Die angeblichen Alleinvertreter und -besitzer der »Kultur« haben sich z. B. einen Dreck darum gekümmert, als die rot-chinesischen Vandalen über sechstausend tibetanische Klöster zerstört (und nebenbei noch 180 000 Mönche und mehr als eine Million Tibeter ermordet) haben, als somit wirkliche, echte und uralte Kultur eines ganzen Volkes vernichtet wurde. Schließlich ging es ja um *die Idee;* die Idee des ach so »humanitären« Sozialismus. Deshalb auch die ewige Feindschaft der Intellektuellen gegen den Kapitalismus. Der ist nämlich *keine Idee,* sondern nur die hundsgewöhnliche menschliche (MENSCHLICHE!!!) Realität, die eintritt, wenn man die Leute in Ruhe läßt und *von Ideen verschont.* Allerdings: Intellektuelle und ideologiegetränkte Funktionäre braucht man zu diesem profanen Geschäft nicht. Eierköpfe sind in der Marktwirtschaft nur für Management, schulische Bildung und den üblichen Kunst- und Kulturbetrieb notwendig. Ideenlieferanten und -einpeitscher sind überflüssig. Kapitalismus ist nur die sozio-ökonomische Wirklichkeit eines realistischen und wahrhaft »humanen« Menschengebildes – mit allen Stärken und Schwächen, welche die Menschen nun einmal haben. Er ist – wie ein kluger Kopf gesagt hat – die »schlechteste aller Ordnungen – mit Ausnahme aller anderen.« Kapitalismus als Nicht-Idee ist die den Menschen und ihrer Welt einzig angemessene Ordnung, weil alle aus Ideen geborenen Ordnungen *Ideal*gebilde sind – und somit *unmenschlich!*

Es ist eines der tiefen Geheimnisse des Sozialismus (und natürlich auch des Marxismus), daß er eine widernatürliche, unrealistische, den Menschen-wie-er-leibt-und-lebt verachtende – oder schlicht: *eine Idee* ist. Nur um diese Idee *gegen* die Biologie der menschlichen Rasse und *gegen* die Natur aller Schöpfung durchzusetzen, braucht man die selbsternannten Vordenker der Menschheitsbeglückung. *Darum* die innige Hochzeit zwischen Sozialismus und Intellektuellen weltweit. Und *weil* dieses scheinheilige Heer der Lüge angetreten ist, ihre Thesen und Wahn-Ideale *gegen alle wahre Humanität* und *gegen das Leben* durchzusetzen: deshalb sind sie die Feinde des Lebens – und deshalb ist Sozialismus *Tod.*

Wir wollen aber bei Begründung des Rechts von jenem höchsten Gesetze ausgehen, welches durch alle Jahrhunderte früher vorhanden war, ehe irgendein Gesetz geschrieben oder überhaupt im Staat gegründet wurde.

Marcus Tullius Cicero.
(Über die Gesetze. I,6)[190]

Der totale Staat ist nichts anderes als der in politische Praxis umgesetzte Rechtspositivismus.

E. Brunner

3. Die Sophisten der Neuzeit: Rechtsgelehrte als Totengräber der Freiheit.

Es geht in diesem Kapitel um den Rechtspositivismus. Er ist zwar kein unmittelbar sozialistisches Phänomen, aber sehr wohl ein mittelbares. Und er ist einer der heimtückischsten, leisesten, ausdauerndsten und gefährlichsten Gegner der Freiheit überhaupt. Idealer Wunschpartner und beständiger Weggefährte des Sozialismus ist er deshalb, weil beider entscheidende Wesensmerkmale identisch sind: Beide – Sozialismus und Rechtspositivismus – sind a) konstruktivistisch, und b) auf konkrete Zwecke ausgerichtet. Sie können letztlich ohne einander nicht auskommen.

Ich bin kein Rechtsgelehrter und muß mich deshalb auf allgemeine Ausführungen beschränken, die jedem herkömmlich Gebildeten (also vor allem dem Nicht-Fachjuristen) zugänglich sind. Im übrigen verweise ich auch hier – und hier ganz besonders! – auf die einschlägige Fachliteratur.[191]

Was nun war/ist Rechtspositivismus, und warum war/ist sein Einfluß so verheerend für alle menschliche Freiheit? Mit »Rechtspositivismus« bezeichnet man eine Auffassung vom Recht, die auf die Kurzformel gebracht werden kann: Recht ist nur das vom Gesetzgeber »gesetzte« Recht (lat. »positus« = gesetzt). Nichts sonst. Der Rechtspositivist hält es für unzulässig, den Rechtsbegriff mit etwas Höherem – wie bspw. dem Naturrecht oder der Gerechtigkeitsidee zu verknüpfen. Als Denkmethode entstammt er dem allgemeinwissenschaftlichen Positivismus, den man schlicht als »wissenschaftliche Geisteskrankheit« bezeichnen kann. Sie geht nämlich hauptsächlich auf Auguste Comte zurück, den namhaftesten Schüler jenes Saint-Simon, den wir bei den Frühsozialisten als Ober-Popanz kennengelernt haben. Comte hat an »Wissenschaft« genanntem Irrwitz seinen Meister noch übertroffen und eine »Religion der Menschheit«, sowie eine »soziale Physik« erfunden, die man nur dem Ende aller Erkenntnisfähigkeit gleichsetzen kann. (v. Hayek war die Widerlegung dieses geistigen Mülls ein ganzes Buch mit dem aufschlußreichen Titel »Mißbrauch und Verfall der Vernunft« wert[192]). Doch wir wollen uns hier auf den Rechtspositivismus beschränken. Dieser hatte sich Ende des 19. Jahrhunderts aufgemacht, den ganzen europäischen Kontinent zu erobern, um schließlich seine Hochblüte in den Reichsgerichten der Nationalsozialisten und in den Schauprozessen der stalinistischen »Säuberungen« zu erleben. Seine Kernaussage ist: Allein das von einem Gesetzgeber erlassene Gesetz ist Rechtswirklichkeit; es gilt ohne jede Rücksicht auf seinen *beliebigen* Inhalt als Recht. Jeder freiheitlich empfindende Mensch muß bei einer solchen Definition erschaudern. Ihre Folgen für die Rechtswissenschaften sind denn auch schrecklich: der bedeutende und einflußreiche Rechtsgelehrte an der Schwelle vom 19. zum 20. Jahrhundert, Rudolph von Ihering, verstieg sich bei der Vergötzung des positiven Rechts so weit, daß er in seinem zweibändigen Lehrwerk »Der Zweck im Recht« schreiben konnte: »So wenig der Schatten vor dem Licht da war, so wenig die Willkür vor dem Recht ... Der Neger, der von seinem Fürsten als Sklave ... zur Feier eines Festes abgeschlachtet wird, empfindet das nicht als Willkür, sondern als bloße Tatsache, er sieht die Gewalt, die ihn vernichtet, nicht mit anderen Augen an, als wie wir den Orkan oder den Hagelschlag.«[193] Auch ein juristisch nicht ge- oder verbildeter Mensch erkennt unmittelbar, daß Ihering dem genannten Neger weniger Rechts- und Unrechtsempfinden zugesteht als einem Hund, der sehr wohl ein Gespür dafür hat, ob er verdiente Strafe erleidet oder unverschuldet verprügelt wird. Doch Ihering verkündet: »Nun steht aber die gesetzgebende Gewalt nicht wie der Richter und die Regierung *unter,* sondern *über* dem Gesetz; jedes Gesetz, welches sie erläßt, wie immerhin auch sein Inhalt beschaffen sei, ist im Rechtssinn ein vollkommen legaler Act. Im juristischen Sinn kann die Gesetzgebung daher nie eine Willkür begehen...«[194]

Ihering ist jedoch keineswegs nur ein »krasser Fall« in der Rechtslehre des beginnenden 20. Jahrhunderts. Sein nicht minder berühmter und einflußreicher Kollege Hans Kelsen weiß zu verkünden: Dem Satz ›the king can do no wrong‹ [dem die Theorie des Staates zu entsprechen habe] »ist nicht die Bedeutung beizulegen, daß Gesetzgebung und Verwaltung bemüht sein sollen, staatliches

Unrecht zu vermeiden, sondern die, daß die Jurisprudenz in keinem Akte ein Unrecht des Staates *erkennenn darf.* Ein Unrecht des Staates muß unter allen Umständen ein Widerspruch in sich selbst sein.«[195] Und geradezu makaber zynisch wirken Kelsens Ausführungen, wenn er – ganz in der positivistischen Logik – behauptet, auch die Despotie sei ein »Rechtszustand«, »auch wenn er als nachteilig empfunden wird. Doch hat er auch seine guten Seiten. Der im modernen Rechtsstaat gar nicht seltene Ruf nach Diktatur zeigt dies ganz deutlich.«[196]

Man muß dem wohl keinen Kommentar hinzufügen. Man täusche sich jedoch nicht und halte solches »Ideengut« für akademisch im Sinne von: wirkungslos für die Praxis. Es hat – ganz im Gegenteil – die praktische Justiz der ersten Hälfte unseres Jahrhunderts tief geprägt (und ist in verändertem Gewand dabei, auch die zweite Hälfte in einen Rechtssumpf zu verwandeln). Auch die Weimarer Verfassung bestätigte noch jeden beliebigen Gesetzesinhalt als »rechtmäßig«, wenn nur die parlamentarischen Spielregeln der Legislaturarbeit befolgt worden seien; und es war durchaus verfassungskonform als das Reichsgericht 1927 erklärte, der Gesetzgeber sei an keine anderen Schranken gebunden als an diejenigen, welche er sich selber in der Verfassung oder in anderen Gesetzen gezogen habe, ja er dürfe selbst »willkürliche Maßnahmen« treffen.[197] Hitler und Volksgerichtshof-Präsident Freisler mußten nicht mehr allzuviel am »Geist« solcher Rechtsauffassung herumfummeln, um Justiz in nackten Terror zu verwandeln.

Generell ist die schrecklichste Konsequenz des Rechtspositivismus die Inthronisierung und Legitimierung des allmächtigen Staates. Wenn alles »Recht« ist, ja sogar *nur das* Recht ist, was der souveräne Machtträger beliebig als Gesetz erläßt, dann bedeutet das die theoretische und faktische Legitimation des Totalitarismus. »Anstelle der Rechtsidee«, hat der große Rechtsgelehrte Ernst v. Hippel formuliert, »tritt leere Legalität«, und »in der Vorstellung…, daß dem Staat erlaubt sei, was der einzelne nicht darf, und der hieraus folgenden Lehre von der doppelten Moral steckt das Weltbild des Positivismus, dem Weisheit zur bloßen Schlauheit entartete.«[198]

Eine Nebenfrage: Haben Sie in den wochenlangen Fernseh-, Rundfunk- und Zeitungs-Diskussionen (anläßlich des 50. Jahrestages der Poleninvasion) über Hitler-Deutschland und den NS-Staat ein einziges Mal das Wort »Rechtspositivismus« gehört? Hundert Gründe und Ursachen für den NS-Wahn konnte man von den

Experten hören, nur nicht die entscheidenden. Entsprechend unerkannt schlafen die Raubtiere des Totalitarismus und die giftigen Reptilien des kollektiven Massenwahns ihren Verdauungsschlaf, um sich jederzeit zu neuem Fraß erheben zu können.

Wer glaubt, der Rechtspositivismus sei in unseren Tagen nicht mehr virulent, der unterliegt einer gefährlichen und einschläfernden Täuschung. Je mehr sich das Öffentliche Recht inclusive der Verwaltungsverordnungen (als Gegensatz zum Privatrecht) in das Rechtsleben hineinfressen, je mehr das Richterrecht (vor allem im sogenannten »Arbeitsrecht«) und die alle legitime Legislative überwuchernde »soziale« oder »distributive« Gerechtigkeit den wahren Rechts- und Gerechtigkeitsbegriff verdrängen, je mehr das formal-demokratische Verfahren zur einzigen und ausschließlichen Legitimation des Rechts »setzens« werden, desto strahlender erhebt sich der Positivismus aus dem geistigen Lotterbett seiner angemaßten und maßlosen juristischen Monokultur. Das Grundgesetz der Bundesrepublik Deutschland hat zwar deutlich mit dieser Rechtstradition gebrochen – darauf deuten schon die Begriffe »Gott«, »Würde des Menschen« und »Menschenrechte« hin –, aber der moderne Sozialstaats- und Demokratie-Begriff haben ihr in dramatischer Weise zu neuen Ehren verholfen: Da der Staat seine Macht mehr und mehr aus dem Terminus des »Sozialen« herleitet, ist Demokratie (verstanden als rein mechanistische Mehrheitsbildung) von einem puren Mittel der Machtbegrenzung zu einem höchsten und letzten Wort (wie der »Sozialstaat« selbst) geworden, denn nur so verstanden und mißverstanden schafft sie den Funktionsträgern die Macht, das »Soziale« durchsetzen zu können. So wie in den sozialistischen Unrechtssystemen des Ostens jede Maßnahme »gerecht« ist, die im angeblichen »Klasseninteresse« getroffen wird, so ist im Sozialstaat alles a priori »Recht« und »gerecht«, was dem (angeblich) »Sozialen« dient. Wer dagegen anstinkt, den trifft der schärfste Bannstrahl der Neopositivisten: die sozial-sozialistische Exkommunikation. Ihre Formel lautet: Ausschluß aus der menschlichen Gesellschaft wegen »Demontage der sozialen Rechte« und wegen »Ausscherens aus dem Grundkonsens der Demokraten«. Der Anspruch des Sozialstaats auf unbeschränkte Gesetzgebungsmacht ist sakrosankt, *weil* weil er sich dem »Sozialen« mit Haut und Haaren verschrieben hat. Andererseits aber zerbröckelt seine Exekutivgewalt zusehends, weil allerorts divergierende »soziale Ansprüche« unterschiedlicher Gruppen tangiert werden. Das einäugige Recht muß überall ein Auge zukneifen – und ist deshalb überall scheel oder blind geworden. Doch davon später mehr.

Eine Theorie (Rechtspositivismus), die überall den Rechtsgedanken an die Gewalt ausgeliefert hat, ist zu bedeutsam, um sie nur kurz zu streifen. Wir müssen auch hier ein wenig tiefer greifen: obwohl die Hochblüte des modernen Rechtspositivismus um die Wende des 19. zum 20. Jahrhundert lag, ist seine Entstehungsgeschichte so alt wie die des systematischen Philosophierens überhaupt. So finden sich Grundaxiome bereits in der Rechtslehre des alten China und im Sophismus des antiken Griechenland. (Thrasymachos: »Gerechtigkeit ist der Vorteil des Stärkeren«). Daß er dennoch seine freiheitszersetzende Kraft erst in der neueren Zeit voll entfalten konnte, beruht letztlich darauf, daß (mit einer großartigen Formulierung Ernst v. Hippels) in dieser aufklärerischen Epoche »die Urweisheit der Frühe verglimmt und nur das Diesseitige noch sichtbar bleibt«.[199] (Er – der Repositivismus – ist also ganz deutlich ein Kind des hinreichend behandelten Hyperrationalismus). In Deutschland wurde dieser einstufige Rechtsbegriff vor allem durch die Staatsdenker Ihering und Kelsen, sowie durch v. Mohl, Windscheid, Laband, Jellinek und Radbruch verbreitet und gefestigt. Seine breiteste weltanschauliche Fundierung fand er im Marxismus und Kommunismus (Was im Interesse der Arbeiterklasse geschehen muß, *ist* gerecht), und in neuester Zeit im Sozialsozialismus Westeuropas (was im Interesse des »Sozialen« geschieht, *ist* gerecht). Genau besehen liegt also dem Rechtspositivismus ein falscher Gerechtigkeitsbegriff zugrunde. Eines (von zweien) seiner Ur-Axiome besteht in der Annahme, »Gerechtigkeit« sei nicht objektiv definierbar. Da es den Rechtsphilosophen nicht gelungen war, positive (also positiv formulierbare) Kriterien für Gerechtigkeit zu finden, schlossen sie daraus, daß es überhaupt keine *objektiven* Gerechtigkeitskriterien geben könne. Dieser Schluß ist jedoch falsch. Es gibt sehr wohl (negativ formulierbare) Prüfmaßstäbe für das *Un*gerechte – und somit auch *objektive* für das Gerechte. Anders gesagt: Wir können vor dem Hintergrund der überkommenen Regeln des gerechten Verhaltens, die das Ergebnis eines in Generationen gewachsenen Rechtsempfindens sind, entscheiden und artikulieren, ob und wann bestimmte Handlungen und Vorschriften *un*gerecht sind oder nicht. Nochmals anders formuliert: Wir können uns vermittels negativer (aber nichtsdestoweniger *objektiver*) Entscheidungskriterien sukzessive von der Ungerechtigkeit entfernen und somit der Gerechtigkeit nähern, auch wenn es nur eine negative Gerechtigkeits-Definition gibt, die – grob – lautet: Das Gerechtere einer Handlung oder einer Rechtsregel ist jeweils das, was weiter als seine Alternative vom Ungerechten entfernt ist. Einer der Anhaltspunkte für diese Entfernung – und zwar der wichtigste – ist die Bedingung, daß die Regel ausnahmslos für alle gelten muß.[200] Ein Beispiel: Wenn wir den Kindern eines Waisenhauses oder eines Flüchtlingslagers, die wir alle nicht kennen, ein Geschenk in Form von Schokoladentafeln machen wollen, dann können wir nicht behaupten, es sei »gerecht«, jedem Kind eine Tafel zu geben, denn die so Beschenkten haben unterschiedliche Vorlieben für Süßigkeiten und – je nach Alter und Gewicht – auch unterschiedlichen Hunger; manche mögen vielleicht überhaupt keine Schokolade. Aber wir können sehr wohl die *objektive* Feststellung treffen, daß es weniger ungerecht ist, jedem Kind die gleiche Einheit zu geben als beispielsweise unterschiedliche Mengen nach dem Verteilungs-Kriterium »Alter« oder »Geschlecht«. (Und weiter ins persönliche Detail können wir nicht gehen, weil wir – wie gesagt – die Kinder nicht kennen – genausowenig wie ein Gesetzgeber alle Menschen kennen kann, auf die sein Gesetz Anwendung finden wird). Der Rechtspositivist hingegen behauptet: Weil es keine objektiven Gerechtigkeitskriterien geben kann, bleibt nur der Ausweg, durch Gesetz festzulegen, was – je nach Zweck (z. B. Sättigung in unserem Schokoladen-Beispiel) erwünscht ist; und das ist eben dann auch »gerecht«.

Das zweite fundamentale Axiom des Rechtspositivismus besteht aus der Annahme (die wir beim Konstruktivistischen Rationalismus schon kurz gestreift haben), Recht sei das Ergebnis menschlichen (gesetzgeberischen) rationalen Entwurfs; was rechtens sei, könne also erst entschieden werden, wenn irgendein kluger und weiser Gesetzgeber festgelegt – und möglichst auch niedergeschrieben habe, was recht und was unrecht sei. Recht ist aber älter als alle Gestzgebung. Recht ist nicht dadurch entstanden, daß Menschengruppen sich zusammengeschlossen und dann Gesetze gegeben haben, sondern das Umgekehrte ist zutreffend: Gemeinschaften sind unter Menschen entstanden, die gleichen oder ähnlichen Verhaltensregeln zugeneigt waren. Einige dieser Regeln haben sogar schon existiert, bevor es eine Sprache gegeben hat, bevor sie also überhaupt artikulierbar und den Menschen bewußt gewesen sind. Nur die Tatsache, daß es den Priestern, Stammesführern, Richtern und Gelehrten in einem mehrtausendjährigen Lernprozeß gelungen ist, die meisten dieser

Regeln aus ihrer Abstraktion herauszutasten und in geschriebenen Gesetzen artikulierbar zu machen, hat die Menschen zu dem Irrglauben verführt, Recht sei von Gesetzgebern »geschaffen« worden – oder nur die von einem Gesetzgeber erlassenen Gesetze seien »Recht«. Auch die frühen Kodizes (systematisierte und geschriebene Gesetzes-Sammlungen) von Hammurapi, dem König von Babylonien (1728-1686 vor Christus) über Lykurgos, den legendären Gesetzgeber Spartas, bis zu Solon, einem der Sieben Weisen Athens (ca. 640-561 vor Christus) hatten kein *neues* Recht gesetzt, sondern nur uralte und tief eingewurzelte Vorstellungen über Recht und Gerechtigkeit systematisiert (allenfalls um Auswüchse bereinigt) und als allgemeinverbindlich niedergelegt (kodifiziert).

Natürlich hat sich das Recht immer weiterentwickelt, aber immer mehr als Wandel des Rechtsverständnisses der Menschen (als Reaktion auf veränderte Lebensverhältnisse), welches das geschriebene Recht dann nachvollzogen hat, und weniger als abstrakter Entwurf. Die Herrscher, welche ihre Gesetzeswerke nach den jeweils lange vor ihnen geltenden – meist ungeschriebenen – Rechts- und Verhaltensgepflogenheiten ausgerichtet haben, galten und gelten in der Geschichte jeweils als weise und gerechte Regenten, während diejenigen, die ihren Untertanen Gesetze nach Prinzipien der Verwaltungsmacht und der »Organisation« ihres Reiches aufgezwungen haben – gegen die jeweils im Volk verankerten Verhaltensstraditionen – als Despoten und Tyrannen in die Geschichte eingegangen sind. Rechts*findung* war schon immer tendenziell gerecht, Rechts*schöpfung* schon immer tendenziell ungerecht. Auch die große Kodifizierung des Römischen Rechts durch Justinian (in Byzanz) war keine umwälzende Rechtsschöpfung, sondern das Ergebnis einer sorgfältigen Rechts*findung* durch namhafte Gelehrte im Auftrag des Kaisers.

Erst unter den absolutistischen Monarchen des späten Mittelalters und der beginnenden Neuzeit in Europa wurde die Gesetzgebungsbefugnis der Herrscher zur Gesetzgebungs*gewalt.* So konnte denn die uralte Tradition des Rechts*empfindens,* der Suche und des Auffindens von volksverwurzeltem Recht nur im common law bewahrt werden, in jenem Land (England) also, wo es den Monarchen nie gelungen ist, eine absolutistische Herrschaft dauerhaft einzurichten.

Benjamin Constant hat mit der ihm eigenen poetischen Sprachkunst auf dieses Wechselspiel zwischen Gesetzesgeltung und Traditionsgeist hingewiesen: »Ob die Gesetze gut sind, ist... weit weniger wichtig als die Frage, in welchem Geiste die Nation sich ihren Gesetzen unterordnet und sie befolgt. Wenn sie an ihnen hängt und sie einhält, weil sie ihr aus einem geheiligten Quell hervorgegangen und als Hinterlassenschaft von Generationen erscheinen, deren Manen sie verehrt, so verbinden jene sich aufs engste mit ihren sittlichen Vorstellungen; sie veredeln ihren Charakter, und selbst wenn sie Mängel aufweisen, bringen sie doch mehr Tugenden und dadurch mehr Glück hervor als bessere Gesetze, die sich auf nichts anderes stützen würden als auf den Befehl der Staatsgewalt.«[201]

Der ganze Sinn der sogenannten Gewaltenteilung besteht ja darin, daß immer ein anderer als der Inhaber der Gewalt Recht setzen oder Gesetze geben sollte, und daß der Machtbesitzer (Regierung) dieses Recht dann schützen und durchführen (exsequor/Exekutive) soll, während ein Dritter, nämlich ein von beiden Institutionen unabhängiger Richter, im konkreten Streit- oder Unsicherheitsfall herausfinden soll, ob das Recht verletzt wurde oder nicht. Diese Gewaltenteilung kann nur so lange erhalten bleiben wie eine Regierung sich auf die Verwaltung eines Landes (gemäß geltendem Recht) und auf den Schutz der bestehenden Rechtsordnung beschränkt. Sobald die Exekutive (Regierung) andere oder zusätzliche Zwecke verfolgt, sobald sie sich die Einrichtung von Privilegien, Ausnahmen und Sonderrechten zum Ziel setzt – z. B. im Namen der »sozialen Gerechtigkeit« – *muß* sie auch dazu »legitimiert« werden, sich *das zu diesem Zweck erforderliche »Recht«* nach Bedarf selbst zu schaffen, d. h.: Exekutive und Legislative müssen deckungsgleich werden – oder sich zumindest institutionell so weit annähern, daß sie »Hand in Hand« wirken können.

Genau diesen das Recht unterhöhlenden, die Gesetzgebung pervertierenden, die Exekutive usurpierenden und die Gewaltenteilung eliminierenden Zustand weisen die modernen Parlamente und Parteien aller sogenannten »Rechtsstaaten« aus: Legislative (Abgeordnete) und Exekutive (Regierungsmitglieder) sitzen dort in trauter Gemeinsamkeit und spielen sich die Bälle zu, um *alles* durchzusetzen, was man demoskopisch und wahlwirksam als »Volksmeinung« ermittelt zu haben glaubt. Dieser »Wille der Mehrheit« ist aber meist nichts anderes als die Reaktion auf verführerische Versprechungen über Sonderrechte oder Sonderdiskriminierungen bestimmter Gruppen, und seine gesetzgeberische Durchsetzung ist deshalb in diesen Fällen nichts anderes als *Unrecht* und *Rechtszerstörung.*

Der Begriff der Gerechtigkeit erfährt so einen entscheidenden und verhängnisvollen Wandel: »gerecht« ist nicht mehr das, was anerkannten, für alle gleichmäßig geltenden Regeln entspricht, sondern das, was den von den Regierungsparteien gesetzten Zwecken »gerecht« wird. Und damit diese völlig pervertierte Version der »Gerechtigkeit« durchgesetzt werden kann, muß das generelle Bemühen um Beschränkung und Kontrolle *jeglicher* politischer Gewalt aufgegeben werden. Stattdessen muß den jeweiligen Regierungsparteien immer schrankenlosere Macht zugeschanzt werden, damit sie die versprochenen Unrechtsprivilegien für ihre Wähler durchzusetzen vermögen.

Dieser bis in sein Innerstes zerstörte Rechtsbegriff ist zutiefst konstruktivistisch und führt unmittelbar zur Vorstellung, *alles* das – und nur das – sei Recht, was ein Gesetzgeber erlassen hat, und deshalb müsse es auch (im Hobbes'schen Sinne) einen obersten unbeschränkten Gesetzgeber geben. In Wirklichkeit ist diese erbärmlich degenerierte und totalitäre Auffassung nur der verkommene Rechtsbegriff selbstsüchtiger Wählergruppen und machtbesessener Funktionärscliquen. Diese Polit-Kaste versteht sich dann – Rousseau redivivus – als höchste und höchstlegitimierte Vollstreckungsautorität für den Volkswillen – und wird auch vom Stimmvieh so eingeschätzt. Ein teuflisch ausgerollter roter Teppich am Eingang zum Reich der Sklaverei, denn höchste gesetzgeberische Legitimität kann *niemals ein Wille sein* (weder ein Einzel-, noch ein Regierungs-, noch ein Volkswille), sondern *einzig und allein* das in einer Gemeinschaft vorherrschende *Empfinden über die Gerechtigkeit tradierter allgemeiner Rechtsregeln.*

Einen Unrechtsstaat – gegen dieses Rechtsempfinden – kann man nur auf zwei Wegen errichten; entweder mit nackter Gewalt – oder aber, indem organisierte Gruppen (z. B. Parteien), Syndikate (z. B. Gewerkschaften) und Massenmedien mit unablässiger Indoktrination und Propaganda ans Werk gehen, das uralte Rechtsgespür zu diskriminieren, die Begriffe »Recht« und »Gerechtigkeit« auszuhöhlen und mit verführerischen Inhalten neu zu füllen (neudeutsch: zu »besetzen«). Ein einzigartiger Propaganda-Trick und ein unschlagbares Hilfsmittel hierzu ist das Präfix »sozial«:

Wenn sich Gerechtigkeit zu »sozialer« Gerechtigkeit gewandelt hat (Zwischenfrage: was ist eigentlich »unsoziale« Gerechtigkeit?), dann ist sie eine leere Worthülse für beliebigen Mißbrauch, und wenn aus »Verantwortung« eine »soziale Verantwortung« geworden ist, dann ist sie niemandes Verantwortung mehr. Sie ist dann ausgelöscht und zum sinnlosen Gummibegriff verkommen. Man kann das auch anders verdeutlichen: Wenn sozial Empfindende die sozialen Gefahren sozialer Bevorzugung sozial Bessergestellter gegenüber sozialen Randgruppen und sozial Benachteiligten als soziales Risiko erkennen, und den Sozialneid des sozialen Friedens willen durch soziale Rechte auf soziale Besitzstände sozial absichern wollen, dann ist das soziale Verantwortung. Man kann aber auch sagen: das ist die soziale Hirnsyphilis im dritten Stadium (Vorschlag für ein medizinisches Kürzel: SS-L3). So dient denn dieses scheinbar so harmlose Wörtchen allen Neopositivisten als schärfste Universalwaffe zur Errichtung des Sozialsozialismus im modernen Sozialstaat mit seiner sakrosankten Sozialgesetzgebung. »Sozial«: das ist in Wahrheit die beste aller Kreiden für den Wolf. Mit ihr läßt sich jedes noch so bestialische Knurren in lieblichen Gesang verwandeln. Sie ist das Zaubermittel für jeden Wolf, der sich in die gute Stube seiner Opfer einschleichen will. Wer dieser heuchlerischen Vokabel in ihren scheinhumanitären Mogelpackungen erliegt, der ist bereits ein höriger Hofschranze der Macht, und der ist als unabhängige und selbstverantwortliche Persönlichkeit schon gestorben. (Wir wissen ja: Sozialismus ist Tod).

»Sobald die Exekutive ihre Hand am Hebel der Gesetzgebung hält, beginnt eine atemberaubende Gesetzesmacherei, eine Inflationierung mit Rechtsnormen, eine fachmännische Vertechnifizierung des gesetzgeberischen Fabrikationsprozesses, kurz eine Entwicklung, die dahin tendiert, aus dem Gesetz ein schlagkräftiges Mittel im ... Tageskampf um die Macht und im Dienst rein exekutiver Vielregiererei zu machen. Die Exekutive ist die geborene Feindin des Gesetzes.«

Franz Böhm[202]

4. Wenn die Wächter zu Tätern werden: Vom Ende des Rechtsstaats.

Eine andere, ebenfalls aus der Rechtssphäre kommende tödliche Gefahr für Freiheit und Rechtsstaat wird von den Bürgern überhaupt nicht zur Kenntnis genommen: Die seit Jahrzehnten anhaltende Tendenz zum Rückzug des Privatrechts und zum lawinenhaften Anschwellen des Öffentlichen Rechts, insbesondere des Verwaltungsrechts (als wesentlichem Bestandteil des Öffentlichen Rechts). Ganze Rechtsgebiete – wie z. B. das Arbeitsrecht und das Wirtschaftsrecht –, die im 19. Jahrhundert noch zur Privatrechtssphäre gehörten, sind heute weitgehend dem öffentlichen Bereich zugeordnet. Wohin diese Reise führt, können wir in den Ländern des zerfallenden Ostblocks beobachten, wo das Öffentliche Recht das Privatrecht fast völlig verdrängt hat.

»Verwaltung« ist nur ein anderes Wort für Regierung – und ist deshalb immer und notwendigerweise Organisation und Durchsetzung, also eine Kategorie des Zwanges. Zwang jedoch ist nur dann tendenziell unbedenklich, wenn es sich darum handelt, allgemeine, für alle Menschen gleichermaßen gültige und mehrheitlich anerkannte Regeln des gerechten Verhaltens zu schützen und deren Verletzung zu verhindern oder zu ahnden. (Das ist ja gerade das Wesen des Rechtsstaats). Bedenklich, wenngleich ebenfalls erforderlich, ist Zwang schon dort, wo der Staat im Rahmen seiner AUF DAS UNUMGÄNGLICH NOTWENDIGE BESCHRÄNKTEN Aufgaben verwaltend und kontrollierend tätig sein muß (z. B. im Polizeiwesen, Straßenbau, Strafvollzug, Steuereinzug). Auch hierbei sind natürlich die grundlegenden Prinzipien der Rechtsstaatlichkeit – also der allgemeinen Rechtsregeln – so weit zu wahren als damit die Durchführung der besagten, ENG BEGRENZTEN Verwaltungsaufgaben NICHT UNMÖGLICH GEMACHT wird. Aber: Schon diese »weichen« Formulierungen (»eng begrenzt«, »nicht unmöglich gemacht«) deuten darauf hin, daß hier keine klare Grenzlinien mehr gezogen werden können. Dieser Zwangsbereich ist und bleibt bedrohlich für den Fortbestand der Freiheit. DESHALB IST JEDER EINZELNE SCHRITT DER AUFGABENAUSWEITUNG DES STAATES UND SEINES VERWALTUNGSAPPARATES ÄUSSERST GEFÄHRLICH. Wenn immer ausgedehntere Lebensbereiche – wie beispielsweise im uferlos gewucherten Sozialrecht und im zur Undefinierbarkeit verkommenen Arbeitsrecht – in die Hände der öffentlichen Verwaltung gefallen sind, so ist die tödliche Strangulation des freiheitlichen Rechtsstaats keine heraufziehende Gefahr mehr, sondern bereits institutionalisierte Gewißheit.

Man kann einräumen, daß die deutsche Version der Verwaltungsgerichtsbarkeit[203] in der redlichen Absicht eingeführt wurde, diesen gefährlichen Aspekt jeder Verwaltungstätigkeit und -hoheit zu bändigen, indem die potentiell von aller verwaltenden Organisation ausgehende Machtwillkür einer gerichtlichen Kontrolle unterworfen wird, aber faktisch ist das nur bis zu einem gewissen Grad gelungen, und – schlimmer noch: um den Preis, daß das Spektrum des zu Bändigenden ins fast Unermeßliche gewachsen ist. Die Existenz einer ausgefeilten, in Spezialgebiete aufgefächerten und in mehrere Instanzen gegliederten – vermeintlich »unabhängigen« – Sondergerichtsbarkeit (Verwaltungsgerichte) hat das Gefahrenbewußtsein nur eingeschläfert. Außerdem hat dieser formalistische Aspekt dem Irrtum Vorschub geleistet, Verwaltungsrecht sei »Recht« wie jedes andere, sei also integraler Bestandteil »des Rechts« und könne durch unabhängige Richter genauso im Zaum der Rechtsstaatlichkeit gehalten werden wie das allgemeine (Privat-)Recht. Doch das ist von der Natur der Sache her gar nicht möglich. Verwaltung ist – wie gesagt – immer notwendigerweise eine Zwangsorganisaion, die ganz konkreten Zwecken und Zielen dienen muß (und nicht nur allgemeinen Regeln des gerechten Verhaltens). »Zähmung« und Beschränkung ist deshalb auf diesem Gebiet hoheitlichen Handelns und Wollens nur sehr eingeschränkt und unzulänglich möglich, ganz gleich, welche

Institutionen und Verfahrensregeln man in der Absicht erfindet und installiert, der prinzipiellen Gefahr zu begegnen.

Öffentliches »Recht« oder Verwaltungs»recht« ist kein Recht im Sinne des Schutzes für das Individuum, sondern tendenziell das »Recht des Stärkeren«, also ein Element der Gewalt. Und »Gesetz« in der Terminologie der Verwaltung hat stets den mehr oder weniger sichtbaren Charakter des Befehls. Nicht ohne Grund ist die leicht und fast beliebig zu schaffende Rechts*verordnung* die bevorzugte Gesetzes-Krücke der Administrations-Bürokratie. De facto hat diese Kehrseite der Medaille, das krebsartige Wuchern der Verwaltung und des Verwaltungs»rechts« ein Ausmaß erreicht, das längst den rechtsstaatlichen Rahmen gesprengt hat. Wir sind schon lange auf dem Weg in den Verwaltungs- und den (Verwaltungs-) Richter-Staat, und das heißt: in den Unrechtsstaat. Mit sicherem Gespür für die brennenden Probleme der Zeit hat der Philosoph Gerd-Klaus Kaltenbrunner in der von ihm herausgegebenen Buchreihe INITIATIVE[204] schon 1979 den Band »Auf dem Weg zum Richterstaat« vorgestellt. Die dort gesammelten Beiträge namhafter Rechtsgelehrter treffen jedoch meines Erachtens nicht den Kern des Problems. So kritisiert bspw. Heinzgeorg Neumann in seinem Beitrag »Uferlose Verwaltungsgerichtsbarkeit – der zum Richterstaat pervertierte Rechtsstaat« das immer weiter um sich greifende Richtermonopol und formuliert: »Regierung… [ist] zu neunzig Prozent Verwaltung. Einige Prozent hin oder her – wer unter solchen Umständen die Verwaltung beherrscht, beherrscht großteils auch den Staat. Derzeit herrschen die Verwaltungsrichter über die Verwaltung; und insofern ist der Richterstaat zu einem bedeutenden Teil bereits Wirklichkeit geworden.«[205] Nun ist der Neumann'schen Kritik natürlich insofern vehement beizustimmen als es eine schwerwiegende Aushöhlung des Rechtsstaats bedeutet, wenn sich die unabhängig-neutrale Richterposition, die nach Sinn und Definition des Gewaltenteilungsprinzips Kontrollinstanz (auch) gegenüber der Exekutive sein soll, zu einem Hilfsbüttel oder gar zu einem Bestandteil der Exekutive mausert; noch schlimmer: wenn sich der Richterstand auch noch zu einer Ersatz-Legislative entwickelt, welche an die Seite eines Parlaments tritt, das seinerseits schon zum willfährigen Zulieferer der Regierung geworden ist; kurz: wenn die Gewaltenteilung unter dem dreieinigen Stechschritt einer unaufhaltsamen Exekutiv-Armee der Bürokraten und Funktionäre ihr Leben aushaucht. *Aber:* Neumanns Schlußfolgerungen aus diesem Übel gehen in die völlig falsche Richtung. Weil er – wie viele seiner Kollegen – die Ursache der Fehlentwicklung nicht erkannt hat (Juristen verstehen meist viel zu wenig von Ökonomie!), sind auch seine Folgerungen höchst bedenklich und gefährlich: Er fordert eine Änderung der sogenannten Generalklausel in Art. 19, Abs. 4 des Grundgesetzes (Art. 19, Abs. 4 GG: »Wird jemand durch die öffentliche Gewalt in seinen Rechten verletzt, so steht ihm der Rechtsweg offen.«), und zwar dahingehend, daß ein Katalog *nicht anfechtbarer* Verwaltungsakte erstellt werden sollte. »Damit«, so Neumann, »würde das Grundgesetz die Befugnis der Verwaltung zur abschließenden Beurteilung der Rechtmäßigkeit ihrer Verwaltungsakte prinzipiell bestätigen.«[206] Dem freiheitsliebenden Demokraten bricht hier der kalte Schweiß aus. Das Übel »Richterstaat« soll dadurch gemildert werden, daß dem *Grundübel* »Uferloser Verwaltungsstaat« ein grundgesetzlicher Freibrief zur schrankenlosen Verwaltungswillkür ausgestellt wird. Wir sind rettungslos verloren, wenn nun schon freiheitliche Denker auf solche Irrwege verfallen! Der Weg in den (Verwaltungs-)Richter-Staat, der zurecht beklagt wird, ist *nicht* die Folge einer überfeinerten Verwaltungsgerichtsbarkeit, sondern (umgekehrt): die ausgeuferte Verwaltungsgerichtsbarkeit ist zwangsläufige Begleiterscheinung und Folge des Weges in den totalen Verwaltungsstaat. Es ist die *Ursache* der Krankheit, die bekämpft werden muß, und nicht ihre Symptome.[207] Und die Ursache des Richterstaats ist der Verwaltungsstaat. Doch auch das ist noch nicht der Primärherd der Krankheit. Man muß also weiterfragen: Was ist die Ursache des totalen Verwaltungsstaates? Und siehe da: auch hier trifft die Sonde auf ein altbekanntes Geschwür: Das metastasenhafte Wuchern der Administration hat ihren Ausgangspunkt im Sozialsozialismus, in den »sozialstaatlichen« Praktiken und Ambitionen der politischen Führung. (Wir kommen hier logischerweise zu den gleichen Schlußfolgerungen wie bei der Erörterung des Rechtspositivismus, denn positivistisches Denken und überbordendes Öffentliches Recht sind siamesische Zwillinge). Je mehr sich der Staat – überwiegend aus »sozialpolitischen« Erwägungen – in die sozio-ökonomischen Abläufe einer Nation einmischt, der »Gesellschaft« also moralisch begründete (besser: vorgetäuschte Moral-)Ziele setzt, desto mehr werden sich die hierzu notwendigen Rechtsdeformationen in Form von Verwaltungserlassen und -verordnungen explosionsartig vermehren – wenn auch jeweils mit »höheren« Zweck- und Dringlichkeitsargumenten gerechtfertigt. Das heißt: Der mit dem Recht und dem

Rechtsstaat tendenziell – meist sogar prinzipiell – im Konflikt stehende Zwangsbereich der Organisation weitet sich unaufhaltsam aus und drängt das wahre und einzig sichere Recht (allgemeine Regeln) immer weiter zurück. Das gleichzeitige Mitwuchern der Verwaltungsgerichtsbarkeit ist nur eine Alibi-Farce, wird alsbald zu einem das Krankheitsbild verschärfenden Symptom – und schließlich zum pathologischen Selbstläufer (dem sog. Richter-Staat).

Wenn nicht mehr das Rechtsempfinden und die rechtsstaatlichen Prinzipien betimmen, was »Recht« ist, sondern das, was im Sinne einer alles regulierenden Verwaltung zweckmäßig, nützlich und notwendig erscheint, um konkrete Ziele erreichen zu können – und wenn der Richter zum Gutachter verwaltungstechnischer Dringlichkeitsgrade abgesunken ist, dann ist der Rechtsstaat am Ende. Dann sind die Wächter zu Tätern geworden.

Damit die Dinge jedoch nicht verwechselt werden: Diese Kritik trifft nicht zuvorderst irgendwelche anonymen Funktionäre, sondern in erster Linie einen jeden von uns. Was der Satz von Prof. Hans Maier zum Verhältnis Staat-Kirche ausdrückt: »Wo die innere Kraft der Kirchen versagt, reißt auch die dünne Decke des Verfassungsrechts«, das gilt auch für das Verhältnis der Bürger zum demokratischen Rechtsstaat: Wo die innere Kraft der Bürger zur Freiheit versagt, da reißt auch die dünne Decke der rechtsstaatlichen Verfassung.

Und noch eine Klarstellung: Diejenigen, die derzeit – und schon lange – mit obskuren Links- und Anarchoblättern, mit Krawallen und Vermummungs-Demos, mit verbalem und faktischem Terror den Staat Bundesrepublik und seine Repräsentanten verteufeln, wollen nicht *mehr* Rechtsstaat, sondern weniger; und sie toben nicht gegen den Schrumpfungsprozeß des Rechtsstaats, sondern wollen seine noch funktionsfähigen Fundamente ganz niederreißen. Meine Ausführungen hingegen sollen verdeutlichen: DER RECHTSSTAAT IST DER EINZIG MÖGLICHE GARANT DER FREIHEIT. *Deshalb* – und nicht, um ihn zu kritisieren oder herabzuwürdigen – müssen die schleichenden Fäulnisprozesse an seinen Wurzeln mit unerbittlicher Schärfe aufgezeigt werden. Es ist ja gerade seine Entartung in Form einer demonstrativ zur Schau gestellten Omnipotenz, die ihn schwächt und in den Abgrund reißt. Wer sich verwaltungstechnisch (und »moralisch«) *für alles* zuständig macht, der wird auch *für alles* kritisiert. Ein usurpierter Rechtsbegriff ist unglaubwürdig und zerstört die Würde des Rechts und den Respekt vor dem Gesetz. Der aufgeblasene Alleskönner wird zum Gespött. Wer seine Kräfte an allen Fronten verschleißt, verliert sein angestammtes Herrschaftsgebiet. So kann denn der zum Verwaltungs-Monstrum entartete Sozialstaat seine wichtigste rechtsstaatliche Aufgabe nicht mehr erfüllen: den Schutz seiner Bürger vor Gewalt. Dieselbe Justiz, die sich mit Hingabe der Frage widmet, ob der Gang zur Toilette und zum Parkplatz zur bezahlten Arbeitszeit gehört oder nicht, wendet sich gelangweilt ab, wenn des Bürgers Haus demoliert oder sein Kopf blutig geschlagen wird. (Immer häufiger ist unter den Zeitungsberichten über Krawalle, Sachbeschädigungen und tätliche Angriffe auf Polizisten oder Passanten als abschließender Satz zu lesen: Es erfolgten keine Festnahmen). Es gibt in Deutschland keine Steuer-Freizonen, aber bereits Rechts-Freizonen (à la Hafenstraße) – mit entsprechenden Signal- und Nachahmungswirkungen. Das »Wehret den Anfängen« ist längst verpasst.

Allen Schläfrigen und Halb-so-schlimm-Aposteln ins Stammbuch: Das Gegenteil des Rechtsstaats muß nicht der tyrannische Unrechtsstaat sein; es kann auch die Form des Exekutivstaates annehmen, der seine fast absolutistische Herrschaft – wie einstmals die Feudalregenten – auf ein perfektes Ämter- und Vorschriftennetz stützt. »Recht und Freiheit«, sagt Professor Gerd Pfeiffer, »können auch in Zentimetern sterben.« Statt des ›Feindes von außen‹ (wie im Absolutismus) muß dann der ›Feind von innen‹: die angeblich himmelschreiende »soziale« Ungerechtigkeit – als Begründung für eine alle Lebensbereiche erfassende Gängelei herhalten.

Um es zu wiederholen: Verwaltungs»gesetze« sind keine »Gesetze«, sondern Organisations-Befehle, und Verwaltungs»recht« ist kein (schützendes) Recht, sondern ein Ermächtigungs-Kodex von potentieller Schrankenlosigkeit, und Verwaltungs»richter« sind keine Richter, die den Bürger vor Eingriffen in seine Privatsphäre schützen, sondern nur Kontrolleure, welche prüfen, ob eine angezweifelte administrative Maßnahme dem Buchstaben der Verwaltungsvorschriften entspricht; und der Sozialstaat ist kein Rechsstaat, sondern ein sozialistischer Funktionärs-Absolutismus, der sich mit Fiskal-Terror und gigantomanischen Wohlfahrts-Bestechungssummen am immer fetteren Leben erhält. Sein Credo lautet: Alle Macht den scheinheiligen Propheten der »sozialen Gerechtigkeit«, während das rechtsstaatliche Fundamentalprinzip lautet: »Macht*verhinderung,* Macht*aufspaltung* und Macht*auflösung* im Bereich der … *Zivilrechts*gesellschaft, und Macht*begrenzung* bis zur Grenze des gerade noch zu Verantwortenden im Bereich der *Staatsverfassung.*«[208]

Auch an dieser Stelle ist eine Warnung vor der üblichen Fehlinterpretation angebracht, welche besagt, die Anhänger des Rechtsstaats (und somit Gegner des Sozialstaats) seien »unsozial« eingestellt. Das ist eine der bösartigsten Lügen der neuen feudalmarxistischen Sozialsozialisten. In Wirklichkeit ist der Sozialstaat bis in seine innerste Substanz *antisozial* und menschenfeindlich, weil er im Dienste der Machterhaltung einer riesigen Umverteilungs-Kaste und im Dienste der Medien-Schamanen und ihrer verjammerten Meinungs-Diktatur seine Mittel an *alle* verschwendet, deren Stimmen er mit Almosen und Geschenken aus fremden Geldbeuteln kaufen will – und dann für die *wirklich* Bedürftigen nichts mehr übrig hat; und weil er ein unabschätzbares Wertschöpfungspotential durch Lähmung der volkswirtschaftlichen Leistungskräfte verhindert und erstickt, welches einzig und allein in der Lage wäre, Armut und Not nachhaltig zu beseitigen. Die »sozialste« aller Staatsleistungen der deutschen Geschichte war die fast gänzliche administrative Enthaltsamkeit nach dem Jahr 1949 – mit der Folge eines Massenwohlstands aus dem Nichts, den die Welt als Wunder bezeichnet hat. Keine Funktionärs-Klasse dieser Erde und keiner der politischen Wohlfahrts-Propheten wird je in der Lage sein, auch nur einen Bruchteil des Elends aus der Welt zu schaffen, das die Erhard'sche Nicht-Einmischung in einem einzigen Jahrzehnt ausgemerzt hat. Hunger und Armut kommen nicht aus den Fabriken der Kapitalisten und nicht aus dem Schweiß der arbeitenden Menschen, sondern aus dem Agitationsgeschrei der Sozialfürsten auf den Kundgebungen zum 1. Mai und aus den Verordnungs-Folianten der Sozialdogmatiker einer Leistungsverhinderungs-Bürokratie. Umso schändlicher, daß wir ihnen dieses Zerstörungswerk auch noch mit dem Zuschanzen schrankenloser Macht vergolden, und daß wir ihnen unsere Freiheit zu Füßen legen, um wie unterwürfige Hunde um die Happen zu betteln, die sie uns zuwerfen.

V. Der mißverstandene Götze.

»Die Gefahr ist, daß wir ein Mittel zur Sicherung der Gerechtigkeit [die Demokratie] für die Gerechtigkeit selbst halten.«
Friedrich A. von Hayek.

»Absolute Macht vergiftet Despoten, Monarchen und Demokraten gleichermaßen.«
John Adams.

1. Die ewig falsche Frage.

Es ist nicht verwunderlich, daß Platon, der Erfinder eines totalitären Moralbegriffs, auch ein totalitäres Demokratievertändnis entwickelt hat. Als erster unter den großen Athenern stellte er mit Blick auf die demokratische Regierungsform die falsche Frage: »Wer soll herrschen?« – und gab auch gleich die Antwort: »Die Weisesten und Ältesten.« Politik also als gerontologische Disziplin. Ein folgenschwerer Irrtum, denn: ganz gleich, wer herrscht, ob ein Weiser oder ein Tor, ob ein Monarch oder ein Triumvirat, ob Aristokraten, Autokraten, Plutokraten oder Demokraten (»das Volk«) – die richtige Frage zu jeglicher Regierung kann immer nur lauten: »Wie kann Herrschaft beschränkt werden?«[209] Doch Platons falscher Frage scheint ewiges Leben beschieden zu sein. Zweitausend Jahre später erlebte sie bei Thomas Hobbes und Jean Jacques Rousseau ihre strahlende Wiedergeburt. Im Hobbes'schen Kampf aller gegen alle mußte ein oberstes Schutzorgan her: der allmächtige Leviathan (womit bei ihm die Falsche Frage »Wer soll herrschen?« gelöst schien); und Rousseau lieferte die »demokratische« Ergänzung, indem er den »höchsten Souverän« als Schöpfung und Essenz des souveränen Volkswillens legitimierte. Was sollte da noch schiefgehen?!

Wie anders dagegen Platons bedeutendster Schüler, Aristoteles: Er weigerte sich, eine Regierungsform »Demokratie« zu nennen,in der die Stimmen der Mehrheit – und nicht mehr das Gesetz (die »isonomia« als Rechtsgleichheit für alle) – entscheide, was erlaubt und was verboten sei. Doch Platon und seine unseligen Nachfolger im 17. Jahrhundert sollten stärker bleiben. Durch die gesamte Geschichte der Demokratie zieht sich das tragische Mißverständnis, diese Regierungsform nicht mehr lediglich als *Methode* der Machtbeschränkung und der *Kontrolle* jeglicher Herrschaft zu betrachten, sondern als Selbstzweck, als »saubere«, unverdächtige und ungefährliche Variante der Macht. Wenn das Volk mit Mehrheit entscheidet, so lautet der dahinter stehende naive Glaube, so kann das weder Willkür noch Machtmißbrauch sein, sondern nur der gerechte Ausfluß des Volkswillens oder der Mehrheitsmeinung. Hierbei wird systematisch übersehen, daß auch demokratische Mehrheitsbildung nur eine Entscheidungs*methode* ist, und *nicht* Quell von Herrschaftsautorität.

Natürlich: wo der Staat entscheiden *muß,* da muß er in der Demokratie nach dem Mehrheitsprinzip entscheiden. Aber das heißt noch lange nicht, daß er *überall* entscheiden muß oder darf. Und schon gar nicht impliziert das die Berechtigung zum Umkehrschluß: daß alles, was eine Mehrheit entscheidet, richtig, legitim oder gerecht sei. Eine solche Interpretation ist nichts anderes als plebiszitärer Totalitarismus.

Merke: *Legitimität* von Gewalt – auch von demokratischer Mehrheitsgewalt – ist beschränkt auf jene gemeinsamen Grundsätze und Regeln, unter deren Gültigkeit sich Menschen zu einer Gemeinschaft zusammengefunden haben. ÜBER DIESE (allgemein anerkannten) GRUNDSÄTZE HINAUS GIBT ES KEINE LEGITIMITÄT.[210] In einem freiheitlichen Staatswesen muß das *Recht* herrschen, *nicht die Mehrheit*; und die Mehrheit darf nur da entscheiden, wo das wohlverstandene Recht (rule of law) diese Entscheidung zuläßt – und wenn sie entscheidet, so muß das *innerhalb* der obersten Rechtsprinzipien geschehen. Die athenische Demokratie ist an der Mißachtung dieser Grundsätze gegen Ende des 5. Jahrhunderts zugrundegegangen. Unserer demokratischen Karriere steht ein ähnlich unrühmlicher Abgang – nach bitteren Erfahrungen, aus denen wir wenig gelernt haben – noch bevor.

Eigenartigerweise geht das moderne Demokratieverständnis davon aus, daß die Beschränkungen der Machtausübung, um welche die Menschen jahrhundertelang mit Monarchen und Fürsten gerungen haben, bei demokratischen Regierungen nicht mehr notwendig seien. Gewalt und Herrschaft aber müssen immer und überall prinzipiell eingeschränkt werden, ganz gleich, wer sie ausübt.

Wir sind derart auf das demokratische *Verfahren* fixiert, daß uns gar nicht mehr auffällt, daß in unseren Tagen jede gewählte Regierung *beliebig* alles durchsetzen kann, was sie will, wenn sie sich nur die Zustimmung des Wählervolkes mit immer aberwitzigeren Versprechungen erkauft. Ja, schlimmer noch: sogar wenn uns dieser

Umstand mißliebig auffällt, so halten wir ihn für den unabdingbaren »Preis der Demokratie«, weil jede Mehrheitsentscheidung eben per se »gerecht«, sozusagen »demokratisch gerecht« sei. Nun wäre ich sicherlich ein Narr, wenn ich behaupten würde, alles, was ich will, sei gerecht. Es ist aber nicht weniger närrisch, zu behaupten, alles, was eine Mehrheit wolle, sei schon deshalb gerecht, *weil* es von einer Mehrheit gewollt sei. Das kann – unabhängig von den entgegenstehenden rechtstheoretischen Erwägungen – schon deshalb nicht zutreffen, weil es zahlreiche Widersprüche geben kann zwischen dem, was eine Mehrheit (ebenso wie ein Einzelmensch) *prinzipiell will,* und dem, was sie (er) in einem *konkreten Fall will.* Ein Beispiel: Es kann als sicher gelten, daß die Belegschaft eines Industriebetriebes der allgemeinen Regel »Jeder Mensch soll seine Tätigkeit und seinen Arbeitsplatz selbst auswählen dürfen« mehrheitlich zustimmt und diese Regel als gerecht empfindet. Dieselbe Belegschaft würde aber wahrscheinlich mehrheitlich mit »Nein« stimmen, wenn man ihr im konkreten Fall die Frage stellte, ob die Mitarbeiter eines zu Konkurs gegangenen Konkurrenzbetriebes sich allesamt um Arbeitsplätze im eigenen Werk bewerben dürften. Und sie würden diese Ablehnung wohl sogar mit dem Hinweis auf ihre »älteren Rechte« als »gerecht« empfinden. Fazit: Was in konkreten Situationen von Menschen – auch von einer Mehrheit – als gerecht empfunden wird, kann im diametralen Gegensatz zu einem übergeordneten und wichtigeren Gerechtigkeitsprinzip stehen, welches dieselben Menschen und Mehrheiten für unabdingbar halten. Deshalb gilt: Mehrheitsentscheidungen, angewendet auf konkrete Zweck- und Zielumstände, sind ohne die Unterwerfung unter das übergeordnete Prinzip allgemeiner Rechts- und Gerechtigkeitsregeln *potentielle Willkür,* auch wenn die jeweilige Mehrheitsentscheidung in einem demokratischen Abstimmungsverfahren zustande kommt. Politik muß zur Schacherei werden, wenn es nur noch darum geht, Mehrheiten zur Durchsetzung konkreter Interessen zu organisieren. Politiker und Parteien entarten zu Weihnachtsmännern der Demoskopie, wenn geschickt formulierte gruppenegoistische Argumente in Machtinstrumente verwandelt werden können. Politik reduziert sich dann auf die Kunst, unterschiedliche Interessen-Gruppierungen unter einen Hut zu bringen, indem der Katalog der Versprechungen nur hinreichend breit angelegt wird. Mit richtig oder falsch, mit gerecht oder ungerecht hat das ebenso wenig zu tun wie mit der Zu- oder Abträglichkeit für das Gemeinwohl. Es handelt sich nur noch um ein Buhlen und Schachern um jene Macht, die man benötigt, um selber *alles* durchsetzen zu können, bevor der andere Funktionär oder die andere Partei *alles* durchsetzt, was ihrem Stimmenfang dient. Schlußendlich wird das Ausmaß der Perversion eines solchen Bezugsschein- und Eintrittskarten-Systems sogar von den Beteiligten nicht mehr erkannt. Nur so ist es erklärlich, daß sich auch ehrenhaft gesinnte Politiker vor ihre Wähler hinstellen und erklären: »Wir – meine Partei und ich – können das, was wir für gerecht halten, derzeit nicht realisieren, weil es nicht mehrheitsfähig ist. Wenn wir es artikulieren, verlieren wir die Chance zur Macht. Also müssen wir zuerst mit anderen Argumenten zur Regierung gelangen, um alsdann unsere gerechten Vorstellungen verwirklichen zu können.« Diese Perversion politischer Mandatsausübung ist das Ergebnis eines Demokratieverständnisses, das unterstellt, die Mehrheit dürfe alles, und alles, was die Mehrheit wolle, sei auch gerecht. Und so sei es auch nur ein legitimer Weg zu gerechteren Verhältnissen, Mehrheiten *mit allen Mitteln* zuwege zu bringen. In Wirklichkeit ist dies ein bis in den innersten Kern verfaultes Korruptionssystem, und zwar auch dann, wenn die Beteiligten das traurige Spiel ohne persönliche Vorteilsabsichten spielen würden. Demokratie als System der Mehrheitsbeschaffung MIT DEM ZWECK, KONKRETE INTERESSEN DURCHZUSETZEN (und nicht die Prinzipien des gerechten Handelns) *ist* per se *Korruption.* Deshalb muß solche Politik notgedrungen den Eindruck von einem »schmutzigen Geschäft« erwecken.

An dieser Stelle scheint mir eine Klarstellung angebracht zu sein, um nicht mißverstanden zu werden. Ich will sie mit Professor von Hayeks Worten geben, der wohl am tiefsten unter allen Gelehrten über das Thema »Demokratie« gedacht und am entschiedensten gegen ihre Entartung argumentiert hat: Demokratie ist ein Ideal, »für das es sich lohnt, bis zum Äußersten zu kämpfen, weil es unser einziger (wenn auch in seiner gegenwärtigen Form kein sicherer) Schutz gegen Tyrannei ist. Obwohl Demokratie selbst nicht Freiheit ist … ist sie eine der wichtigsten Sicherungen der Freiheit. Als die einzige Methode eines friedlichen Regierungswechsels, die bis jetzt entdeckt worden ist, ist sie einer jener hochbedeutenden … Werte, so ähnlich wie die Gesundheitsvorsorge gegen die Pest, die uns kaum auffallen, solange sie wirksam sind, deren Fehlen jedoch tödlich sein kann.« *Aber* – so von Hayek weiter –: Nicht Demokratie … als solche, sondern die besondere, von uns gewählte Institution einer … omnipotenten »Legislative« macht notwendig korrupt.«[211] »Kein

System, in dem diejenigen, die die Verwendung der Ressourcen der Regierung lenken, nicht durch unabänderliche Regeln gebunden sind, kann dem Schicksal entgehen, ein Instrument organisierter Interessen zu werden.«[212] Schließlich entspricht in der »Schacherdemokratie« (Hayek) auch das Programm einer Mehrheitspartei nicht mehr der Mehrheitsmeinung, sondern ist Spiegelbild einer entarteten pressure-groups-Dynamik. An ihrem Kulminationspunkt steht eine Einkommensverteilung, die nicht mehr durch Leistung und Produktivität, sondern durch politische Macht bestimmt ist. Das aber ist nicht Demokratie, sondern sozialistische Willkürherrschaft.

So ist es zwar ungeheuerlich, aber vor dem beschriebenen Hintergrund nur symptomatisch und konsequent, daß es sogar zwischen großen Parteien und dem mächtigsten Interessen-Kartell, den Gewerkschaften, zu einer Macht-Kumpanei ohnegleichen gekommen ist, und daß schon bei Meinungsverschiedenheiten im Detail ein Mitglied der Programmkommission beim Parteivorstand der SPD von einem »gefledderten Konsens« und einer »tragischen Programmkontroverse« zwischen Gewerkschaften und Sozialdemokratie reden konnte.[213]

Die verbale Massen-Bestechung durch einen unentwirrbaren Klüngel hauptamtlicher Funktionäre wird als geheiligtes Ritual zelebriert, und die Worte der Großen Vorsitzenden werden wie die Bundeslade mit den göttlichen Geboten durch die Bürokratentempel getragen. Alles zu Ehren des neuen Götzen: der Raub- und Bakschisch-Demokratie. Die Opfer-Zeremonien dieses Götzen-Dienstes haben nicht nur die Politiker und Verbandsfunktionäre, sondern uns alle – alle Bürger – zu Demagogen gemacht. Unser Lebenszweck ist das erpreßte oder verheißene Stück vom Verteilungskuchen geworden. Feilschen halten wir für politische Kunst. Und die beutelschneiderische List der politischen Taschendiebe betrachten wir als Volkssport. Wen wundert es da noch, daß ein aufrechtes Mannsbild von biederer Geradlinigkeit wie Helmut Kohl nur Spott und Hohn erntet und von den eitel-arroganten Zynikern der staatlichen Erpressungs-Kultur zur bundesrepublikanischen Witzfigur verformt wird.

Es gibt namhafte Autoren, die in der Demokratie nur ein Übergangsstadium zum Sozialismus und zur populistischen Diktatur sehen, und die aus diesem Grund eine parlamentarisch kontrollierte Monarchie befürworten. Zu ihnen zähle ich mich nicht, weil ich die Demokratie als die einzig wünschenswerte und einer freien Marktordnung adäquate Regierungsform erachte, aber ich teile ihre ernsten

Bedenken, daß der demokratische Gedanke im Zeitablauf überall entartet und den Keim des Untergangs in sich trägt. Der wesentliche Grund hierfür scheint mir in der Tatsache zu liegen, daß überall in der Welt »Demokratie« mit »Freiheit« verwechselt und gleichgesetzt wird. Die Gleichung »Demokratie = Freiheit« ist aber in dreifacher Hinsicht falsch:

1. Demokratie ist *nicht immer* gleich »Politische Freiheit«. Ein demokratisches Land kann durchaus dem Wohlverhaltensdruck einer äußeren Macht (siehe Finnland) oder einer inneren Besatzungsmacht (siehe Westdeutschland nach dem Zweiten Weltkrieg) unterliegen; oder aber der erpresserischen Oppression durch mächtige Interessengruppen (so z. B. Großbritannien, das jahrzehntelang unter der Knute maßloser Gewerkschaften einen beispiellosen Niedergang erlebt hat).
2. Demokratie ist *nicht gleich* »Individuelle Freiheit«. Johannes Gross, der wohl gescheiteste Kopf im deutschen Mediengetümmel, bringt es auf die kurze Formel: »Der Gegensatz von Diktatur ist mit dem Wort Demokratie nicht ausreichend bezeichnet. Demokratie *und* Rechtsstaat muß es sein.«[214]
3. Demokratie ist *nicht* gleich wirtschaftliche Freiheit. (Das folgt auch aus 2., weil wirtschaftliche Freiheit eine wesentliche Bedingung der Individuellen Freiheit darstellt.

Diese – dritte – Verwechslung hat gerade in jüngster Zeit wieder welthistorische Bedeutung erlangt). Demokratie ist ein politischer, *kein ökonomischer* Begriff. Das Lieblingswort der Zerstörer einer freien Wirtschaftsordnung: die »Demokratisierung der Wirtschaft« – ist zu einer solchen Ordnung geradezu konträr. Gewirtschaftet wird zielgerichtet in Organisationseinheiten, deren Hierarchie funktional gegliedert ist und *nicht* nach der Methode der demokratischen Mehrheitswahl. Die Führungsmannschaft eines Unternehmens (oder deren Entscheidungsalternativen) mit den Methoden der politischen Demokratie wählen zu wollen, ist genauso unsinnig wie die Organisaton eines Heeres vermittels demokratischer Wahlverfahren bewerkstelligen zu wollen. Oft werden Begriffe wie »Bürger in Uniform« oder »Mitspracherecht«, welche durchaus auch in Organisationen ihre Berechtigung haben können, mit dem Demokratiebegriff und seinen Spielregeln gleichgesetzt. Das ist jedoch bestenfalls eine Verwechslung, schlimmstenfalls eine absichtliche Verwirrungstaktik. Demokratie als Dimension *politischer* Freiheit ist für wirtschaftliche Freiheit, also für eine Marktordnung, äußerst hilfreich, aber nicht unter allen Umständen notwendig. Eine Marktwirtschaft ist denkbar und möglich auch in einem politisch autokratischen System (wie bspw. unter der Junta-Regierung in Chile demonstriert), wenn auch nicht in der reinen und freiheitlichen Form wie sie sich ein Marktwirtschaftler wünschen würde. Auf jeden Fall aber ist das Umgekehrte möglich: eine sozialistische Planwirtschaft unter einer demokratisch gewählten Regierung – wenn auch nicht lange. Das »wenn auch nicht lange« ist von entscheidender Bedeutung: die Ineffizienz einer sozialistischen Wirtschaft ist so dramatisch, und die individuelle Freiheit der Menschen muß im Dienste der sozialistischen Ziele so weitgehend eingeschränkt werden, daß demokratische Methoden und Spielregeln in einem Staatswesen mit sozialistischem Wirtschaftssystem niemals lange erhalten bleiben können. Der auf die Menschen ausgeübte Zwang muß täglich wachsen und schließlich alle Lebensbereiche umfassen. Eine sozialistische Wirtschaft ist deshalb dauerhaft nur denkbar in einem totalitären Staatswesen unter der radikalen Diktatur einer Einheitspartei, einer Funktionärskaste oder eines Gewaltherrschers. Deshalb ist es eigentlich ein Umweg und Zeitverschwendung, für ein unter dem Sozialismus geknechtetes Volk zuvorderst »mehr Demokratie« zu fordern. Demokratie ist – wie gesagt – nicht gleich ökonomische Freiheit, mit der allein die wirtschaftliche Misere einer sozialistischen Elendsökonomie überwunden werden kann. Erst zeitverzögert wirkt sich das Durchsetzen demokratischer Strukturen auch auf die ökonomische und individuelle Freiheit der Staatsbürger aus, weil unter demokratischen Vorzeichen jene Funktionärscliquen zerfallen, die ihren Machtmißbrauch bis dato nur mit den »edlen« Motiven sozialistischer Endziele rechtfertigen konnten. Nur weil es in einer freien Wirtschaft keine Berechtigung für schrankenlose Machteliten gibt, wirkt auch umgekehrt demokratische Teilung und Relativierung von Macht tendenziell in Richtung auf freie Märkte. Aber auf diesem Umweg hält sich allzulang die Illusion, Freiheit sei nur eine Frage der Redlichkeit und Effizienz von Führungs-Kadern, die – vorher – unter Abwesenheit demokratischen Wechsels verkrustet seien. Freiheit aber ist keine Frage des Aufweichens von Betonköpfen, sondern Bedingung und Folge einer Rechts- und Wirtschaftsordnung, in der Betonköpfe erst gar nicht entstehen können.

Man halte dieses Begriffsspiel nicht für sophistisch oder unwichtig. Hätten die Völker Osteuropas begriffen, daß es »demokratischen Sozialismus« niemals geben kann und daß es sich bei diesem Unbegriff nur um Etikettenschwindel handeln kann (es ist dann nämlich entweder »demokratisch« falsch definiert – oder aber »Sozialismus«), dann hätten sie von der ersten Stunde ihrer Revolution an Demokratie *und* Marktwirtschaft gefordert und erkämpft. Die Dichter und Pfarrer wären dann bei ihren Gedichten und Brevieren geblieben, anstatt mit ihren Sprüchen von »Demokratie in einem neuen, besseren Sozialismus« zu Kultfiguren eines Weges zu werden, der nur vom Sumpf in die Jauche führen kann. Dieser Umweg der Illusionsschwätzer hat die Völker Monate und Jahre an enttäuschten Hoffnungen und fortschreitendem Zerfall gekostet – und den Westen ungezählte Milliarden an Steuergeldern. Was die Menschen nach vierzig (siebzig) Jahren Knechtschaft brauchen, ist *auch* Demokratie, aber *zugleich* und *vorrangig* Rechtsstaatlichkeit und kompromißlose Wirtschaftsfreiheit. Als die längste und schrecklichste Zuchthausmauer der deutschen Geschichte gesprengt war, hinter der man achtzehn Millionen Menschen jahrzehntelang in einem Treibhaus der Lüge und des Terrors eingesperrt hatte, da verstrichen kostbare sechs Monate mit dem spiegelfechterischen Demokratie-Gesäusel der Gulag-Mafia, mit dem sie die revoltierenden, aber ratlosen Massen von weiteren Schritten in die Freiheit abhalten wollte. Hinter den Parolen von »Mehr Demokratie im Sozialismus« und vom »Neuen demokratischen Sozialismus« sollte die alte Suppe der Sklaverei neu aufgekocht werden. Demokratie läßt sich nämlich nicht über Nacht einführen, sehr wohl aber freie Märkte (und freie Märkte ziehen die Demokratie nach sich wie der Blitz den Donner). Mit dem Ablenkungsmanöver »Allmählicher Übergang zu demokratischen Strukturen« läßt sich also Zeit schinden. Kostbare Zeit für das Millionenheer von Funktionären der zweiten, dritten und unteren Führungsebene, um ihre Vermögen sichern und ihre Positionen festmauern zu können. So ist die eigentlich fällige Revolution im Osten unseres Vaterlandes denn ausgefallen: das Zerschlagen der gesamten Funktionärs-Hierarchie bis hinunter zum kleinsten miesen Betriebsspitzel. So wird folglich die alte Herrenkaste – mit Ausnahme der wenigen Köpfe der obersten Politbonzen-Riege – auf Jahre hinaus auch die neue bleiben.

Der russische Wirtschaftswissenschaftler Professor Schatalin liegt goldrichtig, wenn er für die Sowjetunion (oder ihre Teilrepubliken) den *sofortigen* Übergang zur Marktwirtschaft, zu uneingeschränktem Privateigentum und zu freien Preisen fordert, ohne sich um die Illusions-Schimäre der Perestrojka zu kümmern. Gorbatschows

Perestrojka, welche den Sozialismus nur »demokratischer« (und – so hatte er gehofft – damit auch effizienter) machen sollte, ist tot. Nach fünfeinhalb Jahren *demokratischer* Reformen, mußte auch Gorbatschow – ob freiwillig oder nicht – einsehen, daß sein Riesenreich nicht mit Demokratie aus Chaos und Elend zu retten ist, sondern mit dem *Markt.* Das marktwirtschaftliche Jelzin-Schatalin-Programm ist Rußlands letzte Hoffnung, *nicht* die Perestrojka.

Als einzige Nation unter den ehemaligen Ostblock-Staaten haben die mutigen Polen diesen Zusammenhang begriffen. Kaum war nach den ersten halbwegs freien Wahlen im August 1989 eine neue Regierung im Amt, da leitete sie auch *unverzüglich* den radikalen Übergang zur Marktwirtschaft in die Wege. Wirtschaftsminister Trzeciakowski weiß, daß sich nur mit einer solch schmerzhaften Radikalkur eines Tages auch ein »polnisches Wunder« einstellen kann, so wie es ein bundesdeutsches Wunder nach dem Erhard'schen Befreiungsschlag gegeben hat. Allerdings: wo immer auch die grausame (aber notwendige) Entziehungskur von der sozialistischen Elends-Droge gelingen mag, werden die Menschen sich auf eine kleinere Ausgabe des Mirakels einstellen müssen, weil der Kapitalstock ihrer Länder im Feuersturm der sozialistischen Lügen-Propaganda gründlicher vernichtet worden ist als der deutsche unter den Brandbomben der Alliierten, und weil vom unternehmerischen Geist nach vierzig (siebzig) Jahren geistiger Dunkelhaft nur noch die Blähungen der Verfalls-Ingenieure volkseigener Ruinen übrig geblieben sind. (Ganz zu schweigen vom Zeitfaktor, den auch *unser* »Wunder« benötigt hat).

So jedenfalls, wie die Dinge monatelang in der Ex-DDR und jahrelang in der Sowjetunion gelaufen sind, mit dem *alleinigen* Ruf nach demokratischem Wandel, wurde von den wahren Problemen nur abgelenkt, wurde der Irrtum, Demokratie alleine sei schon gleich Freiheit und Wohlstand, weiter genährt, und wurde der noch größere Irrtum, alles sei nur eine Frage des Austauschs von Köpfen, allzulange am Leben erhalten.

Freiheit – so kann man es auf einen kurzen Nenner bringen – wirft nicht die Frage auf: wer soll regieren? sondern: wie kann Regierungsmacht am besten beschränkt und kontrolliert werden? Die Antwort auf diese (richtige) Frage muß dann lauten: Die optimale Kontroll- und Bändigungsmethode liefert uns das demokratische Verfahren. Jedoch: Demokratie ist *notwendig* für die Erhaltung der Freiheit, aber *nicht hinreichend.* Rechtsstaatlichkeit und marktwirtschaftliche

Ordnung, die sich ihrerseits wechselseitig bedingen und implizieren, müssen hinzutreten. Auf diesen drei Säulen ruht das Freiheitsgebäude. Reißt man eine davon nieder, so stürzt das ganze Bauwerk ein. Verzichtet man beim Aufbau auf eine davon, so ist der Einsturz absehbar. »Sozialistische Demokratie« oder »Demokratischer Sozialismus« sind Säulen aus dem Reich der Träume. Auf ihnen können die Polit-Gaukler und Märchenonkel der Neuzeit Traumschlösser erbauen, aber niemals ein Haus, in dem Menschen aus Fleisch und Blut wohnen können. »Demokratischer Sozialismus« ist nicht Schutz vor den Wölfen des Totalitarismus und Kollektivismus, sondern nur Kreide für den Wolf, mit der er seine Opfer besänftigen und überlisten kann.

»Daß sich Intellektuelle einem Glauben beugen, nur weil es der der Mehrheit ist, ist ein Verrat nicht nur an ihrer speziellen Mission, sondern an den Werten der Demokratie selbst.«

F.A. von Hayek

»Die Grenze der Autorität liegt dort, wo die freiwillige Zustimmung aufhört.«

Bertrand Jouvenel.

2. Der Esel in der Löwenhaut.

Wir können das Thema »Demokratie« noch nicht verlassen. Sie ist *der* politische Begriff des 20. Jahrhunderts und der zentrale Lebensumstand des modernen Menschen, der sich als zoon politikon versteht. Insofern ist dieser Begriff zu gewichtig, um ihn schon nach wenigen analytischen Sätzen abhaken zu können. Zumindest muß er im Kontext unserer bisherigen geistesgeschichtlichen Exkursion nochmals beleuchtet werden. Wir stoßen hierbei – was die Entartungen des Demokratieverständnisses betrifft – auf fast alle »Sünden«, die uns auf unserem bisherigen Weg schon begegnet sind. An dieser Stelle seien nur zwei herausgegriffen: Der Rechtspositivismus und der (hyper)rationalistische Souveränitätsbegriff.

Der Rechtsgelehrte Hans Kelsen, den wir bei den Rechtspositivisten bereits kennengelernt haben, gewährt in seinem Werk »Vom Wesen und Wert der Demokratie« einen tiefschürfenden Einblick in seine Theorie der philosophisch-weltanschaulichen Verkettung zwischen Demokratie und positivistischer Weltsicht.[215] Aufs kürzeste gerafft besagt sie: Einstmals sei der Glaube an absolute Wahrheit und absolute Werte die Voraussetzung für eine religiös-mystische Weltanschauung gewesen. Nur in ihr habe das Charisma eines einzigen Führers oder Fürsten Anspruch auf Akzeptanz im Volk erheben können. Mit dem Aufscheinen der Erkenntnis aber, daß es keine absolute Wahrheiten geben könne, sei es unmöglich geworden, dieses transzendente Charisma auf irgendjemanden zu übertagen; auch nicht auf die Vielen und Allzuvielen der anonymen Masse (also auch nicht auf das Volk). Wollte sich die Demokratie mit der Beziehung zum Absoluten oder zur Gottheit rechtfertigen – so Kelsen –, dann wäre sie der »Esel in der Löwenhaut«.[216]

Nun kann man der zoologischen Metapher Kelsens natürlich noch folgen, nicht jedoch seinem überzeichneten Werte-Relativismus, und ebensowenig seinen Folgerungen hieraus. »Wer absolute Wahrheit und absolute Werte menschlicher Erkenntnis für verschlossen hält«, schreibt er, »muß nicht nur die eigene, muß auch die fremde, gegenteilige Meinung zumindest für möglich halten. Darum ist der *Relativismus* die Weltanschauung, die der *demokratische Gedanke* voraussetzt. Demokratie schätzt den politischen Willen jedermanns *gleich* ein, wie sie auch ... jede politische Meinung, deren Ausdruck ja nur der politische Wille ist, gleichermaßen achtet.«[217] Hier also liegt zwar nicht Kelsens Esel, aber der Hund begraben, und zwar gleich ein ganzes Hunderudel. Wir sollten es uns nicht ersparen, wenigstens die übelstriechenden Kadaver auszugraben; nicht weil die Figur Kelsen und sein Werk einer so außergewöhnlichen Aufmerksamkeit wert wären, sondern weil wir bei ihm die gleichen philosophischen Wurzeln finden, aus denen die mißgestalteten Früchte unserer entarteten Demokratieauffassung noch heute wachsen.

Da ist also als erstes der unbedingte Werte-Relativismus. Kelsen geht in der Interpretation und Verteidigung desselben so weit, jeden Wahrheitsbegriff abzulehnen, der nicht göttlicher Gewißheit entspricht. Als Beispiel führt er die biblische Geschichte von der Verurteilung Jesu durch Pilatus an: Weil Pilatus nicht weiß – so Kelsen –, was »die Wahrheit« ist, überläßt er das Urteil »demokratisch« dem Volk, welches entscheidet: ans Kreuz mit ihm. Und Kelsen kommentiert: Den Einwand, gerade dieses Beispiel spreche eher gegen die Demokratie als für sie, dürfe man nur unter einer Bedingung gelten lassen: »Wenn die Gläubigen ihrer politischen Wahrheit, die, wenn nötig, auch mit blutiger Gewalt durchgesetzt werden muß, so gewiß sind wie – der Sohn Gottes.«[218] Im Klartext heißt das: Weil die (Demokratie-)Gläubigen ihrer Wahrheit niemals so gewiß sein können wie der Sohn Gottes seiner Wahrheit gewiß ist, spricht auch dieser krasse Akt des Unrechts durch einen emotional aufgehetzten Pöbel nicht gegen die (demokratische) Volksentscheidung (Kreuzigung), sondern ist rechtmäßiges Mittel in einer Welt, welche die absolute Wahrheit nicht kennt. Noch klarer: Weil wir die Wahrheit nicht kennen können, ist alles »recht« und »gerecht«, was eine Mehrheit entscheidet. Und deswegen entspricht die Demokratie als eine nicht von höheren Werten abgeleitete Regierungsform auch einer Welt, die erkannt hat, daß man sich auf höhere Werte nicht berufen kann, weil eben alle Werte relativ sind.

Man sieht hier überdeutlich, wohin es führt, den Gurus eines schrecklich falschen Werte-Begriffs auf den Leim zu gehen. Wie an anderer Stelle bereits ausgeführt, sind wir sehr wohl in der Lage, die großen übergeordneten Werte-Begriffe »Freiheit«, »Wahrheit« und »Gerechtigkeit« inhaltlich zu erfassen, wenn auch nur in einem Näherungsverfahren, mit negativer Definitionsmethode, und in einem fallweisen Entscheidungsprozeß (indem wir also bei allen näher bestimmten Entscheidungen herausfinden können, welche Alternative jeweils weiter entfernt von der Unfreiheit, der Unwahrheit und der Ungerechtigkeit ist als die jeweils andere). Aus der Tatsache, daß wir bei keiner konkreten Aussage sicher wissen können, was »die Wahrheit« ist, dürfen wir niemals schließen, wir könnten nicht wissen, welcher Satz jeweils weiter von der Unwahrheit entfernt sei als der andere und könnten uns der Wahrheit deshalb nicht schrittweise nähern. Es existieren sehr wohl *objektive* Wahrheits*kriterien*, wenn auch in negativer Definitionsform.[219] Ein Relativismus, der diese fundamentale Erkenntnis verneint, ist wahrhaft satanisch. Die Relativität von »gut« und »böse« – und damit die *Beliebigkeit* aller Werte und Handlungen – kann nur ein Szenarium der Hölle sein. Kelsens harmloser »Esel in der Löwenhaut« entpuppt sich im Dickicht einer Theorie, die gut und böse zum Abstimmungsergebnis deklariert, als diabolisches Ungeheuer: als Raubtier in demokratischer Verkleidung: als Löwe in der Eselshaut. Aber wohlgemerkt: Bei diesem Urteil handelt es sich nicht um einen religiösen oder moralischen Appell, sondern um ein streng logisch untermauertes erkenntnistheoretisches Faktum.

Der nächste »tote Hund«: Kelsen definiert (siehe das Zitat zum »demokratischen Gedanken«), daß der politische Wille nur Ausdruck der politischen Meinung sei. Wille und Meinung werden also gleichgesetzt. Eine denkerische Todsünde! Ein Mann kann durchaus der Meinung sein, das beste und schönste aller weiblichen Wesen zur Frau zu haben, und dennoch ein Schäferstündchen mit einer anderen *wollen*; ja er kann dies sogar dann wollen, wenn er der *Meinung* ist, ein solcher Treuebruch sei eine unter allen denkbaren Kriterien abzulehnende und verurteilungswürdige Handlung. Ebenso kann ich der ehrlichen und festen Meinung sein, daß kein Mensch auf der Erde jemals am Hunger sterben sollte, und kann doch in einer konkreten Situation wollen, daß lieber ein anderer verhungern möge als ich selbst. Im schauderhaften Irrtum einer unterstellten Dekkungsgleichheit von Meinung und Wille steckt eine der Hauptursachen (neben der rationalistischen Hybris) für den usurpatorischen Souveränitätsbegriff in der modernen Demokratie-Diskussion. Im Gegensatz zur bloßen Meinung erfordert das Wollen nämlich Aktivität. Meinung kann kontemplativ sein oder sich auf Diskussion und Überzeugungskraft beschränken; Wille aber zwingt zur Tat. Und hier – bei der Tat – liegt die moralisch-ethische Scheidelinie zur bloßen Meinung: Tat bedarf der ZULÄSSIGKEITSPRÜFUNG: ERLAUBT ODER NICHT ERLAUBT. Höchste Souveränität kommt also nicht dem »Willen des Volkes« zu, sondern der herrschenden *Meinung* über das, was oberste Rechts- und Gerechtigkeitsregel sein soll (im Prinzip also der »rule of law« als Prüfungskriterium über die Zulässigkeit des Gewollten). Montesquieu, einer der wenigen wirklich großen Köpfe im Frankreich des 17. und 18. Jahrhundert, hat diese Beschränkung des Willens unübertrefflich formuliert: »Freiheit [kann] nur darin bestehen, das tun zu können, was man *wollen darf* und nicht gezwungen zu sein, zu tun, was man nicht wollen darf.«[220]Aus dem selben Grund nennt von Hayek »Souveränität« auch einen »falschen Begriff«, weil er nämlich den Eindruck von (oder den Anspruch auf) Unbeschränktheit vermittelt. Für wesentlich treffender hält er den Begriff »Autorität«, weil es zum allgemeinen Verständnis gehört, daß Autorität dort endet, wo die Zustimmung der sich einer Autorität fügenden Menschen nicht mehr gegeben ist. Der hyperrationalistische Geist aber hat den Willen zum Götzen gemacht – und die Demokratie zu seinem Tempel. Es ist in der aristotelischen Terminologie die »fünfte Art der Demokratie«, die wir errichtet haben. In ihr, schreibt Aristoteles, ist der ausschlaggebende Faktor der »Wille der Menge… nicht das Gesetz«, und er warnt: »Wo aber die Gesetze nicht in Geltung stehen, da gedeihen die Demagogen… Diese sind daran schuld, daß die Volksbeschlüsse und nicht die Gesetze den Ausschlag geben, da sie *alles* vor das Volk bringen. Sie gewinnen dadurch den Vorteil, daß sie großmächtige Herren werden, da das Volk Herr über alles ist, sie selbst aber Herren über die Meinung des Volkes; denn die Menge schenkt ihnen Glauben.«[221]

Man fühlt sich bei diesen Worten nicht in die Zeit vor 2300 Jahren zurückversetzt, sondern in eine Wahlversammlung aktuellsten Datums. Der Demokratie scheint also über alle Zeiten hinweg die Bestechungs-Mechanik des Wohlfahrtsstaates immanent zu sein. So ist es auch nicht verwunderlich, daß der geniale Tocqueville bei der Beobachtung der Geburtswehen der amerikanischen Demokratie, zu einer Zeit also als noch nicht der dünnste Faden eines sozialen Netzes gesponnen war, bereits den Niedergang dieser Staatsform in einer visionären Schau vorausgesehen hat: »Über diesen [Bürgern] erhebt sich eine gewaltige, bevormundende Macht, die allein dafür sorgt, ihre Genüsse zu sichern und ihr Schicksal zu überwachen. Sie ist unumschränkt, ins einzelne gehend, regelmäßig, vorsorglich und mild. Sie wäre der väterlichen Gewalt gleich, wenn sie wie diese das Ziel verfolgte, die Menschen auf das reife Alter vorzubereiten; statt dessen aber sucht sie bloß, sie unwiderruflich im Zustand der Kindheit festzuhalten... Auf diese Weise macht sie den Gebrauch des freien Willens mit jedem Tag wertloser und seltener... und schließlich entzieht sie jedem Bürger sogar die Verfügung über sich selbst. Die Gleichheit hat die Menschen auf dies alles vorbereitet; sie macht sie geneigt, es zu ertragen und oft sogar als Wohltat anzusehen.«[222]

So sind wir denn auch am Ende dieser Reise bei etwas anglangt, das wir schon zur Genüge kennen: Bei der Gleichheit (nicht als Gleichheit vor und unter dem Gesetz, sondern als Gleichheit der Lebensumstände) und bei jenem entmündigten Charakterkrüppel, der sich »souverän« dünkt und doch nur im Laufstall der Sozialdemagogen an seinem zugeteilten Honig-Schnuller saugt; kurz also: beim Sozialismus. Und auch hier zeigt er seinen tödlichen Stachel: Er zersetzt und zerstört die einzige politische Lebensform, in der wir freie Menschen sein könnten: die Demokratie.

Doch sollten wir es nicht bei solch allgemein-philosophischen Erörterungen bewenden lassen. Der Mechanismus des Zerfalls muß noch in praxi gezeigt werden. Es geht also nicht nur darum, herauszufinden – wie geschehen –, aus welchen tiefer liegenden geistigen (besser: ungeistigen) Beweggründen die Demokratien entarten, sondern es ist auch der Frage nachzugehen, wie und wo die Degeneration praktisch-institutionell vor sich geht. Schauen wir uns den Alltag des verderblichen Spiels einmal näher an.

Das klassisch-liberale Gewaltenteilungsprinzip (das auch in unserem Grundgesetz verankert ist) besagt – zumindest seit Montesquieu –, daß gesetzgebende Gewalt (Legislative), ausführende Gewalt (Exekutive = Regierung) und richterliche Gewalt (Justiz) auf verschiedene, voneinander unabhängige Träger aufgeteilt sein müssen. Obwohl Demokratie und Gewaltenteilung nicht identisch sind (Gewaltenteilungsidee und -praxis sind in monarchischen Staatsgebilden gewachsen und sind eher dem rechtsstaatlichen als dem demokratischen Prinzip zuzuordnen), gilt sie uns heute als wesentliches und unabdingbares Element einer jeden freiheitlichen demokratischen Staatsverfassung. Das Kernprinzip einer rechtsstaatlichen Demokratie verlangt also zwingend, daß die Gesetzgebung bei einer von der Regierung unabhängigen Volksvertretung (Parlament) liegt, daß die Verwaltung von einer gegenüber dem Parlament selbständigen Beamtenschaft ausgeübt wird, und daß die Justiz Aufgabe unabhängiger Richter und Gerichte sein muß. Eine Demokratie ohne eine derart unbedingte Gewaltentrennung unterscheidet sich bestenfalls graduell, nicht aber grundsätzlich von einer Tyrannis.

Wie sieht nun die diesbezügliche bundesrepublikanische Realität (aber nicht nur die) aus? Parlamentarier und Regierungsmitglieder sind unter dem Dach der Partei in Brüderlichkeit vereint. Das Parteiprogramm ist ihr gemeinsamer Katechismus. Die fest installierten Parteiapparaturen drängen unter Dominanz der Mehrheitspartei oder im Koalitions-Proporz (oder im Allparteien-Proporz) in alle drei Gewalten gleichzeitig. Das wechselseitige Kontrollgewissen geteilter Gewalten weicht programmatischer Disziplin. Die scheinbar unabhängigen und »geteilten« Gewalten marschierten im Gleichschritt der Parteimelodie. Die sogenannten »Sachzwänge« unterstützen nur diesen Trend mit wachsender Schubkraft: Die stetem Wechsel unterworfene Legislative steht fast hilflos einer festgemauerten Verwaltung gegenüber, die angesichts einer unübersehbar gewordenen Entscheidungsfülle ein Monopol an Sachkunde erworben hat. Unter dem Druck dieses Fachwissens geht die Gesetzgebungsinitiative immer mehr in die Hände der Regierung über. Auch bei der Ausgestaltung der Gesetzesentwürfe werden die Experten der Exekutive immer unentbehrlicher. Unter der doppelten Dominanz von Parteidisziplin und exekutiver Fachkompetenz werden die Parlamentarier auf diese Weise zu Handlangern der Regierung

- und wird Gesetzgebung zum Routine-Zubringerdienst für die Verwaltung.

Die theoretisch so schöne Gewaltenteilung unterliegt also im traurigen Alltag einer allgegenwärtigen Schwindsucht:

- dem Schwinden der Unabhängigkeit der Legislative;
- dem Verwischen der Konturen zwischen Legislative und Exekutive, und
- dem Verkümmern der Regierungs-Kontrolle durch das Parlament.

Das Ergebnis des so verstandenen Wählervotums sind also nicht dreigeteilte, demokratisch-rechtsstaatlich beschränkte Macht-Kontrollinstitutionen, sondern eine neue Form des Absolutismus, wenn auch eines hin und wieder im Wahlzyklus wechselnden. Was wir wirklich wählen, ist eine absolutistisch herrschende Maschinerie, in welcher Regierung und regierungskonforme Gesetzesproduktion in einer Hand liegen. »Demokratisch« ist daran nur noch, daß wir sie hin und wieder zum Teufel jagen dürfen, um sie durch eine neue absolutistische Maschinerie ersetzen zu lassen.

Von Hayek bringt das lausige Spektakel auf die Kurzformel: »Gesetzgebung durch Parteien führt zum Verfall der demokratischen Gesellschaft.«[223]

Was die dritte, die richterliche Gewalt, anbelangt, so stehen dort die Dinge – wie bereits an anderer Stelle angedeutet – eher noch trauriger. Die Sondergerichtsbarkeiten (insbesondere die Arbeits- und Sozialgerichte) sind längst zu Handlangern des herrschenden linkslastigen Zeitgeistes von Parteibuchs- und Gewerkschafts-Gnaden geworden, und die Finanzgerichtsbarkeit ist nur noch die Vollstreckungsjustiz eines schrankenlosen Fiskalgesetzgebungs-Terrors. Der letzte Satz eines Briefes, den mir mein Steuerberater in einer strittigen Steuersache schrieb, lautete resignierend: »In Fragen der Besteuerung ist der Gesetzgeber nahezu ungebunden.«

Doch der diesbezüglichen Freuden wird kein Ende sein. Noch »demokratischere« Herrlichkeiten tun sich im Richterwahlgesetz auf: Mit satten Mehrheiten im Rücken (46 SPD zu 27 CDU-Sitzen im Kieler Landtag) trat Schleswig-Holsteins Justizminister 1989 zum Sturm auf das geltende Richterwahlgesetz an. Um das »Demokratieprinzip zu stärken« legte er den Entwurf einer Neufassung vor, nach der künftig alle Mitglieder des Richterwahlausschusses durch den Landtag (nach jeweiligen Mehrheitsverhältnissen) berufen werden sollen.[224] Die »dritte Gewalt«, letzte Hoffnungsbastion der Unabhängigkeit und Neutralität im Leichenzug zur Beerdigung des Rechtsstaats soll also vollends politisiert werden. Freilich: Unter dem Diktat der kollektivistisch verstandenen »Volkssouveränität« ist das nur konsequent. Unter ihrem Banner übte auch der Konvent (nach der französischen Verfassung von 1793) die gesetzgebende, vollziehende und höchste richterliche Gewalt *zugleich* aus. Und die marxistisch-leninistische Staatstheorie geht ohnehin davon aus, daß der Volkssouveränität die Gewalten*einheit* entspreche (Rätesystem). Warum also zieren wir uns noch lange? Wir marschieren ja ohnehin in die gleiche »demokratische« Richtung, wenn auch mit Verschnaufpausen.

Der beflissene Staatsklempner wird – soweit ihm die geschilderte Degeneration nicht ohnehin ins etatistische Konzept paßt – alsbald mit »Verbesserungsvorschlägen« aufwarten, die darauf hinauslaufen, das Parlament durch längere Legislaturperioden zu »stärken«, oder durch Mandatspfründe und ein weiteres Ausufern des Kommissionen-Unwesens »sachkundiger« zu machen. Eine wirkliche heilsame Rückbesinnung auf die essentiellen Grundlagen und Spielregeln der Demokratie jedoch könnte nur in der Beseitigung der wahren Ursachen dieser Misere liegen: im Abschied von der Einmischung der Legislative *und* der Exekutive in alle Bereiche des Lebens der Bürger. Erst wenn die Legislative auf die Konstituierung einer rechtsstaatlichen Rahmenordnung beschränkt wäre, die Exekutive auf Durchsetzung und Schutz dieser Ordnung (im Rahmen ihrer *gegebenen* Budgetmittel!), und die Justiz auf die fallweise Auslegung der allgemeinen Rechtsregeln, würde für alle politischen Mandatsträger der Zwang entfallen, auf tausend Gebieten Ignorant und Dilettant sein zu müssen.

Kurz: Der Rechtsstaat muß sich auf Gerechtigkeit konzentrieren; der sozialsozialistische Interventionsstaat hingegen kann und muß sich über alle Gerechtigkeit hinwegsetzen, weil er das undefinierbare Ziel der »sozialen Gerechtigkeit« als Legitimationsgrund vorschiebt. Demokratie als Verkehrsregel auf dieser Einbahnstraße kann nur in ein rücksichtsloses Rennen der verschiedenen Interessen-Rennställe ausarten.

Der amerikanische Theologe Reinhold Niebuhr hat aus dem anthropologischen Blickwinkel einmal geschrieben: »Des Menschen Sinn für Gerechtigkeit macht Demokratie notwendig.« Man muß – so scheint es mir – ergänzen: Und seine Verführbarkeit zur kollektivistischen »sozialen Gerechtigkeit« macht Demokratie notwendig unmöglich. (Jedenfalls solange man sie als freiheitliche politische Ordnung versteht).

Wer eine freiheitlich-demokratische Ordnung aufbauen und bewahren will, muß das Rechtsstaatspostulat als wichtigste Komponente der Freiheit noch vor dem demokratischen Methodenprinzip verteidigen. Wer Demokratie als Selbstzweck oder als Durchsetzungsmethode von Gruppeninteressen mißversteht und fördert, der verteidigt in Wirklichkeit nicht die Demokratie, sondern den Sozialismus – und damit den Todfeind der Freiheit. Auch die Demokratie muß wissen: Sozialismus ist (ihr) Tod.

VI. Der Kapitalismus und seine Verleumder.

»Wenn wir an Freiheit denken, engen wir uns gerne auf die Gedankenfreiheit, die Pressefreiheit und die Religionsfreiheit ein. Was jedoch vor allem nottut, ist die Freiheit des Handelns.«
A.N. Whitehead

»Wer politische Freiheit mit persönlicher Freiheit verwechselt und politische Gleichheit mit persönlicher Gleichheit, hat niemals auch nur fünf Minuten lang über Freiheit und Gleichheit nachgedacht.«
George Bernard Shaw

1. Freiheit, Demokratie und Kapitalismus.

Bevor man die engen verwandtschaftlichen Bindungen des großen Dreigestirns »Freiheit, Demokratie und Kapitalismus« aufspürt, sollten die Begriffe – jeder für sich – klar definiert werden. Was die Demokratie anbetrifft, scheint mir dies in hinreichendem Maße erfolgt zu sein. Bleiben also »Freiheit« und »Kapitalismus«. Lassen wir dem wertvollsten aller irdischen Güter und dem schönsten und wichtigsten Wort der menschlichen Sprache den Vortritt: der Freiheit.

Vor einer kurzen, präzisen Definition, und um längere theoretische Erörterungen zu vermeiden, möchte ich mich (ausnahmsweise) einmal unter die Märchenonkel begeben und an dieser Stelle das Märchen vom Jäger und vom Bergsteiger erzählen:

Vor langer Zeit lebte ein König in einem Land, das ganz von großen Wäldern bedeckt war. Er hatte deshalb einen Jäger eingesetzt, um sein Gebiet vor Wilderern und Holzräubern zu schützen. Eines Tages begab sich der König auf die Jagd und traf den Jäger an einem Bachlauf an. Da der König oft von Langeweile geplagt war, hatte er ein Spiel ersonnen, das er mit dem Jäger zu treiben gedachte. Er rief den Jäger zu sich und sprach: du siehst, daß mein Forst vier breite Wege hat, einen in jede der vier Himmelsrichtungen. Höre mir nun gut zu: Gehst du den Weg nach Norden und findest die Grenze meines Landes, so soll dir mein Pferd mit allem Zaumzeug und allem Jagdgerät gehören. Es gibt dort aber keine Grenzpfähle, so daß dir kein sichtbares Zeichen bekunden wird, ob du zu weit gegangen bist. Hast du die Grenze aber überschritten, so darfst du bei Todesstrafe nie mehr zurückkehren. Gehst du den Weg nach Süden, so wirst du nicht Hunger leiden, denn dort liegt mein wildreichstes

Revier. Aber du wirst Tag und Nacht auf der Hut sein müssen, wirst nicht rasten und nicht schlafen dürfen, denn meine dortigen Wächter haben den Auftrag, jeden mit dem Pfeil zu töten, dessen sie im südlichen Wald ansichtig werden. Wendest du deinen Schritt nach Osten, so wirst du dort an drei Höhleneingänge gelangen. Wählst du den richtigen Eingang, so wirst du einen Schatz finden und ein reicher Mann sein; wählst du aber den falschen Eingang, so wird dich in der einen Höhle ein Drache zerreißen; in der anderen werden giftige Schlangen dein Lebenslicht ausblasen. Es bleibt noch der Weg nach Westen. An seinem Ende wirst du auf mein Schloß treffen und darin meine Tochter finden. Die sollst du zur Frau haben und eines Tages König werden. Bedingung hierfür ist jedoch, daß du einen lebendigen Hirsch ohne Leine oder Fessel neben dir führst, dessen Geweih nicht weniger als 12 Enden haben darf. Die Strafe dafür, daß du vielleicht ohne solche Begleitung im Schloß ankommen solltest, werde ich mir noch ausdenken. Nun wähle und gehe deinen Weg.

Nachdem der König so gesprochen hatte, ritt er in den Wald zurück. Der Jäger aber überlegte lange, was er tun sollte. Dann schlug er den Weg nach Norden ein, weil es ihn das geringste Übel dünkte, des Königs Land zu verlassen und nie mehr wiederzukehren. Nach geraumer Zeit langte er an einer tiefen Felsschlucht an, auf deren Boden er einen Mann liegen sah. »Was machst du dort unten, wie kommst du dorthin?« rief er hinunter. Der Fremde antwortete: »Ich bin ein Bergsteiger und bin in diese Schlucht gestürzt. Die Wände sind so steil, daß ich nirgendwo hinauffinden werde. Also werde ich mich zum Sterben niederlegen. Was aber machst du hier in dieser Wildnis?« Der Jäger erzählte ihm die Geschichte von den vier Wegen und daß er nun das Land nach Norden verlassen wolle. »Verglichen mit dir«, rief der andere aus der Schlucht zurück, »bin ich ein freier Mann, denn ich habe meinen Weg nach eigenem Gutdünken gewählt; und daß ich hier herabgestürzt bin, habe ich meiner eigenen Ungeschicklichkeit zuzuschreiben. Du aber hast nur die Wahl zwischen aufgezwungenen Wegen, und selbst wenn du dein Glück finden solltest, so ist es doch ein befohlenes Glück.«

Diese Worte machten den Jäger sehr nachdenklich. Er flocht aus vielen Zweigen einen langen leiterähnlichen Strang, warf ihn dem Bergsteiger zu und zog ihn herauf. Dann verabschiedete er sich und ging zu dem Platz zurück, wo der König ihn angetroffen hatte. Er trank aus dem Bach und legte sich ermattet zum Schlaf nieder. Am nächsten Morgen erwachte er von lautem Pferdegewieher und sah den König auf seinem Jagdroß vor sich. »Du müßiger Wicht«, sprach dieser erzürnt, »was liegst du hier herum und triffst nicht deine Wahl, wie dir geheißen« – »Ich bin ein freier Mann«, erwiderte der Jäger; »auch meine Aufgabe als Jagdhüter, die Ihr ausgeschrieben hattet, habe ich aus freien Stücken gewählt und stets getreu erfüllt. Die Wahl aber, vor die Ihr mich nun gestellt, gibt mir nur scheinbare Entscheidungsfreiheit. Eine jede der Möglichkeiten ist verbunden mit Belohnung oder Strafe, die nicht verdient, sondern nur von Euch willkürlich gesetzt sind. Keiner der vier Wege ist mein Weg, für den ich mich nach eigenem Willen entscheiden würde; ein jeder entspricht nur Euren Bedingungen, die nicht zu meinen Pflichten als Jagdaufseher gehören. So habe ich mich denn entschlossen, hier an dieser Stelle zu verweilen, weil ich nur diese wählen kann ohne Euerem Zwang zu folgen.«

Der König blickte lange stumm. Dann sprach er: »Du bist wahrhaft ein freier Mann. Setz Deine Arbeit fort, wie du's bisher getan, und niemals wieder werde ich ein böses Spiel mit Dir treiben. Und wenn es Dein Wunsch sein sollte, so magst Du als mein Ratgeber ins Schloß kommen, denn Dein Gemüt ist wahrlich königlicher als das meinige.«

Nach diesem langen Märchen wollen wir eine kurze Freiheits-Definition wagen. Die kürzeste und präziseste, die ich kenne, stammt – wie könnte es anders sein – von Friedrich A. von Hayek und lautet: Freiheit ist die Abwesenheit von *willkürlichem* Zwang.[225] Das Wörtchen »willkürlich« ist hierbei von entscheidender Bedeutung, denn der bloße »Zwang der Umstände«, der einen Menschen in eine mißliche Lage bringen kann, ist kein Zwang im Sinne eines – richtig verstandenen – Freiheitsbegriffs (wenn diese Umstände nicht von einem anderen wissentlich in »zwingender Absicht« herbeigeführt worden sind). Solche Zwänge gehören zum menschlichen Leben wie Gefahr und Tod, wie die Unabwendbarkeit der Subsistenz-Arbeit und die Notwendigkeit unseres Einfügens in eine Gemeinschaft. Sie sind nicht willkürliche Zwänge, sondern unabänderliche Gegebenheiten; schlimmstenfalls Pech und Unglück. »Zwang« mit der Folge von Unfreiheit ist nur jener, der einen Menschen unter Androhung von Schaden oder Strafen zu bestimmten Handlungen oder Unterlassungen *zu Zwecken des Zwingenden* und gegen den Willen des Gezwungenen nötigt, auch wenn hierbei noch Wahlmöglichkeiten offen bleiben, und auch wenn eine Belohnung in Aussicht gestellt wird, welche der Gezwungene freiwillig nicht anstreben würde. Zu den nichtwillkürlichen Zwängen jedoch, welche der (richtig verstandenen) Freiheit keinen Abbruch tun, gehört natürlich auch das Gebot, die Freiheit aller anderen Menschen zu respektieren; eine Verpflichtung, die in Kürzestform von Karl R. Popper (einen amerikanischen Richter zitierend) in die Worte gefaßt wurde: »Die Freiheit eines Mannes, seine Fäuste zu bewegen, ist begrenzt durch die Nase seines Nachbarn.«[226]

Damit sind alle jene Freiheitsbegriffe als falsch entlarvt, die sich mit der »Freiheit von...« befassen, also bspw. der Freiheit von Not und Armut, der Freiheit von gesetzlichen oder traditionellen Bindungen, der Freiheit von ungeliebter Arbeit, der Freiheit von berufsbedingten Anweisungen Vorgesetzter, der Freiheit von moralischen Verpflichtungen etc., denn diese Beschränkungen sind selten *willkürlich* und mit der Absicht auf Zwangsausübung gegeben – und sind fast immer und überall auch da gegenwärtig, wo sie niemand absichtlich oder schuldhaft herbeigeführt hat. Wer »Freiheit von...« propagiert oder fordert, redet immer mit falscher Zunge, weil bindungslose und unbegrenzte Freiheit in diesem Sinne nur einzelnen Individuen möglich wäre, die sich über die Freiheitsrechte aller anderen hinwegsetzen, und weil sich Forderungen dieser Art gegen niemanden richten könnten, der jemals in der Lage oder verpflichtet wäre, sie ohne Verletzung anderer Rechte zu erfüllen. Umgekehrt – als Rückseite der Medaille kann es auch kein »Recht auf...« (außer wiederum dem allgemein formulierten Recht auf Gleichbehandlung unter und vor dem Gesetz) geben, also kein »Recht auf Arbeit«, kein »Recht auf Bildung«, »Recht auf angemessene Wohnung« – und wie das verbale Falschgeld auch immer heißen möge, denn niemand kann diese »Rechte« einlösen ohne gleich- oder vorrangige Rechte der gleichen Person oder die Rechte anderer zu verletzen (und das hieße: die Freiheit durch willkürlichen Zwang zu zerstören).

Wenden wir uns nunmehr dem Begriff »Kapitalismus« zu. Er ist – wie schon ausgeführt (siehe Vorwort) – ein unzutreffender, irreführender und vielfach mißbrauchter Begriff, den man besser durch »Marktwirtschaft«, »Katallaxie« (Hayek) oder »Große spontane Ordnung« (ebenfalls Hayek) ersetzen sollte. Wenn ich ihn hier dennoch beibehalte, so – um es zu wiederholen – als »Kampfbegriff«, also gerade deshalb, weil er von seinen Gegnern erfunden wurde und nach wie vor despektierlich benutzt wird.

Die Liste erwähnenswerter Kapitalismus-Definitionen wäre lang. Begnügen wir uns mit der neuesten (und gleichzeitig uralten): mit der von Professor Peter L. Berger in seinem aufsehenerregenden Buch »The Capitalist Revolution«[227]: Als »Kapitalismus« – so Berger – bezeichnet man »die Produktion für einen Markt durch unternehmerische Einzelpersonen oder Vereinigungen mit der Absicht, Gewinne zu erzielen.«[228] Man mag sich darüber streiten, ob diese gängige Definition nützlich, hinreichend oder lehrreich sei; das Wesentliche am Kapitalismus scheint sie mir nicht zu treffen, denn mit einigen Verrenkungen ließe sie sich auch auf eine Planwirtschaft anwenden. Etwas näher kommt man der Substanz dieser Wirtschaftsordnung mit einem der Mises'schen Sätze: »Der Kapitalismus ist die einzig denkbare und mögliche Gestalt arbeitsteilender gesellschaftlicher Wirtschaft«[229], (womit von Mises natürlich nicht definieren, sondern nur konstatieren wollte, denn die »Gestalt« bleibt in diesem Satz offen). Diese kategorische Sentenz weist in die Richtung, in der ich meinen eigenen Definitionsversuch ansiedeln möchte, welcher – so hoffe ich – den alles entscheidenden Kern des Terminus' »Kapitalismus« trifft: KAPITALISMUS IST EINE SOZIO-ÖKONOMISCHE ORDNUNG, IN DER DAS PRIVATEIGENTUM (auch an den Produktionsmitteln) IM RANG EINES UNVERÄUSSERLICHEN MENSCHENRECHTS STEHT.

Ich bin mir gewiß, daß diese Definition die Mehrzahl der linken Weltbruderschaft unter Tarzanschreien vom Hocker reißen wird. Unverständlicherweise; denn weder die vielbeschworene Menschenwürde in Art. I des Grundgesetzes, noch das in Art. 2 verankerte Recht auf freie Entfaltung der Persönlichkeit ist ohne ein zwingendes Recht auf Eigentum denkbar. Doch besagte Mitbürger dürfen sich beruhigt wieder zurücksetzen: Nach dieser (meiner) Version zeichnet die Bundesrepublik sich *nicht* durch eine kapitalistische Ordnung aus. Unser Grundgesetz hat wenige Passagen aufzuweisen, die ähnlich armselig formuliert sind wie der Eigentums-Artikel 14 GG. Das Eigentum, lesen wir dort, wird »gewährleistet«. In der juristischen Terminologie hat nun die »Gewährleistung« weniger mit »Garantie« zu tun als vielmehr mit Bauchschmerzen; sie ist eine Anspruchsgrundlage für Schadensersatz oder Nachbesserung bei »Schlechterfüllung«. So beschränkt sich denn auch der längste Absatz (3) des Art. 14 und der ganze Art. 15 konsequenterweise auf die *Enteignung.* Außerdem lautet der zweite Satz in Art. 14, Abs. 1: »Inhalt und Schranken [des Eigentums] werden durch die Gesetze bestimmt.« Das bedeutet – wie wir gesehen haben – in praxi: durch *beliebige* Gesetze. Ganz zu schweigen vom Gummiparagraphen 14,2: »Eigentum verpflichtet«. Das ist – zu neudeutsch – die »Sozialpflichtigkeit« des Eigentums. Niemand kann uns sagen, was das konkret bedeutet; aber jeder Demagoge wird uns eines Tages darlegen können, was *er* darunter versteht. Alles in allem eine mehr als lausige Konstituierung des so bedeutsamen Rechtsinstituts »Eigentum«. Man mag diesen gefahrträchtigen Mißstand bedauern, doch darf er uns nicht davon abhalten, das Eigentumsphänomen ein wenig heller auszuleuchten, wenn wir seine unbedingten Implikationen mit den Begriffen »Freiheit«, »Rechtsstaat« und »Kapitalismus« besser verstehen wollen.

Die naturrechtlichen Ansätze in der Eigentums-Diskussion bringen uns nicht weiter, weil sie statisch sind und den Gegebenheiten einer evolutorischen und arbeitsteiligen Großgesellschaft fremd gegenüberstehen.[230] Auch die utilitaristische Argumentation führt letztlich in die Irre.[231] Die richtige Eingangstüre finden wir wohl bei der subjektiven Wertlehre. Aber der dahinterliegende Raum ist groß und kann hier in seinen Dimensionen nur angedeutet werden: Alles im menschlichen Leben: Dinge, Dienste, Ideen, Wünsche, Ziele, Vorstellungen, Handlungen und Entscheidungen – unterliegt subjektiven Wertschätzungen; einer multilateralen und vieldimensionalen Rangordnung also, die uns mehr oder weniger bewußt sein kann. Für uns alleine könnten wir mit diesem relativen Wertschätzungs-Kosmos noch leben, ohne daß wir gezwungen wären, die ungezählten Mosaiksteine unserer Werte-Welt an einer einheitlich-fixierten Skala zu messen oder zu wiegen. Sobald wir jedoch mit anderen Menschen zusammentreffen und mit ihnen kooperieren wollen, prallen gänzlich verschiedenartige relative Präferenzwelten aufeinander, die sich ohne *gemeinsame* Bewertungseinheit niemals ineinanderfügen lassen. Wir können uns das am besten am Beispiel zweier Länder mit unterschiedlicher Währung verdeutlichen. Solange die Bewohner beider Länder in ihrem Heimatland bleiben, kann es ihnen gleichgültig sein, ob zwischen ihren Währungen ein Wechselkurs besteht oder nicht. Sobald jedoch ein Tourist aus seinem eigenen Währungsgebiet in das andere reist, ist er völlig aufgeschmissen, wenn niemand – weder er noch die Bürger des Ferienlandes – eine Ahnung vom Umtauschverhältnis der beiden Währungen haben. Die Preise in den Schaufenstern und auf den Speisekarten wären dem Touristen so unverständlich wie chinesische Schriftzeichen; und niemand würde ihm für sein Geld auch nur eine einzige Mahlzeit verkaufen, ganz gleich wieviele Scheine seiner eigenen Valuta er hinblättern würde. Die Wert- und Bewertungsvorstellungen der Einheimischen und die des Fremden könnten nicht auf einen gemeinsamen Nenner gebracht werden und stoßen verständnislos aufeinander. Erst wenn beide Seiten einen Kurs, einen Maßstab kennen, werden ihre Vorstellungswelten vom Wert der Dinge und der Wünsche kompatibel, können sich ineinander verzahnen und miteinander in austauschenden Kontakt treten.

Auf die Wertschätzungen zweier oder vieler Menschen übertragen, besagt dieses Beispiel, daß sie alle nur dann in der Lage sind, zu kooperieren und zu interagieren, wenn sie einen gemeinsamen, einheitlichen Bewertungsmaßstab haben. Und dieser ist das Geld, sprich: die Preise. Erst wenn ein jeder von uns seine eigenen tausendfältig gefächerten Präferenzen (mehr oder weniger bewußt und konkret) zueinander in artikulierbare Relationen setzen (d. h. sie in Preisen und Preisverhältnissen näherungsweise ausdrücken) kann, wird er für jeden anderen zum Gesprächspartner, mit dem man sich über Berührungspunkte und Vergleichbarkeiten der wechselseitigen Bewertungs-Komplexe unterhalten kann. Anders gesagt: Die arbeitsteilige Welt ist ein unvorstellbar komplexes Labyrinth von Ziel- und Urteils-Vektoren, dessen wirres Wegenetz sich zu allem Übel auch noch permanent verändert. In diesem Labyrinth gibt es nur eine einzige zuverlässige, sich in kybernetischer Koppelung ständig selbstordnende Beschilderung: die Preise.

Das, was Professor von Hayek (freilich in ganz anderen, sicher besseren und wahrscheinlich sogar richtigeren Erklärungsformen) seine »Entdeckung« nennt, ist eine der größten intellektuellen Leistungen der Neuzeit: Die Entdeckung, daß die Preise nicht nur die Funktion haben, Angebot und Nachfrage zum Ausgleich zu bringen und die volkswirtschaftlichen Ressourcen ihrer optimalen Verwendung zuzuführen, sondern daß sie in einer komplexen und spontanen Ordnung vor allem die einzig verläßlichen Signale darstellen, die uns sagen können, was wir tun und was wir nicht tun sollen, wie und wo wir unser Wissen in das große Delta der tausend (Handlungs-) Ströme und Rinnsale einbringen sollen, um unsere Ziele in effektivster Weise erreichen zu können. Und indem alle Beteiligten ein gleiches tun, fließen Wissen und Fertigkeiten *aller* – und zum Nutzen aller! – in die gewaltige Katallaxie ein. Nur auf diese Weise werden die Wegweiser und Signale täglich, stündlich und ohne Unterlaß so gestellt, daß bei gänzlicher Unübersichtlichkeit des Gesamtlabyrinths doch alle Verkehrsteilnehmer schnellstmöglich zu ihren jeweiligen Zielpunkten gelangen. Niemand, kein Individuum und keine Behörde, kann dieses millionenfach verknüpfte Signalnetz bewußt steuern oder gar planen. Nur die Beteiligten selbst stoßen – ähnlich den Fledermäusen – ständig (Wunsch- und Wertschätzungs-) Signale aus, die permanent reflektiert werden. Alle Informationen finden sofort Eingang in die alle Signale empfangenden, speichernden, umsetzenden und neu vernetzenden Schaltzentralen des Marktes. Ein wahrhaftiges Wunderwerk, das nur noch verglichen werden kann mit dem Wunderwerk der Natur als Ganzes. (Hieraus ist unschwer abzuleiten, welchen schweren Schaden ein jeder bewußter Eingriff in die Signalstruktur dieses Leitsystems verursacht. Und jede wirtschafts- oder fiskalpolitische Staatsintervention ist ein solcher Eingriff).

Doch wir waren beim Thema »Eigentum«. Worauf es mir ankommt: Das geschilderte Signalsystem ist das *Ergebnis* der Tatsache, daß ein jeder von uns selbst Signale aussenden kann, d. h. daß wir Bewertungskriterien (Präferenzskalen) für die relativen Gewichte all unserer Ziele, Wünsche, Vorlieben, Nöte und Bedürfnisse besitzen. Diese *können* wir aber nur haben, wenn persönliches Eigentum existiert. Die Preise (Signale) sind unabdingbar an Eigentum gebunden. Anders ist subjektive Bewertung nicht möglich (und eine objektive Werttheorie kann es nicht geben) – und damit auch keine *gemeinsame* Maßeinheit für alle Wertschätzungen. Wie soll ich den Wert eines Fahrrads herausfinden, das weder mir noch einem anderen gehört – und das ich weder erwerben noch veräußern, weder leihen (von wem denn?) noch verleihen darf? Wie soll ich erkunden können, was mir oder einem anderen eine Sache *wert* ist, wenn weder der andere noch ich selbst sie besitzen darf? Noch schlimmer: Wie soll ich das Wert-(= Wertschätzungs-)Verhältnis dieses Fahrrads zu einer Leiter (Relative Preise!) herausfinden können, die ebenfalls niemandem gehört?

Man sieht: Ohne Privateigentum keine Wertvorstellungen. Ohne Wertvorstellungen keine Bewertungsmaßstäbe und -relationen. Ohne diese wiederum keine Preise. Ohne Preise keine Signale (Informationen) für alle unsere Handlungen und Ziele. Ohne Preise kein Markt, kein Multi-Signalnetz. Ohne Markt kein Wissensaustausch und keine Wissensakkumulation, keine Informationsvernetzung und keine multiple Verkoppelung aller Fähigkeiten und Leistungskräfte der beteiligten Menschen. Ohne Eigentum ist arbeitsteiliges Wirtschaften *unmöglich.* Es bleibt dann nur der behördliche Befehl, der orientierungslos und willkürlich die einfachsten menschlichen Bedürfnisse quantitativ zu schätzen und mit tausend weiteren Befehlen ihre *notdürftigste* Befriedigung zu erreichen versucht. Planwirtschaft, Volkseigentum, Sozialismus: Im wahrsten Sinn des Wortes ein *Notdurft*-System. (Sie dürfen es in Klardeutsch sagen: Ein Sch...-System!).

Mit anderen Worten: Ohne Markt, ohne Marktwirtschaft, ohne Kapitalismus ist Leben außerhalb eines militärischen Befehlssystems *praktisch und theoretisch ausgeschlossen!* Kurz: *Ohne Kapitalismus gibt es* (in der Großgruppe) *keine Freiheit.*

Es lassen sich noch viele Fenster öffnen, um einen Ausblick auf die Einheit von Freiheit und Kapitalismus gewinnen zu können. Ein wesentlicher Blickwinkel: der Wettbewerb! Er ist das einzige uns bekannte praktische Mittel zur Verhinderung, Einschränkung und Neutralisierung von willkürlicher Macht, ja von jeglicher Macht überhaupt. Das gilt in politischer und ökonomisher Hinsicht gleichermaßen. In der Demokratie ist es der Wettbewerb der Regierungen und Parlamente um Zuständigkeiten (Föderalismus!), der Wettstreit der Parteien und Mandatsträger um die Wählergunst, die Konkurrenz der Köpfe und Konzepte, welche ein Ausufern und Konzentration von Macht verhindern; in der Wirtschaft erfüllt diese Funktion der Wettbewerb der Unternehmen und Produkte um die Gunst des Konsumenten, aber auch der Konkurrenzkampf um fähige Köpfe und Hände, um Positionen und Arbeitsplätze, um Ersparnisse und Kapitalströme, um Chancen, Wissen und Erfahrungen. Noch mehr als in der Politik gilt in der Marktwirtschaft: Niemand ist seiner Position, seiner Direktiv-Kompetenz, seines Einkommens oder seines Vermögens sicher, ganz gleich wie hoch diese angesiedelt sind. Ob Tante-Emma-Laden oder Milliardenkonzern, ob Arbeiter oder Generaldirektor: jeder kann stürzen, wenn er den Bedürfnissen der Verbraucher (des Marktes) nicht mehr richtig oder weniger gut als ein anderer zu entsprechen weiß. In der freien Wirtschaftsordnung ist jeder König ein Regent auf Abruf und jeder Bettler ein potentieller Fürst. Und ebenso bedeutsam: Ein jeder der vielen Könige und Fürsten hat seinen vorübergehenden Sitz auf den vielfach abgestuften Thronsesseln nur erworben durch MEISTERSCHAFT IM DIENEN. Er wird nicht im Vierjahres-Tournus oder auf Lebenszeit gewählt, sondern täglich neu, mit jeder Mark, die als Ja-Stimme in seine oder seines Unternehmens Kasse geworfen wird; und er wird sukzessive abgewählt mit jeder Mark, die als Nein-

Stimme in die Kasse eines Konkurrenten fließt. Die vorübergehenden Mandatare des freien Marktes werden in der Wähler-(= Konsumenten-)Gunst nicht gemessen an der Eloquenz ihrer Sprüche und der Großspurigkeit ihrer Versprechungen, sondern an der nüchternen Realität ihrer kalten Bilanzzahlen. Wilhelm Röpke, der große Nationalökonom, hat es meisterlich formuliert: Was im Kollektivismus der Scharfrichter ist, das ist in der Marktwirtschaft der Gerichtsvollzieher.

Macht ist flüchtig im Kapitalismus. Sie wird täglich verliehen und abberufen. Von den Vielen. Von allen und von einem jeden von uns. Freiheit, Demokratie und Kapitalismus haben im Wettbewerb ihren einzig verläßlichen, unerbittlichen Wächter. Auch das – das Wettbewerbsprinzip – schmiedet sie zu einer unauflöslichen Einheit zusammen. In seiner anschaulichen und oft sogar poetischen Ausdrucksweise hat Ludwig von Mises dieses Faktum festgehalten: »Der Mensch der vorkapitalistischen Zeit hatte über sich einen gnädigen Herrn, um dessen Gunst er werben mußte. Der Kapitalismus kennt keine Gnade und keine Ungnade, er unterscheidet nicht mehr gestrenge Herren und gehorsame Knechte; alle Beziehungen sind sachlich und unpersönlich, sind rechenbar und vertretbar. Mit der Rechenhaftigkeit der kapitalistischen Geldwirtschaft steigt die Freiheit aus dem Reich der Träume in das der Wirklichkeit herunter.«[232]

(An dieser Stelle bietet sich die Erinnerung an einen Hinweis im Vorwort an: Wo immer Politiker, Abenteurer, Verbrecher oder größenwahnsinnige Demagogen mehr begehren als ein nur einstweiliges Amt von Wählers' oder Konsumentens' Gnaden, wo sie also unbeschränkte Macht über ein Volk oder ein Land anstreben, da *müssen* sie den Wettbewerbs-(= Markt-)mechanismus beseitigen. Und zwar den ökonomischen (kapitalistischen) noch entschiedener als den politischen (demokratischen), weil der Markt noch viel erbarmungsloser als jedes Parlament oder jede Bürokratie die selbsternannten Fürsten stützt. Es bleibt den Tyrannen dieser Erde – allen! – gar keine andere Wahl als ein Wirtschafts»system« zu propagieren und mit allen Mittel durchzusetzen, welches die Beseitigung individueller Freiheit mit dem Scheinargument des »größeren Wohls für die Allgemeinheit« rechtfertigt: den Sozialismus. Damit gewinnen sie ein zweifaches: Konkurrenzlose, d. h. schrankenlose Macht *und* scheinbare Legitimaton; ja gerade mit dem Argument, das »Gemeinwohl« gegen alle »egoistischen« Individualinteressen durchsetzen zu wollen, können sie ihren Alleinanspruch auf *alle* Gewalt begründen. Tyrannisches Motiv und Marktfeindschaft können in ein gemeinsames Gewand gekleidet werden: in das des Sozialismus. Es ist das mörderischste und schrecklichste aller Scharlatans-Kostüme, weil es die furchtbarste Machtkonzentration darstellt, die sich denken läßt: Die Ballung von politischer Alleinherrschaft und totaler ökonomischer Omnipotenz. Damit sind beide Wächter gleichzeitig ausgeschaltet: der politische Wettbewerb und der ökonomische Wettbewerb. Verbunden mit der stets vorgeschützten kollektiven Übermoral eine Supergewalt von satanischer Dimension).[233]

Ein anderer Blickwinkel: Freiheit und Kapitalismus sind in ihrer jeweils wichtigsten Komponente kongruent: in der Freiheit des Handelns. Kapitalismus erfordert freie Entscheidungen in Kapitalbildung und -verwendung, in Arbeitsplatz- und Standortwahl, in Produktionsweise und Produktionszwecken, in Bildung und Ausbildung, in Preisbildung und Güterdistribution, in Einkommensverwendung und Konsumwahl, kurz: in der ganzen Mitte des menschlichen Lebens. Deshalb sind Kapitalismus und politische Freiheit (Demokratie), noch mehr aber Kapitalismus und persönliche Freiheit (grob: Rechtsstaat) weitgehend deckungsgleich. Zumindest sind sie Siamesische Zwillinge. Stirbt der eine, ist auch der andere dem Tod geweiht.

Diese Erkenntnisse lassen sich auf die ebenso schlichte wie bedeutungsschwere Formel bringen: WO DAS KAPITAL FREI IST, SIND AUCH DIE MENSCHEN FREI, UND WO DAS KAPITAL UNTERDRÜCKT IST, SIND AUCH DIE MENSCHEN GEKNECHTET.

Es kann angesichts der heute anstehenden Asylanten- und Zuwanderer-Probleme nicht deutlich genug gesagt werden: Wenn die Fabriken und Konsumgüter zu den Menschen wandern könnten, bräuchten die Menschen nicht zu den Fabriken und Konsumgütern zu strömen. Absolut freie Güter- und Kapitalmärkte überall auf der Welt (mit dauerhafter und verläßlicher Eigentumsgarantie natürlich) hätten überall auch unweigerlich politische und persönliche Freiheit zur Folge. Jede Art von Zuwanderung oder Flucht in unser Land ist deshalb im Kern nicht unser Problem, sondern das der anderen Länder: das Problem des Sozialismus und Kollektivismus in anderen Staaten. Deshalb ist auch jeder Versuch, diese Probleme *bei uns* zu lösen, nur ein halbherziges Herumstochern an Symptomen. Es gilt, die Krankheit auszurotten. Und das kann nur gelingen, wenn man alle sozialistischen Regierungen und Systeme, welche diese weltweite Schweinerei verursachen, unter permanenten moralisch-politischen *und finanziellen* Druck setzt und sie durch wirtschaftlich-finanzielle Isolierung zum Offenbarungseid treibt, den ihr sozialistisches Bankrottsystem ohnehin früher oder später leisten muß. Stattdessen werden mit den Milliarden an Steuer- und Spargeldern der fleißigen Menschen in den Industrienationen seit Jahrzehnten die Taschen der sozialistischen Polit-Mafia bis in die entlegensten Winkel der Erde gefüllt – und somit die geknechteten Völker Generation um Generation in Armut, Elend und Unfreiheit gehalten.

Niemand möge sich der Illusion hingeben, die Erkenntnisse aus den jüngsten Ereignissen in Osteuropa würden der weltumspannenden Alimentation der Lügenbarone und Menschenschinder ein Ende setzen. Der Kapitalismus ist gegenwärtig nicht deshalb zu neuen Ehren gekommen, weil man seine Mechanismen endlich verstanden und seine *wirklich* »soziale« Wirkung endlich eingesehen hätte, sondern nur weil die Gesellschaftsklempner in Ost und West derzeit keine *politische* Chance zur Durchsetzung eines neuen »besseren« Experiments sehen. Man hat nicht gelernt; man fügt sich nur. Wären die Sozialisten an den Verteilertöpfen der westlichen Kreditküchen lernfähig, hätten sie aus vierzig Jahren verfehlter Entwicklungshilfepolitik wenigstens rudimentäre Lehren gezogen. Doch nichts dergleichen. Tansania – um nur *ein* Beispiel herauszugreifen – ist nach wie vor das Hätschelkind der Wohltäter aus fremden Taschen, obwohl es ein Rätsel bleiben wird, wohin die Milliarden und Abermilliarden an harten Devisen versickert sind, die man in dieses Land gekarrt hat. Der ehemalige Präsident, Nyerere (bis 1985) brauchte nur sein Zauberwort »Afrikanischer Sozialismus« zu flüstern, und schon flossen die Gelder aus den kapitalistischen Ländern in Strömen. Dabei war die Wirkungslosigkeit der gewaltigen Mittel von vornherein programmiert: die »Einheitspartei der Nationalen Revolution« Nyereres hatte ja kein anderes Programm als alle anderen sozialistischen Volksbeglücker auch: Bürokratie und Erstickung jeglichen Leistungswillens. Dazu ein paar Schmarotzer-Almosen, um sich das Wohlwollen des Volkes, sprich: die eigene Machttotalität zu sichern. Eine ganze Generation Tansanias ist aufgewachsen mit der Erfahrung, daß Arbeit sinnlos ist. Geld ist das, was lastwagenweise von den blöden Kapitalisten kommt; und sind die Schulden erst groß genug, werden sie ohnehin erlassen (98 Prozent der vier Milliarden Dollar Auslandsschulden wurden gestrichen). (Der Nachfolger im Präsidentenamt, Mwinyi, wird wenig verändern können, denn die Nyereresche Funktionärsschicht ist in Amt und Würden wie eh und je. Aber was soll's auch: die Dollars fließen ja weiter. Von allen Ländern Afrikas – wohin mehr als 40 Prozent der deutschen Entwicklungshilfe driften – erhält Tansania nach wie vor am meisten). Eine wirkliche Hungerkatastrophe droht der sogenannten Dritten Welt – allen voran Afrika – erst dann, wenn der Dauertropf, an dem sie hängen und mit dem man sie in ein apathisches Koma versetzt hat, selbst zusammenbricht, wenn also die Industrieländer ihren nächsten kreditinduzierten Kollaps erleiden. Die sozialistischen Ökonomie-Krüppel müssen dann ohne die Krücken der über Jahrzehnte fehlgeleiteten Entwicklungshilfe allesamt in den Staub fallen. Gloria in excelsis Sozialismo.

Doch auch mitten im aufgeklärten Europa des anbrechenden dritten Jahrtausends, im Volk der Dichter und Denker und der millionenfach ge- und verbrannten Kinder beugen sich die Brüder östlich und westlich der niedergerissenen Mauer nur unwillig und lamentierend der kapitalistischen Entziehungskur vom stumpfsinnigen Rausch und aus der erbärmlichen Abhängigkeit von der sozialistischen Droge. Ein wenig vom »Stoff«, aus dem die falschen Träume sind, will man halt doch hinüberretten ins Erwachen aus dem fiebrigen Delirium. (Und alle Hellwachen werden mit hunderten von Milliarden nicht erträumter, sondern kapitalistisch hart erschufteter Märker dafür sorgen müssen, daß der totale Zusammenbruch des Süchtigen in ein Genesungsschläfchen umgemünzt werden kann. Gar zu sehr will man den Sozialismus ja nicht bloßstellen. Wo er doch – trotz allem – »so viel Gutes hat«).

Man kann es nicht laut genug hinausschreien in alle Richtungen der Windrose: Eine Gesellschaft kann nur frei sein, wenn ihre einzelnen Mitglieder frei sind. Der Einzelne wiederum kann nur frei sein, wenn er für die wesentlichen Umstände seines Lebens die persönliche Verantwortung tragen und ihre Gestaltung in die eigenen Hände nehmen kann. Die wesentlichen Elemente individueller Lebensgestaltung sind aber nun einmal ökonomischer Natur. Wer über die wirtschaftlich-materiellen Aktionsradien seiner Existenz nicht frei – nach seinen eigenen Zwecken, Mitteln, Möglichkeiten und Fähigkeiten – entscheiden kann, der kann über fast nichts mehr in seinem Leben entscheiden; denn auch die vordergründig nicht-ökonomischen Komponenten – wie Bildung, Geschmack, Partnerschaft, Lebenseinstellung – sind eng mit der eigenverantwortlichen Gestaltungsfreiheit in den materiell-ökonomischen Bereichen verknüpft. Nirgendwo auf der Welt gibt es jene sagenumwobene Mißgeburt, zu deren Zeugung sich Freiheit und Sozialismus hätten paaren müssen oder können. Kapitalismus *ist* Freiheit und Leben, und Sozialismus ist Not und Tod. Dazwischen ist nur Lüge, Wahn und Illusion.

Wir sollten unser Augenmerk jedoch nicht nur auf die positive Stärke der Eintracht von Freiheit und Kapitalismus richten, sondern uns auch der Erkenntnis öffnen, daß ihre Schwächen – besser: ihre Imperfektibilitäten – gemeinsamen Ursprungs sind. Natürlich ist die Freiheit der Menschenkinder keine elysische Kategorie und wird niemals makellos zu realisieren sein; und natürlich ist auch der Kapitalismus nicht die Blaue Blume der Industrie-Romantik und nicht die Lösungsformel zur himmlischen Verzauberung des irdischen Jammertals, das die Erde den Menschen immer gewesen ist und für alle Zeit bleiben wird. Verglichen mit den olympischen Wonnegefilden und den paradiesischen Heile-Gänschen-Schimären der sozialistischen Utopien muß Marktwirtschaft stets der schäbige Hinterhof des Elysiums bleiben; *aber:* es ist der beste, der realistischste und der menschlichste Hinterhof, den wir errichten und bewohnen können.

In einem anderen Zusammenhang hat die Germanistik-Professorin Gertrud Höhler (in ihrem blitzgescheiten und höchst lesenswerten Buch »Die Kinder der Freiheit«[234]) – mit Blick auf die Jugendlichen der Wohlstandsgeneration – geschrieben: »Jugend fordert den extremen Wert, das unverhüllte Ideal, die ungebrochene Tugend, weil wir sie an Zwischenwerte, an Bescheidung und Rücksicht, an Realismus im Fordern nicht gewöhnt haben. So entstehen *inhumane* Tugendforderungen, denen Erwachsene ratlos, beschämt und irritiert gegenüberstehen: Inferioritätsgefühle quälen viele Eltern, wenn ihre Kinder in den Visionen vollkommener Tugend und reiner Werte den Rang des gutgelebten Alltags verkennen. Sie, die Erwachsenen, fühlen nicht den Mut, das unvermischte Ideal zu fordern. Dabei verkennen sie, daß es ihre Kinder keinen Mut kostet, die Wirklichkeit in die Schranken zu fordern.«[235]

Man braucht nur das Wort »Jugend« durch das Wort »Unreife« zu ersetzen, und der analytische Höhler'sche Blick läßt sich nahtlos auf alle illusionär-puritanischen Kritiker der kapitalistischen Marktordnung übertragen; auf die jungen *und* die alten. Gertrud Höhlers »gutgelebter Alltag«: *der* ist es nämlich, der tagein tagaus, jahrein jahraus, ja lebenslänglich Mut erfordert: den Mut zur Nichtillusion, zur Nichtspinnerei, zur Nichtüberschätzung weder der eigenen Person noch der anderen, kurz: der Mut zum nüchternen Alltag. Doch den kennt nur, wer wirklich etwas tut, ob hinter der Werkbank oder hinter dem Direktionsschreibtisch. Und nur der weiß auch, wie schwierig und mühsam es sich in der Realität gestaltet, den ethisch-moralischen Anforderungen der Normalität in einer unendlichen Kette von Entscheidungen auch nur hinlänglich nahezukommen und gerechtzuwerden. Der Medien- und Intellektuellen-Prominenz, welche reine Tugend, Hochglanzmoral und Edelperfektion von jenen einfordert, welche den Karren ziehen, darf man getrost unterstellen, daß sie vom Ziehen nichts verstehen, sondern sich – im Karren sitzend – maulend ziehen lassen.

Wer von der Freiheit zuviel erwartet, fördert die Anarchie und landet im Nihilismus mit seinen menschenverachtenden und gottlosen Vollstreckern. Wer von der Marktwirtschaft zuviel erwartet, etwa ein vollkommenes Ideal der Gerechtigkeit oder die vollständige Beseitigung aller Not und allen Leids, von Unsicherheit und Risiko, der verfällt automatisch der sozialistischen Illusion. Hier kehrt der alte Satz wieder: Wer das Paradies auf Erden schaffen will, der schafft die Hölle. Der Kapitalismus – bzw. die Verständigen unter seinen Apologeten – haben ein solches Trugbild nie für sich beansprucht. Im Gegenteil: seine herausragenden Verteidiger haben stets wert auf die Feststellung gelegt, daß er – der Kapitalismus – lediglich eine gewachsene und fehlerbehaftete Form des Umgangs miteinander ist, die am ehesten mit den Unvollkommenheiten und Schwächen der Menschen fertig wird, ohne sie je ganz beseitigen oder heilen zu können (allenfalls sie in einigen Fällen in positive Wirkungen ummünzen zu können). Gerade weil wir uns bei der Marktwirtschaft auf eine spontane Ordnung verlassen können, die nicht bewußtem menschlichem (Ideal-)Entwurf entstammt, sondern als komplexes Phänomen nach Regeln und Mechanismen abläuft, die sich im alltäglichen Handeln von unzähligen Generationen entwikkelt und bewährt haben, eröffnet uns diese Ordnung die Möglichkeiten zur Bewältigung von Problemen, die wir in der Unvollkommenheit unseres Wollens, Handelns und Verstehens meist selbst geschaffen haben – und bis in alle Zukunft selbst schaffen werden. Je unverfälschter wir diese Große Ordnung belassen, desto mehr wird sie jener Großen Komplexen Ordnung der Natur gleichen, von der die Naturwissenschaftler bewundernd berichten, daß sie noch niemals bankrott gemacht habe – in Milliarden von Jahren nicht, und daß sie weit »klüger« sei als unser Verstand es je war oder je sein wird (weil er selbst Teil der Natur und Teilergebnis ihrer Evolution ist). Es ist ein bescheidener Standpunkt, den der Kapitalismus im Gesamtgefüge des Irdischen einnimmt. Ihn als Regelsystem allen ökonomischen Geschehens zu akzeptieren, heißt, sich die Schwächen der menschlichen Fähigkeiten und Erkenntnismöglichkeiten einzugestehen – und gerade daraus die Stärke zu beziehen, aus allem Unvollkommenem das Beste zu machen. Der Kapitalist, der in dieser Ordnung Tätige, mag das alles weder begreifen noch gutheißen, und er mag aus völlig anderen, ja konträren Beweggründen in dieser Ordnung handeln: es ändert nichts daran, daß er als untergeordnete Figur in diesem Spiel agiert, dessen Regeln auch – und gerade dann – funktionieren, wenn die Teilnehmer glauben, das Spielgeschehen zu ihrem alleinigen Vorteil ausnutzen zu können. Nur eines gilt: Der Regelverletzer, sei es in betrügerischer oder nur besserwisserischer Absicht, mindert den Spielerfolg und zerstört letztlich den friedlichen Verlauf der Veranstaltung als Ganzes. Er ist mitschuldig, wenn eines Tages die Feinde der Freiheit das Feld wieder betreten und verkünden werden: The game is over. It's our turn again.

2. Ein lustiges Trauerspiel: Ei, wo isser denn?

Die Bundesrepublik gilt in den Augen ihrer Bewohner und ihrer Nachbarn als marktwirtschaflicher Musterknabe, als eine – im Vergleich mit den USA und Japan etwas gemäßigte – Hochburg des Kapitalismus. Wir wollen diesem Gerücht einmal auf den Grund gehen und versuchen, seinen Wahrheitsgehalt zu eruieren. Als Untersuchungsmethode wählen wir das lustige Kinderversteckspiel »Ei, wo isser denn?«. Wir wollen also von den wichtigsten und größten Märkten einer Industrienation (dem Agrarmarkt, dem Arbeits-, Gesundheits- und Wohnungsmarkt) jeweils die verhüllende Decke wegziehen und fragen: Ei, wo isser denn, der Kapitalismus? Sollten wir beim eifrigen Suchen auf Produkte oder Dienste stoßen, die ganz oder überwiegend in privater Entscheidungshoheit erstellt, angeboten und nachgefragt werden, so handelt es sich um sogenannte Private Güter, welche den jeweiligen Markt charakterisieren, und wir dürfen verzückt ausrufen: »Ei, da isser, der Kapitalismus!« Der Kandidat (Kapitalismus) hat dann bei jedem Durchgang 50 Punkte, fifty points, cinquante points. Finden wir jedoch auf dem betreffenden Markt Produkte oder Dienste, die ganz, überwiegend oder zum wesentlichen Teil unter der Regie von öffentlichen Institutionen, Behörden oder Gebietskörperschaften erstellt, geleistet, gelenkt oder verteilt werden, so handelt es sich um sogenannte Öffentliche Güter, und wir dürfen ein verdrießliches Gesicht machen und enttäuscht konstatieren: »Issa nich da!« In diesem Fall erhält der Gegenspieler (der Sozialismus) 50 Punkte (fuffzigowa punktewitsch).

Damit das Spiel die notwendige Spannung erzeugt, sollten wir uns folgende Grunderkenntnis zu eigen machen: Je weiter der Staat und seine öffentlichen Erfüllungsgehilfen in einen Teilmarkt (oder ins Wirtschaftsgeschehen generell) eingreifen, desto mehr und vermehrt werden Private Güter zu Öffentlichen Gütern, oder zu entsprechenden Mischformen. Je mehr Private Güter zur Öffentlichen Gütern werden, desto geringer wird die Möglichkeit des Einzelnen (oder aller Verbraucher zusammen), auf Preis, Qualität, Art und Versorgungslage dieser Güter Einfluß zu nehmen, und desto »ungerechter« wird ihre »Verteilung«, weil ihre Kosten immer weniger und nur in wachsender Disproportionalität denen angelastet werden, die den Nutzen aus ihrem Konsum oder ihrer Verwendung ziehen. Dem freien Wettbewerb entrissen, muß ein Gut zu einem politischen Artikel werden, dessen Preis, Menge, Gestalt und Qualität der Manipulationshoheit von Behörden unterliegt. Erstellung und Verwendung werden zum Gegenstand politischer Verteilungskämpfe, was wiederum zu Gruppierungen politischer Machtausübung – wie Solidargemeinschaften, Interessenverbänden und Bürgerinitiativen führt. Ein solchermaßen öffentlich gewordenes Gut muß teurer und in seiner Gemeinnützlichkeit schädlicher (also dem Nutzen der meisten Konsumenten abträglicher) sein als ein privates Äquivalent. Hierzu hat eine Fülle wissenschaftlicher Literatur – sogar mit mathematischen Methoden und Modellen – den Beweis angetreten.[236] An dieser Stelle sei nur ein einzelner Nachweis geführt, und zwar für ein Gut, von dem fast alle Menschen glauben, daß es sinnvoll nur öffentlich angeboten werden könne: für eine Straße. Überlegen wir: Wird eine Straße von A nach B gebaut, so müssen alle Steuerbürger die Kosten tragen; auch jene, welche diese Straße niemals befahren werden und somit keinerlei Nutzen aus ihr ziehen. Auch jene Bürger zahlen zuviel, die sie zwar gelegentlich benutzen, dies aber nicht tun würden, wenn sie den auf sie entfallenden Steuer(= Kosten)anteil in Form einer Gebühr bezahlen müßten. Andererseits entrichten alle die zu wenig, welche bereit wären, für ihre gelegentlichen Fahrten eine höhere Nutzungsgebühr zu berappen als ihrem Steueranteil entspricht. Viel zu wenig werden schießlich jene zur Kasse gebeten, welche die Straße laufend benutzen, und dies auch dann tun würden, wenn die Gesamtkosten ausschließlich in Form einer Benutzungsgebühr aufgebracht werden müßten. In der Gesamtbetrachtung gibt es also nur solche Bürger, die entweder zuviel oder zuwenig bezahlen (im Vergleich zum Nutzen, den sie aus der Straße ziehen). Die Gesamtheit der Bewohner eines Landes erleidet somit einen Schaden (der bei einer privaten, nur durch Benutzergebühren finanzierten Straße nicht entstehen würde). Dieses Beispiel soll nicht belegen, daß es besser oder richtiger wäre, das Straßennetz eines Landes ausschließlich in privater Regie erstellen zu lassen, denn der Markt kann nicht alle Bedürfnisse einer Gemeinschaft erfüllen. Es sollte lediglich gezeigt werden: Prinzipiell ist ein Öffentliches Gut immer teurer und für alle schädlicher als ein Privates Gut. (Ob man diese schwerwiegenden Nachteile zugunsten eines übergeordneten Nutzenaspekts in Kauf nehmen will, ist eine andere Frage.)

Der erste Raum, den wir bei unserem Suchspiel betreten, ist also der Agrarmarkt. Schon beim Niederschreiben des Wörtchens (Agrar-)*»markt«* fällt einem der Griffel aus der Hand. So wie bei der (ehemaligen) Deutschen »Demokratischen« »Republik« und wie bei dem weltweiten antidemokratischen Staaten-Lumpengesindel, das sich »Volks«»demokratie« oder »Volks«»republik« nennt, handelt es sich bei der europäischen Agrar»markt«-»Ordnung« um einen verlogenen Pleonasmus, der das genaue Gegenteil von dem darstellt, was er begrifflich scheinen will: die europäische Agrarmarktordnung ist weder ein Markt noch eine Ordnung, sondern ein planwirtschaftlicher Irrsinn. Man möchte sich am liebsten sachliche Detailausführungen ersparen und sich auf makabre Spott-Zitate beschränken, wie bspw. jenes von Professor Wolfram Engels: »Über Landwirtschaftspolitik kann man ernsthaft schon nicht mehr schreiben. Satire, Posse, Schwank wären die eher geeigneten Stilformen.«»[237] Oder das des Österreichischen Arbeitskreises Kultur und Geschichte: »Die zehn Gebote Gottes enthalten 279 Wörter; die amerikanische Unabhängigkeitserklärung hat deren 300; die Verordnung der EG über den Import von Karamelbonbons aber hat genau 25 911 Wörter.« Doch es hilft nichts: wir müssen einige Fakten kennlernen, auch wenn dies nur Verwirrung stiften kann. Das Grusel-Instrumentarium der EWG-Marktordnungen setzt sich zusammen aus:

a) Administrierten Preisen (Richtpreisen, Orientierungspreisen, Grundpreisen, Schwellenpreisen, Einschleusungspreisen, Referenzpreisen und Interventionspreisen),
b) Abschöpfungen und Erstattungen (Einfuhrabschöpfungen und Ausfuhrabschöpfungen, Exporterstattungen und Import-Ausgleichszahlungen),
c) Vorausfixierungen von Abschöpfungen und Erstattungen,
d) Ein- und Ausfuhrlizenzen,
e) Sicherheitsklauseln (völlige oder teilweise Aussetzung der Ausgabe von Import- und Export-Lizenzen; völlige oder teilweise Ablehnung von Anträgen auf Vorausfixierung und Lizenzen; Aussetzung von Importen und Exporten; Erhebung von Abschöpfungen auf Exporte),
f) Verwaltungsausschüsse (zur Überwachung der Kommission bei der Durchführung der Marktordnungen).

Die erklärten Zwecke des gespenstigen Höllenspuks sind:

1. Mit Abschöpfungen (= in der Höhe schwankenden Einfuhrabgaben) sollen Importwaren aus Drittländern so verteuert werden, daß sie nicht unter den Preisen angeboten werden können, welche die EG alljährlich festlegt. Agrarexporte werden entsprechend subventioniert, oder – falls bestimmte Agrargüter in der EG billiger sind als auf dem Weltmarkt – »abgeschöpft«.

2. Neben dem Schutz vor billigen Einfuhren werden den EG-Bauern für wichtige Agrargüter Mindestpreise garantiert. Können diese auf dem Markt nicht erzielt werden, wird die Ware mit öffentlichen (EG-)Mitteln aufgekauft und eingelagert (oder vernichtet).

Aus einer 18-seitigen lexikalischen *Kurz*beschreibung der Agrarmarktordnungen hier nur eine Viertelseite als »Kostprobe«: »Maßnahmen zur Preisstabilisierung orientieren sich an Grund- und Ankaufspreisen. Der Grundpreis wird unter Berücksichtigung der Einkommenssituation der Erzeuger, der Marktlage und den Verbraucherinteressen anhand der Entwicklung des Durchschnittswerts der Notierungen festgesetzt, die für ein Erzeugnis mit genau festgelegten Handelseigenschaften während der letzten drei Jahre auf den repräsentativsten Erzeugermärkten der Gemeinschaft festgestellt wurden. Der Ankaufspreis wird – zwischen 40 und 45 vH des Grundpreises für Blumenkohl und Tomaten, – zwischen 50 und 55 vH des Grundpreises für Äpfel und Birnen, – zwischen 60 und 70 vH des Grundpreises für die übrigen Erzeugnisse des Anhangs II dieser Verordnung festgesetzt, wobei für jedes Erzeugnis die Eigentümlichkeiten des Marktes und vor allem der Umfang der Preisschwankungen berücksichtigt werden. Liegen die Notierungen auf den repräsentativen Märkten für ein bestimmtes Erzeugnis an drei aufeinanderfolgenden Markttagen unter dem Ankaufspreis, so stellt die Kommission auf Antrag des Mitgliedstaates, in dem diese Situation eingetreten ist, unverzüglich fest, daß sich der Markt des betreffenden Erzeugnisses in einer ernsten Krise befindet. Vom Zeitpunkt der Feststellung einer ernsten Krise an können Marktinterventionen der oben genannten Art seitens der Erzeugergemeinschaften oder anderer nationaler Stellen durchgeführt werden.[238]

Wahrhaftig: Was sich in einer »ernsten Krise« befindet, das ist der Geisteszustand der gigantomanischen Bürokraten-Armee, die diesen Mummenschanz seit Jahrzehnten inszeniert. Das Ergebnis: 1987 – also in einem einzigen Jahr! – beliefen sich diese Agrarmarkt-Ausgaben der EG (ohne Strukturausgaben) auf rund 23 Milliarden Ecu, das waren rund 50 Milliarden DM; anschaulicher: fünfzigtausend Millionen Mark! Allein für die *Vernichtung* von Obst und Gemüse gab die EG 1988 sechshundertfünfzig Millionen Mark aus. Und neben den riesigen Müllhalden aus vergeudeten Lebensmitteln stinken die Butter- und Fleischberge genauso zum Himmel wie die Milch- und Weinseen. Daß Preis- und Absatzgarantien zu uferloser Überschußproduktion führen *müssen,* weiß jeder Klippschüler nach der ersten Lehrstunde eines Wirtschaftsfachs. Doch die Funktionärs-Legionen denken nicht daran, sich ob schierer wirtschaftlicher Vernunft ihrer hochdotierten Erbsenzähler-Posten zu begeben. Sie vermehren sich stattdessen wie Schnupfen-Bakterien und blasen ihre Budgets in immer aberwitzigere Dimensionen auf. Die Ausgaben der Europäischen Gemeinschaft (wovon rund zwei Drittel auf die Agrarpreis- und -marktordnungspolitik entfallen) sind von 1968 bis 1988 um das Zwangzigfache gestiegen (von 4,2 auf 80 Milliarden DM), und ein Ende des Wahns ist nicht abzusehen. Nach einer Studie des Karl-Bräuer-Instituts des Bundes der Steuerzahler zeichnet sich bis 1992 eine Ausweitung des Finanzspielraums der EG (zu Lasten der Mitgliedsländer) um weitere 56 % ab. Hinzu kommen die administrativen Kosten der Protektions-Bürokratie und die Milliarden-Summen der nationalen Agrar-Budgets. Nach Angaben der OECD wurden Steuerzahler und Verbraucher in der EG von 1984 bis 1986 *jährlich* mit der aberwitzigen Durchschnittssumme von 175 Milliarden Mark zur Ader gelassen (nur Agrarsektor!). Der volkswirtschaftliche Gesamtschaden inklusive Multiplikator-Effekte, verhinderte Effizienz und Fehlleitung von Ressourcen, liegt jenseits jeder Quantifizierbarkeit. Das schlimmste von allem: die notwendigen strukturellen Anpassungsprozesse in der Landwirtschaft sind seit Jahrzehnten in einem Ausmaß unterblieben, daß das Agrarproblem unlösbar geworden ist. Hätte man den Umstellungsprozeß zu effektiverer Bodenbearbeitung bei sinkenden Agrarpreisen von Anfang an ungehindert laufen lassen, so hätte das zu einer *allmählichen* Aufgabe der marginalen (weniger fruchtbaren) Böden geführt. (Dadurch wäre das Angebot gesunken und die Preise für landwirtschaftliche Produkte hätten sich wieder erholt. Die restlichen Betriebe wären also rentabler geworden). So aber haben sich falsche Strukturen in einem Ausmaß gebildet und verfestigt, die niemand mehr revidieren kann ohne einen dramatischen Zusammenbruch der Landwirtschaft in ganz Europa zu riskieren.

Der Markt rächt sich immer und überall, wo er vergewaltigt wird, auf furchtbare Weise. Nur trifft seine Rache leider nie die Vergewaltigungs-Bürokratie, deren Taschen stattdessen immer praller werden, sondern den geplündertenn Bürger, der den Ausbeutungs-Tanz der Paragraphen-Popanze bis zum letzten Pfennig finanzieren muß.

Hier finden wir ihn also nicht, unseren Kapitalismus. Ein kleiner Hoffnungsschimmer: Wenn schon nicht bei Fleisch und Butter, nicht bei Obst und Gemüse, nicht bei Wein und Milch, dann vielleicht – ganz hinten in der Ecke – beim Magermilchpulver? Schauen wir uns einen Satz aus der »dritten Verordnung zur Änderung der Beihilfenverordnung Magermilch« an. Dort lesen wir: »Soweit eine Verarbeitungskaution, mit der die zweckentsprechende Verwendung beihilfenbegünstigten Magermilchpulvers sichergestellt werden sollte, zu Unrecht freigegeben worden ist, hat derjenige, der die Kaution gestellt hat, einen Beitrag in Höhe der Beihilfe, die der zu verwendenden Magermilchpulvermenge entspricht, an das Bundesamt zu zahlen. Paragraph 9, Abs. 2, Satz 2 findet entsprechende Anwendung.« Also: auch hier ist es Essig mit dem Kapitalismus. Es gibt ihn nicht auf dem Agrar»markt«. Wir dürfen rufen: »Issa nich da!« Und der Kandidat Sozialismus müßte 50 Punkte erhalten. Doch halt! Da gibt es in europäischen Landen noch hunderttausend Winkel, in denen der blanke Obst- und Gemüse-Kapitalismus ungehindert wütet: auf Schreber- und Hinterhof-Beeten der Hobby-Gärtner, die sich einen Dreck um den Hohen Kommissar für Saubohnen und seine siebenundzwanzigste Verordnung über Futterbohnen komma braun komma 16 bis 18 mm lang komma oval punkt kümmern und munter drauflos produzieren, was sie selbst und Oma und Nachbar Müller brauchen. Ihnen zuliebe wollen wir dem Agrar-Kapitalismus 5 Punkte einräumen. Der Kandidat Sozialismus hat somit im ersten Durchgang 45 Punkte.

Weiter geht das lustige Spiel mit dem gewaltigen »Markt« des Gesundheitswesens.

Als Sozialminister Bevan vom sozialistischen Attlee-Kabinett nach Ende des 2. Weltkriegs die Einführung des Staatlichen Gesundheitswesens verkündete, soll er hinzugefügt haben, er sei davon überzeugt, daß nun bald alle Engländer gesund und der National Health Service in Kürze wieder überflüssig sein werden. Was wirklich eintrat, können jene Engländer berichten, die einen Tag nach der Frohbotschaft zufällig einen Arzt aufgesucht haben: Waren einen Tag zuvor noch zwei oder drei Patienten im Wartezimmer gewesen, so waren es nun zwanzig oder dreißig. Man hätte vermuten können, in den Städten sei die Pest ausgebrochen. Die Wartezimmer wurden zu Rentnertreffs, bei denen nur noch die Kaffeemaschine fehlte. Dieser Zustand der »Volksgesundung« hat sich in England nie mehr auf ein Normalmaß zurückentwickelt.

In Deutschland geht die Einführung einer staatichen Krankenversicherung auf Bismarck zurück (im Rahmen einer allgemeinen Sozialversicherung). Ein solches Zwangssystem mag zu jener Zeit seine Berechtigung gehabt haben, um extreme Not Einzelner bei Krankheit oder Arbeitslosigkeit schnell und ausnahmslos zu verhindern; in einer entwickelten Industriegesellschaft gibt es für eine derartige monopolistische Staatsapparatur keinerlei Berechtigung mehr. Überhaupt ist die Bezeichnung dieser Einrichtung als »Versicherung« nur ein fauler Trick, mit dem der gute Klang des Versicherungsbegriffs ausgenutzt und mißbraucht wird. »Versicherung« ist ein Risikoausgleich für genau definierte Notlagen mit genau definierten Ausgleichsbeträgen; Sozialversicherung als staatlicher Zwangsapparat aber ist nur noch ein schrankenloses Anspruchs- und Umverteilungsinstrument.[239] Die »Ethik« eines solchen Systems faßt Professor von Hayek in dem Satz zusammen: »...nicht eine Mehrheit von Gebenden bestimmt, was den wenigen Unglücklichen gegeben werden soll, sondern eine Mehrheit von Nehmenden bestimmt, was sie einer reichen Minderheit wegnehmen wird.«[240]

In Anbetracht der beiden grundlegenden Irrtümer eines von der Allgemeinheit bezahlten Gesundheitsdienstes:

1. der Meinung, der Bedarf an ärztlicher Hilfe sei etwas *objetiv* Feststellbares, und
2. der Meinung, die *volle* Befriedigung dieses Bedarfs sei finanzierbar, warnt er: »Es gibt keinen objektiven Maßstab, nach dem beurteilt werden könnte, wieviel Mühe und Aufwand in einem bestimmten Fall nötig ist; es wird mit dem Fortschritt der Medizin auch immer klarer, daß es für den Betrag, der mit Nutzen ausgegeben werden könnte, um alles objektiv Mögliche zu tun, *keine Grenzen* gibt.«[241]

Die Fakten: In der Bundesrepublik haben sich 1987 die Krankheits- und Krankheits-Folgekosten auf 261 Milliarden Mark!! summiert. Das sind 4271,– DM pro Kopf!! Für den uneingeweihten Beobachter sind das die Ziffern eines dahinsiechenden Elendsvolkes. Noch aufschlußreicher ist eine strukturelle Analyse der Zahlen: Im OECD-Bereich (OECD-Bericht von Mitte 1988) liegen die Gesundheitsausgaben für Personen über 65 Jahre im Mittel 4,3 mal höher als bei den Jüngeren. Interessant ist jedoch die Schwankungsbreite dieser Relation zwischen den einzelnen OECD-Ländern. Sie reicht vom 2,8 fachen in Frankreich bis zum 9,2 fachen!! in Schweden. Sind die älteren Schweden also im Schnitt mehr als dreimal kranker und siecher als die Franzosen? Nach der im November 1989 vorgelegten Statistik des Bundesverbandes der Betriebskrankenkassen betrug die Arbeitsunfähigkeit 1988:

147,7 Fälle je 100 Pflichtmitglieder, und
50,0 Fälle je 100 freiwilliger Mitglieder.

Welcher heimtückische und klassenhasserische Bazillus befällt also die Pflichtmitglieder um dreihundert Prozent häufiger als die freiwilligen?

Von Unternehmern meines Bekanntenkreises höre ich durchschnittliche Krankenstandsziffern von 7 bis 8 % bei den Arbeitern, und unter einem Prozent bei den Leitenden Angestellten (über Jahre hinweg). Sehen wir bei den »Leitenden« eine besonders unanfällige Menschenrasse vor uns, ähnlich einer exzeptionell widerstandsfähigen Hunderasse?

Eine andere Zahl: Die Ausgaben der gesetzlichen Krankenversicherung stiegen innerhalb eines einzigen Jahres (1. Halbjahr 1988 gegen 1. Halbjahr 1987) um 23 % bei Hörgeräten und um 17,8 % bei Zahnersatz. Werden in bundesdeutschen Landen plötzlich ganze Bevölkerungsschichten auf wundersame Weise zahnlos und taub?

Natürlich haben all diese seltsamen Phänomene ihre Ursache nicht in der Virulenz unheimlicher Krankheitserreger, sondern ausschließlich in einem verrotteten, selbstzerstörerischen sozialistischen System. »Moral-Hazard nennen die Amerikaner das Phänomen« – so der Bundestagsabgeordnete Elmar Kolb – »daß das Wesen Mensch risikofreudiger und leichtsinniger wird, wenn es gegen mögliche Folgen versichert ist.« »...der Systemfehler liegt im angebotenen Vollkaskosystem bei nicht adäquaten Beiträgen. Fast 90 % der Bevölkerung nutzen dieses System [nach der Devise: es ist mir nichts teuer genug, wenn es andere bezahlen]. Sein Zusammenbruch ist programmiert.«[242]

Schauen wir uns doch einmal ein anständiges, ein »kapitalistisches« Versicherungssystem an: die Kraftfahrzeug-Versicherung (wo die Risiken wahrhaftig mindestens ebenso verbreiteter Natur sind wie beim Sujet Gesundheit-Krankheit): Zunächst einmal müssen wir uns dort entscheiden zwischen Voll- und Teilkasko, d. h. wir müssen uns die Frage stellen: Kann ich im Schadensfall Kosten bis maximal x verkraften – oder werfen sie mich finanziell aus der Bahn? Alsdann treffen wir als zweites die Wahl, wie hoch wir uns innerhalb gegebener Margen gegen die einzelnen Risiken (Personenschäden, Sachschäden, Eigen- und Fremdschäden etc.) versichern. Als drittes wählen wir Selbstbeteiligungssätze in Höhen, von denen wir wissen, daß sie uns – gegebenenfalls – nicht ruinieren werden. Desweitern haben wir die Möglichkeit, durch unser eigenes Fahrverhalten die Risiken (und damit auch die Kosten) zu mindern, und schließlich erhalten wir sogar kumulative Schadensfreiheits-Rabatte, wenn wir uns über längere Zeiträume vernünftig verhalten. (Ähnlich, wenn auch in Anbetracht der kostentechnischen Verfilzung mit dem Kollektiv-System lange nicht in korrespondierender Weise, stehen dem privat Krankenversicherten Wahlmöglichkeiten und Rückerstattungen zu. Das Teuerste an der Kfz-Versicherung ist jedoch die Risikodeckung für Fremdschäden, während es in einer Krankenversicherung nur *eigene* Krankheit finanziell abzufedern gälte. Die Gesamtkosten würden sich jedenfalls bei einer *echten* privatrechtlichen Lösung nur auf Bruchteile der derzeit anfallenden belaufen, sodaß ausreichend Mittel zur Verfügung stünden – eventuell über einen generellen Prämienzuschlag von 5 % –, um aus speziellen Fonds die Prämien für jene zu begleichen, die sich eine Mindestversicherung nicht leisten könnten).

Kurz: Unsere Bemühungen, die *eigenen* Kosten – bei angemessener Absicherung – so niedrig wie möglich zu halten, kommen dem Gesamtsystem zugute und führen so zu relativ niedrigen Prämien *für alle* Versicherten.

Ganz anders die sozialistische Kollektiv-Mechanik der staatlichen Krankenversicherung: Wer sie nicht rücksichtslos ausbeutet, ist ein Schwachkopf, der nur das Schindluder-Treiben der anderen finanziert, ohne selbst etwas von seinem Beitrag zu haben. Aus gleichbleibenden Prämienzahlungen (völlig unabhängig von der Inanspruchnahme) kann für jeden einzelnen »Versicherten« nur eine logische Konsequenz resultieren: Rausholen was geht! Entsprechend kann ein solches »System« nur ins Maßlose und ins Unermeßliche explodieren. Der Schweizer Wissenschaftler Gerhard Prosi nennt das die »Rationalitätenfalle« und eine Perversion der goldenen Regel von der Gegenseitigkeit. Aus dem Prinzip »Verhalte dich so, wie du es von anderen erwartest!« wird die Regel »Verhalte dich so, wie du es von anderen befürchtest!« (Michael Zöller).[243] Und Professor von Mises hat schon vor einem Menschenalter vorhergesagt, was uns heute mit voller Wucht trifft: »Die Sozialversicherung hat die Neurose des Versicherten zur gefährlichen Volkskrankheit gemacht. Sollte man sie weiter ausbauen und ausgestalten, dann wird diese Krankheit weiter um sich greifen. *Keine Reform kann hier Abhilfe schaffen.*«[244] Womit wir beim Stichwort »Reform« wären. Bei einem auf Selbstzerstörung angelegten System können »Reformen« den Zerfall bestenfalls bremsen, aber nicht verhindern. (Nur eine Radikal-Sanierung wäre hier tauglich: Abriss und privatrechtlicher Neuaufbau im Wettbewerbsfeuer der Versicherungskonzerne – jedoch mit gesetzlichem Zwang zum Abschluß einer Mindestsicherung für jedermann). Der erste Versuch, den Bankrott des sozialistischen Gesundheitswesens aufzuhalten, erfolgte unter der Sozialliberalen Koalition mit den sogenannten Kostendämpfungsgesetzen. Wie bei allen sozialistischen Befehlsorganisationen wurde damit nur das bürokratische Schneeballsystem zur planerischen Lawine vergrößert. Frau Dr. Eva Riehm-Günther, eine Expertin auf diesem Gebiet: »Eine Interventionsspirale setzte sich in Gang. Eingriffe in die Preisbildung, Ausgrenzungen, Honorarbeschränkungen, ...Stillhalteabkommen mit Pharmaindustrie und Kassenärzten... gehören seither zur »Gesundheitspolitik«[245] Und was vom zweiten Bankrott-Verhinderungsversuch, von Blüm's »Strukturreform« zu halten ist, mag – kommentarlos – aus der Überschrift der Riehm-Günther'schen Analyse abzuleiten sein: »Strukturreform im Gesundheitswesen: Ein Etikettenschwindel.« Wenn es den Verordnungs-Ingenieuren und Sozial-Klempnern dieses Horrorsystems (der staatlichen Krankenversicherung) nicht gelungen wäre, mindestens die Hälfte seiner Kosten mit psychologisch ausgetüffelten Tricks vor den Blicken seiner Teilnehmer zu verstecken (vor allem durch den sog. Arbeitgeberanteil, der als Kalkulationsfaktor in die Güterpreise eingeht – und die Bürger somit »von hinten durch die Brust ins Auge« trifft), so wäre es längst zu Verweigerungs-Revolten der »Versicherten« gekommen. Die *wahren* Kosten für den als »Arbeitnehmer« verunglimpften Bürger liegen bei fünfundzwanzig Prozent! seines Lohnes (oder bei zwanzig Prozent des Volkseinkommens). Im Vergleich: Die Japaner geben – bei bester ärztlicher Versorgung – nur 6 % ihres Volkseinkommens für Krankheitskosten aus, und selbst das Schweizer Gesundheitswesen, bei dem die sozialistische Komponente sich mit der marktwirtschaftlichen (noch) die Waage hält, ist nur halb so teuer wie das deutsche. Wir sind trotz aller politischen Beschwichtigungsparolen dabei, unser Medizinal-Unwesen über alle »Kostendämpfungs«-Dämme hinweg in die Finanzierungskatastrophe schwappen zu lassen. Es ist eigenartig: Es geht uns immer besser; unsere Lebenserwartung steigt; unser Gesundheitsbewußtsein wächst (Nahrung, Sport, Erholung); aber auf dem Papier und in den Statistiken der Krankenkassen werden wir siech und siecher. Und schließlich stecken Pest und Fäulnis das gesamte Staatswesen an. Mein Vorschlag: Warnschilder an allen Grenzstationen unseres Landes: »Krankenstation Deutschland. Achtung: Seuchengefahr!«.

Kapitalismus auf diesem »Markt«?
»Isa nich da!«
Der Kandidat Sozialismus hat volle 50 Punkte.
Wenden wir uns nun einem Markt zu, der im Kapitalismus der wichtigste (neben dem Kapitalmarkt) sein sollte: dem Arbeitsmarkt. Wer sein zur Perfektion gewirktes Knebelungs-Strickmuster entwirren wollte, müßte einen tausendseitigen Folianten schreiben. Ich muß mich deshalb auf einige wenige Stichworte und eine kurze Glosse beschränken.

Die Grundbedingung eines jeden Marktes: freie Preise.

Der »Markt« für Arbeit kennt solche schon lange nicht mehr. Für alle Arten und Schwierigkeitsgrade von Arbeit existieren Katalog-Preislisten mit Zwangspreisen, die nicht das Ergebnis des freien Spiels von Angebot und Nachfrage sind, sondern Resultat des Monopolkampfes mächtiger Syndikate: die Tarifverträge. Der »Preis« der Arbeit hat mit einem marktwirtschaftlichen Preis so wenig oder so viel zu tun wie ein erpreßtes Lösegeld mit einem Geburtstagsgeschenk. Doch damit wird sich das nächste Kapitel beschäftigen. Hier soll nur ein Blick auf das Ambiente des seltsamen »Marktes« geworfen werden.

Sollten Sie auf die kühne Idee kommen, sich der Gilde der sogenannten Arbeitgeber anzuschließen, indem Sie bspw. eine Halbtags-Putzhilfe für Ihren Haushalt einstellen, so legen Sie sich für die Trüb- und Drangsalszeiten Ihres restlichen Lebens am besten folgende Begleitplanung zurecht:

1. Lassen Sie Ihre Ehefrau in einem drei- bis fünfjährigen Lehrgang zur Expertin im Arbeits-, Sozial- und Steuerrecht ausbilden. (Sollte sie keine akademische Vorbildung haben, braucht sie entsprechend länger).
2. Stornieren Sie Ihren Jahresurlaub, damit Sie keinen der Lohnsteuer-, AOK-, Bundesversicherungsanstalts- und Vermögensbildungs-Zahlungstermine versäumen.
3. Nehmen Sie sich die Zeit, künftig mit Ihrer Frau zusammen selbst zu putzen, denn von nun an lernen Sie als aufmerksamer Beobachter alle Segnungen des arbeitsrechtlich geheiligten Sozialstaats kennen, beginnend mit den Tücken kompliziertester psychosomatischer Erkrankungen, die nur durch alljährliche schattenreiche Kuraufenthalte zu lindern sind, und endend mit den Auslegungs-Debatten über Mutterschafts-Paragraphen, welche Sie Ihrer Frau vor dreißig Jahren auch gegönnt hätten.

4. Üben Sie sich in autogenem Training, weil Sie ab jetzt zwar die Hälfte Ihres Nettogehalts allmonatlich für Ihre Perle opfern, bei der tüchtigen Dame aber netto nur soviel ankommt, daß Sie sich als Ausbeuter fühlen und an Schlafstörungen leiden werden. Kurz: Wenn Sie sich auch nur ein einziges Anstellungsverhältnis aufhalsen, müssen Sie bescheuert oder ein Masochist sein.

Etwas leichter hat es da schon der Personalchef eines größeren Unternehmens. Wenn er nach dreißigjähriger Praxis in arbeits- und betriebsverfassungsrechtlichen Fragen so weit fortgeschritten ist, daß er nicht mehr auf Ganzjahres-Fortbildungskurse angewiesen ist, sondern sich mit dreitätigen Lehrgängen am Ende eines jeden Quartals begnügen kann, wo man ihm die neuesten Erlasse und Gerichtsurteile eintrichtert über

- Auflösende Bedingungen nach § 158 BGB,
- Aufhebungsverträge nach § 158 BGB,
- Abgrenzungstatbestände nach 613a BGB,
- Anfechtungs- und Nichtigkeits-Grundlagen,
- Auflösungsverträge und Abfindungen,
- Vorzeitige Pensionierung und Überstundenabbau,
- Kurzarbeit und Umsetzungen,
- Abmahnungen und Einvernehmliche Regelungen,
- Unterrichtungspflichten und Anhörungen nach § 102 I BetrVG,
- Stellungsnahmen nach § 102 II BetrVG,
- Widerspruchsrechte nach § 102 III BetrVG,
- Weiterbeschäftigungen nach § 102 V BetrVG,
- Vereinbarte Zustimmung nach § 102 VI BetrVG,
- Leitende Angestellte nach § 10 BetrVG,
- das Neueste vom Sprecherausschußgesetz und von der Wahlordnung für den Sprecherausschuß,
- die Behandlung von Betriebsrat und Wirtschaftsausschuß bei Betriebsaufspaltung, Betriebsübergang, Betriebsänderung und Versetzung,
- Sozialauswahl und Verhaltensbedingte Kündigung,
- Kündigungs-Ausschlußfristen und Unkündbarkeiten Betriebsverfassungsrechtlicher Amtsträger,
- Befristung und Anfechtung von Arbeitsverträgen,
- Klagefristen, Darlegungs- und Beweislasten,
- Verzugslöhne und Einsichtnahmerechte,
- Schwerbeschädigten-, Behinderten-, Jugendlichen-, Schwangeren- und Kranken-Schutzrechte,

– wenn er also dergestalt topaktuell auf dem Laufenden ist, dann kann er sich seiner Sache ganz sicher sein: Es gibt keinen Arbeitsmarkt mehr, weil beim Kostbaren Gut »Arbeit« nichts mehr geht. So kann er allen Streß ablegen und während der Bürostunden den Philosophen Bloch lesen: »Das Prinzip Hoffnung«, denn alles was er noch tun kann, ist, zu hoffen:

a) daß die Beschäftigten seines Unternehmens am Morgen zur Arbeit kommen, und b) daß sie, wenn sie kommen, auch arbeiten mögen. Und noch eines weiß er, der geschulte alte Hase: daß er sich von den besonders Geschützten, den Schwerbeschädigten (wozu heute schon Plattfüße zählen) und Schwangeren, den Betriebsratsmitgliedern und Jugendvertretern, den Älteren und Langjährigen, den Kinderreichen und Erziehungsbeurlaubten auch dann nicht trennen darf, wenn sie seine Hoffnung auf a. und b. nicht erfüllen, und daß er deshalb sich und sein Unternehmen am besten dadurch schützt, daß er niemanden mehr einstellt, weil jeder neue Mitarbeiter ein »besonders Geschützter« sein oder werden kann, vor dessen Schutz er sich schützen muß. (So verkehrt sich übertriebener und falsch aufgezäumter »Schutz« in sein Gegenteil; zum Nachteil aller Beteiligten, speziell aber der Benachteiligten. Ich kannte einen Unternehmer, der sich als aufrechter Christenmensch selbstverständlich der behinderten Menschenkinder seiner Umgebung annahm. Als eines Tages die Eltern eines fast bewegungsunfähigen jungen Mannes um ein Betätigungsfeld für ihren Sohn baten, begab er sich persönlich in seinem Unternehmen auf die Suche nach einem geeigneten Arbeitsplatz, den er schließlich auch fand und speziell behindertengerecht möblieren und organisieren ließ. Derselbe Unternehmer verhängte unverzüglich ein Einstellungsverbot für Schwerbeschädigte und Behinderte, als deren quotisierte Beschäftigungspflicht gesetzlich verordnet wurde – und zahlte lieber die entsprechenden Nichtbelegungs-Strafgelder. Verordnete Humanität führt zur blanken Wut, und befohlene Nächstenliebe gebiert gleichgültige Hartherzigkeit).

Was auf dem »Arbeitsmarkt« geschehen ist, hat nichts mehr mit Arbeit und nichts mehr mit Markt gemein (und das Arbeitsrecht schon gar nichts mehr mit »Recht«). Hier herrscht nurmehr die blindwütige Raserei einer juristisch verbildeten und gewerkschaftlich-linkspolitisch verfilzten Paragraphen-Guerilla, deren Widerstandskampf gegen *jegliche Arbeit* nur noch Großkonzerne überleben können, deren Personalbudgets der Kriegskasse eines stehenden

Heeres entsprechen. Tausende von Handwerksmeistern und von Familienbetrieben jedenfalls schieben lieber einen Auftragsbestand von 6 Monaten vor sich her und verzichten auf weitere Kundenorder ganz, als daß sie mit der Einstellung eines familienfremden Mitarbeiters den geschäftlichen Freitod wählen.

Kapitalismus findet sich in diesem Gruselszenario nur noch in zwei Nischen: auf dem Markt für Schwarzarbeit (weil dort der Preis der Arbeit nach freiem Willen der Vertragsparteien vereinbart wird, und beide Seiten einen Vorteil erzielen; das ergibt 2 Punkte), und in den Kellerräumen der Do-it-yourself- und Hobby-Heimwerker (weil sie in eigener Entscheidungshoheit und ohne Kollektivbefehl über den Wert ihrer Arbeitskraft bestimmen; sie erhalten 3 Punkte). Der Kandidat Sozialismus aber hat 45 Punkte.

Lenken wir unsere Spielerwartungen also auf einen anderen großen und wichtigen Markt: den Wohnungsmarkt.

Man sollte sich von der augenblicklichen Ausnahmesituation (Zuwanderung von hunderttausenden von Menschen innerhalb weniger Monate – mit der Folge einer ECHTEN Wohnungsknappheit) nicht den klaren Blick auf die wahren Strukturen und Mechanismen dieses Marktes verstellen lassen.

Zunächst die Fakten: die qualitative und quantitative Wohnraumversorgung der Bundesrepublik ist im internationalen Vergleich hervorragend. Aus den 15 qm Wohnfläche je Kopf im Jahr 1950 sind inzwischen fast 40 qm geworden. Und obwohl die Bevölkerungszahl zwischen 1968 und 1988 fast gleichgeblieben ist, hat in diesem Zeitraum die Zahl der Wohnungen um knapp sieben Millionen zugenommen. Generell gilt: Auf einem *freien* Markt gibt es dauerhaft keine Knappheit, die als »Not« (Wohnungsnot) ausgelegt werden könnte, es sei denn, man definiert Not als Differenz zwischen Besitzwunsch und Zahlungsbereitschaft. Alle Güter dieser Erde sind knapp in dem Sinne, daß sie ihren Preis haben. Die Preise sind die einzigen verläßlichen Knappheits-Anzeiger und lenken Angebot und Nachfrage dergestalt, daß aus Knappheit nicht Not entsteht. Der Wunsch, größere und bessere Wohnungen an einem bevorzugten Standort zum gleichen oder gar niedrigeren Preis haben zu wollen als die jeweils bewohnten vier Wände, ist für einen freien Markt ein Signal, aber keine Not. Es ist ja gerade eine der segensreichen Wirkungen freier Preise, daß sie einen wachsenden Knappheitsgrad anzeigen, indem sie steigen. Und bei steigenden Preisen kommt es zu relativ sinkender Nachfrage und relativ steigendem Angebot, so daß sich ein neues – wenn auch nur vorübergehendes – Gleichgewicht bilden kann.

Natürlich kann man Wohnungen nicht mit Äpfeln oder Ölsardinen vergleichen, weil die Erstellung von Gebäuden einer ganz besonders geld- und zeitaufwendigen Prozedur bedarf. Außerdem gilt bei Immobilien eine essentielle Einschränkung: Weil die Menschen mobil sind, Grundstücke und Häuser aber nicht, wird es nie einen ausgeglichenen Wohnungsmarkt geben. Die freie Vierzimmer-Wohnung in Wanne-Eickel nützt dem Wohnungssuchenden Familienvater in München-Riem gar nichts. Lokale, regionale und raumgrößenbezogene Knappheitsrelationen müssen auch dann über den Preis ausgeglichen werden, wenn das Wohnraumangebot INSGESAMT ausreichend ist.

Die Quintessenz: Wenn es zu einem deutlich vergrößerten Angebot an Wohnungen kommen soll, dann müssen zunächst einmal die Mietpreise (ebenso deutlich) steigen, um anschließend – bei rasant wachsendem Angebot und entsprechender Bedarfsbefriedigung oder gar -übersättigung – wieder sinken zu können. Mit einer Wohnraum-Bewirtschaftung jedenfalls wirkt man allen Marktkräften entgegen. Die Wirkungen einer diesbezüglichen »Perfektion« mögen die Lenkungs-Spezialisten einmal in Halle, Leipzig oder Dresden in Augenschein nehmen. Doch auch für die Wirkung der westlichen, angeblich sozial-marktwirtschaftlichen Variante der Planwirtschaft, der sogenannten Mieterschutzpolitik, läßt sich markantes Anschauungsmaterial finden. Besonders »beeindruckend«: die zu einer Mietpreis-Hölle gewordene Zwölf-Millionenstadt Paris. Seit vierzig Jahren beliebt man dort, die Mieter zu »schützen«. (Das Mietstop-Gesetz von 1948 gilt im wesentlichen bis heute). Zehntausende von Gebäuden verfielen und vergammelten, weil sich Erhaltungs- und Erneuerungs-Investitionen nicht mehr lohnten. Trotz der Lockerungen, die vor einigen Jahren eingeführt wurden, sind noch immer rund vierzig Prozent aller Wohnungen »gebunden«. Wird eine – gemäß der Lockerungsbestimmungen – »frei«, so explodiert deren Mietpreis aufgrund der künstlich erzeugten Knappheit auf das Zehnfache. Die wenigen, aus der Bindung entlassenen Mieter, müssen den ganzen Druck einer vierzigjährigen Wohnraum-Verhinderungspolitik tragen. Der Mieter»schutz« wird – je länger er andauert – zum Mieten-Terror. Überzogener Mietschutz ist nur gesetzlich gesteuerte Wohnraum-Verknappung mit parallel laufender Verfalls-Prämierung.

Ähnliches – wenn auch schleichender – vollzieht sich seit Jahrzehnten in der Bundesrepublik. Mit wachsender Brisanz. Die Verhinderungs-Bürokratie hat inzwischen fast unüberwindliche Mauern vor dem Wohnungsbau errichtet. Die neueste Auflage des Kommentars »Wohnraumschutzgesetze« von Schmidt-Futterer/Blank ist auf eintausendzweihundert Seiten angeschwollen, und der Loseblattkommentar »Wohnungsbaurecht« von Fischer-Dieskau et al. hat gar 6500 DIN A5-Seiten aufzuweisen. Ein Dickicht, das auch dem wildesten Backstein-Freak die Luft abstellt. Allein die Änderungsverordnungen zur Neubaumietenverordnung, zur Zweiten Berechnungsverordnung und zur Heizkostenabrechnungsverordnung reichen schon aus, um den letzten leidgeprüften Mietwohnungs-Bauwilligen ins Exil nach Mallorca oder an die türkische Küste zu treiben.

Aber man höre sich nur um: Selbst der strammste Kapitalist – so es ihn überhaupt noch geben mag – plappert nach, was ihm von tausend Funktionärszungen unablässig vorgesabbert wird: Wir brauchen mehr Sozialwohnungen. Dabei ist es gerade der mit Milliardensubventionen gehätschelte »Soziale« Wohnungsbau,

- der die Kosten- und Ertragsrelationen zum freien Wohnungsbau (der als einziger die Versorgungsprobleme bedarfs- und kostengerecht lösen könnte) so verfälscht, daß sich dort nur noch blutige Greenhorns ihre Sporen verdienen wollen (Die Profis sind schon seit Jahren auf den Bau von Gewerbeflächen, von Bürohäusern und Eigentumswohnungen ausgewichen);
- der die Mieterfluktuation verhindert – und damit eines der wesentlichsten Ausgleichselemente des Wohnungsmarktes (Es käme bei sich verändernden Einkommensverhältnissen und Familienkopfzahlen, bei alters- und arbeitsplatzbedingten Veränderungswünschen zu permanenten Umzugsbewegungen, wenn die Kostenvorteile die Menschen nicht an ihre Sozialwohnungen festzementieren würden);
- der das Mietenbudget der Haushalte generell – über einen höheren Steuer- und Inflationsdruck – mindert (*Jeder* Quadratmeter »Sozialer Wohnungsbau« kostet den Steuerzahler *monatlich* 18,– DM, wovon beim Mieter eine Verbilligung von ganzen drei bis vier Mark ankommt),
- der das Eigentums-Verfügungsrecht so aushöhlt, daß der ehemals sicherste Magnet für Anlagekapital (die Wohnimmobilie) zum Risiko-Investment geworden ist, welches die Anleger abschreckt und stattdessen ins Ausland oder an die Finanzmärkte treibt.

Doch mit dem verlogenen und heimtückischen Danaer-Geschenk des »Sozialen Wohnungsbaus« und des »Verbesserten Mieterschutzes« läßt sich halt trefflich Wahlkampf und Stimmenfang betreiben. Und auch die Herzen der Mangelverwaltungs-Häuptlinge in den Amtsstuben und den »gemeinnützigen« Konzernen schlagen höher. Schließlich lachen in letzteren Millionen-Tantiemen und in ersteren eröffnen die »Fehlbelegungsabgaben« ein weites Schnüffelfeld. Vom Einkommens- über den Vermögens- bis zum Familienstands-Spitzel reichen die neuen Berufsaussichten der Sozialbonzen. Und schließlich wird es einst wieder des Blockwarts bedürfen, um *alle* Bewegungen im Viertel ordentlich registrieren zu können.

»Sozialer Wohnungsbau« heißt: Wohnungsbau-Verhinderung und Sozialisierung der ins uferlose wachsenden Kosten der Wohnungs-Planwirtschaft.

Überzogener »Mieterschutz« (der sich inzwischen bis zur absoluten Unkündbarkeit auf Lebenszeit verstiegen hat) heißt: kalte Enteignung – und damit programmierter Immobilienzerfall und planmäßig herbeibeschworener Wohnraummangel. (Unsere derzeitige, noch hinreichend gute Wohn-Situation ist nur dem relativ unbehinderten Bauboom der ersten beiden Nachkriegs-Jahrzehnte zuzuschreiben, sowie dem gewaltigen Eigenheim-Drang der bundesdeutschen Häusle-Bauer. Von diesem Kapital aber läßt sich nicht ewig zehren).

Kapitalismus? Fehlanzeige! Der Wohnungs»markt« existiert nicht mehr. Er ist sozialisiert. Der Kandidat Sozialismus hat volle 50 Punkte.

Das Spielchen ließe sich noch lange fortsetzen. An den anderen großen »Märkten« des »Kapitalismus« – wie bspw. dem Bildungs- (Schulen! Universitäten!) und Informationsmarkt (Post!) und dem Energie- (Kohle! Atom!) und Transportmarkt (Bundebahn!) sieht es nicht viel besser aus. Unsere Frage »Ei, wo isser denn?«, unser vielbegeiferter Kapitalismus, müssen wir leider generell mit der Feststellung beantworten, daß er getreten und geschlagen, geknebelt und betäubt am Boden liegt. Noch reichen seine zyklopischen Kräfte aus, uns alle vor dem Sturz ins Bodenlose zu bewahren; aber wie lange noch? Millionen von Funktionärsknüppeln sind noch immer (oder schon wieder) aus dem Sack, um ihm endgültig den Garaus zu machen. *Niemand*!!! – außer dem kapitalistischen Markt – wird uns vor ihnen schützen können. Mit jedem einzelnen Gut, das in öffentliche Hand oder in administrative Regie gerät, stirbt ein Teil des

Wettbewerbs, und damit ein Nerv der Marktwirtschaft und ein Atemzug der Freiheit. Umso tragischer, daß man ihm, dem Kapitalismus, – hat man ihn erst einmal niedergeknüppelt und bewegungsunfähig gemacht –, dann alle auftretenden Mängel und Entgleisungen anlastet. Seine Verleumder sind ohne Rast und Ruh am Werk, und sie sitzen an allen Hebeln der Macht und der Propaganda.

Mitten in der Weltwirtschaftskrise der Dreißiger Jahre hat Wilhelm Röpke, einer der großen geistigen Wegbereiter unserer bundesrepublikanischen Freiheits-Ordnung, geschrieben: »Man kann... nicht scharf genug betonen, daß es kaum irgendeine Degenerationserscheinung unseres Wirtschaftssystems gibt, die ihre Ursache nicht in irgendeiner Staatsintervention hat. Das Groteske der Situation besteht darin, daß Interventionen und Manipulationen aller Art einerseits die Funktionsfähigkeit des Kapitalismus in einer Weise herabgesetzt haben, die wir heute in der Krise aufs schmerzlichste spüren, daß sie aber andererseits gerade dem wirtschaftspolitischen Programm derjenigen entsprechen, die sich in der Kritik am Kapitalismus nicht genugtun können. Und dieselben Kritiker des Kapitalismus fordern, um die durch die bisherigen Eingriffe weitgehend funktionsunfähig gewordene Wirtschaft wieder flottzumachen, eine Steigerung der Eingriffe, eine Erweiterung der Plan- und Bürowirtschaft und damit eine weitere Degenerierung unserer Wirtschaft.[246]

Nun, eine neue Weltwirtschaftskrise haben wir (noch) nicht, aber die Mechanismen und Verhaltensweisen, eine solche zu erzeugen, sind längst wieder in voller Aktion. Sozialisten – auch wenn sie sich Demokraten nennen – lernen niemals aus der Geschichte. Im Gegenteil: Wie Röpke es für die damalige Zeit formuliert hat, so werden sie auch jetzt und künftig die verheerenden Ergebnisse ihrer Inverventionsklempnerei dem anlasten, den sie zerstört haben: dem Kapitalismus; und sie werden auf den Trümmern des freiheitlichsten Staatswesens unserer Geschichte nach »Verbesserung« und Vermehrung der Zerstörungs-Instrumente rufen: nach mehr Sozialismus.

»Alle Wohltaten, die wir von der spontanen Ordnung des Marktes empfangen, sind die Ergebnisse... von Veränderungen und bleiben nur erhalten, wenn die Veränderungen fortdauern dürfen. Aber jede Veränderung dieser Art verletzt einige organisierte Interessen; und die Erhaltung der Marktordnung hängt deshalb davon ab, daß diesen Interessen nicht gestattet wird, alles zu verhindern, was ihnen mißfällt.«

Friedrich A. von Hayek.

3. Die traurigste Tragödie: Schutzgebühr – höchst ehrenwert.

Der Kapitalismus hat viele Verleumder. Einige sind nur unwissend, naiv oder verhetzt. Andere, raffiniert und geschult, wissen die Verleumdung geschickt zu ihrem eigenen Vorteil zu nutzen. Wir kommen nun zu den unschlagbaren Weltmeistern dieser armseligen Disziplin. Doch vorher noch eine andere Geschichte: Stellen wir uns den Werdegang einer Familie vor: Sie beginnt – als Rumpf-Institution – mit zwei Personen (Ehepaar). Nach und nach kommen zwei oder drei Kinder hinzu. Schließlich zieht – nach Opas Tod – Oma ein, und nicht allzuviel später verlassen die erwachsenen Kinder eines ums andere wieder das Haus oder die Wohnung, und auch Oma nimmt Abschied von der Welt. Nehmen wir nun weiter an, daß die Einnahmen und Ausgaben unserer Modell-Familie über all die Jahre und Jahrzehnte hinweg in ihrer Summe gleich bleiben. Das könnte wie folgt vor sich gehen: Zunächst sind beide Ehepartner berufstätig und verdienen gemeinsam recht gut. Nach dem zweiten Kind muß man in eine größere Wohnung ziehen, und Mutter gibt ihren Job auf; dafür macht Vater jetzt Überstunden, und auch Oma, die inzwischen eingezogen ist, legt den Großteil ihrer Rente in die Haushaltskasse. Das Familieneinkommen mag – inklusive Kindergeld – gleich geblieben sein, aber die Kinder kosten und kosten. Also wird Mama's Zweitwagen verkauft, und Vater gibt sein Hobby (Segeln) auf. Nachdem die Kinder aus dem Haus sind, ist das Lebensmittel-, Bekleidungs- und Ausbildungs-Budget zwar drastisch gesunken, aber dafür fließen jetzt Zuschüsse in die neugegründeten

Haushalte der Kinder, in die Windelpakete der allfälligen Enkel, und zum Reisebüro, wo Vater und Mutter nun öfters eine Reise nach Mallorca buchen. Also: Selbst unter der (unrealistischen) Annahme, daß die absolute Einnahmen- und Ausgabenhöhe des Modell-Haushalts über lange Zeit gleich bleibt, finden innerhalb der Familie und ihrer Einkommens- und Zahlungsströme dramatische Veränderungen statt.

Nun besteht eine ganze Volkswirtschaft ja aus nichts anderem als aus der Summe aller Haushalte (plus der Betriebshaushalte natürlich, also zuzüglich der Summe aller Unternehmen). Übertragen auf die Gesamtwirtschaft soll unser Modell anschaulich machen: Nicht nur in einer wachsenden, sondern sogar in einer stagnierenden Volkswirtschaft (= gleichbleibende absolute Höhe der Gesamteinnahmen und -ausgaben, also gleichbleibendes Sozialprodukt) ändern sich alle inneren Gegebenheiten und Umstände in einem permanenten Wandlungsprozeß, allein durch den Zeitablauf. Selbst wenn also der finanzielle status quo erhalten bliebe, würden doch unablässig unendlich viele und unüberschaubar vielseitige Verschiebungen der Einnahmen- und Ausgaben*struktur* vor sich gehen. Das bedeutet: Auch wenn das gegenwärtige Niveau einer Volkswirtschaft nur gehalten werden soll, muß der Markt permanent auf die unendliche Zahl ständiger Veränderungen reagieren und die entsprechenden Anpassungen vollziehen. Das kann er nur über den Preismechanismus. Die sich verändernden absoluten und relativen Preise (relative Preise = Verhältnis verschiedener Preise zueinander) sind die Signale, die allein den Menschen sagen können, welche Handlungen und Bemühungen sie vornehmen sollen, damit sich die strukturellen Anpassungsprozesse vollziehen können. Niemand anderer als der Markt, kein Mensch, keine Behörde und keine Institution kann die astronomische Fülle der Veränderungsmeldungen verstehen, erkennen und verarbeiten, sowie alsdann die erforderlichen Assimilisationsmechanismen in Bewegung setzen. Und keine anderen Signale stehen für beides – für die Veränderungsmeldungen und die Anpassungsreaktionen hierauf – zur Verfügung, als die Preise (die absoluten und die realtiven Preise). Der Markt kümmert sich hierbei nicht darum, ob diese Änderungen (und ihre Wirkungen) aus guter oder böser Absicht ausgelöst wurden; weder darum, wer sie »verschuldet« oder verursacht hat, noch wen sie positiv oder negativ »treffen«. Das heißt: Die Mechanismen, welche unbedingt ablaufen *müssen,* wenn auch nur das erreichte Wohlstands- oder Realeinkommens-Niveau aufrechterhalten werden soll, kümmern sich nicht darum, was wir oder irgend jemand als »sozial gerecht« empfinden. Bestimmte Menschen oder gesellschaftliche Gruppen erleiden durch diese Abläufe – meist völlig »unverschuldet« oder »unverdient« – vor- und/oder Nachteile, auf welche sie in der einen oder anderen Weise reagieren (was wiederum ein Bestandteil der besagten Anpassungsabläufe ist). Die Signale des Marktes (die Preise) sind nichts anderes als unterschiedliche Entlohnungen – also Prämien oder Strafen – für das Tun oder Unterlassen bestimmter Aktivitäten, die das Gesamtgleichgewicht aufrechterhalten sollen. In einer stagnierenden Wirtschaft *muß* es hierbei zu einem relativen oder absoluten Abstieg einiger Menschen und Gruppierungen (Berufe, Tätigkeitsarten, Industrien) und zum relativen oder absoluten Aufstieg anderer kommen. (Nur in einer wachsenden Wirtschaft besteht die Chance, daß es bei nur *relativen* Differenzierungen bleibt, es also wenigstens nicht zum absoluten Abstieg einiger kommt). Dies zu be- oder verhindern, bedeutet nichts anderes, als jenen Mechanismus wirkungslos zu machen, der *uns alle* auf den bisher erreichten Standard gebracht hat, sowie die künftigen Aussichten *für alle* zu verschlechtern. Jeder Eingriff in diese Abläufe vermindert die Effizienz der notwendigen Anpassungsprozesse drastisch und führt dazu, daß am Ende alle Beteiligten weniger haben als zuvor – und auch künftig weniger erreichen können als ihnen ohne staatlich-bürokratischen Eingriff möglich gewesen wäre. Fest steht auch, daß jede Intervention falsche Preissignale setzt, welche die Menschen in Richtungen lenken und in Aktivitäten locken (oder von Alternativen abschrecken), welche den notwendigen Anpassungsprozessen zuwiderlaufen und eingetretene Disparitäten nur verschlimmern.

Nun besteht aber alle Politik der »sozialen Gerechtigkeit« darin, bestimmten gesellschaftlichen Gruppen ein Einkommen zu sichern, das ihnen der Markt nicht – oder nicht mehr – in gleicher Höhe gewähren würde. Ein relativer oder absoluter Abstieg einzelner Bevölkerungsteile soll also verhindert – oder ein als unzureichend betrachteter Aufstieg beschleunigt werden; und zwar jeweils auf Kosten eines unterbundenen oder gebremsten Aufstiegs anderer Schichtungen. Diese Ambition zerstört letztlich den Marktmechanismus – und damit die Einkommens- und Aufstiegschancen *aller* am Wirtschaftsgeschehen Beteiligten.[247]

Besonders verhängnisvoll ist in diesem Zusammenhang die Politik der Gewerkschaften. Im Interesse ihrer Machtausdehnung und

-bewahrung (und nur vorgeblich oder vermeintlich im Interesse der Arbeiter) manipulieren sie *das* Preissignal *par excellence;* den Preis der Arbeit, also den Lohn. Hierbei werden beide Signalvarianten konterkariert, verfälscht und behindert: die absoluten (= die Nominallöhne) ebenso wie die relativen (= die Lohnstruktur).

1. Das Nominallohn-Niveau und sein Anteil am Volkseinkommen (grob: die Lohnquote) wird mit den Argumenten einer – in all ihren populären Varianten – falschen »Kaufkrafttheorie der Löhne« nach oben gepusht.[248]
2. Die innerbetriebliche, interpersonelle und brancheninterne Lohndifferenzierung wird ebenso bekämpft wie die Entgelt-Auffächerung zwischen verschiedenen Unternehmen, Branchen und Regionen. (Schon an den gängigen Schlagworten vom »gleichen Lohn für gleiche Arbeit« und von der »leistungsgerechten Entlohnung« wird deutlich, daß sich die gewerkschaftliche Argumentation keinen Deut um den einzig maßgeblichen Schiedsrichter über die Entlohnung des Faktors Arbeit schert: den Konsumenten).
3. Die im Zeitablauf zwangsläufig abnehmende gesamtwirtschaftliche Bedeutung bestimmter Tätigkeiten, Berufe, Branchen und Industriezweige wird – obwohl wichtiges Signal für Anpassungsbedarf an eine veränderte Nachfragestruktur – negiert. Anpassungsmechanismen werden mit Hilfe eines allen Marktgesetzen widersprechenden Arbeitsrechts und mit schrillem Klassenkampf-Geschrei verhindert.

Umso schlimmer, daß die Politik auf diesen fahrenden Zug in die Ausweglosigkeit aufgesprungen ist. Damit ist nicht nur die wachsende Verflechtung zwischen Gewerkschaften einerseits und Parteien, Parlament und Exekutive andererseits gemeint (von den Abgeordneten des 11. Deutschen Bundestags waren zu Beginn des Jahres 1988 Gewerkschaftsmitglieder: 99 % bei der SPD, 50 % bei den Grünen, 38,5 % bei CDU/CSU, und 14,6 % bei der FDP). Noch verhängnisvoller ist das Faktum, daß die Politik den Einbahnstraßen-Charakter des gewerkschaftlichen Lohndiktats als ebenso irreversibel akzeptiert hat wie die sakrosankte Aura des Faktors Arbeit ganz generell. Ein Löken gegen den Stachel der Gewerkschaftsideologien gilt heute allgemein als Attacke eines vorzeitbarbarischen Hunnen gegen die heiligen Festungen abendländischer Humanität. An den Schwertern der edlen Festungs-Funktionärsritter – Marke »Soziale Gerechtigkeit« – rinnen die Milliarden-Desaster à la Neue

Heimat, BfG oder coop ab, als sei auf wundersame Weise Urin zu flüssigem Gold geworden. (Daß diese Schwerter letzlich nur die Köpfe der angeblich zu Schützenden treffen, leugnen inzwischen sogar Unternehmer und Unternehmerverbände). Für Regierungen und Parteien ist es seit mehr als dreißig Jahren ebenso selbstverständlich geworden wie für Finanzminister und Notenbankpräsidenten, daß die dramatischen Verwerfungen infolge gewerkschaftlicher Lohn- und Arbeitsmarktpolitik mit allen Farblackierungen der Geldpolitik übertüncht werden müssen. (Eine der Folgen: Die Mark von 1949 ist noch ganz zwanzig Pfennige wert). Welch ein Widerspruch: Vollbeschäftigung ebenso wie permanent steigendes Reallohnniveau – bedingen (soweit sie sich nicht ohnehin widersprechen) zwingend flexible Lohn*strukturen*, also Flexibilität, Mobilität und Variabilität der Arbeitsentgelte und Arbeitskräte zwischen verschiedenen Tätigkeiten, Unternehmen, Branchen, Regionen und Standorten. Denn beide Ziele erfordern einen *effektiven* Einsatz des Faktors Arbeit in allen seinen Varianten. Und das wiederum heißt freie Bewegung der relativen Löhne – und nicht tariflich und arbeitsrechtlich zementierte Starrheit des Tarifrasters und der arbeitenden Menschen. Aber genau letzteres ist eines der wichtigsten gewerkschaftlichen Kampfmittel, das – wie seltsam! – der Vollbeschäftigung ebenso dienen soll wie der Reallohnsteigerung.

Noch sind wir in der glücklichen Situation, daß rascher Technischer Fortschritt und hohe Sparneigung (mit entsprechender Kapitalbildung) die Trümmer einer eingeebneten und mit monetärem Abfall (Inflation) aufgeschütteten Lohnlandschaft überdecken; aber schon ein nur vorübergehendes Erlahmen dieser Kräfte wird die Ruinen zum Vorschein bringen und die angeblichen Errungenschaften gewerkschaftlichen Kampfgeistes als Makulatur erweisen. (Wer's schwarz auf weiß und schön wissenschaftlich haben will: Das Sekretariat der OECD hat im Frühjahr 1989 eine 250-seitige Studie über den Strukturwandel in den Industriestaaten publiziert: »Economies in transition. L'adjustement structurel dans les pays de l'OECD.« Sie belegt mit umfangreichem Zahlenmaterial eine deutliche Korrelation zwischen geringer Reallohnflexibilität und höherer Arbeitslosigkeit in den Industriestaaten – und vice versa. Eine relativ große Flexibilität mit entsprechend günstiger Arbeitsmarktlage wird für Schweden, Japan, USA, Finnland, Kanada und Österreich ausgewiesen; das Gegenteil für Dänemark, Deutschland, England und die Niederlande).

Es wäre an dieser Stelle nun eigentlich erforderlich, daß wir uns die wichtigsten acht oder zehn Parolen auf den Kreuzritterfahnen der Gewerkschaften, mit denen sie ihre charismatische Existenzberechtigung nachzuweisen pflegen, einmal eine nach der anderen vorknöpfen (um sie *restlos* zu widerlegen). Doch damit würde der Rahmen dieser Publikation, die ja alle wichtigen Quellen, Hintergründe und Verknüpfungen sozialistischer Markt- und Freiheitsfeindschaft in angemessener Gewichtung aufzeigen möchte, bei weitem gesprengt werden. Ich will deshalb – exemplarisch – hier nur eine dieser Parolen mit nur einem einzigen Hinweis parieren, eine zweite wegen ihrer hohen theoretischen Implikation in den Anmerkungen behandeln, und mich im übrigen auf wenige allgemeine Erörterungen zum Thema beschränken.

Parole 1 also: »Nur der Druck und die Macht starker Gewerkschaften können das Reallohn-Niveau nach oben stemmen.«

Hier haben wir eines der albernsten Ammenmärchen der Neuzeit vor uns. Beweis: Die drastischste Reallohnerhöhung, die in unserem Jahrhundert stattgefunden hat, betrifft eine Berufsgruppe, die noch niemals gewerkschaftlich vertreten oder organisiert war: die der Hausangestellten. Was sich dort abgespielt hat, war so exorbitant, daß sich heute auch Herr Generaldirektor keinen Hausangestellten mehr leisten kann; weder eine Kinderfrau, noch eine Köchin, noch einen Gärtner oder gar einen Butler. Außerdem sind in allen aufstrebenden und florierenden Branchen die Effektivlöhne und betrieblichen Zusatzleistungen schon immer den Tariflöhnen vorausgeeilt (natürlich nicht in absteigenden oder aussterbenden Branchen).

(Zu Satz 2: »Ohne Gewerkschaftsdruck führt Produktivitätsanstieg zu vermehrter Arbeitslosigkeit«: siehe Anmerkung[249]).

Zur derzeit aktuellen und stumpfsinnigen Eintopf-Lösung »Arbeitszeitverkürzung« möchte man sich ohnehin am liebsten jeglichen Kommentars enthalten und nur Eugen Roth's Gedicht »Fünftagewoche« zitieren:

> Wie wär geblieben alles gut,
> Hätt Gott am sechsten Tag geruht!
> Er wär nur kommen bis zum Affen –
> Der Mensch wär blieben unerschaffen!

Es bleibt jedenfalls unerfindlich, wie es möglich ist, daß sich Millionen Menschen in der aufgeklärten, »emanzipierten« Selbstverwirklichungs-Neuzeit von einigen marktschreierischen Funktionärs-Bonzen die Tages-, Wochen-, Jahres- und Lebensarbeitszeit vorschreiben und die Eigenentscheidung über Ruhestandsalter, Jahresurlaub und Überstundenarbeit abnehmen lassen; wie es möglich ist, daß sich eine ganze Nation ihre in Jahrhunderten gewachsene bürgerliche Arbeitsfleiß-Kultur mit ein paar Einpeitscher-Parolen austreiben läßt, um die Gestaltung ihres gesamten Arbeitslebens wie ein räudiger Hofhund dem Diktat eines grobschlächtigen Haustyrannen zu überlassen. Die Betroffenen sollten sich jedenfalls von den Wirtschaftswissenschaftlern Walter und Seiffert fragen lassen: »Wie paßt der kollektiv verordnete Vor-Ruhestand zur erheblich erhöhten Lebenserwartung? Wie paßt die erzwungene Verkürzung der Wochenarbeitszeit, verbunden mit der Diskriminierung von Überstunden, in die Lebenssituation eines jungen Familienvaters, der sich und seiner Familie rasch eine gute materielle Lebensbasis schaffen will?«[250] Wie sicher – will ich ergänzend fragen – müssen sich die sechsstellig dotierten Syndikatsbarone denn der Erbärmlichkeit und der Hörigkeit der von ihnen gegängelten und entmündigten Kreaturen sein?

Wahrhaftig die traurigste Tragödie der angeblich so pluralistischen Gesellschaft!

Doch bleiben wir bei den allgemeinen Aspekten des Gewerkschafts-Phänomens. Besichtigen wir den Schaden unter dem wohlbekannten Wettbewerbs = Machtbeschränkungs-Kriterium. Wie wir gesehen haben, besteht neben der Rechtsstaatsidee (die dabei ist, sukzessive ihr Leben auszuhauchen) nur noch ein einziger faktischer Mechanismus, der in der Lage ist, willkürliche und schrankenlose Macht zu verhindern: der Wettbewerb. Hinsichtlich der Gewerkschaften hat der Rechtsstaat längst seine Waffen gestreckt. Das Arbeits»recht« und die Arbeitsgerichte sind geradezu verlängerte Arme der Gewerkschaftsinteressen und Musterbeispiele für die Beerdigung rechtsstaatlicher Prinzipien geworden. (Wie sollte es auch anders sein, wenn die Parlamente von Gewerkschaftsmitgliedern majorisiert und die Parteien mit den Gewerkschaften verheiratet sind). Von dieser Stelle (dem Rechtsstaatsprinzip) ist also keinerlei Beschränkung gewerkschaftlicher Machtanmaßung zu erwarten. Eher das Gegenteil. Wie sieht es nun mit dem zweiten entscheidenden Machtkorrektiv aus: dem Wettbewerb?

Eine Antwort vorweg: Nicht weniger finster.

Dem ersten Anschein nach besteht zum einen ein Wettbewerbsverhältnis zwischen den verschiedenen Gewerkschaftsverbänden, zum anderen eine noch gravierendere Konkurrenzsituation zwischen

Gewerkschaften und Arbeitgeberverbänden. DIESER ANSCHEIN TRÜGT JEDOCH. Nicht nur wegen der Dachverbands-Organisation besteht zwischen den Einzelgewerkschaften keine Konkurrenz, sondern auch wegen ihrer branchenspezifischen Zuordnung (Für jede Branche oder jeden Branchenverbund gibt es nur *eine* Gewerkschaft). Was als Wettbewerb erscheinen könnte, ist lediglich eine gleichgerichtete Übertrumpfungs-Prahlerei um die jeweils unverschämtesten Forderungs-Kataloge. Das Ergebnis ist *nicht* Machtbeschränkung, sondern – im Gegenteil – ein Hinaufschaukeln, Kumulieren und Potenzieren von Macht aufgrund gleichgerichteter Interessen. Bleibt also die Hoffnung auf einen Rest-Wettbewerb zwischen Gewerkschaften und Unternehmerverbänden. Doch auch damit ist es Essig. Was auf den ersten Blick wie ein fundamentaler Interessengegensatz aussieht, ist im Kern nur graduell differenzierte Gleichmarsch-Kumpanei. Den Unternehmern wären nämlich beliebige Erhöhungen des Lohn- und Lohnnebenkosten-Niveaus völlig egal (mit Ausnahme der Sorge um die Geldwertstabilität, welche jeder seines Verstandes Mächtige haben sollte – ob er Unternehmer ist oder nicht), wenn drei Bedingungen erfüllt wären:

1. Die Arbeitskostenerhöhungen müßten bei allen Betrieben ihrer Branchen die gleichen sein, damit kein Konkurrent einen Kosten-(= Wettbewerbs-)Vorsprung hat.
2. Die Arbeitskosten müßten sich auch in allen anderen Ländern, welche als Konkurrenten auftreten, im gleichen Ausmaß erhöhen, und
3. Die Arbeitskosten müßten sich in *allen* Branchen *relativ* so gleichmäßig erhöhen, daß die Preisverhältnisse der Waren und Dienstleistungen verschiedener Branchen untereinander gleich blieben (bzw. so, daß die Substitutionsverhältnisse verschiedener Produkte und Dienste sich nicht verschieben würden. Es ist z. B. für den Absatzerfolg eines Automobils – und aller Automobile insgesamt – durchaus nicht unerheblich, ob der Preis eines Wagens heute einem Viertel des Preises einer Eigentumswohnung entspricht, und morgen der Hälfte desselben).

Das alles sind aber *keine fundamentalen* Interessengegensätze, sondern nur Ängste vor einem unverschuldeten Konkurrenznachteil gegenüber anderen Marktteilnehmern. Insofern ist der Gegensatz zwischen Gewerkschaften und Unternehmern oder Unternehmerverbänden keine wirklich machtbegrenzende Wettbewerbssituation, sondern eine Art Einbahnstraße monopolistischer Erpressung – mit leichten Widerständen (auf Unternehmerseite) aus Angst vor Überholern und Geisterfahrern. Der vermeintliche Kampf der Giganten entpuppt sich bei näherem Hinsehen als Schau-Kopulation zweier in Haß-Liebe verbundener Simulations-Catcher. (Da sich jedoch die genannten Bedingungen 1. bis 3. in der Realität nicht oder nur näherungsweise wiederfinden, bleibt das Duell recht einseitig: Die Gewerkschaften können nichts verlieren, außer einer prallgefüllten Streikkasse – noch nie hat man einem Funktionär deshalb das Gehalt gekürzt –, die Unternehmer aber ihre ganze Existenz).

Was bei dem Spektaktel jedoch wirklich und regelmäßig geschunden und zertrampelt wird, das sind die Ringseile des Rechtsstaatsprinzips und die Bodenmatten aus den Spargeldern der Zuschauer.

Kurz: Die Beseitigung des Wettbewerbs und dessen Ersatz durch monopolistische Preisfixierung ist – zum Schaden aller – nirgends so weit getrieben worden wie auf dem Arbeitsmarkt.

Daß die Unternehmer bei diesen als Tarifautonomie gepriesenen Schaukämpfen jeweils nicht diejenigen sind, die den Kampf eröffnen, sondern nur die von den großen Funktionärs-Zampanos herausgeforderten und vom Publikum ausgepfiffenen Hanswurste, ist eine andere Sache. Unbeschadet der Untauglichkeit dieses immer zu Lasten des Geldwerts ausgetragenen Schein-Wettbewerbs bleibt es eines der dummdreistesten Täuschungsmanöver, zu behaupten, der Macht der Gewerkschaften stünde die sogenannte »Macht des Kapitals« als ausgleichendes Äquivalent gegenüber. Wie an anderer Stelle bereits ausgeführt, gibt es in einer freien Marktwirtschaft jene »wirtschaftliche Macht« nur als flüchtiges Legat von Konsumentens Gnaden. Sie ist dann Beleg für eine hohe Leistungskraft im Dienste des allgemeinen Wohls. Solange der Wettbewerb funktioniert, ist diese »Macht« relativ harmlos, weil sie vorübergehend, verletzlich und abwählbar bleibt. Auf jeden Fall ist sie, – aufgeteilt auf die Vielen und die Konkurrierenden –, weit weniger gefährlich als in der Hand einer Zentralbehörde, eines Syndikats oder eines Parteiapparates, wo sie – mit politischer Macht verschmelzend – zum Ungeheuer wird. Die *politische* Macht (die eigentlich gefährliche!) des Kapitals war, ist und bleibt eine Legende (SOLANGE WIRTSCHAFT UND POLITIK GETRENNT BLEIBEN). Der Kapitalist oder »das Kapital« hat niemals (politische) Macht, wenn sie ihm nicht durch die Politik auf die eine oder andere Weise zugespielt wird. (Paradoxerweise wandelt sich harmlose oder gar nützliche wirtschaftliche Potenz gerade dort zur gefährlichen politischen Macht, wo sie »politisch gebändigt« werden soll. Wer vorgibt, einen treuschuftenden Ackergaul zähmen zu müssen, kann nur ein Scharlatan sein, der Übles im Schilde führt. Das gilt auch für all jene Windei-Konstruktionen wie den »Sozialen Wohnungsbau« oder »gemeinnützige Wohnbaugesellschaften«, ob mit oder ohne gewerkschaftliche Tanzmeister. Und überall dort, wo mit direkten oder indirekten Steuermilliarden im Namen der »Gemeinnützigkeit« Mammut-Kombinationen von wirtschaftlicher *und politischer* Macht errichtet werden, ist es nur eine Frage der Zeit, wann sie mit neuen Steuer-Milliarden wieder saniert oder liquidiert werden müssen. Diese KUMPANEI DER MACHT ist keine Folge des »Kapitalismus«. Sie ist die Folge des antikapitalistischen Interventions- und Sozialstaates, dessen sozialfeudalistische Herrscher sich aus den Geschlechtern eines wirtschafts- und gewerkschaftspolitischen Arroganz-Adels rekrutieren).[251]

Die Quintessenz: Ein Gegengewicht, ein Halteseil oder eine Barriere gegen gewerkschaftliche Macht gibt es nicht – und hat es nie gegeben. Wenn man ein von Staat, Parteien und Gesetzen lückenlos geschütztes Monopol errichtet, dann ist dieser Moloch omnipotent. *Allmächtig.*

Wir haben hier einen der – im Weltmaßstab! – gefährlichsten Feinde der Freiheit vor uns; das größte Machtsyndikat und Interessen-Kartell, das die Weltgeschichte jemals gesehen hat. Parlament und Parteien dominierend, der Gewaltenteilung hohnlachend (da in allen drei Gewalten maßgeblich mitbestimmend), von der weit überwiegenden Mehrheit der Bevölkerung als nützlich, notwendig und wohltätig verehrt, von Politikern und Medien gehätschelt und umworben, ist hier das schrankenloseste Willkürpotential aller Zeiten errichtet worden. Kein noch so krankes Gehirn könnte sich – im Namen eines freiheitlichen Rechtsstaats! – eine ähnlich dimensionierte und mit Generalabsolution versehene Kraftballung ausdenken.

Es ist unbegreiflich, in welch gespenstigem Ausmaß diese von allen gesellschaftlichen Gruppierungen bejubelten und von unantastbaren Kollektiv-Heiligen geführten syndikalistischen Funktionärsverbände eine Industrienation der Erde nach der anderen ruinieren können, ohne auf Widerstand zu stoßen. Von Argentinien bis Australien, von Uruguay bis Portugal, von England bis Italien haben sie blühende Industrienationen in Bananenrepubliken oder in überschuldete Sozialfall-Staaten verwandelt und aus fleißigen Völkern zerfallende Nationen gemacht, deren Bevölkerungen sich in einer Art Wirtschafts-Bürgerkrieg wie marodierende Lumpenarmeen um einen inflationsvergifteten Sozialprodukts-Kuchen schlagen. Und das alles – Milliardenvermögen scheffelnd – unter dem Banner der Humanität, der Machtbegrenzung (des »Kapitals«) und der sogenannten Arbeitnehmer-Interessen. In Wirklichkeit ist dieser messianische Despotismus und dieser demokratisch bemäntelte Erpressungs-Monopolismus *gegen* die Interessen *aller* gerichtet: *gegen* die Interessen der Verbraucher (und das sind wir alle), *gegen* die Interessen der Arbeitnehmer (und auch das sind wir – genau besehen – alle), *gegen* die politischen Repräsentanten (und das sind unser aller Vertreter) und *gegen* die Unternehmer (und das sind die Zugpferde vor unser aller Karren aus Not und Elend). Alles, was in den wohlhabenden Industrienationen an Freiheit und Wohlstand erreicht worden ist, ist *nicht wegen* der Gewerkschaften und ihrer politischen Programme erreicht worden, sondern *trotz* derselben und *gegen* ihre Ambitonen. Sie waren – um nur das deutsche Beispiel nach dem 2. Weltkrieg zu nennen – *gegen* die Beseitigung der Planwirtschaft und *gegen* die Einführung der Marktwirtschaft, und sie waren und sind heute noch *gegen* strukturelle Veränderung, die den Motor und die Bedingung allen Fortschritts und allen wirklich gesicherten Wohlstands der Arbeitnehmer verkörpern.

Professor Helmut Schoeck hat es blendend formuliert: »...Die Gewerkschaften sind die von ihnen einst unbedacht eingegangene Bringschuld an Gleichheit losgeworden, ohne es zu merken, dank der Marktwirtschaft... Statt aber erleichtert zu sein über ihre Entlassung aus der Utopie des vorigen Jahrhunderts, klammern sich die linken Leitfiguren an eine bösartige Karikatur der Marktwirtschaft und lassen keine Gelegenheit aus, die Triebkräfte der Modernisierung unter Verdacht und in Frage zu stellen.«[252] »Unter Verdacht stellen« ist natürlich eine höchst euphemistische Umschreibung jener blindwütigen Hetze, mit welcher die Verleumder des Kapitalismus sich gegenseitig übertrumpfen. Ihr world-champion, Franz Steinkühler, am 3. 3. 1990 auf einer Gewerkschafts-Veranstaltung: »Ich will sie, die Kapitalisten, nicht mit den Nazis vergleichen, aber auf Eroberung waren sie (die einen wie die anderen D. V) schon immer aus.« Und auf der 1. Mai-Kundgebung 1989 in Duisburg: »Der Grundkonflikt in dieser Wirtschafts- und Gesellschaftsordnung läuft nicht zwischen Deutschen und Ausländern, sondern zwischen Kapital und Arbeit.« Man muß sich die Infamie, die heuchlerische

Demagogie und die haßschürende, staats- und gemeinschaftszersetzende Kaltschnäuzigkeit, die hinter solcher Verbaldiarrhöe steckt, nicht auf der Zunge, sondern im Kopf zergehen lassen, um die ganze Pestilenz ihrer zerstörerischen Wirkung zu erkennen. Im Klartext heißt der Satz: Statt die Ausländer zu hassen und zu verachten, haßt lieber die Kapitalisten.

Es ist des Denk- und Leseschweißes wert, noch bei einigen Steinkühler'schen Erleuchtungen zu verweilen, um wenigstens eine leichte Ahnung vom Inhalt solcher Verdummungskampagnen zu gewinnen: Originalton Steinkühler: »Inhaltlich kommt es darauf an, den Schritt von der Mitbestimmung über das »was« zum »wie« der Produktion, von der Mitbestimmung im Produktionsprozeß zur Mitbestimmung über Produktionsinhalte erst reklamierbar und dann realisierbar zu machen.« Dieser Funktionärsschwulst heißt in Klardeutsch: Nicht der Verbraucher soll – über den Markt – die Struktur der Konsumgüter (und damit ihre Produktion) bestimmen, sondern die Gewerkschafts-Funktionäre. Fünfzig bis siebzig Jahre Not, Elend, Hunger, Ausbeutung, Menschenverachtung und Sklaverei in den Planwirtschaften des Ostens haben nicht ausgereicht, Steinkühlers Wunsch zu unterdrücken, es möge endlich auch bei uns soweit kommen, daß man den Markt durch Lenkungsbürokratie ersetzt. (Wie verdeppt müssen eigentlich die Bürger dieser Nation sein, daß sie zu den Hetzparolen-Schreiern dieses Höllenwahns auch noch in die Betriebsversammlungen und auf die Maikundgebungen pilgern als handele es sich um Wallfahrten zur Heiligen Einfalt!?).

»Mit unseren Arbeitnehmern« – so Steinkühler an anderer Stelle – »kann man das nicht machen«, und meint den langen Donnerstag und überhaupt die freie Ladenöffnungszeit. »Mit uns« – so sollte die Antwort der angeblich Vertretenen lauten – »kannst du, lieber Franz, das zweimal nicht machen, denn wir sind beides: Arbeitnehmer, die ein reichliches und vielseitiges Arbeitsangebot wollen, und Konsumenten, die einkaufen wollen, wann es ihnen paßt.«

Und abschließend Genosse Steinkühler vor der 15. IG-Metall-Jugendkonferenz: Die verfehlte Sozial- und Wirtschaftspolitik der Koalition habe regelrechte »Verelendungsprozesse« provoziert.

Das ist der altbekannte Gewerkschafts-Vorwurf einer »kapitalfreundlichen« und »arbeitnehmerfeindlichen« Koalitions-Politik. (Wegen des Versuchs, die selbstmörderische Belastung des produktiven Risiko-Kapitals zu mildern). Wie unsinnig dieser Vorwurf – ganz unabhängig von jeder Detailargumentation – ist, stellt sich schnell heraus, wenn man bedenkt, daß der Bestand an Produktivkapital die wichtigste und ENTSCHEIDENDE Quelle und Voraussetzung aller Arbeitsproduktivität – und damit eines hohen und steigenden Lohnniveaus darstellt. Zu Beginn des Jahres 1989 war der Teil des volkswirtschaftlichen Kapitalstocks, den man »Ausrüstungsvermögen« nennt (Maschinen, maschinelle Anlagen, Fahrzeuge, Betriebs- und Geschäftsausstattung) im Durchschnitt nur ganze acht Jahre alt.[253] Das zeigt, wie schnell und wie unablässig der gesamte volkswirtschaftliche Sachkapitalstock (je Arbeitsplatz 1987 durchschnittlich 160 500,— DM!) erneuert werden muß, um mit der technischen Entwicklung (auch des Auslands) Schritt halten zu können, und welche gigantischen Investitionen (und natürlich auch diesen Investitionen vorausgehende und nachfolgende Erträge) notwendig sind, um auch nur den erreichten Produktions- und Produktivitäts-Standard zu halten. Jeder Autofahrer kennt das Phänomen, daß er einen vorausfahrenden Freund auch auf einer langen Strecke nicht mehr einholen kann, wenn dieser auch nur einen Vorsprung von einer halben Stunde hat. Aus einer zügigen Autofahrt müßte eine stundenlange Raserei werden, sollte der relativ knappe Vorsprung aufgeholt werden. Genauso verhält es sich mit der Leistungsfähigkeit eines volkswirtschaftlichen Kapitalstocks gegenüber dem einer konkurrierenden Nation (aber auch gegenüber dem Technischen Fortschritt). Ist ein Land einmal – auch nur kurzfristig – zurückgefallen, dann können fünfzig Jahre zu wenig sein, um das Verlorene wieder aufholen zu können. (Das Beispiel Großbritannien sollte uns Lehre genug sein).

Merke: Eine kapitalfeindliche (und deshalb *scheinbar* arbeitnehmerfreundliche) Politik ist in Wirklichkeit die ARBEITNEHMERFEINDLICHSTE ALLER MÖGLICHEN STRATEGIEN!!

(Merke aber auch: Eine einzige Regierungsperiode rot-grüner Illusionisten wird ausreichen, uns für zwei Generationen zum Hinkefuß der Industrieländer zu machen).

Doch was hilft alles Argumentieren. Diese Fakten sind schon längst bekannt. Vor mehr als sechzig Jahren hat Ludwig von Mises schon geschrieben: »Das wichtigste Mittel der Politik des Destruktionismus ist ... die Gewerkschaft ... [Sie] hat sich zu einer Gewaltorganisation ausgebildet, die durch den Schrecken die ganze Gesellschaft in Schach hält, und vor deren Machtwort alle Gesetze und alle Rechte verblassen. ... Wenn auch in andere rechtliche und organisatorische Formen gekleidet, ist die Sowjetmacht nichts anderes als der natürliche geschichtliche Abschluß der gewerkschaftlichen Bewegung.«[254] Und: »Jeder Streik ist Terrorismus ... Wenn es den Gewerkschaften beliebt, können sie Städte und Länder durch Hunger und Durst, durch Kälte und Dunkelheit zur Gefügigkeit zwingen.«[255] »Man mag der Ansicht sein, daß sie von ihrer Macht nur einen maßvollen Gebrauch machen; doch das ändert nichts an der Tatsache, daß sie diese Macht haben... [und diese Macht] hat keine anderen Grundlagen als die Macht anderer Tyrannen je gehabt hat; auch sie ist nichts als das Erzeugnis menschlicher Ideologien.«[256]

Auch Wilhelm Röpke hat dem jungen, freien Springinsfeld »Bundesrepublik« schon 1959 eine überdeutliche und eindringliche Warnung mit auf den Weg gegeben: »Es muß ohne Scheu ausgesprochen werden, daß zu den monopolistischen Störungen der Marktwirtschaft...auch eine Gewerkschaftspolitik gehört, die ... eine monopolistische Macht erlangen kann, die gefährlicher ist als jede andere, umso mehr als die wenigsten noch von ihr zu sprechen wagen. Es besteht begründeter Anlaß, bereits jetzt in Deutschland auf die Gefahren einer solchen Entwicklung, die man als Entartung der Wirtschaft zur syndikalistischen Anarchie bezeichnen kann, ...hinzuweisen.«[257] Und an gleicher Stelle nennt er die dringend erforderliche Eindämmung der gewerkschaftlichen Monopolmacht eine »nationale Existenzfrage«. Schon damals aber auch Röpkes erschreckende und erschrockene Feststellung, »daß die wenigsten noch von ihr zu sprechen wagen«. Und heute?

Es bedarf einer geradezu jenseitigen Unabhängigkeit, um solche Sätze überhaupt noch formulieren zu dürfen. Wer sollte es noch wagen? Parteipolitiker, die sich damit sofort ihrer Karriere beheben würden? Verbandsfunktionäre, die man als »Brunnenvergifter« vor die Tür setzen würde? Journalisten und Fernsehkommentatoren, die sich damit ihr eigenes Grab schaufeln würden? Und die »Freiesten der Freien«, die »freien« Autoren, die dabei sind, sich scharenweise in der neuen Medien-Gewerkschaft zu »organisieren«? Könige der freien Schrift? Jammerlappen des willfährigen Buchstabens!, verbandsdiszipliniert zur kollektiven Durchsetzung ihrer »Interessen«.

Mistral-Wind, du Wolken-Jäger,
Trübsal-Mörder, Himmels-Feger,
Brausender, wie lieb' ich dich!

– so hatte noch der junge Nietzsche die Freiheit des Dichters empfunden. Der Beitragsmarken-klebende Tintengenosse der Zukunft möge in sein Gewerkschafts-Büchlein reimen:

Hätschelkind der Beitrags-Jäger,
Trübsalschwerer Marken-Kleber,
Tausendmal veracht' ich mich!

(Man mache es sich einmal ganz klar: Die gewaltigste Macht der Neuzeit: die Medien, – alle! – organisiert in einem (in *einem*!) supermächtigen Syndikat! Eine Horror-Vorstellung, bei der man nicht mehr weiß, was einem den Hals zuschnürt: das Entsetzen oder die Abscheu).

Doch man muß – trotz allem – nüchtern bleiben. Was sollen sie denn nun tun, die Gewerkschaften? Was wäre denn, wenn auch nur ein einziger der maßgeblichen Funktionäre die Wahrheit sagen würde? Man stelle sich vor, Genosse Steinkühler träte vor die Fernsehkameras und würde bekennen: »Es ist wahr, was Ludwig von Mises schon vor einem Menschenalter gesagt hat: »Es ist nie gelungen, eine Lohntheorie aufzustellen, aus der man die Folgerung ableiten könnte, daß durch den gewerkschaftlichen Zusammenschluß eine dauerhafte Erhöhung des Realeinkommens der Arbeit erzielt werden könnte.«[258] Dabei ist es bis zum heutigen Tag geblieben. Es ist wahr, daß wir seit Jahrzehnten zwar die Nominallöhne nach oben gepeitscht, aber gerade dadurch die möglichen Reallohnsteigerungen vermindert und den Geldwert ruiniert haben. Wir haben mit unseren Praktiken ein Wachstumspotential von vielen tausend Milliarden unterbunden. Wir haben durch den Kampf gegen strukturelle Anpassungen unsere Volkswirtschaft um Beträge geschädigt, die in Generationen nicht mehr aufholbar sind. Wir haben durch überzogene Forderungen Arbeitslosigkeit erzeugt, über die wir nur vordergründig lamentiert haben, die uns aber im Grunde genommen gleichgültig war, weil ihre Kosten von Staat und Allgemeinheit getragen wurden, ja die uns sogar in den Kram gepaßt hat, weil die Angst der Menschen vor Arbeitslosigkeit unser mächtigster Verbündeter ist. Wir haben im Verbund mit einem maßlos überzogenen Arbeitsrecht hunderttausende von Arbeitsplätzen vernichtet, weil wir alle Formen betrieblicher Gesundschrumpfung und Sanierung mit gigantischen Abfindungsforderungen und Kündigungsbarrieren unmöglich gemacht haben. Wir haben bis heute jede Form der direkten Arbeitnehmerbeteiligung am Produktivvermögen bekämpft, weil wir befürchtet haben, daß unsere Mitglieder ihr Abhängigkeitsgefühl gegenüber den Gewerkschaften verlieren könnten. Wir sind stark nur in florierenden Branchen, wo die Mitarbeiter ohnehin mehr verdienen als wir jeweils nachkarten können, und wir sind schwach in notleidenden Branchen, wo unsere Politik ohnehin nur alles verschlimmern und uns noch mehr schwächen kann. Im Grunde genommen können wir nur die ökonomischen Erfolge, welche Arbeiter und Unternehmer gemeinsam erarbeiten, mit unserem Etikett versehen und als unsere eigenen Erfolge ausgeben. Wir, Genossinnen und Genossen, haben uns geirrt.«

Was, so muß man sich fragen, wäre dann? Soll (allein!) die IG-Metall auf Beitragseinnahmen von sechsundfünfzig Millionen Mark *monatlich*! verzichten? Soll sie tausende von Funktionären nach Hause schicken oder in stinknormale Arbeit entlassen? Sollen sie alle freiwillig auf die größte wirtschaftliche und politische Macht verzichten, die jemals in den Staaten der Erde – ob freiheitlich oder nicht – errichtet worden ist?

Das wäre übermenschlich. Funktionäre sind keine Heiligen. So werden sie also fortfahren müssen, Gefahren zu erfinden, ja sogar heraufzubeschwören, gegenüber denen sie als Beschützer auftreten können. Und sie werden fortfahren, Schutzgebühren zu kassieren. Schutzgebühr – höchst ehrenwert.

Fazit: Die Gewerkschaften befinden sich in der gleichen Lage wie die DDR vor und nach dem Fall der Mauer: Wenn sie sich *wirklich* »reformieren« wollen, werden sie überflüssig!

Jedem Arbeiter und Angestellten ins Stammbuch:

Wenn Dir heute Dein Boss stinkt (oder Deine Arbeitsbedingungen und Löhnungen), dann kannst Du den Bettel hinschmeißen und zum nächsten gehen, oder zum übernächsten. Wenn Du aber mit Hilfe Deiner unternehmerfeindlichen Gewerkschaft und Deiner »kapital«-feindlichen Partei und deren Gesetzgebung dazu beiträgst, Bedingungen zu schaffen, welche die Unternehmer zum Aufgeben, zum Auswandern oder zum Gar-nicht-erst-anfangen bewegen, dann wirst Du alsbald nur noch *einen* Boss haben: den Staat. Und der wird Dich zwingen, Deinen Bettel am zugewiesenen Platz zu tragen bis an Dein Lebensende; im wahrsten Sinn des Wortes – als Bettler. Mein und Euer Zeuge:

Leo Trotzki (in: »Verratene Revolution«): »In einem Lande, wo der Staat der einzige Arbeitgeber ist, bedeutet diese Maßnahme den langsamen Hungertod. Der alte Grundsatz: wer nicht arbeitet, soll auch nicht essen, ist durch einen neuen ersetzt: wer nicht gehorcht, soll nicht essen.«

Auch von den Zungen der selbsternannten Arbeiter-Schutzpatrone bedeutet Sozialismus nur eines: Niedergang, Knechtschaft und TOD.

»Die Vorstellung, daß ... die Menschen egozentrisch, habgierig und antisozial geworden seien, ist die seltsamste aller Legenden, welche die Geschichte der Industrieellen Revolution verdunkelt haben.«
T. S. Ashton

»Wenn »der Kapitalismus das Proletariat geschaffen hat«, hat er es dadurch geschaffen, daß er vielen Menschen die Möglichkeit gegeben hat, am Leben zu bleiben und Nachkommen zu haben.«
Friedrich A. von Hayek

4. Die fünf Legenden der Industriellen Revolution.

Die Verleumder des Kapitalismus haben ihre Zungen und Federkiele schon früh gespitzt. Das statistische Zahlenmaterial für die Frühphase der Industriellen Revolution (ca. 1790 bis 1830) in England ist zwar ebenso spärlich und lückenhaft wie die Zahl und Art verläßliche Zeitzeugnisse, doch dieser Umstand hat nur jenen »Historikern« die Arbeit erleichtert, die ihre Publikationen nicht mit der Tinte des aufrichtigen Forschergeistes geschrieben haben, sondern mit der Galle des leichtfertigen Vorurteils, wenn nicht gar mit dem Gift der absichtlichen Demagogie. Jedenfalls hatte Ludwig von Mises allen Grund für sein schonungsloses Urteil: »Die frühen Geschichtsschreiber des Kapitalismus haben – und man kann kaum ein milderes Wort gebrauchen – die Geschichte verfälscht.«[259]

Etwas nachsichtiger geht der französische Philosoph Bertrand de Jouvenel mit den betreffenden Herren um. Er konzediert den Historikern, ihre augenfällige Pflicht mit der Beschreibung der elenden sozialen Zustände jener Zeit erfüllt zu haben, und sieht Anlaß zur Kritik nur in ihrer »außergewöhnlichen Leichtfertigkeit« bei der *Interpretation* der Fakten.[260] So hätten sie beispielsweise Ursache und Wirkung verwechselt, indem sie aus dem damals wachsenden Sinn für Menschlichkeit, aus verbesserten Ausdrucksmöglichkeiten (größere Redefreiheit) und aus den – gerade durch die Industrielle Revolution – verbesserten Möglichkeiten zur Veränderung der Zustände auf ein zunehmendes Elend geschlossen hätten.

Wie auch immer, viele jener Verbiegungen, Fehlinterpretationen und Verfälschungen wären in den Abfalleimern für dilettantische Geschichtsliteratur geblieben, hätte nicht Friedrich Engels gerade die miesesten Figuren und ihre Machwerke ausgegraben und ihnen mit der ihm eigenen Demagogie neues Leben eingehaucht. Sein Buch »Die Lage der arbeitenden Klassen in England« (Leipzig 1845) machte einen tiefen Eindruck auch auf nichtsozialistische Kreise des

Kontinents und ist bis heute die Hauptquelle für die weitverbreitete Mär vom Pauperismus und von der schönen Heilen Welt *vor* dem Maschinenzeitalter geblieben. Die Legenden über den »Manchester-Liberalismus«[261] und den »Frühkapitalismus« sind jedenfalls seither unausrottbar und ein fester Bestandteil des Geschichts»wissens« eines jeden Gebildeten.

Wir wollen uns diese Legenden einmal der Reihe nach vornehmen und sie auf ihren Wahrheitsgehalt testen. Da wäre zunächst einmal

1. Die Verelendungs-Legende (also die Behauptung, erst das Aufkommen des Fabrikwesens habe Massenelend erzeugt).

Wenn diese Behauptung richtig wäre, dann müßte man sich fragen, wieso das industrielose Irland gerade in jener Zeit ein Fünftel seiner Bevölkerung durch Hungertod, Krankheiten und Auswanderung verloren hat, als England seine Bevölkerungszahl verdoppelte.[262] In Wirklichkeit waren die Jahrzehnte vor der Industriellen Revolution – in ganz Europa – von unvorstellbarer Not geprägt. Die ohnehin während des gesamten Mittelalters anhaltenden ärmlichen Verhältnissen mündeten – durch eine dramatische Beschleunigung des Bevölkerungswachstums – in eine Hölle der Armut. Selbst England, wo um die Mitte des 18. Jahrhunderts Handel und Manufaktur eine Hochblüte erreicht und allgemeinen, wenn auch bescheidenen Wohlstand verbreitet hatten, wurde von dieser Elendswelle überschwemmt.

Für den deutschen und mitteleuropäischen Raum hat besonders der Historik-Professor Wilhelm Abel gründlich mit der Engels'schen Lügen-Idylle von einer vorindustriellen Heilen Welt aufgeräumt. In seiner Studie »Massenarmut und Hungerkrisen im vorindustriellen Deutschland«[263] zitiert er zahlreiche Autoren jener Zeit, die beklagen, daß ein Handarbeiter weniger verdiene als zur Ernährung eines Pferdes notwendig sei, und daß im Winter 1800 sogar in der Hauptstadt Berlin mehr als ein Fünftel der Bevölkerung als Bedürftige (für den Bezug verbilligten Kommißbrotes) galten. »Bitterste Armut«, bemerkt er dazu, »wurde nicht nur am Webstuhl und Spinnrad, sondern auch fernab von jeder Industrie, selbst noch im Aktenstaub königlicher Behörden gefunden... Ein Kopist einer preußischen Kriegs- und Domänenkammer erhielt um 1800 ein Jahresgehalt von fünfzig Talern. Es ist ein Rätsel, wie er damit auskommen konnte.«[264]

Insgesamt zeigen die von Abel für ganz Mitteleuropa erstellten Detailstudien das gesamte Mittelalter – ab 1250 – und die beginnende Neuzeit (bis 1800) als ein Zeitalter erdrückender Not. Der Bevölkerungszunahme in Mitteleuropa von 28 Millionen Köpfen (um 1450) auf rund 60 Millionen (um 1800) stand ein Sinken des Reallohns vom Faktor 100 auf 50 gegenüber. Grob gesprochen: Eine Verdoppelung der Bevölkerung bei Halbierung des Reallohnes. Auch wenn man die Vielzahl der historischen Sonderereignisse (Kriege, Pest, Mißernten etc.) nicht vernachlässigen darf, so läßt sich doch generell sagen: Da sich die Arbeitsproduktivität über den gesamten Zeitraum hinweg nur unwesentlich erhöhte, mußte es bei wachsender Bevölkerung zwangsläufig zu dieser Verarmung kommen.

Mit Beginn der Industrialisierung jedoch setzte eine geradezu dramatische Umkehr ein: Obwohl sich das Bevölkerungswachstum nochmals erheblich beschleunigte (es kam von 1800 bis 1900 – in einem einzigen Jahrhundert also – zu mehr als einer Verdoppelung) *stiegen* die Reallöhne vom Faktor 50 auf rund 125 (um 1900) und auf 210 im Jahr 1925. Anders gesagt: Im Mitteleuropa der vorindustriellen Zeit dauerte es 350 Jahre bis sich die Bevölkerung verdoppelt hatte. Trotz dieser langen Zeitspanne halbierten sich die Reallöhne. Obwohl es in der sich anschließenden Industrialisierungsphase von nur 100 Jahren (von 1800 bis 1900) zu einer nochmaligen Verdoppelung kam, sanken die Reallöhne nicht mehr, sondern verdreifachten sich sogar.

Um es aber nochmals zu betonen: Zu Beginn der Industrialisierung – also um 1800 – war der schlimmste Zustand erreicht: Einer Bevölkerung von rund 60 Millionen Menschen in Mitteleuropa stand ein Reallohnfaktor von 50 (Basis: 1450!! = 100) gegenüber. Diese jämmerliche Lage war also *nicht eine Folge der Industrialisierung,* sondern war erreicht, *bevor und als* die Industrielle Revolution einsetzte. Man muß die einschlägigen Schriften der Zeitgenossen gelesen haben, um sich eine Vorstellung vom Ausmaß des Elends, des Hungers und der Not bilden zu können, die gegen Ende des 18. und zu Beginn des 19. Jahrhunderts in den meisten europäischen Ländern geherrscht haben, und um einen Eindruck von der grenzenlosen Geschichtsverfälschung zu gewinnen, welche Friedrich Engels mit seiner Darstellung vorindustrieller Idyllen betrieben hat.

Natürlich: Die sogenannte Industrielle Revolution war kein Magiertrick, mit dem man das Elend über Nacht oder in wenigen Jahren hätte wegzaubern können. Die Entwicklung begann langsam, war regional höchst unterschiedlich, und konnte die alten, in Jahrhunderten gewachsenen Strukturen, Sitten, Gebräuche und Gewohnheiten nur allmählich und in einem Jahrzehnte währenden Ringen überwinden. Selbst England, der »Frühstarter« des Maschinenzeitalters blieb bis weit in die zweite Hälfte des 19. Jahrhunderts hinein ein agrarisch-kleingewerblich strukturiertes Land.

Was der Kapitalismus, der doch nach Marx und Engels angeblich Massenelend erzeugt, der abendländischen Menschheit wirklich gebracht hat (und vor was er sie bewahrt hat) läßt sich leicht bei einem Blick auf jene Dritte-Welt-Länder erahnen, die – bei vergleichbarer Bevölkerungsentwicklung – noch in vorindustriellen Gefügen verharren.

Wer alledings das Zusammenführen vieler – über weite Gebiete verstreut und ohne ärztliche Versorgung lebender – Schwerkranker in eine zentrale Klinik als »Verelendung« bezeichnen will, (um einmal eine solche Metapher zu gebrauchen), der möge auch – mit gleichem Unverstand – den Kapitalismus der beginnenden Industrialisierung als Verelendung diffamieren. Nicht das *Maß* an Armut und Elend hat sich mit der Massenwanderung der Menschen in die ersten Fabriken vergrößert, sondern die *Wahrnehmung* dasselben. »Die Zusammenballung der Menschen in den Betrieben«, schrieb der große Franz Böhm, »machte die Erscheinung publik... Im Feudalismus war das Massenelend latent und in die Vereinzelung gedrängt, im Rechtsstaat wurde es offenbar. Das Gewissen der feudalen Zeit ertrug den Übelstand, indem es ihn in zahllosen Winkeln und Verstecken scheinpatriarchalischer Abstufungen verbarg wie Läuse in höfischen Prachtgewändern; das Gewissen der rechtsstaatlichen Gesellschaft reagierte auf ihn mit einem Schock.« »Natürlich verhält es sich nicht so, daß der Industrialismus die Massen bitterarmer Menschen erst geschaffen hatte, *er fand sie vor.*«[265]

Nun schließt sich der Legende 1 jedoch meist umgehend eine zweite an:

2. Die Bevölkerungs-Legende (Die Behauptung, die Industrialisierung habe die demographische Explosion selbst geschaffen, und damit auch die entsprechende Verelendung induziert).

Auch das ist jedoch nur Geschichts-Koprostase nach der Methode des volkstümlichen Kausalgesetzes »Wer im Frühling einen hebt, hat den Winter überlebt.« In Wirklichkeit ist eher der Umkehrschluß zutreffend: Zwar hat die Industrialisierung die Bevölkerungsmassen »aufgefangen« – und somit keineswegs gebremst –, aber entscheidend war, daß die massiv gewachsene Zahl an Köpfen und Händen die industrielle Entwicklung erst ermöglicht und erleichtert hat.

Arbeitsteilung setzt ja viele, dicht beeinander wohnende Menschen mit unterschiedlichen Fähigkeiten, Neigungen und Bedürfnissen voraus. Und Arbeitsteilung ist (zusammen mit Kapitalbildung und unternehmerischer Initiative) die alles entscheidende Bedingung für das Ansteigen der Arbeitsproduktivität. So sehr also die Bevölkerungsexplosion der *vor*industriellen Zeit das Massenelend herbeigeführt hatte, so wichtig waren diese Menschenballungen nunmehr als Start-Grundlage für eine dynamische Entwicklung zu neuen, besseren Lebensverhältnissen. Im Gegensatz zu einer reinen Agrar-Gesellschaft, wo eine wachsende Kopfzahl immer nur Hunger und Elend bedeutet, eröffnen große Menschenmengen in einer aufbrechenden Marktwirtschaft völlig neue Chancen für effiziente arbeitsteilige Produktions- und Distributionsprozesse.

Wenn also überhaupt etwas dran ist an der Behauptung, der Frühkapitalismus habe die Menschenmassen »erzeugt«, dann nur insofern als er Millionen am Leben erhalten hat, die ohne ihn gar nicht – oder nur kurz – hätten leben können.[266] So war das sich ab Beginn der Industriellen Revolution *fortsetzende* Bevölkerungswachstum auch bezeichnenderweise *nicht mehr* (wie in der Zeit davor) Folge einer steigenden Geburtenrate, sondern hauptsächlich Ergebnis einer sinkenden Sterblichkeitsrate. Der Londoner Professor für Wirtschaftsgeschichte, T. S. Ashton, hat in einer sorgfältigen Studie nachgewiesen, daß (in England) die Geburtenzahl je 1000 Einwohner während der ersten vier Jahrzehnte des 18. Jahrhunderts nur noch leicht anstieg, daß jedoch die Sterblichkeitsrate drastisch von ca 35,8 Promille 1740 auf ca. 21 Promille 1821 sank.[267] Hierzu trugen vor allem bessere Ernährung, verbesserte sanitäre Verhältnisse, die Verlagerung gesundheitsschädlicher Herstellverfahren aus den Heimarbeiter-Häusern in die Fabriken, sowie der Fortschritt des medizinischen Wissens und der ärztlichen Versorgung bei.

Natürlich hatte die Konzentration der Menschenmassen in den industriellen Ballungszentren schreckliche Zustände im Gefolge. Die Städte, deren Infrastruktur noch mittelalterlich war (ungepflasterte Straßen, mangelhafte Wasserversorgung, fehlende Kanalisation), wurden zur Hölle aus Schmutz, Ruß, Fäkalien und Raumnot. Besonders die Stadt Manchester, deren Bevölkerung sich von 1750 bis 1830 verzehnfachte (von 17 000 auf 180 000 Einwohner) wurde zu einem planlos wuchernden Moloch aus Fabriken und Elendshütten. Doch man mag sich darüber streiten, warum die ungezählten Landarbeitermassen in dieses Inferno drängten: weil es ihnen schlechter oder besser ging als in ihren angestammten Heimatorten? Fest steht jedenfalls, daß die technischen Erfindungen jener Zeit die Arbeit der Menschen erleichtert haben, und daß die Verdienste der Fabrikarbeiter fast ausnahmslos höher lagen als die der vorangegangenen Agrar-Generationen. Und generell gilt der Satz Professor Ashtons: »Auch mit dem besten Willen der Welt hätte der Übergang vom Acker und von Bauernkaten zu Fabriken und Städten nicht sanft sein können.«[268]

Wobei wir bei der nächsten Legende wären, nämlich der Behauptung, die Profitgier der frühkapitalistischen Unternehmer habe zur Ausbeutung und Verelendung der Arbeitermassen geführt:

3. Die Profitgier-Legende.

Abgesehen von der höchst bedeutsamen Tatsache, daß der Gewinn, von einschlägig agierenden Zeit- und Unzeitgenossen »Profit« genannt, ein unverzichtbarer und der einzig zuverlässige Indikator zur Beantwortung der Frage ist, ob volkswirtschaftliche Ressourcen (inklusive der menschlichen Arbeitskraft) richtig, sparsam und effizient eingesetzt werden – oder aber (bei geringerem Gewinn oder gar Verlust) falsch, verschwenderisch und kraftvergeudend, gilt der Grundsatz: Es gibt genauso viele ode genauso wenige »profitgierige« Unternehmer wie es generell Menschen gibt, die nach mehr oder weniger Einkommen streben. Die Uralt-Platte von der Profitgier der Unternehmer, auf der bestimmte Parteien und (wirklich profitträchtige!) Syndikate seit einem runden Jahrhundert ihr ebenso giftiges wie erbärmliches Indoktrinations-Süppchen kochen, ist im Grunde genommen nichts anderes als ein Primitivst-Rassismus. Wenn Otto Schraubendreher morgen von seinem Vorgesetzten die Nase voll hat und sich mit einer Wurstbude an die nächste Ecke stellt, dann ist er über Nacht Unternehmer geworden. Und wenn ein Theologie-Student sich von seinem kinderlosen Onkel dazu überreden läßt, als Junior in dessen Seifenfabrik einzusteigen, dann hat sich auch der fromme Priesteranwärter urplötzlich zum (möglicherweise ebenso frommen) Unternehmer gemausert. Den Menschen einzureden, Unternehmer seien eine spezielle, besonders profitgierige Menschensorte, ist derselbe infame Schwachsinn wie ihnen weiszumachen, Katholiken, Juden und Pfeifenraucher seien bösartiger oder schnupfenanfälliger als Protestanten, Schwerhörige oder Hühnerzüchter.

So kamen denn auch im Frühkapitalismus die Unternehmer – in einer vertikal durchlässig gewordenen Gesellschaft – aus allen Bevölkerungsschichten. Ein Friseur (Richard Arkwright) wurde der reichste und einflußreichste Baumwoll-Weber; ein Kneipenwirt (Peter Stubs) errichtete einen großen Garn-Konzern, und ein Schulmeister (Samuel Walker) wurde die führende Figur in der Eisenindustrie Nordenglands.[269] Adlige, Geistliche, Beamte, Soldaten und Bauern, ja sogar ehemalige Landarbeiter entdeckten und ersannen in den wachsenden Menschen-Agglomerationen neue Techniken, Chancen, Marktlücken, Produktions- und Handelssparten. Der Glaube an Erfindungsgeist und Fortschritt, der durch die Newton'sche Naturlehre ungeahnten Auftrieb gewonnen hatte, trieb sie alle zum Aufbruch in bislang unbekannte Tätigkeitsfelder. Das Vorbild der ersten Pioniere machte Schule und zog unzählige Imitatoren nach sich. Viele scheiterten früher oder später, doch ebensoviele waren erfolgreich und erwarben große, mittlere oder bescheidene Vermögen. Gerade diese Ungleichheit der Einkommen und Vermögen jedoch war (und ist) in mehrfacher Hinsicht eine weitere wesentliche Bedingung für die Geburt und die Entwicklung des neuen technischen Zeitalters: Zum einen boten die sichtbaren Aufstiegschancen und Abstiegrisiken Anreize und Motivationen für eine Vielzahl von Nachahmern; zum zweiten wird bei divergierenden Vermögensverhältnissen mehr gespart – und Sparen war (und ist) die Voraussetzung für eine hohe Kapitalbildung (sprich: Produktivitätsfortschritt); zum dritten beginnt eine jede industrielle Entwicklungsphase mit der Produktion zunächst noch teurer Güter, welche auf eine relativ wohlhabende Käuferschicht stoßen müssen. (Anfänglich existiert noch keine Massenkaufkraft, welche die Produktion von Massengütern lohnend machen könnte. Also werden zunächst Luxusgüter für die Wohlhabenden im In- und Ausland hergestellt. Erst im Anschluß daran werden – durch allmählich sinkende Produktionskosten und allmählich steigende Einkommen breiter Schichten – Investitionen in Massenfabrikationen rentabel). In einer Elendsgesellschaft jedoch, die sich erst am Beginn der technisch-ökonomischen Entwicklung befindet, werden Unterschiede zwischen arm und reich – oder auch nur zwischen arm und auskömmlich – deutlich sichtbar und schmerzlich empfunden. Die Mär von der Profitgier der frühkapitalistischen Unternehmer jedoch ist (bis auf die wenigen Ausnahmen, die es immer gab und immer geben wird) eine der widerwärtigsten Lügen-Parolen jener Rattenfänger, die ihren Fallen-Speck im beißenden Rauch aus Neid und Haß räuchern. Viele offensichtliche und krasse Mißstände jener Zeit, die allzu leichtfertig allein den Unternehmern zugeschoben werden, finden bei näherer Betrachtung eine ganz andere, zumindest aber verständliche Erklärung. So waren beispielsweise Entartungen im Entlohnungssystem (Natural-Zahlungen, Anschreibe-Verfahren, eigenes Firmengeld u. ä.) nicht dem bösen Willen der Fabrikanten zuzuschreiben, sondern dem äußerst mangelhaften Geldsystem (Dramatische Knappheit an Münzen mit geringeren Nominalwerten, fehlendes Bankensystem, fehlendes Notengeld), und viele Übervorteilungen und Betrügereien, insbesondere bei der Bezahlung der Heimarbeiter, erfolgten – ohne Wissen der weit entfernten Unternehmenszentralen – durch die Mittelsmänner und Beauftragten, welche das weit verstreute Heimarbeiter-Netz betreuten und welche oft aus den gleichen Elendshütten kamen wie ihre Opfer.

Im Großen und Ganzen kann man der dritten verleumderischen Legende das Urteil des unbestechlichen Forschers und Historikers (Ashton) entgegenstellen: »Was immer gegen die Arbeitgeber der Frühzeit gesagt werden mag, den Vorwurf der Selbstbegünstigung kann man ihnen kaum machen. Die Aufzeichnungen eines Unternehmers nach dem anderen zeigen die gleiche Geschichte: Die Eigentümer gaben sich mit geringen Entgelten zufrieden, schränkten ihre Haushalts-Ausgaben ein und stärkten mit den Gewinnen ihre Reserven.«[270]

Wenden wir uns der nächsten und heikelsten Verleumdung zu (die eigentlich ein Bestandteil der Profitgier-Legende ist):

4. Die Legende um die Kinderarbeit.

Sie besagt im wesentlichen: Um Lohnkosten zu sparen, haben die Frühkapitalisten Kinder beschäftigt und diese rücksichtslos ausgebeutet.

Wesentlich trauriger als der traurige Faktor Kinderarbeit (welche tatsächlich weit verbreitet war) ist der Lug und Trug, der mit diesem Thema bis zum heutigen Tag verknüpft wird. Nehmen wir – exemplarisch – den spektakulärsten Bericht aus jener Zeit, den sogenannten »Sadler-Report« (Bericht des gewählten Kommitees zur Untersuchung der Fabrik-Kinderarbeit, 1831 bis 32 in England). Er gilt noch heute als authentische Schilderung der grauenhaften Zustände bei den Fabrik-Kindern.[271] Die Geschichte des Berichts spricht für sich: Das Parlaments-Mitglied Sadler wollte ein »Zehn-Stunden-Gesetz« für Kinderarbeit durchsetzen und gab deshalb mehrfach Schilderungen grausigster Art vor dem Hohen Haus ab. Das Parlament beschloß daraufhin, eine Kommission zu bilden, welche die Zustände untersuchen sollte. Der Kommissions-Vorsitz wurde besagtem Sadler übertragen. Man machte ihm zur Auflage, bei Abgabe des Berichts auch Zeugen aus der betrieblichen Praxis vorzuführen, welche die Berichts-Angaben bestätigen könnten. Unter Verletzung aller rechtlichen Vorgaben veröffentlichte Sadler seinen »Befund« *bevor* er ihn dem Parlament vorgelegt hatte. Ein zeitgenössische Historiker kommentierte das Sadler'sche »Werk« wie folgt: »Er gab der Welt eine solche Masse von ex-parte-Feststellungen und grober Fälschungen und Verleumdungen, wie sie wohl niemals zuvor Eingang in ein öffentliches Dokument gefunden haben.«[272] Sadlers Haupttrick hatte darin bestanden, Zustände aus längst vergangenen Zeiten zu schildern und diese so darzustellen, als seien sie noch immer akut. Der Bericht wurde *nicht* – wie damals üblich – unter Eid abgegeben. Von den drei Zeugen, die Sadler benannt hatte, konnte nur einer dazu bewegt werden, seine Zeugenaussage vor einer Prüfungs-Kommission zu wiederholen; er verweigerte jedoch eine Wiederholung unter Eid. Die Prüfungs-Kommission kam zum Ergebnis, daß die Aussagen dieses Zeugen »absolut falsch« gewesen seien. Die Berichte der daraufhin eingesetzten Nachfolge-Kommission (1833 und 34) nahmen zu den meisten der Sadler-Behauptungen kritisch und korrigierend Stellung, wurden aber von der Literatur über jene Zeit systematisch übergangen. (Trotzdem hat der Sadler-Bericht – natürlich! – Friedrich Engels als eine der Hauptstützen seiner Argumentation über jene Zeit gedient).

Eine weitaus objektivere Darstellung finden wir bei einem Autor, der von der einseitigen Geschichtsschreibung regelmäßig totgeschwiegen wird, obwohl er ein erklärter Gegner des Fabriksystems war: Der Arzt Philipp Gaskell.[273] In seinem Werk – obwohl höchst kritisch – findet sich kein Hinweis auf einen Zusammenhang zwischen Fabrikwesen und *ökonomischer* Verschlechterung der Lage der Arbeiter. In dieser Hinsicht, so Gaskell, sei eine wesentliche Verbesserung der Lebensumstände eingetreten. Wogegen er wettert und polemisiert, ist die – in seiner Sicht – moralische Abwertung der Arbeiter (durch den Verlust ihrer Unabhängigkeit; wie immer diese »Unabhängigkeit« ausgesehen haben mag). Was die Kinderarbeit anbetrifft, werden die Verhältnisse jedoch in einem ganz anderen Licht geschildert: Gaskell erregt sich über die unmoralischen *häuslichen* Gegebenheiten (Alkoholismus, Schmutz, Schamlosigkeit), in denen die Kinder aufwachsen müssen und schrieb, die Beschäftigung von Kindern in Fabriken könne so lange nicht als Übel betrachtet werden als die zeitgenössische Moral und die häuslichen Sitten der

Bevölkerung sich nicht radikal ändern würden. Solange für die Kinder keine häusliche Erziehung in Sicht sei und sie einem Leben als Wilde überlassen blieben, sei es besser, sie blieben mit leichter Arbeit beschäftigt. Und – so Gaskell – im allgemeinen sei die ihnen zufallende Arbeit tatsächlich leichter Art.[274]

Der moderne Mensch der Wohlstandsgesellschaft neigt dazu, die Zustände jener Tage aus der Position eines unendlich viel höheren Lebensstandards zu sehen (eines Standards allerdings, den ihm die Industrielle Revolution erst ermöglicht hat). Er sollte sich einer allzu hoffärtigen Moral-Arroganz enthalten und lieber versuchen, sich objektiv in die Zeitumstände hineinzuversetzen. Viele Unternehmer der industriellen Frühzeit hatten beispielsweise selbst als Kinder schwer gearbeitet und fanden in einer entsprechenden Beschäftigung, um welche die Eltern der Kinder sie meist händeringend gebeten haben, nichts außergewöhnliches.

Dennoch: Die Geschichte der Kinderarbeit in der Frühphase der Industrialisierung bleibt eine traurige. Das Bedrückende besteht jedoch *nicht* in der unzutreffenden Behauptung, die Industrielle Revolution habe die Kinderarbeit »geschaffen«, sondern in der Tatsache, daß dieser unselige Zustand *trotz* der Industriellen Revolution noch eine erkleckliche Zeitspanne *fortdauerte.* Niemand hat die viel traurigere Geschichte der Kinderarbeit vor dieser Zeit (oder während derselben, jedoch außerhalb der Fabriken) geschrieben: über die schwere Schinderei auf den Äckern und in den Familien-Werkstätten, über den Hunger, die Krankheit und den frühen Tod der Kinder, die keine Arbeit in den Webereien und Spinnereien gefunden haben.

Was sie – die Kinderarbeit – auch immer gewesen ist: sie war keine »Erfindung« der »Ausbeuter« und kein »Ergebnis« des Fabriksystems. Die meisten seriösen Zeugnisse der Epoche deuten im Gegenteil darauf hin, daß die Unternehmer und Meister der frühen Betriebe meist mehr Sorge und Verantwortung für die Kinder und Jugendlichen praktiziert haben als die jeweiligen Eltern und das übrige Umfeld ihrer beklagenswerten Adoleszenz. Vielfach finden wir den Hinweis, daß die Fabrikarbeit für die Menschen jener Tage noch die beste Alternative war, die sie für sich und ihre Familien ergreifen konnten (sonst hätten sie sich auch nicht in gewaltigen Massen dorthin gedrängt). Und authentisch sind auch die Berichte aus jener Zeit, die belegen, daß die Einführung reduzierter Arbeitszeiten in einzelnen Fabriken schnell rückgängig gemacht werden mußten, weil die Arbeiter massenweise davonliefen, um zu Betrieben mit längerer Arbeitszeit zu wechseln, und daß es für die Familien jeweils das größte Unglück bedeutete, wenn ein Fabrikbesitzer die Beschäftigung von Kindern – aus welchen Gründen auch immer – ablehnte. Gaskell, der – um es zu wiederholen – ein entschiedener Gegner des Fabrikwesens war, schrieb jedenfalls nach Inkrafttreten des »Factories Regulation Act«, der die Kinderarbeit wesentlich einschränkte, daß die Lebensumstände der Menschen mit diesem Gesetz nicht verbessert, sondern verschlechtert worden seien. Was schließlich zu einem relativ raschen Ende der Kinderarbeit geführt hat, sind denn auch weniger die entsprechenden Gesetze gewesen als vielmehr die allmähliche Verbesserung der Einkommens- und Lebensverhältnisse der Menschen im weiteren Verlauf der Industrialisierung, sowie die Entwicklung zu immer größeren und moderneren Unternehmen. All jenen Siebengscheiten, die noch heute die Ansicht vertreten, erst gute Gesetze oder Gewerkschaftsdruck hätten zu einer Besserung der Lebensumstände der damaligen (und der heutigen) Zeit geführt, sollte man – ganz generell – den Satz von Bertrand de Jouvenel entgegenhalten: man könne natürlich auch dem Glauben anhängen, Früchte würden durch das Schütteln von Bäumen produziert.[275]

Dieses so treffende Bild wäre eigentlich auch schon die Entlarvung der größten und allgemeinsten Legende über die Industrielle Revolution:

5. Die Nachtwächter-Staat-Legende.

Sie besagt, aufs Wesentliche reduziert, alle Übelstände der industriellen Frühzeit seien dem Umstand zuzuschreiben, daß sich der Staat und sein administrativer Apparat zu weit aus dem ökonomisch-sozialen Geschehen zurückgezogen habe, und daß er zu sehr der Forderung der Klassisch-Liberalen Lehre von einer weitgehenden Interventions-Enthaltsamkeit der planerischen Bürokratie entsprochen habe.

Die Apologeten dieses brüllenden Unsinns haben von keinem der Bausteine einer freiheitlich-rechtsstaatlichen Zivilisation etwas verstanden: weder vom stringenten Ordnungsrahmen des Liberalismus, noch von den unverzichtbaren Generalnormen des wahrhaftigen Rechtsstaats; weder von den Mechanismen der Evolution einer pluralistischen Großgesellschaft noch von der komplexen Kybernetik des Marktes.

Wer den Zahlen mehr traut als den Worten, findet in jüngster Zeit in der sensationellen Großstudie des weltbekannten Nationalökonomen Mancur Olson »Aufstieg und Niedergang von Nationen«[276] die statistisch-ökonometrische Untermauerung jener theoretischen Bemühungen, mit denen die Klassisch-Liberalen Ökonomen seit über 200 Jahren ganze (allerdings weitgehend ungelesene) Bibliotheken gefüllt haben. Olson belegt in einem von der Antike bis zur Neuzeit weitgespannten Bogen und mit erdrückender Faktenfülle die eindeutige statistische Korrelation zwischen dem Niedergang von Nationen und dem, was er »institutionelle Sklerose« nennt, und umgekehrt den stringenten Zusammenhang zwischen dem Aufstieg von Nationen und ihrer interventionspolitischen Enthaltsamkeit. Für die Wirtschafts»wunder« Nachkriegs-Deutschlands und Nachkriegs-Japans zeigen seine ökonometrischen Mammut-Datensammlungen unzweideutig auf, daß die »Wunder« sich aus dem radikalen Zerschlagen aller Interessenorganisationen (seitens der jeweiligen Besatzungsmächte) und der damit einhergehenden zeitweiligen Ohnmacht des (den organisierten Interessen willfährigen) Interventionsstaates erklären. Wohlstand, Aufstieg und Evolution lassen sich nicht »organisieren«; Niedergang, Zerfall, Abstieg und letztlich Untergang aber werden immer »organisiert«; von jenen mächtigen Sklerose-Spezialisten, die alles besser wissen und »besser machen« wollen, auch – und vor allem – das, was niemand wissen und niemand »machen« kann, und welche die gestrengen Wächter *wirklicher* Freiheits-Ordnungen als »Nachtwächter« verunglimpfen.

Die größte und verhängnisvollste aller Lügen, mit denen der Liberalismus des 18. und 19. Jahrhunderts diffamiert wurde, ist die Behauptung, der Rechtsstaat sei als »Nachtwächterstaat« (Lasalle) eine Erfindung des liberalen Besitzbürgertums zur Bewahrung seiner Macht- und Geldsack-Strukturen. Damit wurde die größte Idee und Errungenschaft der Menschheitsgeschichte, das zweitausendjährige Ringen der edelsten Geister, die gesamte Historie abendländischer Philosophie, und der millionenfache Blut- und Leidzoll einer um Freiheit und Würde ringenden Menschheit im sarkastisch-arroganten Geifer einer sozialistischen Indoktrinations-Parole ersäuft. Und die die Früchte dieses zweitausendjährigen Ringens gedankenlos genießenden Nachfahren beeilen sich, den geistigen Schierlingsbecher der Selbstzerstörung stets neu zur Brust zu nehmen: ein Gebräu aus dem Eiter der Neidwunde, dem Schwefeldampf der Halbbildung und dem Sputum intellektueller Überheblichkeit. Tragisch nur, daß sie damit nicht nur sich selbst, sondern uns alle vergiften. Schon lange; und immer wieder; und immer wieder bis zum bitteren Ende.

»Nichts ist irreführender, als Hitler einen Faschisten zu nennen.«
Sebastian Haffner.

»Spätere Generationen von Historikern werden vor dem Rätsel stehen, warum unsere Zeit die Nationalsozialistische Arbeiterpartei als Rechtspartei einordnet.«
Wolfram Engels.

5. Die Schlimmste aller Legenden: Faschismus – oder des Kaisers neue Kleider.

Der Sozialismus hat nicht nur *ein* Trojanisches Pferd; er hat einen ganzen Marstall voll von diesen Übertölpelungs-Kleppern. Mal kommen sie mit christlicher Aufzäumung daher, mal mit humanitärer; hier mit nationalistischer, dort mit internationalistischer; mal mit Friedensgewieher und mal mit der Longe des vaterländischen Krieges; und wenn alle feierlich geschmückten Schindmähren mal die Kolik haben sollten, dann eben im Zaumzeug der ökologischen Welt-Errettung.

Das raffinierteste, verlogenste und verhängnisvollste Täuschungsmanöver jedoch, das den Sozialisten jemals gelungen ist, trägt den Namen »Faschismus«. Das entsprechende Verwirrspiel ist so komplex, und das zugehörige Lügennetz so fein verwoben, daß die meisten Menschen bis zum heutigen Tage in diesem labyrinthischen Gewirr verirrt und gefangen geblieben sind. Man muß recht weit ausholen, um das mystische Parolen-Gespinst entwirren zu können. Die wichtigsten dieser trügerischen Parolen:

1. Faschismus ist »rechts«.
2. Nationalsozialismus ist gleich Faschismus (also waren auch Hitler und der Nazismus »rechts«)
3. Bürgerlich-kapitalistisch ist gleich »rechts«.
4. Also ist Kapitalismus latent und tendenziell faschistisch.
5. Sozialismus ist demokratisch.
6. Deshalb heißt »kapitalistisch« auch: »anti-demokratisch«.
7. Sozialismus war und ist antifaschistisch.
8. Deshalb war und ist Sozialismus pro-demokratisch (= der »Retter«).

Wenn man *jede* dieser unermeßlichen Lügen (und noch einige mehr) mit *jeder anderen* verknüpft, bekommt man eine Ahnung von der Undurchdringlichkeit des Vorhangs, der sich vor die Urteilskraft der angeblich so aufgeklärten Vernunft des Zwanzigsten Jahrhunderts geschoben hat. Wäre das Schauspiel nicht so makaber, so könnte man die pathologischen Abfolgen der einzelnen Tragödien-Akte geradezu mit einer Art Faszination des Schreckens beobachten. Ein relativ aktuelles Beispiel: Anläßlich des 50. Jahrestages des Hitler-Überfalls auf Polen war auf den deutschen Bildschirmen eine hochkarätige Gesprächsrunde zu sehen. Es ging um die Ursachen des Zweiten Weltkriegs. Ausnahmsweise war *Kompetenz* versammelt, und *nicht* die übliche hirnlos-geschwätzige *Prominenz.* Namhafte Historiker ergänzten den Kreis aus ehemaligen hohen politischen Funktionsträgern verschiedener Länder. Da war denn also von Versailles die Rede und von den deutsch-französischen Zerwürfnissen; von der Appeasement-Politik der Engländer und den falschen Signalen aus Amerika; von Hitlers diabolischem Charakter und dem Mitläufertum in der deutschen Bevölkerung; von der Weltwirtschaftskrise und der Schwäche der Weimarer Republik; kurz: von *allen* Faktoren, die zweifellos bei der Kriegsentstehung *mit*gewirkt haben. *Aber:* da fiel nicht ein einziger Satz über die Hauptursache, über die fundamentale Quelle des usurpatorischen Wahns: nicht ein Sterbenswörtchen über den sozialistisch-populistischen – ist gleich kollektivistischen Geist, der eine Massenbewegung wie den Nationalsozialismus erst möglich gemacht hatte. Es war als hätte die illustre Versammlung noch nie etwas gehört.

- von Oswald Spengler, der bereits 1918!! gewarnt hatte: »Der ethische Sozialismus ist – trotz seiner Vordergrundillusionen kein System des Mitleids, der Humanität, des Friedens und der Fürsorge, sondern des Willens zur Macht... Der Sozialist... ist der Mensch der historischen Sorge, des Künftigen, das er als Aufgabe und Ziel empfindet, dem gegenüber das Glück des Augenblicks verächtlich wird... Das *dritte Reich ist das germanische Ideal*...«[277]
- von Ludwig von Mises, der bereits zu Beginn der Dreißiger Jahre geschrieben hat: »Beide – Marxismus und Nationalsozialismus – stimmen in der Gegnerschaft gegen den Liberalismus und in der Ablehnung der kapitalistischen Gesellschaftsordnung überein. Beide streben eine sozialistische Gesellschaftsordnung an.«[278]
- von Wilhelm Röpkes berühmtem Artikel in der Neuen Zürcher Zeitung anno 1937, wo zu lesen stand: »Der Antifaschismus der Kommunisten und der Antikommunismus der Faschisten – im Grunde ist das ein Familienstreit innerhalb des totalitären Sektors der Welt.«[279]
- von Hans Barth, der ein Jahr nach Röpke in seinem nicht minder

berühmten Artikel »Über die Entstehung der Ideologie vom totalen Staat« vom »mörderischen Bruderkampf zwischen Kommunismus und Naionalsozialismus« und ihren gemeinsamen Wurzeln, Ideologien und Strategien geschrieben hat.[280]

Ganz zu schweigen von der späteren oder neueren Literatur. Da diese unbegreifliche Ingnoranz jedoch nicht zufällig, sondern *symptomatisch* ist, ergibt sich daraus eine schreckliche Konsequenz: wer die *wahren* Ursachen einer Katastrophe nicht erkennt, hat auch keine geistigen Abwehrkräfte gegen künftige Katastrophen der gleichen oder ähnlichen Art. Die Frage des polnischen Schriftstellers Andrzej Szczypiorski »Wo war Goethe in Wawer?«[281] wird niemals zu beantworten sein, wenn die wahren geistigen Wurzeln des Nationalsozialismus nicht erkannt und aufgedeckt werden. Des Kaisers Neue Kleider werden weiterhin den nackten Irrsinn der liebedienerischen Hofschranzen der Macht verschleiern.

Doch zurück zu unserem Ausgangspunkt: zur bewußt betriebenen Vernebelungstaktik hinsichtlich der Begriffe »Faschismus«-»Sozialismus«, »rechts«-»links«, und ihrem unseligen terminologischen Gefolge:

Die Wahrheit ist: Fast alles am »Faschismus« ist sozialistisch: seine Entstehungsgeschichte und seine geistigen Quellen ebenso, wie seine Leitfiguren und Agitations-Mechanismen.

Ab 1870 tauchten in Italien außer- und antiparlamentarische Arbeiterbünde (fasci, fasci operai) auf. Um 1890 nannten sich agrarrevolutionäre Vereinigungen sizilianischer Landarbeiter »fasci rivoluzionari«. Mussolini griff diesen Namen auf und gründete 1919 mit rund vierzig Gesinnungsgenossen – in der Mehrzahl revolutionäre Sozialisten – den ersten fascio di combattimento (Kampfbund). Ursprünglich war Mussolinis Ideenwelt rein marxistisch gewesen. Erst als sein feinsensorischer Machtinstinkt das Angst-Potential des Bürgertums in den Städten entdeckte (geschürt vor allem durch die Fabrikbesetzungen streikender Arbeiter 1920), wandte er sich rhetorisch gegen den revolutionären Sozialismus und Kommunismus, und verschaffte damit der Bewegung einen so starken Auftrieb, daß er 1921 die Partito (Partei) Nazionale Fascista gründen konnte.Die Klassenkampfidee engte er zunächst auf die nationale Ebene ein, verdrängte sie später zugunsten des politischen Kompromisses mit dem Bürgertum, um sie ab 1943 wieder aufzugreifen. Seine Theorie des »sozialen Krieges« war ein Marx-Sorel'sches Ideengemisch. Der französische Sozialist Georges Sorel wiederum und seine von Proudhon, Marx und Bergson beeinflußte Lehre vom revolutionären Syndikalismus, ist ideengeschichtlich das wohl maßgebliche Verbindungsglied zwischen Faschismus und Nationalsozialismus. In dieser Figur (Sorel) verbinden sich in geradezu idealtypischer Weise die zerstörerischen Kräfte des Hyperrationalismus (Glaube an einen rationalen Gesellschaftsentwurf) mit dessen Zwillingsbruder, dem Antirationalismus (Glaube an die revolutionäre Kraft der Mythenbildung). Der hyperrationalistische Revolutions-Ansatz von Marx und Engels, in der Geschichte einen mechanistisch ablaufenden Vernunftsprozeß – hin zum Kommunismus – zu sehen, und der antirationalistische Ansatz Sorels, der »Symbole, Bilder und soziale Mythen« forderte, um die Massen zur revolutionären Aktion zu bewegen, haben einen gemeinsamen Nenner: die Gewalt. Die Gewalt des revolutionären Willens *der* Massen und *durch die* Massen. Diese zutiefs sozialistischen *gemeinsamen* Bausteine des Faschismus und Nationalsozialismus nicht sehen zu wollen, heißt, die Tünche des schwarzen oder braunen Hausanstrichs für das ganze Gebäude zu halten. Beide, der italienische Faschismus und der – wesentlich schlimmere – deutsche Nationalsozialismus waren Zöglinge der gleichen vergifteten Muttermilch: des Sozialismus. Und alle drei, Zöglinge und Amme, waren sich stets einig in ihrem wichtigsten Ziel: der Beseitigung der parlamentarischen Demokratie und der Errichtung einer Einpartei-Diktatur. Hitler hätte seine geistige Herkunft und seine wahren Ziele durch nichts deutlicher machen können als durch den Namen seiner totalitären Terror-Herrschaft: den »National-(verbrämten) *Sozialismus«*.

Im übrigen hatte der italienische Faschismus auch Züge eines autokratischen Systems und war deshalb wesentlich weniger todspeiend als Hitlers brauner Sozialismus. (Wer Autokratien, auch die autoritären Junta-Regimes der neueren Südamerikanischen Geschichte, für ebenso menschenfeindlich hält wie die sozialistischen Reiche der Finsternis, der ist nicht nur auf dem linken, sondern auf beiden Augen blind, und der sollte sich schleunigst anschikken, in beiden Systemen einige Zeit zu leben. Es empfiehlt sich jedoch, mit dem autokratischen anzufangen, weil man ihn nur dort wieder gehen läßt.)

Heinz Abosch hat deshalb recht, wenn er sagt: »Die Hitler-Diktatur als faschistisch zu bezeichnen, hieße, sie zu bagatellisieren.«[282] Und auch der einer »rechten« Gesinnung gewiß nicht verdächtige Sebastian Haffner trifft den Nagel auf den Kopf, wenn er schreibt:

»Nichts ist irreführender als Hitler einen Faschisten zu nennen. Faschismus ist Oberklassenherrschaft, abgestützt durch künstlich erzeugte Massenbegeisterung... [Hitlers] Nationalsozialismus war alles andere als ein Faschismus... seine »Sozialisierung der Menschen« [hat] genaue Entsprechungen in sozialistischen Staaten, wie etwa der heutigen Sowjetunion und DDR [1978]«[283] Mit dem Taschenspielertrick »nationalistisch« als »rechts« zu bezeichnen (bzw. zu identifizieren) – und damit eine ideologische Gegnerschaft gegen »links« vorzutäuschen (und umgekehrt), kann noch heute jeder politische Wahrheits-Dieb den Bürgern das Schmalz aus den Hirnkästen entwenden. Beide – sogenannte »Rechte« und Linke – sitzen in Wirklichkeit links bis ultralinks von der Mitte und schlagen sich – als verfeindete Brüder der gleichen sozialistischen Pöbel-Sippe – mit Krallen und Zähnen darum, wer die Mitte in Fetzen reißen und auf den Kadavern seine Fahnen hissen darf. Und in ihrem Kampf ging es nie um mehr oder weniger Demokratie, sondern immer nur um das Vorrecht, die Demokratie zu zerreißen und mit kollektivistischen Wahnregimen beerben zu dürfen. Selbst die »Rettungs-Theorie« der gemäßigten Sozialisten, der Sozialdemokraten, ist nur eine fromme Legende. Der 20. Juli war eine Verzweiflungstat des stockkonservativen Bürger-Adels, und die sogenannte »Zwangsvereinigung« von SPD und KPD zur SED 1946 war in Wirklichkeit ein euphorischer Freudentaumel. (Der Beschluß zur Vereinigung erfolgte auf dem 40. Parteitag der SPD-Ost im April 1946 unter frenetischem Jubel – und *einstimmig*. Der Parteitagsleiter Fechner: »Uns ist das Herz erfüllt mit Freude und Dankbarkeit. Nun ist es endlich vollendet, das große Einigungswerk. Sehnsucht von Hunderttausenden wurde gestillt, der Bruderkampf begraben, die Einheit geschaffen... Wir erheben uns von den Plätzen und stimmen ein in den Ruf: Die geeinte sozialistische Arbeiterbewegung, die Partei aller schaffenden Deutschen, die Sozialistische Einheitspartei Deutschlands, sie lebe hoch, hoch, hoch!!!« – Und unter brausendem Beifall stimmte die Versammlung die »Internationale« an. Das war die »Zwangs«vereinigung der aufrechten Demokratie-Retter: der Sozialdemokraten).

Merke: Von links ist Rettung vor sozialistischem Wahn noch nie gekommen. Auch nicht von halblinks. Und natürlich auch nicht von »rechts«, weil »rechts« im schönen Abendland eben auch nie etwas anderes war und ist als »links«.

Es gibt nur *eine* Freiheit, und die ist individualistisch und pluralistisch. Demokratie ist für sie kein Synonym, sondern nur selbstverständlicher politischer Boden. Daneben gibt es nur *Feinde der Freiheit.* Ob links oder rechts, spielt nicht die geringste Rolle. Außerhalb dieser Freiheitszone, die man unnötigerweise als »Mitte« bezeichnen mag, liegen alle Spielarten des populistischen Kollektivismus, und die sind *alle* (per definitionem!) sozialistisch!

Aus der beispiellosen Begriffs-Maskerade der »linken« Medien- und Polit-Intelligenzia (und der daraus erwachsenden Verwirrung in jedem halbwegs normalen Bürgerhirn) resultieren denn auch die seltsamsten Blüten deutschen Kurzschluß-Denkens. So beispielsweise die absonderliche Differenzierung nationaler Schuldzuweisungen: Während – mit Blick auf Hitler – den Deutschen (zurecht!) schwere Schuld zugewiesen wurde (und wird), gelten die Sowjetbürger – mit Blick auf Lenin, Stalin, Breschnew und Konsorten – nur als »Opfer«. (In der Zeitschrift »ogonjoka« schrieb der russische Schriftsteller Rashnow: »Stalin, Berija, Jeskow, Jagoda – diese vier sollen offenbar *allein* das Böse im Bewußtsein des Volkes personifizieren. Wenn es nur so wäre! Jeder der Millionen Umgekommenen hatte seinen Denunzianten, seinen Untersuchungsrichter, seinen Begleitsoldaten, seinen Gefängniswärter, seinen Sicherheitsbeamten im Lager... Wer trat sie [die Millionen Unglücklichen] mit eisenbeschlagenen, staatseigenen Stiefeln in Nieren, Leber, Magengrube? Wer erfand Lügenmärchen und erpreßte Geständnisse? Wer hetzte sie auf dem Transport ins Lager, ließ sie hungern und erschoß sie?«)[284]

»Links« also gibt es angeblich weltweit nur von »Betonköpfen« gepeinigte arme, unterdrückte Edelvölker; da aber, wo links als »rechts« getarnt wurde, da soll es nur ein Volk von charakterlosen Verbrecher-Schweinen gegeben haben. Dabei wird sogar geflissentlich übersehen, daß es sich vielfach bei Tätern *und* Opfern um Deutsche gehandelt hat. Auch die deutschen Juden sind und waren Deutsche wie alle anderen Deutschen. Nichts sonst! Die Tatsache ihres jüdischen Glaubens berührt dieses Faktum genausowenig wie die Tatsache, daß manche Deutsche Mitglieder eines Gesangvereins sind/waren – und andere eben nicht.

Man wird bei derlei Hinweisen leicht – und gern! – mißverstanden. Deshalb nochmals deutlich: Es geht mir nicht um eine Relativierung oder gar Leugnung der unermeßlichen deutschen Schuld, sondern darum, daß *um der richtigen und heilsamen Erkenntnis willen* überall mit gleicher Elle gemessen wird. Nur so entkommt man der Lüge und der falschen Theorie, der Nazi-Totalitarismus habe seine Ursachen im »deutschen Volkscharakter« (genauso wie der schwachsinnigen Unterstellung, beim DDR-Totalitarismus habe es sich um eine charakterspezifische Volksneigung der Deutschen-Ost gehandelt). Und nur so gelangt man zur einzig wahrhaftigen und heilsamen Einsicht, daß der Nazismus die gleiche sozialistisch-kollektivistische Grundstuktur aufweist wie alle anderen Totalitarismen, und daß diese Gefahr *prinzipiell* auf *alle* Völker und Menschen lauert, besonders auf jene, die glauben, derartiges könne ihnen allein aufgrund ihres edleren Charakters nicht passieren. Der Gefahr, eines Tages einem verbrecherischen Regime anzugehören, ihm zu dienen und unter ihm leiden zu müssen, entgeht man nicht durch völkisch-rassische Andersartigkeit, und nicht durch heuchlerische Ablenkungsmanöver auf eine »Gefahr von rechts«, sondern einzig und allein dadurch, daß die Mehrheit – oder wenigstens die entscheidenden Eliten – einer Nation die Prinzipien und Bedingungen persönlicher und politischer Freiheit verstehen, lieben und mit unerbittlicher Konsequenz verteidigen.

An alle »Das kann nie wieder passieren«-Theoretiker, also vor allem an die Kameraden aus der »linken« Ecke, die glauben und verkünden, »so was« könne nur von »rechts« kommen:

Nichts, seltsame Freunde, habt Ihr verstanden! Wer mit dem törichten Geschwätz daherkommt, wir hätten unsere Lektion aus der Geschichte gelernt, und derartiges könne sich nicht wiederholen, der muß sich fragen lassen: Wieso ist dann einen Herzschlag nach dem Ende der Hitler-Finsternis *das gleiche* im östlichen Teil unseres Vaterlandes passiert – nur eben rot statt braun? (Noch wenige Tage vor Honneckers Zwangsurlaub durften wir es doch auf den Bildschirmen beobachten – zum 40. Jahrestag der DDR –: Die gleichen martialischen Paraden, Tausende im Stechschritt vor den Tribünen der Polit-Bonzen, Fahnen und Fackeln, Panzer und Kanonen, und Heerscharen von »begeisterten« Zuschauern. Der *einzige* Unterschied zu den braunen Aufmärschen: Die Winkehändchen der Todes-Greise – statt des ausgestreckten Arms).

»Ja, aber die Juden. So was hat man doch drüben nicht...« Nein, »das mit den Juden« hat man nicht. Dafür hatte man andere Vokabeln: die Revanchisten und Imperialisten, die Reaktionäre und Volksfeinde, die Monopolkapitalisten und Friedensfeinde. (Wenigstens in dieser einen Vokabel – »Juden« – mußte man sich ja demonstrativ von den braunen Genossen unterscheiden). Und man hat diese Volksfeinde von Privilegienpöstchen und Laufbahnen ausgeschlossen, verhaftet und gefoltert, in psychiatrischen Kliniken behandelt und an Mauer und Stacheldraht wie Karnickel abgeknallt. Nur halt so »richtig«, so wie in KZs, wie man es liebend gern getan hätte (und bei Väterchen Stalin ein paar tausend Meilen östlich auch getan hat), so konnte man's halt nicht machen, so nah vor den Augen der freien Welt (besser: noch nicht, denn inzwische wissen wir von 24 geplanten Internierungslagern der Stasi für »Andersdenkende« auf ostdeutschem Boden). Aber ansonsten: Mit Gestapo (Stasi) und Einheitspartei NSDAP (SED) und HJ (FDJ) und Volksgenosse (Genosse) und »Arbeiter der Stirn und der Faust« (Held der Arbeit) und Arbeitsfront (Einheitsgewerkschaft und Nationale Front) *Alles dasselbe in rot.*

Also: Aus der Geschichte lernen? Nie wieder?

Mit der von unseren Medien und Intellektuellen gelehrten Rechts-Links-Wachsamkeit erzieht man nur zur Blindheit vor der Gefahr. In einem schlangenverseuchten Dschungel warnen sie uns vor dem Angriff durch Eisbären. Alles Mummenschanz, *solange man nicht begriffen hat* (oder nicht begreifen will), was die wirklichen Ursachen des Übels sind und waren; solange man nicht begriffen hat, was Freiheit ist – und was ihr Gegenteil; solange man nicht verstanden hat, daß Sozialismus immer und überall Unfreiheit, Gewalt, Lüge, Terror, Menschenverachtung und Tod bedeutet; ganz gleich, ob er sich rot, braun, grün oder gelb gebärdet, ob er sich »national« oder »international«, »volksdemokratisch« oder »volksrepublikanisch«, »faschistisch« oder »kulturrevolutionär« tarnt, oder ob er sich schlicht – aber ebenso tödlich – nur »sozialistisch« nennt.

VII. Der »neue« Sozialismus.

Szabadság, szerelem! E kettö kell nekem. Szerelmemért födáldozom Az életet, Szabadságért födáldozom Szerelmemet.
Sándor Petöfi, 1847[285]

Freiheit und Liebe sind all mein Streben! Für meine Liebe könnt' ich das Leben, doch für die Freiheit die Liebe selbst geben.
Sándor Petöfi.

»Nur die plötzlichen Katastrophen sieht man; für die schleichenden, kontinuierlichen Katastrophen, die sich allerorten im modernen Wirtschafts- und Gesellschaftsleben abspielen, ist aber der Gegenwart der Sinn verschlossen.«
Rudolf Goldscheid.

»Wer frei sein will, muß mit der Angst leben.«
Günther Weisenborn.

»Es gibt... keine Alternative zu unserer steten Wachsamkeit, zur permanenten Schärfung des Bewußtseins, daß unsere Freiheit durch einen immer weiter sich aufblähenden Leviathan bedroht ist.«
Antonio Martino.

1. Die neue Klasse: Ein Konto in Babylon.

Wer den Film »Alexis Sorbas« gesehen hat – und wer hätte das nicht –, dem bleibt die Szene im Gedächtnis, bei der die Baumstämme aus dem Gebirgswald, an einer Art Seilbahn hängend, mit tosendem Lärm zu Tal schießen; und der erinnert sich auch der Worte, mit denen der Grieche Sorbas den finanziellen Ruin seines amerikanischen Freundes kommentiert: »Boss, hast du jemals etwas so wunderschön zusammenkrachen sehen?«

Diese Bilder drängen sich dem Beobachter auf, der in unseren Tagen Zeitzeuge des Zusammenbruchs der sozialistischen Elends-Konstruktionen des Ostens wird. Was unmöglich schien – und bis dato noch nie und nirgendwo eingetreten war –: eine Rückwärtsrevolution heraus aus den Krallen des sozialistischen Ungeheuers und hin zu Markt und Freiheit, ist quasi über Nacht Wirklichkeit für eine ganze Völkerfamilie geworden. Was hier – endlich – einstürzte und noch weiter zerfallen wird, das ist der »alte« Sozialismus. (Wenn auch Tocquevilles weise Einsicht zu großer Skepsis gemahnt: »Jedes Mal, wenn man... die absolute Gewalt hat beseitigen wollen, hat man sich darauf beschränkt, die Freiheit als Kopf auf einen Rumpf der Knechtschaft zu setzen.«[286])

Es ist hierbei – beim Sturz des alten Sozialismus – gleichgültig, welche Namen er sich gegeben hatte: Ob Marxismus oder Kommunismus, ob Staats- oder Volkssozialismus, ob Staatskapitalismus oder Basisdemokratie, ob Planwirtschaft oder Arbeiterselbstverwaltung (Jugoslawien): Alles der gleiche kollektivistisch-totalitäre Mummenschanz (wenn auch durchaus differenziert im Grad seiner mörderischen Dimensionen). Er, der »alte«, ist – hoffentlich für lange Zeit – gelähmt (sterben wird er nie). Doch wehe den Einfältigen, die glauben, er – *der* Sozialismus – sei tot. Er ist in Wirklichkeit das leuchtende Symbol für die unaufhörliche Reinkarnation der Dummheit, und der unübertreffliche Meister der theatralischen Verwandlungs-Maskerade. In welchen Gewändern und Verkleidungen hat er nicht schon die Menschen und Zeitalter verhext, betört und getäuscht: Der Frühsozialismus kam im Gewand der säkularisierten Paradies-Utopie daher, der Marx'sche Sozialismus im Mantel der »wissenschaftlichen« Geschichts- und Gesellschafts-Erklärung, der Engels-Lenin'sche in der Uniform des Weltrevolutionärs, der bolschewistische Sozialismus tanzte in den Schleiern des Friedens (Kriegsmüdigkeit gegen Ende des Ersten Weltkriegs), der Boden-Neuverteilung und des Internationalismus, der faschistische Sozialismus im braunen Hemd des Nationalismus und der rassistischen »Erneuerung«, und der volksdemokratische im Gewand des antifaschistischen »Fortschritts«. Und längst hat sich der alte, der desavouierte und totgesagte, eine neue Kostümierung übergestülpt, um seinen nekromanischen Reigen weitertanzen zu können.

Was nun ist das »Neue« am »neuen Sozialismus«? Während der »alte« das Schwergewicht seines Gaukel-Rituals auf den Produktionssektor legte (Überführung der Produktionsmittel in Gemeineigentum), legte der »neue« dieses Gewicht auf die Verteilungsseite des Sozialprodukts. Sein Ornat heißt »Wohlfahrtsstaat«. In Wirklichkeit ist dieser neue Sozialismus – oder, wie ich ihn nenne, Sozialsozialismus – nicht neu, sondern so alt wie der »alte« Sozialismus in allen seinen Narrenkostümen oder Henkerskutten selbst. Neu ist an ihm nur die Bühne für seine Auftritte, sozusagen seine Schmieren-Kulisse. Während seine revolutionären Vorgänger pluralistische Demokratie (Parteienvielfalt und abwählbare Regierungen) ausschlossen, kratzt der gewandelte Nachfahre sich in dieselbe mit allen Grimassenkünsten eines verbalen Definitions-Hokuspokus geradezu ein. Demokratie ist in diesem Possenspiel möglich; jedenfalls jene pervertierte und entartete Demokratie, die ihren Offenbarungseid mit Hilfe eines uferlosen Fiskal- und Verteilungsstaates um Jahrzehnte hinausschieben kann. Aber eben nur *hinausschieben.*

Wenn es im Godesberger Programm der SPD von 1959 hieß: »Sozialismus wird nur durch Demokratie verwirklicht, die Demokratie durch den Sozialismus erfüllt«, und wenn im Programm-Entwurf der SPD vom März 1989 immer noch zu lesen stand: »Demokratie und Sozialismus waren von Anfang an untrennbar«, dann sind das eben die gleichen inhaltslosen Beschwörungsformeln, wie sie beispielsweise auch in der DDR-Verfassung zu finden waren: »Die Bürger der Deutschen Demokratischen Republik üben ihre politische Macht durch *demokratisch* gewählte Volksvertretungen aus.« (Art. 5,1), oder: »Die Deutsche Demokratische Republik garantiert allen Bürgern die Ausübung ihrer Rechte und ihre Mitwirkung an der Leitung der gesellschaflichen Entwicklung. Sie gewährleistet die *sozialistische Gesetzlichkeit* und *Rechtssicherheit*«. (Art. 19,1). Ein Apfel wird eben nicht dadurch ein Apfel, daß man behauptet, nur sozialistische Äpfel seien Äpfel, sondern dadurch, daß er wie ein Apfel aussieht, wie ein Apfel wächst und wie ein Apfel schmeckt. Alles andere, auch die definitorische oder bedingende Gleichsetzung von Sozialismus und Demokratie, ist begrifflicher Götzendienst auf Steinzeitniveau, sprich: geistiger Sondermüll.

Der »neue« Sozialismus zeichnet sich durch drei grundlegende Überzeugungen aus:

1. Durch den Glauben der Politiker und Parteien, man könne und müsse – vor allem aus Gründen der »sozialen Gerechtigkeit« – »lenkend« und umverteilend in die Volkswirtschaft eingreifen.
2. Durch die Behauptung der Gewerkschaften, man könne und müsse (aus den gleichen Gründen) ein immer höheres Lohnniveau und rapide wachsende Sozialleistungen mit Mitteln der organisierten Macht erpressen, und
3. Durch den Glauben der Bürger, ein bestimmter nationaler Reichtum erlaube und ermögliche es, für sie selbst und für bestimmte Gruppierungen einen jeweils größeren Anteil am Gesamtkuchen zu fordern und politisch durchzusetzen.

Alle drei Merkmale wirken in Richtung auf ein und dasselbe Resultat: Minderung des Leistungswillens, Senkung der Investitionsneigung, Verzerrung der Signalwirkung der Preise, Schmälerung der Gewinnchancen – und damit auch der Risikobereitschaft, kurz: Lähmung aller produktiven Kräfte.

Kommentar der »neuen« Sozialisten hierzu: Eine reiche Nation kann sich das – im Interesse einer »Humanisierung« der Lebensverhältnisse – eben leisten. Dahinter stecken jedoch zwei entscheidende Denkfehler oder Täuschungen: Zum einen wird verschwiegen, daß ein jeweils höheres Produktivitätsniveau von ganz alleine zu besseren Existenzverhältnissen führt, ja daß *nur* eine steigende Produktivität diese herbeiführen kann, und zum anderen verfällt man hierbei einer verhängnisvollen *Vermögensillusion*. Der Basler Professor Silvio Borner hat diese Illusion mit so verständlich-einfachen Worten beschrieben, wie sie nur selten aus professoraler Feder fließen: »Eine Gesellschaft, welche die Fähigkeit oder den Willen, produktiv zu sein, verloren hat, wird verhungern müssen, *mag ihr Vermögen noch so groß sein*. Das ist das zentrale Paradoxon der *Vermögensillusion*: Niemand kann vom Vermögen leben, wenn niemand mehr produktiv ist... GESAMTWIRTSCHAFTLICH IST DER REICHTUM STETS UND IMMER NUR DER GEGENWERT DER *ZUKÜNFTIGEN* PRODUKTIONSERTRÄGE... Wir alle, Arme und Reiche, sind schicksalhaft mit der Produktivität der gesamten Volkswirtschaft vernetzt... Was mein Vermögen wert ist, bestimmen immer die anderen.«[287]

Überlegen wir doch: alle unsere »Reichtümer« und Vermögen: Eigenheim (soweit wir es mal verkaufen oder beleihen wollen), Bausparguthaben, Aktien und Pfandbriefe, Lebensversicherungs- und Rentenanwartschaften, Bargeld und Sparguthaben, Sammler-Münzen und -Briefmarken, sind allesamt »eingefrorene« *Ansprüche* an das zukünftige Sozialprodukt. Wenn wir sie »auftauen«, um etwas dafür zu kaufen, dann gelingt dieses Kaufen nur dann, wenn zum betreffenden Zeitpunkt alle die Waren und Dienstleistungen auf dem Markt vorhanden sind, die wir benötigen oder haben wollen, d. h. wenn andere Menschen bereit sind, diese Dienste zu leisten bzw. diese Waren zu produzieren. Alle anderen Mitmenschen um uns herum, im eigenen Land und in fremden Ländern, müssen also bereit und in der Lage sein, zu arbeiten, zu produzieren und zu investieren, und zwar nicht nur heute und morgen, sondern immer und ewig (für uns als Einzelwesen betrachtet – zumindest so lange, bis die letzte Mark unseres Vermögens »aufgetaut« und verbraucht ist). Ist diese Voraussetzung nicht gegeben, so ist all unser Vermögen (einzeln und/oder gesamtwirtschaftlich gesehen) *völlig wertlos*. (Natürlich gibt es für diese Wertlosigkeit oder Werthaltigkeit auch eine Vielzahl von Zwischenabstufungen). Das gleiche und noch schlimmeres gilt für das sogenannte Produktivvermögen, also für

Fabriken und Maschinen, für Werkstätten und Werkzeuge: sie werden jeweils viel früher und viel schneller ganz oder teilweise wertlos; und zwar nicht erst, wenn für sie kein Gegenwert mehr zu haben ist, sondern bereits dann, wenn ihre Nutzung keinen nachhaltigen Gewinn mehr abwirft. Wenn ein noch so großer und schöner Betrieb nur noch Verluste statt Gewinne »erwirtschaftet«, dann ist es billiger, ja unumgänglich, ihn stillzulegen. Andernfalls führt die unausbleibliche Überschuldung zum Konkurs. Dann aber haben all die schönen Maschinen und Anlagen, die Gebäude und Infrastruktureinrichtungen nur noch Schleuder-, Schrott- oder Versteigerungswert, ganz gleich, wie viele Millionen Mark sie einmal gekostet haben oder »wert« gewesen sein mögen. (Die meisten Industrie- und Gewerbebauten sind ganz spezifisch auf ihren Nutzungszweck hin errichtet worden und sind einer anderen Verwendung nur schwer, mit hohen Kosten oder gar nicht mehr zuzuführen. Noch mehr trifft das für Maschinen und maschinelle Anlagen zu, weil sie nicht nur viel rascher technisch veralten als Gebäude, sondern auch noch seltener zu alternativen Einsätzen taugen).

Also, weil es so wichtig ist, nochmals: Gesamtwirtschaftlich ist Reichtum stets und immer nur der Gegenwert zukünftiger Produktionserträge.

Wenn also die »neuen« Sozialisten in den Parteien und Gewerkschaften antreten, um Gewinne immer mehr zu dezimieren, zu diffamieren oder wegzusteuern, Investitionen immer reizloser, und Kosten-Risiken immer abschreckender und unkalkulierbarer zu machen, wenn sie – wie es so schön heißt – die »Leistungsfähigkeit der Wirtschaft testen« wollen, dann »testen« sie auch die Grenzen, an denen unser individuelles und unser gesamtwirtschaftliches Vermögen zu verfallen beginnt und schließlich wertlos wird. Und wer da ruft: »Alles halb so schlimm; uns geht es doch *trotz allem* gut, dem sei geantwortet: Unser Reichtum von heute ist das Ergebnis produktiver Investitionen *der Vergangenheit,* und unser Reichtum von morgen ist das Ergebnis der produktiven Investitionen *von heute.* Und wie die aussehen, beweist eine Studie Manfred Neumanns (im Auftrag des Instituts der Deutschen Wirtschaft): Der Anteil der Nettoinvestitionen (also jener, die über die bloße Erhaltung des Kapitalstocks hinausgehen) hat sich von 1970 bis 1988 von 17,1 auf 9,6 Prozent des Nettosozialprodukts fast *halbiert.*

Freilich: Da der neue Sozialismus ein schleichender Prozeß ist, kann sich die relative oder absolute Verarmung einer von ihm befallenen Nation lange hinziehen. Das »Schwedische Modell«, auf das sich neuerdings die »demokratischen« Sozialisten so gerne argumentativ zurückziehen – seit ihr heißgeliebtes (wenn auch »etwas mißratenes«) DDR-Experiment sich so schmählich blamiert hat –, dieses Schwedische »Volksheim« also hat zwei Generationen verbraucht, bis es seinen herannahenden Bankrott eingestehen mußte. Jetzt aber ist auch der vielgepriesene Vorführstaat des »neuen Sozialismus« am Ende. Jetzt mußte eine sozialdemokratische Regierung den Versuch starten, über die von Sozialisten und Gewerkschaften seit Jahrzehnten in Windeln gelegten Volksgenossen ein Streikverbot und einen Lohn-, Preis- und Mietenstop zu verhängen, weil auch der letzte der zu Trotteln entmündigten Bürger gemerkt hat, daß sein Land auf dem Weg in eine Bananenrepublik ist. Die einst reichste Nation der Erde, gesegnet mit ewigem Frieden und unermeßlichen Natur- und Bodenschätzen, liegt in der Kaufkraftskala der Nettolöhne gerade noch an der vierzehnten Stelle unter den Industrieländern. Ein jeder, der das sogenannte »Soziale Netz« immer enger knüpfen will und dabei nicht merkt, daß die Fäden aus Leistungswille und Leistungsfähigkeit immer dünner werden, je mehr man sie anspannt und an ihnen dreht, der darf sich nicht wundern, wenn dieses Netz eines Tages reißt und die darin gefangenen Menschen ins Bodenlose fallen.

Hat der alte Sozialismus die Vergangenheit ausgebeutet – und damit die Gegenwart zerstört, so beutet der neue Sozialismus die Gegenwart aus und zerstört somit die Zukunft. Spätestens dann, wenn die Menschen die zerfallenen Immobilien in den Ländern des Ostens sehen, sollte ihnen klar werden, daß der (alte) Sozialismus nicht nur nicht aufgebaut, sondern sogar das Vorhandene zerstört hat. Auch die relativ kurze Zeit von vierzig Jahren (in der DDR, Polen, Rumänien etc.) konnte er nur »überleben«, weil er die Substanz aufgezehrt hat, die mit dem Schweiß und den Entbehrungen vieler Generationen geschaffen worden war (weil er also die Vergangenheit ausgebeutet hat). So ist es auch nur eine Frage nüchterner Mathematik, bis wann der neue Sozialismus mit seiner rücksichtslosen Ausbeutung der Gegenwart die Zukunft abgeschafft haben wird. Wie, so werden vielleicht die ganz Unbelehrbaren fragen, kann man denn Zukunft abschaffen? Unsere Zukunft besteht doch aus unseren Plänen und Zielen, für die wir uns tagein tagaus ins Geschirr legen; aus der Schul- und Berufsausbildung unserer Kinder, für die wir sparen; aus dem nächsten besseren oder schöneren Auto, für das wir

Rücklagen bilden; aus dem Eigenheim, wofür wir Bausparprämien zahlen; aus der Renten- und Lebensversicherungs-Anwartschaft, für die wir erhebliche Teile unseres Einkommens abgeben müssen: all das ist doch unsere und unserer Kinder Zukunft. Wie soll man die »abschaffen« können? Aber das ist eben nur die *eine* Schale der Waage: die Forderungs-, Erwartungs- und Hoffnungsseite. Es fehlt noch die andere, die Erfüllungsseite. Und diese Schale kann nur von den Kaufleuten, Handwerkern, Facharbeitern, Ingenieuren und Technikern gefüllt werden, die *heute* ausgebildet werden oder heute ein Unternehmen gründen, vom Kapitalstock, der *heute* angespart und gebildet wird, und von den Unternehmern, die *heute* den Sprung ins Ungewisse wagen und *heute* das Risiko einer selbständigen Existenz eingehen. Niemand möge sich der törichten Illusion hingeben, es sei nur der Fleiß der arbeitenden Menschen, der die Zukunft sichere. Wer das glaubt, der hat im gleichen Atemzug die Arbeiter der Ex-DDR und der anderen osteuropäischen Länder zu Faulenzern erklärt, und der praktiziert wahrhaftigen Rassismus, weil er die Menschen am Kongo oder am Ural für arbeitsscheue Nichtsnutze hält, die ihr armseliges Leben durch fleißigeres Arbeiten wesentlich verbessern könnten. Diesen Fleißtheorie-Rassisten muß man mit aller Entschiedenheit und Schärfe ins Gesicht schleudern, daß die Marktwirtschaft und damit die *einzige* Art *effizienter* Arbeit! – eine *Unternehmer*wirtschaft ist. Der Unternehmer ist die ALLES ENTSCHEIDENDE FIGUR in diesem existenzbestimmenden Spiel. (Man setze doch die fleißige, hochmotivierte und bestens ausgebildete Belegschaft eines bundesdeutschen Vorzeigewerkes in einen Kral am Amazonas. Sie werden mit all ihrem Eifer und Können elendiglich verhungern. Umgekehrt zeigen viele Beispiele ausgelagerter Werke in Entwicklungsländern, daß auch eine miserabel bis gar nicht ausgebildete »exotische« Bevölkerung in relativ kurzer Zeit zu beachtlichen Produktionsergebnisse kommen kann). Wo die Unternehmer fehlen, die allein die Mechanismen der Produktivität und des Marktes in Gang setzen und in Betrieb halten können, da ist aller Fleiß und alle Mühsal der Menschen vergeblich. Und wenn man die Voraussetzungen und das gesetzgeberisch-fiskalische Umfeld für ihr Wirken falsch gestaltet oder vergiftet, dann bleibt jene andere Waagschale, jene Erfüllungsseite unserer Zukunft eben leer. Dann ist Zukunft abgeschafft, weil man die Gegenwart mit der Umverteilungs-Finanzierung eines grenzenlosen Sozialwahns ausgebeutet hat.

Doch wenn die Menschen schon das Blendwerk des alten Sozialismus nicht durchschaut haben, wie sollten sie dann hinter den noch viel subtileren Zierrat des neuen blicken können. »Daß eine Gesellschaft auf diese Weise die eigenen Existenzgrundlagen untergräbt«, schreibt der Philosoph Ernst Topitsch zum Thema Wohlfahrtsstaat, »bleibt... hinter einem dichten Schleier ideologischer Phrasen verborgen. Wenn aber dieser Schleier zerreißt, dann steht man wieder Aug in Aug mit der großen Lehrmeisterin...: Der Not. Dann wird man das Steuer jäh herumreißen wollen, aber es könnte zu spät sein... Es lebt gefährlich, der zwischen Vollkommenheit und Verkommenheit nicht mehr zu unterscheiden vermag.« Und weil die ideologisch verblendete Welt wohl nur von ihr, der »großen Lehrmeisterin« belehrt werden kann, konstatiert Topitsch lapidar: »Wenn keine Speise mehr auf dem Teller, kein Treibstoff mehr im Tank ist, wenn der Patient tot auf dem Operationstisch liegt... dann ist eben Feierabend.«[288]

Im Neid und Begehrlichkeit schürenden Gerangel um die Verteilung des Gegenwarts-Kuchens hat der neue Sozialismus die Menschen alle elementaren Grundprinzipien der Freiheit vergessen lassen. Zur Durchsetzung der Ziele des »Sozialen«, des »Verteilens« und des »Ausgleichens« erteilen die Anhänger des Wohlfahrtsstaates ihrem Sozial-Leviathan ein unbeschränktes Macht-Mandat. Jede einzelne Forderung, die an ihn gestellt wird, ist deshalb im Grunde eine Forderung nach Unfreiheit des Individuums. Jede einzelne Übertragung von (Eigen-)Verantwortung auf eine Verwaltungsbehörde ist Übertragung von noch mehr Macht auf den Funktionärsapparat des neuen Sozialismus. Ein erhebliches Maß an der Frustration der Menschen in diesem System rührt daher, da sie mit jeder »Sozial-Forderung« freier zu werden glauben, dabei aber schließlich feststellen müssen, daß sie fortschreitend abhängiger und unfreier werden. Ihre Wut entlädt sich in immer heftigeren Anfeindungen gegen den Staat und seine politischen Repräsentanten, ohne daß sie der Zwangsläufigkeit dieser selbsterzeugten Spannung zwischen Anspruchshyperthrophie und Risikolethargie gewahr werden. Eine neue schizophrene Klasse emanzipierter Säuglinge ist entstanden. Ihnen steht eine nicht minder pathologische neue Klasse politischer Volksheim-Babysitter gegenüber, die der zunehmenden Randale ihrer Zöglinge nur noch Herr werden, indem sie den verstörten Anstalts-Insassen immer neue Beruhigungsspritzen verabreichen. Drogen für die Gaukelwelt der »sozialen Gerechtigkeit« und für die infantilen Träume von der Großen Freiheit. Ein Irrenhaus.

Doch das ist noch nicht die Klimax des Sozialsozialistischen Deliriums. Der Aberwitz hat eine noch viel schlimmere Dimension: Das Gesellschaftsgebäude des neuen Sozialismus, der Wohlfahrtsstaat, ist nicht nur auf Sand gebaut, es ist auch bis unter die Hohlziegel mit Hypotheken belastet. Es ist, da mit reellen Mitteln nicht finanzierbar, ein »Paradies auf Pump« (Topitsch).

Über den Themenkreis »Staatsverschuldung«, »Weltverschuldung«, »Schulden der Entwicklungsländer« und »Schulden der Industrieländer« sind schon ganze Ozeane aus Druckerschwärze verschrieben worden. Ich will den Zahlenfriedhof hier nicht vergrößern, und nur wenige Ziffern des makabren Kolonnenspiels benennen: Die Staatsverschuldung der Bundesrepublik Deutschland lag zu Beginn des Jahres 1990 bei rund eintausendundzwanzig Milliarden DM (Bund, Länder, Gemeinden, Bundesbahn und Bundespost). Beim Läuten der Silvesterglocken am Ende des gleichen Jahres wird sie bei über eintausendundachtig Milliarden DM angelangt sein. Das sind je Einwohner rund siebzehntausendfünfhundert DM. Auf einer vierköpfigen Familie lastet also eine Staatsschuld von ca. siebzigtausend Mark. Wer Oma und Opa noch hinzuzählt, landet bei über hunderttausend Mark. Für den aus dieser Schuld resultierenden Schuldendienst (vor allem Zinsen) mußten bereits 1987 mehr Haushaltsmittel aufgewendet werden als Einnahmen aus der gesamten veranlagten Einkommen- und Körperschaftsteuer in den Staatssäkkel flossen. Doch bei der Rechnung »Staatsverschuldung im Verhältnis zum Sozialprodukt« sind wir mit unseren fast fünfzig Prozent noch lange nicht Weltmeister unter den »reichen« Industrienationen. Mitte 1988 erreichte die belgische Staatsschuld mit 6256 Milliarden Belgischen Francs einhundertfünfundzwanzig Prozent!!! des Bruttosozialprodukts. Mit anderen Worten: Der Staat Belgien ist bankrott. Ein Unternehmen, dessen Schulden seine Aktiva übersteigen, ist eben fertig und ist gesetzlich verpflichtet, unverzüglich Konkurs anzumelden. Und ein Staat ist nichts anderes als ein Unternehmen, bei dem die Aktionäre aus den Staatsbürgern bestehen. Schlimmer noch: Wir, die Bürger, sind nicht nur die Aktionäre dieses Staatsunternehmens (deren Aktien »nur« wertlos werden können), sondern allesamt OHG-Gesellschafter. Das heißt: Wir haften für die Schulden unseres Unternehmens (Staat) *unbeschränkt und mit unserem gesamten Vermögen.* Seltsamerweise wollen die meisten Menschen nicht begreifen, daß Staatsschulden nichts anderes sind als ihre eigenen Schulden, und daß Staatsbankrott identisch ist mit ihrem eigenen Bankrott, dem Bankrott der Bürger. Auch die Deutschen nicht, die in diesem Jahrhundert schon zweimal die bittere Wahrheit dieses Satzes am eigenen Leib erfahren haben. Das liegt zum Teil daran, daß in der sozialsozialistischen Neuzeit der offene Staatsbankrott als höchst altmodisches Spießer-Verfahren gilt. Die öffentlichen Finanz-Jongleure der Neuzeit halten es da lieber mit Eugen Roth:

»Ein Mensch sieht schon seit Jahren klar:
Die Lage ist ganz unhaltbar.
Allein – am längsten, leider, hält
Das Unhaltbare auf der Welt.«

So handelte denn auch der belgische Finanzminister Philipp Maystadt im Juli 1988 mit den Banken, den öffentlichen Kreditinstituten und Versicherungen eine Umschuldungsvereinbarung aus, mit der er und sein Land wieder eine Weile über die Runden kommen.[289] Unter Juristen nennt man das »Konkursverschleppung« (strafbar!), und unter Ökonomen »Versteckter Staatsbankrott« (leider nicht strafbar). Was hierbei verschwindet, ist jedoch nicht die unerbittliche Tatsache, daß die Bürger auch diesen versteckten Bankrott bezahlen müssen, sondern nur die Wege und Mechanismen, wie (und zum Teil auch *wann*) sie bezahlen müssen.

Die Größenordnungen, in denen sich der Aberwitz abspielt, werden oft gar nicht verstanden, weil sie das Vorstellungsvermögen des Normalbürgers übersteigen. Erst wenn man sich vor Augen führt, daß mit den einundsechzig Milliarden DM, die 1989 *nur an Zinsen* für die aufgelaufene Staatsschuld der Bundesrepublik gezahlt werden mußten, eine mittlere Stadt mit sechzigtausend Einwohnern zu Millionären gemacht werden könnten (jährlich!), gewinnt die Summe von sechzig Milliarden (ist gleich sechzigtausend Millionen!) ein wenig Gestalt.

Auch die allgemein verbreitete Unkenntnis der sozialsozialistischen Begriffswelt erleichtert den demokratisch sanktionierten Betrügern ihr geschäftiges Wohlfahrts-Handwerk. Hört Otto Normalbürger etwas von »Staatsdefizit«, so mißversteht er dies leicht als Gesamtverschuldung. Wenn also zu lesen steht: »Das Finanzierungsdefizit der Gebietskörperschaften ist 1988 um knapp viereinhalb Milliarden DM auf insgesamt sechsundvierzigeinhalb Milliarden DM gestiegen«, so wird das vom Laien oft so aufgefaßt als seien die Staatsschulden um viereinhalb Milliarden auf sechsundvierzigeinhalb Milliarden DM gestiegen. Tatsächlich handelt es sich hierbei jedoch um den Haushaltsfehlbetrag *eines einzigen Jahres.* Die Steigerung bezieht sich also auf die *Mehr*verschuldung gegenüber der

Vorjahresneuverschuldung. Klartext: 1988 hat der Staat sechsundvierzigeinhalb Milliarden Mark mehr ausgegeben als eingenommen. Somit haben sich die Staatsschulden von rund eintausend Milliarden um *weitere* sechsundvierzigeinhalb Milliarden DM *erhöht.*

Der brave Hausvater fragt sich: »Wie ist das möglich? Wenn ich Monat für Monat mehr ausgebe als ich an Einkommen beziehe, dann bin ich doch nach kurzer Zeit am Ende, dann kann ich doch den Schirm zumachen.« Richtig! Doch nicht so die Funktionäre des neuen Sozialismus. Für sie gilt diese Binsenweisheit noch nicht einmal dann, wenn das simple Einmaleins der leeren Kasse im Grundgesetz verankert ist. Obwohl beispielsweise Art. 81 der italienischen Verfassung ein ausgeglichenes Budget vorschreibt, sind die Haushaltsdefizite des Stiefellandes seit 1960 um mehr als *dreißigtausend Prozent!!* gestiegen. Kommentar von Professor Antonio Martino: »Die Defizitfinanzierung von Staatsausgaben vermittelte lange den Eindruck, als erlaube sie – Manna vom Himmel gleich – Leistungen zu erbringen, für welche *niemand zu zahlen* hatte. Das Defizit verteilte die Kosten von Ausgaben auf eine große Zahl von *ahnungslosen* Steuerzahlern, und es brachte einige *sofortige,* wenn auch kleine positive Wirkungen, die mit teuren, wenn nicht sogar katastrophalen Folgen für die *Zukunft* zu bezahlen sind... Die Möglichkeit, Defizite zu machen [gibt] den Politikern Gelegenheit, die Staatskosten *vor denen, die sie zu tragen haben,* zu verbergen.«[290]

Es ist unerbittliche Wahrheit, daß ein schrecklich großer Teil der möglichen (und notwendigen!) Einnahmen von morgen bereits heute und gestern verbraucht worden ist. Wir haben nicht nur die reichen Ernten in hemmungslosen Freßorgien verschlungen, sondern auch das Saatgut, das wir unseren Kindern und Enkeln hätten übergeben sollen. Was wir getrieben haben – und nach wie vor treiben – ist makaber und zynisch, denn ein Leben auf Pump setzt – soll es nicht zusammenfallen wie ein Kartenhaus – voraus, daß sich auch künftig immer neue Gläubiger für immer neue Kredite finden. Diese neu- und noch-mehr-Verschuldeten können nur unsere Nachfahren sein. Wenn sie sich dem Wahn verweigern sollten, ist der Spuk zu Ende – und ihre Welt ein Trümmerhaufen.

Doch wir sind weit davon entfernt – und unsere sozialsozialistischen Spezialisten für politische Massenbestechung noch weiter! –, in diesem Rausch der Zukunftsverpfändung ein moralisches Problem zu sehen. Da warnt das Statistische Bundesamt, daß der öffentliche Schuldendienst den finanziellen »Spielraum« für öffentliche Aufgaben »einenge«. Wahrhaftig: Der »Spielraum« wird eingeengt, für das »Spiel« mit unserer und unserer Kinder Zukunft, die längst *ver*spielt ist. Was hilft es da, wenn auf der Titelseite des »Economist« in roten Lettern prangt: »The show can't go on«, wen juckt die verzweifelte Passage im Weltbank-Bericht vom Herbst 1988: »We have moved from bad to worse« – die internationalen Funktionärs-Cliquen sind längst dabei, ganz Europa zu einem Altersheim auszubauen. Auf den Gewerkschaftstagen nimmt die Forderung zur »Schaffung eines europäischen Sozialraumes auf hohem Niveau« den Rang des ersten der zehn Gebote ein, und die Verbrämungskunst der Politiker hat bereits kabarettistische Formen angenommen. Ein (eher noch harmloses) Beispiel: Bei der Vorstellung des Haushaltentwurfs 1989 vor dem saarländischen Landtag (im November 1988) tat Finanzminister Hans Kapser (SPD) kund zu wissen (passen Sie auf!), daß sich die saarländische Finanzpolitik im wesentlichen auf das Ausschöpfen eigener Konsolidierungsmöglichkeiten konzentriere, sowie auf die Konzentration der knappen Haushaltsmittel auf die zukunftsweisenden Politikfelder und die aufgabengerechte Finanzausstattung der Gemeinden. Schön, nicht wahr? Was steckt eigentlich hinter diesem Verbal-Defäkatismus? Sie wissen es nicht? Nun, der Herr Finanzminister weiter: Die Nettokreditaufnahme sei gegenüber 1988 deutlich niedriger, ja die niedrigste seit 1982. Die Konsolidierungsbemühungen hätten also Erfolg gehabt. Toll, was? Doch siehe da: er hatte Mut, der Herr Minister, denn er redete weiter und nannte die Zahlen, aus denen sich all diese »Erfolge« zusammensetzen. Nämlich:

- daß der Haushaltsentwurf – wie seit fünfzehn Jahren ohne Unterbrechung!! – eine erhebliche Unterdeckung aufweise,
- daß 366 Millionen DM durch Kredite finanziert werden müßten,
- daß eine *zusätzliche Neu*verschuldung von 40,7 Millionen DM eingegangen werden müsse,
- daß die Schulden des kleinen Saarlandes bis Ende 1989 auf elf Milliarden DM steigen würden, und
- daß die pro-Kopf-Verschuldung des Landes doppelt so hoch liege wie der Bundesdurchschnitt.

Ja, was nun, fragen wir uns: Sind das nun »erfolgreiche Konsolidierungsbemühungen«, wie in den ministeriellen Eingangsworten angekündigt, oder ist das eine Superpleite? Verstehen Sie die Welt noch? – Ich auch nicht!

Die Binsenweisheit, daß Sozialisten nichts vom Geld verstehen –

außer vom Verschwenden desselben – gilt auch dann, wenn es sich nur um »gemäßigte« oder Sozialsozialisten handelt – und daran ändert sich auch dann nichts, wenn ein Exemplar dieser Gattung, ein Ex-Bundeskanzler zum Beispiel, als Welt- und Staatsmann auftritt. Helmut Schmidt vor der Bundespressekonferenz im Juli 1989: Es sei an der Zeit, eine kräftige Erhöhung des staatlichen Haushaltsdefizits vorzunehmen. Sowohl die Koalitionsparteien als auch die SPD in Bonn seien »von der *Ideologie* eines *ausgeglichenen* Staatshaushalts ergriffen.«

Der altmodische Familienvater, der rückständige Unternehmer und sein noch altbackenerer Buchhalter greifen sich an den Kopf. Wie ist das möglich, fragen sie, daß wir immer noch an die *Ideologie* von einer ausgeglichenen Bilanz oder Haushaltskasse glauben? Was machen wir falsch? Wie sieht die moderne und fortschrittliche Buchhaltungstechnik aus, mit der man der Hausbank eine fortschreitende finanzielle Schwindsucht als Konsolidierung verkaufen kann? Was ist der Bilanzierungs-Kniff der neuen sozialsozialistischen Finanzzauber-Klasse? Ich will es ihnen verraten, den verstaubten Finanz-Opas von vorgestern: sie müssen ein getürktes Guthaben-Konto anlegen. An einem geschichtsträchtigen Ort mit ehrfurchtgebietendem Namen, den ein jeder kennt – und der doch nicht existiert. Ich schlage vor: Ein Konto in Babylon. Und immer wenn sie, die jetzt forschrittlich und auf der Höhe der Zeit denkenden cash-Profis, Geld brauchen, dann zahlen sie mit Schecks, die auf Babylon-Dollar lauten. Das Ding funktioniert, wenn nur eine ausreichend große Zahl von gleichgesinnten und renommierten Kontenbesitzern das gleiche tun. Dann bildet sich allgemeines Vertrauen, und alle Transaktions-Beteiligten nehmen die Babylon-Dollarschecks freudig entgegen und geben sie an Stelle der altmodischen Geldscheine zur Begleichung ihrer Verbindlichkeiten weiter. Und die Empfänger tun ein gleiches und so weiter und so fort. In beliebiger Höhe natürlich, denn die Konten in Babylon sind nach oben offen. Bis zum Himmel. Wie der Turm zu Babylon eben.

Wenn die Gleichung »Geld = Schulden« gilt (und sie gilt mit mathematischer Sicherheit, wie Paul C. Martin in einer Vielzahl von Publikationen bewiesen hat), dann kann es uns allen doch gleichgültig sein, wer die Schulden macht, und in welcher Höhe. Ob das Geld nun von uns kommt, oder von den Banken, oder vom IWF (Internationaler Währungs-Fond): Schulden sind eben Schulden. Und Geld ist Geld. Und die gesamtwirtschaftliche Bilanz ist immer ausgeglichen. Denn auf der Aktivseite steht: Forderungen = Geld; und auf der Passivseite: Verbindlichkeiten = Geld. Kürzer – oder gekürzt: Geld = Geld. Also, was soll der ganze Aufruhr? *Aber:* Bei diesem sozialsozialistischen Finanz-Hokuspokus handelt es sich um einen tragischen Irrtum von größter Tragweite. Überlegen wir doch: Wenn Sie Schulden machen – sagen wir: bei Ihrer Bank – dann entsteht zwar tatsächlich Geld aus dem Nichts, denn die – mal angenommen – fünfzigtausend Mark kommen einfach dadurch auf die Welt, daß die Bank auf beiden Seiten ihrer Bilanz 50 000 DM bucht: auf der einen Seite eine Schuld (denn man läßt Sie ja bis zu DM 50 000 »überziehen«), auf der anderen Seite eine Forderung (an Sie. Auf Rückzahlung nämlich). *Aber:* Hinter *Ihren* Schulden steht ein erbarmungsloser Leistungs- und Erfüllungsdruck. Sie werden künftig noch mehr leisten (arbeiten) müssen als bisher (für Zins und Tilgung) und/oder sich noch weniger »leisten« können als bisher. Ob Sie mehr arbeiten oder sich bei gleicher Arbeit weniger Konsumvergnügen gönnen: Es bleibt die bittere Tatsache, daß die Schuld erfüllt werden muß – andernfalls wird die Bank in Ihre Kreditsicherheit pfänden: in Ihr Haus, Ihr Aktiendepot, Ihr Gehaltskonto. Es würde dann also »zwangsgeleistet« werden. Bis zum letzten Pfennig. Oder – wenn die Sicherheiten nicht ausreichen – Sie sind ruiniert und fallen künftig der Wohlfahrt zur Last. »Geld« also, auch neu aus dem Nichts gezaubertes (Kredit-)Geld, ist auch in diesem Fall »gleich Schulden«, aber hier leider gleich Schulden, die unter rigorosem Erfüllungszwang stehen und nur mit dramatischen Folgen für Sie und ihre Familie »notleidend« (uneinbringlich) werden können.

Ganz anders liegt der Fall jedoch bei der neuen Klasse der sozialsozialistischen Valuta-Medizinmänner, beim Staat oder bei internationalen money-Institutionen – wie dem IWF: Da läßt eine Regierung verlauten: Wir haben mehr Geld ausgegeben als eingenommen. Wir haben zwar – via Staatsanleihen – schon Schulden gemacht wie die Weltmeister, aber es reicht halt immer noch nicht. Unsere Zahlungsbilanz hat ein Loch, so groß wie der Krater des Vesuv, und im Staatshaushalt fehlen Milliarden. Wir brauchen Kredit. – »Eigentlich« ist der betreffende Staat also pleite, denn wenn jemand seinen Kreditspielraum erschöpft hat, und dennoch mehr ausgibt als er einnimmt, dann ist er eben fertig. (Das bedeutet aber »eigentlich« auch, da »Staat gleich Bürger«, daß die Bürger bankrott sind. Entweder müßten sie jetzt *sofort* enteignet werden, über höhere Steuern beispielsweise, oder *allmählich,* über Inflation z. B., oder *später* –

über Währungsreform). Nicht so jedoch in unserer schönen neuen Kredit-Welt mit den nach oben offenen Babylon-Konten. Der IWF räumt besagtem Land einfach neue Ziehungsrechte ein, sogenannte »Sonderziehungsrechte« oder »Sonderfazilitäten« (aus dem Nichts natürlich), und ab geht die Post zu neuen »sozialen« Heldentaten. Der eigentlich insolvente Staat bezieht »gegen Hergabe« dieser SZR Hartwährungs-Devisen (Dollar, Yen, Mark, Pfund usw.) und schwupp-die-wupp: the party goes on. Zwar gilt auch hier die ewige Gleichung »Geld = Schulden«, *aber*: Hinter *diesen* Schulden steckt kein Mehrleistungszwang. Sie sind jetzt höher als vorher. Basta. Produktiv »geleistet« (wie beim Kredit an ein Unternehmen) wird mit dem neuen Geld natürlich auch nichts. Es werden neue Beamte bezahlt (und die alten besser), neue Formulare entworfen, und neue Verwaltungspaläste errichtet. Bei der tautologischen Formel »Geld = Schulden« müssen wir also streng auf den Unterschied auf der rechten Seite der Schuldner-Bilanz achten (links, beim Geld, bleibt alles beim alten; mehr Geld ist eben mehr Geld), aber rechts gilt es zu differenzieren zwischen Schulden mit schärfstem Rückzahlungs- und Bedienungsdruck, die – durch Leistung – wieder verschwinden werden, und Schulden ohne Rückzahlungsdruck, also Schulden (oder getürkten Guthaben) auf dem Konto in Babylon, dem unendlichen. Freilich: Bezahlt wird auch hier. Irgendwann. Denn keine Schuld bleibt ewig unbeglichen. Bezahlt wird auf Heller und Pfennig; mit Zins und Zinseszins. Vom Bürger natürlich. Von uns allen. Von Ihnen und mir. Sei's durch höhere Steuern und Abgaben oder durch steigende Zinsen, sei's durch Inflation (Entwertung der Spar- und Geldvermögen) oder durch sinkende Reallöhne, durch geringere Reallohn- und Vermögenszuwächse oder durch fallende Investitions- und Wachstumsraten, durch Abwertungen oder höhere Verschuldungen (zukünftige Enteignungen), durch Firmenzusammenbrüche oder Arbeitslosigkeit, durch schleichende oder unvermittelte Währungsreform. Meistens durch alles gleichzeitig (außer durch radikale Währungsreform. Die kommt zuletzt, wenn gar nichts mehr geht). Doch auch diese lauwarmen Intermezzi können nicht ewig währen. Bevor es aber zum eiskalten massiven crash kommt, fällt den neuen Sozialisten noch vieles ein. Fragen wir doch einen von ihnen nach seinen Ideen und Lösungsvorschlägen: Willy Brandt, auf dem ersten Symposion der »Stiftung für Entwicklung und Frieden« SEF – zum Auftakt der Berliner Weltwährungskonferenz im September 1988): »Schuldner und Gläubiger müssen sich vergleichen, wenn auch der Weg zu einem internationalen Insolvenzrecht noch weit ist.« Was heißt das? Na klar doch: Solange die überschuldeten Staaten der Welt ihren Bankrott – angeblich – nicht »ordentlich« erklären können, weil es noch kein »Internationales Insolvenzrecht« (= Welt-Konkursordnung) gibt, muß es zwischen Schuldnern und Gläubigern halt zum Vergleich (ist gleich Teilbankrott) kommen.

Mein Rat also: Haben Sie Schulden bei Ihrer Bank, und drücken Sie diese unerträglich? Dann gehen Sie zum Direktor und erklären ihm: Ich will nach einem internationalen Insolvenzrecht behandelt werden. Solange es das noch nicht gibt, bestehe ich auf einem Vergleich: Erlassen Sie mir meine Schulden zur Hälfte, reduzieren Sie die Zinsen auf den Restbetrag ebenfalls um fünfzig Prozent, und schlagen Sie diese Zinsen jährlich meiner Restschuld zu, und zwar mindestens zwanzig Jahre lang. Bis dahin gibt es bestimmt ein internationales Konkursrecht, und nach dessen Paragraphen können wir dann alles ordentlich abwickeln.

Was wird er tun, der Direktor Bilanzfuchs? Er wird seinen Adlatus rufen und ihn mit schriller Stimme anschreien: »Die Kreditlinien dieses übergeschnappten Kunden sind ab sofort gekündigt. Wenn nach 48 Stunden die Gesamtschuld nicht bezahlt ist, und zwar restlos, dann ordnen Sie die Zwangsvollstreckung in sein gesamtes Vermögen an.« (Mein Tip für Sie, wenn man Ihnen die Matratze unter dem Hintern gepfändet hat, und wenn Sie mit Frau und Kindern vor Omas Wohnung stehen und der weinenden alten Frau versichern, Sie wären mit einem Nachtlager in der Waschküche zufrieden: Bei der Heilsarmee gibt es fast immer eine warme Suppe). Sie haben dann eben etwas falsch gemacht: Sie hätten nicht hunderttausend DM Schulden machen dürfen, sondern hätten richtig zulangen müssen. So um achthundert Millionen, oder gleich ein paar Milliarden. Dann würde good old Willy auch für Sie kämpfen. Aber so dilettantisch wie Sie's angepackt haben! Nee. Wie gesagt: Heilsarmee.

Ganz anders würde die Sache ausgehen, wenn sich Ihre Bank den IWF zum Vorbild nähme. (Also die Sache mit den Quoten, den Ziehungsrechten, den Sonderziehungsrechten und Faszilitäten – »und so«) – Das würde dann wie folgt ablaufen:

Die freundliche Dame am Schalter fragt Sie: »Möchten Sie eine Fazilität?

Sie: »Ist das ein unzüchtiger Antrag?«

Die Dame: »Wo denken Sie hin! Das ist unsere neue Kreditmethode für unsere Haus- und Stammkunden.«

Sie: »Aha. Und wie geht das vor sich?«

Die Dame: »Sie zahlen eine Quote von zwanzig Prozent ein. Dann haben Sie hundert Prozent Kredit.«

Sie: »Verstehe ich das richtig: Wenn ich zweihundert DM als Quote bei Ihnen einzahle, dann habe ich sofort einen Kreditspielraum von eintausend Mark?«

Antwort: »Richtig! Sie haben die Sache gut verstanden.«

Sie: »Ja, ich bin ein pfiffiges Kerlchen. Geht das Ganze auch hintereinander? Also: Ich zahle 200 ein, und Sie geben mir 1000,–. Dann zahle ich diese 1000,– ein und Sie geben mir 5000,–. Die zahle ich wieder ein und erhalte 25 000,–. Und so fort. Bis ich hundert Millionen habe?«

Antwort: »So geht das auch. Aber unsere Grenze bei der derzeitigen Fazilität liegt bei fünfzig Millionen, nicht bei hundert.«

Sie: »Fürs erste geht das. Aber lange wird mir das nicht reichen. Sie sollten Ihre Fassi..., Ihre Fazzi..., also Ihre neue Dingsda schleunigst auf hundert Millionen erhöhen.«

Die freundliche Dame: »Ich werde das dem Direktor weitersagen. Es haben nämlich schon mehrere Kunden reklamiert. Vielleicht legen wir zur Fazilität noch eine Sonderfazilität auf.«

Sehen Sie: So geht das mit den Quoten, und den ZR und den SZR und all den schönen Sachen bei den Finanzmagiern des neuen Sozialismus. Nur daß die Kunden eben nicht Hinz und Kunz heißen, sondern die Namen von Staaten und Regierungen tragen.

Und die Schuldner? Also wer zahlt das alles? Und wer zahlt die Beträge zurück?

Na, wenn Sie's jetzt noch nicht wissen, dann haben Sie unsere schöne neue sozialsozialistische Welt immer noch nicht verstanden.

Merke: Die Notenbanken und Internationalen Institutionen, die den Sozialsozialismus der Sozialstaaten finanzieren und den Kapitalismus deformieren und pervertieren, sind *Spiel*banken. In ihnen wird unsere Zukunft verspielt. Und nebenbei noch die Arbeit unserer Vergangenheit. Bis zum »Nichts geht mehr«.

Und merke ganz besonders: Babylon wird stürzen. Wie alle Babylons.

»Wer die absolute Gerechtigkeit verwirklichen will, wird wie der, der die absolute Freiheit oder die absolute Macht will, die absolute Vernichtung erreichen.«
Albert Camus.

»Das ist die größte Gefahr, die heute die Zivilisation bedroht; die Verstaatlichung des Lebens, die Einmischung des Staates in alles.«
José Ortega y Gasset.

2. Das getürkte Moralmonopol und seine Pharisäer.

Der neue Sozialismus hat auch sein (seit eh und jeh fingiertes) »Moral«monopol neu formuliert. Hatte der alte Sozialismus seinen Anhängern vorgegaukelt, die *vorhandenen* Vermögen »gerecht« aufzuteilen und die Welt insgesamt in ein Paradies zu verwandeln, so gibt sich der neue bescheidener: Er will vorrangig »nur« die Einkommensströme umlenken und der angeblich kalten Welt des Kapitalismus ein »menschliches Gesicht« geben. (Indem er die »Fratze« des Kapitalismus menschlicher gestalten will, nähert er sich seinem eigentlichen Ideal: einem Sozialismus »mit menschlichem Antlitz«. Der Begriff »Gesicht« ist natürlich für ein solches Edelgebilde zu profan. Es muß dann schon ein »Antlitz« sein). Hinter einem Wall von Verleumdungen gegen die Marktordnung gebärdet er sich als der einzig wahre Inhaber und Wächter der Moral und der Humanität. Das aber ist bei näherer Betrachtung nur Schaumschlägerei von Hochstaplern, die sich mit fremden Federn schmücken; bestenfalls Einbildung, schlimmstenfalls methodisches Täuschungsmanöver der neuen Sozialpriesterschaft. In Wirklichkeit hat fast alles, was die Welt und das Leben der Menschen in ihr menschlicher gemacht hat, und alles, was die neuen Sozialisten zu verteilen vorgeben – oder tatsächlich umverteilen –, der Kapitalismus geschaffen. (Ja, sogar das, was der alte Sozialismus umverteilt hatte – siehe DDR –, nämlich das »Volksvermögen« in Form von Wohnhäusern, Fabriken und Bauernhöfen, welche er den Menschen geraubt und aufs »Volk« übertragen hat, und mit dessen Verzehr er vierzig Jahre lang vegetierend überleben konnte, war in den hundert kapitalistischen Jahren zuvor und mit kapitalistischem Schweiß erarbeitet worden).

Nachdem nur wenige Jahre Erhard'scher Marktwirtschaft 49,5 von 50 Millionen Menschen – in einem beispiellosen Schub – aus tiefstem Elend befreit und in eine *wirklich* humane Existenz, in ein wirklich menschenwürdiges Dasein in Freiheit und Wohlstand geführt hatte, kamen die neuen Sozialisten aus ihren alten Löchern gekrochen und behaupteten, nur sie hätten alles an diesem schrecklichen Kapitalismus menschlicher gemacht; und sie seien aufgerufen, in ihrem Bemühen fortzufahren, die kapitalistischen »Auswüchse« zu reparieren und das charakterlose Gewächs des Marktes Moral zu lehren. Das pseudo-sittliche Pathos dieses Zeremoniells entspricht dem kultischen Firlefanz eines Schamanen, der seinen Stammesbrüdern allmorgendlich verkündet, er habe die Sonne aufgehen lassen. Es sind die Sozial-Pharisäer eines neuen Tempel-Kults, die hier am Werk sind, Hohepriester eines verlogenen Moralmonopols von eigenen Weihen. Bei der »Moral« der neuen Sozialisten handelt es sich – soweit sie nicht einfach der einfältigen Illusion »Wohlmeinender« entspringt – um eine Art Strauchdieb-Ethik jener Sozialprodukts-Mafia, die meist außerhalb produktiver Arbeit steht und sich unter dem kapitalistischen Wohlstandsschirm rattenhaft vermehrt. Die Logik ihrer Gauner-Ehre: Minderheiten plündern, um mit dem Gestohlenen wechselnde Mehrheiten zu bestechen. Ihr Endziel: *Alle* Mitglieder des Gemeinwesens fortschreitend zu enteignen, um die alsdann *allesamt* bedürftig gewordenen mit Almosen (aus dem Diebesgut) in unterwürfige Abhängigkeit zwingen zu können.

Wenn es den neuen Sozialisten wirklich um Moral und Menschenwürde und um die Sorge für die Armen und Ärmsten ginge, dann hätten sie längst entsprechende Ideen der Klassisch-Liberalen aufgenommen. So beispielsweise den schon jahrzehntealten Vorschlag Milton Friedmans für eine negative Einkommensteuer. (Die Besteuerung beginnt erst bei einem Pro-Kopf-Einkommen, das einen bescheidenen Lebensstandard sichert. Wer – gemäß Steuererklärung – unterhalb dieses Einkommens bleibt, erhält den fehlenden Restbetrag automatisch vom Finanzamt. Das würde die Lenkungs- und Signalmechanismen des Marktes nicht verfälschen, den wirklich Armen die entwürdigende Ämter-Kriecherei ersparen, versteckte Armut aufdecken und beseitigen, und als Nebeneffekt noch ganze Beamten-Armeen zum Segen der volkswirtschaftlichen Leistungskraft überflüssig machen).

Doch die Pharisäer der neuen Sozial-Religion wähnen sich – pharisäisch konsequent – stets im Alleinbesitz von Wahrheit und Tugend. Sie spielen sich als Wächter und Erbauer von Tempeln auf, die andere errichtet haben. Aus der vielfältigen Täuschungs-Palette sei hier nur ein einziges, aber symptomatisches Beispiel herausgegriffen: der vielbeschworene Zwei-Generationen-Vertrag der staatlichen Rentenversicherung, jenes System der »Solidarität« und des »Sozialen Friedens« also, als dessen Erfinder und Verteidiger (gegen die »kalte Egozentrik« des Kapitalismus') sich die neuen Sozialisten so gerne herausputzen. Dieser unechte Zwei-Generationen-Vertrag war ursprünglich ein *echter Drei*-Generationen-Vertrag. Dessen segensreicher Inhalt war – im Gegensatz zum miserablen »neuen« Vertrag – nie die Schöpfung von Sozial-Funktionären, sondern eine moralisch verankerte »Investitionsentscheidung« (Gerhard Prosi) unserer Vorfahren, die so alt ist wie der homo sapiens selbst. Der nie geschriebene, aber stets gelebte, streng eingehaltene und drakonisch sanktionierte Drei-Genrationen-»Vertrag« legte der jeweils aktiven Elterngeneration die Verpflichtung zur Aufzucht von Nachkommen auf. Die Kinder wiederum mußten später, wenn sie sich selbst in der aktiven Lebensphase befanden, die alsdann zu Großeltern gewordene Generation versorgen. Diese sinnvolle, überlebensnotwendige und im tiefsten Sinn des Wortes »moralische« Einrichtung war jedoch stets *subsidiär,* das heißt, sie beschränkte sich in Fall und Umfang auf denjenigen Teil der Bedürftigkeit, der trotz zumutbarer Eigenleistung nicht aus eigener Kraft zu überbrücken war. »Es herrschte also die goldene Regel der *Gegenseitigkeit«,* schreibt Professor Prosi, »mit einem System der Kontrollen privater Interessen durch private Interessen, um Mißbrauch und unberechtigtes Ausnützen der Hilfsbereitschaft zu vermeiden... Es war ein wesentlicher Teil der *Würde des Menschen,* für sich selbst sorgen zu können, seine Ansprüche nach der eigenen Leistungsfähigkeit zu richten und die »Solidargemeinschaft« nicht zu belasten.«[291] Natürlich kann dieses System der überschaubaren Familien-, Sippen- oder Gruppen-Solidarität in der anonymen, arbeitsteiligen Großgesellschaft nicht unverändert weiterbestehen, sondern unterliegt zwangsläufig einer gewissen Anonymisierung. Aber bei der bewußt geplanten und anpassenden »Gestaltung« hätte man das Subsidiaritätsprinzip nicht aufzulösen und in einen sozialistischen Anspruchsautomatismus zu überführen brauchen, bei dem Mißbrauch und rücksichtslose Ausbeutung systemimmanent sind. Schauen wir uns das von den Sozialklempnern geschaffene Zwei-Klassen-System der Rentenversicherung einmal näher an:[292]

Die diskriminierte »Klasse« der Selbständigen weist gegenüber den Unselbständigen folgende Merkmale auf:
– Sie, die Selbständigen, haben mehr Kinder,
– sie sparen wesentlich mehr (auch bei gleichem Einkommen),
– sie setzen sich später oder gar nicht zur Ruhe,

– sie legen ihr Vermögen (inclusive das Altersvorsorge-Vermögen) eher in Form von Produktivvermögen an.

Das alles hat natürlich seinen Grund: Während sich der Unselbständige aufs Kollektiv verläßt (Gesetzliche Rentenversicherung) und der Beamte auf sein Ruhegehalt bis zum Tode, bleibt dem Selbständigen meist gar keine andere Wahl als sich auf eine, mehrere oder (häufig) alle drei Komponenten der Eigenvorsorge zu verlegen: auf Vermögensbildung, Nachkommenschaft und – notfalls – auf das Weiterarbeiten bis zum Umfallen. Der Unselbständige hingegen kann *auf alle drei* Vorsorgestrategien verzichten – mit verheerenden gesamtwirtschaftichen Folgen. Ein System (wie die sozialisierte Rente), bei dem sich jeder auf alle anderen verläßt, nur nicht auf sich selbst, ist nicht überlebensfähig. Es zerstört sich selbst. Professor Wolfram Engels: »Diese Logik läßt sich für ein Volk als Ganzes nicht aushebeln.«[293]

Die (gesamtwirtschaftlichen) Gründe: Durch Altersvorsorge über Vermögensbildung (wie bei den Selbständigen) wird ein volkswirtschaftlicher Sachkapitalstock gebildet und laufend vergrößert. Dieser wiederum erhöht permanent die Einkommen und die Produktivität der Beteiligten. Kindersegen und längere Lebensarbeitszeit wirken in die gleiche Richtung. Die Nachkommen steigern nicht nur – im späteren Arbeitsleben – die volkswirtschaftliche Gesamtleistung, sondern entlasten den Vorsorgefond der Alten in zweifacher Weise: durch direkte Beiträge zum Unterhalt der Eltern, und – indirekt – durch ihre Beiträge zum Solidaranteil der Altersversicherung. Die Systematik der »sozialen« Rentenversicherung jetzigen Zuschnitts hingegen *verhindert* solche volkswirtschaftliche Realkapitalbildung in *mehrfacher* Hinsicht: Einerseits machen überdimensionierte »Sozial«-Abzüge dem Lohnbezieher jede nennenswerte Rücklagenbildung unmöglich; andererseits wird er bezüglich Eigenvorsorge *de*motiviert (Es kann mit der Rente ja »nichts passieren«). Aus den gleichen Gründen reduzieren sich die finanziellen Möglichkeiten zur Gründung von Mehrkinder-Familien. Außerdem enthebt die Staatsrente generell von jeglicher Notwendigkeit von Kindersegen (obwohl doch gerade die Kinder – und nur sie – die Renten einmal erarbeiten können). Hinzu kommt, daß die Chance zum Doppelverdienst und zur doppelten Rentenanwartschaft für Ehepaare ohne Kinder geradezu eine Superprämie auf Kinderlosigkeit darstellt.

Auch die dritte Möglichkeit zur Eigenvorsorge, die längere Lebensarbeitszeit, wird im System der (vordergründig) »schmerzlosen« Kollektiv-Rente in ihr Gegenteil verkehrt: Der Wunsch, aus dem Arbeitsleben auszuscheiden, verlagert sich immer weiter nach vorn, unterstützt von zusätzlichen Anreizsystemen (z. B. 59er Regelung). Dieser gewaltige volkswirtschaftliche Irrsinn wird durch das geltende Steuersystem noch weiter verschärft, denn bei der gesetzlichen Rentenversicherung bleiben steuerfrei:

- die Einzahlungen (Beiträge),
- die Verzinsung (laufende Rentenerhöhungen),
- die Rentenanwartschaft (die ja dem diesbezüglichen Vermögen des Eigenvorsorgers entspricht) bleibt vermögensteuerfrei.

Dazuhin werden die Renten noch subventioniert (Staatszuschuß). Hingegen wird bei der Eigenvorsorge besteuert:

- das Vorsorgevermögen,
- die Zinsen hieraus, und
- die Produktiv-Vermögensanlage sogar doppelt (Höchster Steuersatz für einbehaltene Gewinne, plus Gewerbesteuer).

Insgesamt bedeutet das: Volkswirtschaftlich Sinnvolles wird bestraft, volkswirtschaftlich Schädliches wird hoch prämiert. Eine falsch verstandene »Moral« und ein fehlerhaft »umgebauter« Generationen-Vertrag programmieren den Ruin eines ganzen Volkes und seiner ökonomischen Grundlagen. Die von den neuen Sozialisten so großspurig verkündete »Humanisierung« der »kapitalistischen Egozentrik« erweist sich – wie so oft – als das Gegenteil des Gewollten und als Totgeburt aus dem Schoß einer altruistisch getarnten Macher-Arroganz. Die selbstherrlichen Moralmonopolisten sollten sich einmal Altmeister Friedrich Schiller zur Brust nehmen, der in seinen Betrachtungen über das Solon'sche Gesetzeswerk die Mahnung hinterlassen hat: »Zur moralischen Schönheit der Handlungen ist Freiheit des Willens die erste Bedingung, und diese Freiheit ist dahin, sobald man moralische Tugend durch gesetzliche Strafen erzwingen will. Das edelste Vorrecht der Natur ist, sich selbst zu bestimmen und das Gute um des Guten willen zu tun. Kein bürgerliches Gesetz darf Treue gegen den Freund, Großmut gegen den Feind, Dankbarkeit gegen Vater und Mutter zwangsmäßig gebieten, denn sobald es dieses tut, wird eine freie moralische Empfindung in ein Werk der Furcht, in eine sklavische Regung verwandelt.«[294]

Die ganze Absurdität der sozialsozialistischen Renten-Mechanik erweist sich in der Bemerkung des großen Wachstumstheoretikers unter den Nationalökonomen, Professor Gottfried Bombach: »Kapitalisierte man die Rentenansprüche, so würde das heutige Produktivvermögen den Rentnern von morgen gehören, in der Schweiz ebenso wie in der Bundesrepublik.«[295] Für den Hellhörigen heißt das nichts anderes als daß dieses »System« – trotz aller als »Reformen« verkauften Flickschusterei – zusammenbrechen muß. Gestritten werden darf lediglich noch um den Zeitpunkt. Als auf Dauer *nicht finanzierbares* Zerstörungswerk dient es (mit vielen anderen, wie bspw. der sozialisierten Krankenversicherung und der ebenso falsch konstruierten Arbeitslosenversicherung) lediglich der Existenz-Legitimation einer gigantomanischen Funktionärs-Kaste, die ohne dieses getürkte »Moral«-Monopol völlig überflüssig wäre. In Wirklichkeit ist es zutiefst *unmoralisch,* die Menschen in die Unmündigkeit selbstausbeuterischer Maschinerien zu zwingen, die zu allem Übel auch noch den Keim des schleichenden (oder dramatischen) Zusammenbruchs in sich tragen, unausweichlich Generationen-Haß heraufbeschwören, und einen großen Teil ihres astronomischen Mittelaufkommens für die Subsistenz und den Machtapparat ihrer Kalfaktor-Bürokratien abzweigen müssen.

Bei der Wahl eines Provinzparlaments in Australien gewann im Frühjahr 1988 eine politische »Greypower«-Partei (entspricht unserer »Grauen Panther«-Bewegung betagter Menschen) zehn Prozent der Stimmen. Schon bei den nächsten Wahlen werden auch wir diese Gruppierungen am politischen Horizont heraufziehen sehen. Bei der Konstruktion unseres Renten»systems« und der sich klar abzeichnenden demographischen Entwicklung (Umkehrung der Alterspyramide) ist der Tag nicht mehr fern, an dem der sogenannte »Zwei-Generationen-Vertrag«, den niemand jemals unterschrieben hat, von den Jüngeren, noch im Erwerbsprozeß stehenden Beitragszahlern gekündigt werden wird (sei es durch freiwillige Arbeitslosigkeit und Schwarzarbeit, durch Auswanderung oder politische Radikalisierung), und an dem es um die uneinlösbaren Versprechungen und Politiker-Tricks dieses Zwangsgebildes zu einem entwürdigenden und für eine freie Gesellschaft beschämenden politischen Kampf kommen wird. Nicht nur unsere Wirtschaftsordnung wird von dieser Fehlkonstruktion bedroht (und von anderen), sondern sogar das gesamte Gefüge unserer parlamentarischen Demokratie und der Reste unseres Rechtsstaats. Es droht ein neuer, quasi-feudalistischer Kampf zwischen Zahlenden und Fordernden – mit fürchterlichen Konsequenzen für uns alle und besonders für die alten Menschen (nicht nur finanzieller Natur). Gesellschaftsspaltungen dieser Art sind der Stoff, aus dem die Revolutionen und die »Diktaturen der letzten Rettung« sind. Und alles das zur höheren Ehre der Sozial-Pharisäer, der Hohepriester eines verlogenen Moral-Monopols, deren medienschwätzerisches Ritual gekennzeichnet ist durch die pausenlose Wiederholung der Floskeln »Betroffenheit« und »Soziale Demontage«.

Zu diesem Zeremoniell gehört es auch, die Angst vor bösen Geistern zu schüren, sprich: das Gespenst von der »neuen Armut« an die Wand zu malen. Mit Entschlossenheit zur nackten Ökonomie-Ignoranz wird dieser Druiden-Spruch von unserer Links-Arroganzia aufgenommen und mit missionarischem Eifer in Umlauf gesetzt. Und das *nicht trotz*, sondern wegen!! der von 1980 bis 1988 (wieder mal) verdoppelten Sozialhilfe-Aufwendungen in bundesdeutschen Landen, bzw. wegen der seit Jahren rasant wachsenden Zahl von Sozialhilfe-Empfängern. Mit Schlagworten und statistischen Zahlen läßt sich's halt prächtig agitieren und desinformieren. Genau besehen offenbart sich ganz anderes: Was die Ziffern in die Höhe treibt, sind nicht die »armen Alten«, sondern die gutversorgten Jungen. Bei den Jugendlichen unter 15 Jahren stieg die Zahl der Sozialhilfeempfänger von 249 000 im Jahr 1980 auf 474 000 im Jahr 1988; bei den 15 bis 25-Jährigen von 119 000 auf 268 000 (Es handelt sich also überwiegend um Noch-nicht-Arbeitslosengeldempfänger). Wer den Arbeitsmarkt – soweit er überhaupt noch ein Markt ist – kennt und nicht mit ideologischen Scheuklappen betrachtet, weiß, daß diese Zahlen nur zum geringsten Teil auf fehlende Arbeitschancen zurückzuführen sind, sondern hauptsächlich auf eine – vornehme ausgedrückt »andere Einstellung« zur Arbeit und eine »andere Einstellung« zum »Mitnehmen« von Sozialhilfe. Eine weitere erhebliche Schubwirkung ging und geht von den Asylbewerbern aus (welche bekanntlich nicht arbeiten dürfen). Bezogen 1980 noch 160 000 Ausländer Sozialhilfe, so waren es 1986 bereits 400 000 – mit rasant wachsendem Trend. Im Kontext hierzu haben sich die relativen und absoluten Zahlen bei den älteren Empfängern deutlich zurückentwickelt. Die Zahl der entsprechenden Bezieher-Haushalte hat sich von 1980 bis 1986 halbiert (mit fallendem Trend). Ein Kostenschub ist hier lediglich durch permanent steigende Hilfen für Pflegefälle und Rehabilitationsmaßnahmen zu verzeichnen – nicht zuletzt eine Folge der sich auf den Kopf stellenden Alterspyramide. Außerdem wurden und werden die Schwellen zur Bezugsberechtigung laufend gesenkt, bzw. die zu unterschreitenden Einkommensgrenzen laufend nach oben verschoben (wie übrigens auch in den USA die sogenannte Armutsgrenze jährlich angehoben wird, wodurch sich rein statistisch die Zahl der als »Arme« bezeichneten Amerikaner laufend erhöht), so daß es für manchen Arbeiter-Haushalt eine Überlegung wert ist, ob nicht jegliche Beschäftigung ganz eingestellt werden sollte. Eines jedenfalls ist überdeutlich – sogar in der meist irreführenden (weil die Beweggründe nicht aufzeigenden) Sozialhilfe-Statistik: Altersarmut und »echte« Armut gehen seit Jahrzehnten deutlich zurück, auch in der – angeblichen – Epoche der »neuen Armut« der Achtziger Jahre unseres Jahrhunderts. Jede andersartige Darstellung ist verantwortungslose Demagogie und schamlose Hetze zugunsten des eigenen Wählerpotentials oder der eigenen Syndikats-Kassen.

Doch es geht mir hier weniger um statistisches Zahlengerangel als um das Prinzip der falschen und verlogenen »Humanität« kollektivistischer »Nächstenliebe«: Um das Paradoxon und die Perversion des »Sozialen«: Je reicher ein Land wird (und es wird umso schneller reich, je weniger es sozialsozialistisch geknebelt wird), desto weniger bedarf es einer alle Lebensbereiche umfassenden »Sozialpolitik«, und desto mehr könnten die immer reichlicher zur Verfügung stehenden Mittel in großzügiger Weise auf die wirklich Bedürftigen konzentriert werden, wenn die sozialreligiösen Schriftgelehrten nicht die Milliarden verspritzen würden wie Großmutter das Weihwasser. (1988 floß in der Bundesrepublik ein Drittel des Sozialprodukts, also jede dritte erarbeitete Mark, in »Sozialleistungen«).

Doch dem nicht genug. Die Neu-Sozialisten wollen mehr: Getreu dem Satz Epikurs »Nichts wird dem genügend scheinen, dem das Genügende wenig scheint«, soll – so ihre Weisheit – nicht nur die Menge des Umverteilungssegens erhöht werden, sondern das ganze »System« soll »moralischer« werden. In ihrer Terminologie ist »moralischer« gleichbedeutend mit »sozialer«, und »sozialer« gleich »sozialistischer«. Es ist der »Dritte Weg«, der ihnen vorschwebt, die »goldene Mitte« zwischen dem »kalten« Kapitalismus und dem »menschlichen«, aber leider halt noch »in den Kinderschuhen steckenden« oder »von bösen Diktatoren mißbrauchten« Sozialismus. (Wenn die Menschen endlich begreifen würden, daß es *originär* nicht die Stalins, Hitlers, Maos, Kim Il Sungs und Ceaucescus gewesen sind, welche die Erde in ein Leichenhaus und in ein Konzentrationslager verwandelt haben, sondern *der Sozialismus,* und daß alle Stalins der Weltgeschichte nur die besonders konsequenten *Vollstrecker* dieser satanischen Religion waren, dann würden sie auch den Sinn jenes Satzes verstehen, den kürzlich ein ungarischer Ökonom ausgesprochen hat: »Der Dritte Weg führt schnurstracks in die Dritte Welt.« – Und die Ungarn wissen, von was sie reden!!).

Wer sich ein Bild vom »real existierenden Dritten Weg« machen möchte, der möge im nächsten Urlaub einen Flug nach Montevideo buchen. Das fruchtbare Uruguay, das zu Beginn dieses Jahrhunderts zu den weltweit reichsten Ländern gehörte und auf der Basis dieses Reichtums den ersten Sozialstaat der Erde entwickelte (schon in den Zwanziger und Dreißiger Jahren mit Lohngarantien und üppiger Altersversorgung den Vereinigten Staaten und Europa weit voraus), ist heute nur noch ein Entwicklungsland mit einer Pro-Kopf-Verschuldung seiner Mini-Bevölkerung von mehr als dem Doppelten der brasilianischen. »Demokratische Sozialisten« und Gewerkschaften, die man in Uruguay besser als Wohlstands-Terroristen bezeichnen sollte, lieferten (und liefern) sich dort regelrechte Sozial-Orgien. Es wäre doch gelacht, wenn die ehemalige »Schweiz Südamerikas« mit ihren nur drei Millionen Einwohnern nicht noch auf den Status von Bangladesch herunter-zu-wohlfahrtskitzeln wäre.

Eine Zwischenbemerkung: Wem die Häufung der kompositorischen Verwendungen des Wortes »sozial« auf den Geist geht, dem kann ich versichern: Mir auch. Auf einer – willkürlich herausgegriffenen – halben Seite der »kapitalistischen« Zeitung »Handelsblatt« (vom 21. 9. 1988) fand ich folgende Begriffe:

Soziale Absicherung
Soziale Dimension
Soziales Gebiet
Soziale Rechte
Sozialpartner
Soziale Flankierung
Soziale Sockelrechte
Sozialpolitiker
Sozialhilfesätze
Sozial zu rechtfertigen
Sozialpolitik
Sozialgesetzbuch
Soziale Gerechtigkeit
Sozialmemorandum
Sozialminister

Soviel nur zum Zeitgeist und zu unserem Geisteszustand in der sozialsozialistischen Neuzeit.

Längst geht es den Neusozialisten nicht mehr nur um die Sicherung des Existenzminimums für Arme und Bedürftige; alle wohlfahrtsstaatlichen Eingriffe und Dirigismen laufen inzwischen darauf hinaus, den »Lebensstandard« und den »Komfortbedarf« zu sichern. Deshalb werden – trotz wachsenden Breitenwohlstands – die »Sozialleistungen« immer weiter und feiner ausgebaut. Das individualistische Prinzip der Subsidiarität (das gleichwohl *christlich* ist: siehe die Enzyklika »Quadrogesimo anno«: Was der Einzelne aus eigener Initiative und mit eigenen Kräften leisten kann, darf ihm nicht entzogen und der Gesellschaft zugewiesen werden) weicht zunehmend dem kollektivistischen und sozialistischen Prinzip der Massen-Solidarität. Die kollektive Zwangsvorsorge und Zwangshilfe *ersetzt* nicht nur private Hilfe und Eigenvorsorge, sondern sie *verdrängt* und *lähmt* diese auch noch, schafft obendrein Anreize zum Mißbrauch und belohnt die rücksichtslose Ausbeutung der Leistungswilligen und Leistungsfähigen. Während sich bei individualistischen und marktkonformen Lösungen der Vorsorge- und Fürsorgeprobleme das Individualinteresse mit dem Interesse der Gemeinschaft deckt, ja beide sich sogar wechselseitig stärken, fallen sie bei kollektivistischen Lösungen auseinander und entwickeln eine geradezu antagonistische Dynamik. Es kommt zur sogenannten *Mittel-Perversion:* Bei immer aufgeblähterem Sozialbudget werden die Mittel immer knapper – und steuern schließlich auf einen *Bankrott im Überfluß* zu. Es ist mehr und mehr in Vergessenheit geraten, daß das »Soziale« einer Marktwirtschaft im Marktprozeß selbst liegt: in seiner überlegenen Effizienz, in der Vielfalt seiner Chancen und Freiheitsräume, der Zuverlässigkeit seiner Warenversorgung und in der Entlohnungsgerechtigkeit seines Konsumentenprimats. Wer in diesen Prozeß aus »sozialen« Erwägungen »korrigierend« eingreift, vermindert seine Effizienz drastisch und dauerhaft *und damit auch* die absolute und relative Höhe der Beträge, die für Vorsorge-, Hilfs- und Unterstützungszwecke zur Verfügung stehen. Wer den Wohlfahrtsstaat überschätzt oder zu sehr schätzt, zerstört *beides:* den Staat *und die Wohlfahrt – auch und vor allem* die einzig sinnvolle Wohltätigkeit, nämlich die für die *wirklich* Armen und Hilfsbedürftigen. Die Verschwendung für falsch verstandene Fürsorge ist gleichbedeutend mit der Verschwendung derjenigen Leistungskräfte, die Wohl*fahrt* zunehmend überflüssig machen und durch Wohl*stand* ersetzen würden. Schließlich zerstört der kollektivistische Sozialwahn alle Werte und Verhaltensweisen *wirklicher* Humanität und Hilfsbereitschaft: Verantwortungsgefühl, christliche Nächstenliebe, freiwillige

Initiative, Eigenvorsorge und Zusammenhalt der Kleingruppen (Familie, Sippe, Verein, Nachbarschaft). Auf politischer Ebene zerstört er darüberhinaus die ethisch-geistigen Grundlagen einer freien Gesellschaft: Selbstverantwortung, Mündigkeit, Entscheidungswille und Entscheidungsfähigkeit, Unabhängigkeit und Freiheitsliebe, *sowie* die Strukturen des Rechtsstaates mitsamt dem rechtsstaatlichen Bewußtsein seiner Bürger. Im Grunde genommen basiert die Wohlfahrts- oder Sozialstaats-Idee auf dem Thomas Hobbes'schen Denkmuster vom »Kampf aller gegen alle«, dem ein schrecklich verzerrtes Menschenbild und anthropologische Total-Ignoranz zugrunde liegt. Nur wenn alle Menschen – so Hobbes – sich durch Vertragsschluß in einen allmächtigen Staat – den Leviathan – einbinden, kann es gesellschaftlichen Frieden geben. Das heißt im Klartext: Überleben ist nur durch Zerstörung der individuellen Freiheit möglich. Es ist unmittelar erkennbar, daß dieser Gedanke zutiefst sozialistisch ist. Damit ist aber auch das vorgeblich so edle sozialistische (und »soziale«!!) Menschenbild als Fratze des »von Natur aus Bösen«[296] entlarvt. Professor Guy Kirsch: »Wie jedes Kollektiv, so ist auch der Wohlfahrtsstaat *amoralisch.* Er reagiert nicht auf individuelle Notlagen, sondern auf organisierten gesellschaftlichen Druck... [Seine Verteidiger] sollten die intellektuelle Redlichkeit haben, zuzugeben, daß sie die Hobbes'sche Wahl zwischen individueller Freiheit *oder* sozialem Frieden für unausweichlich halten.«[297] Der mit einem solch monomanischen »Friedensauftrag« versehene Staat hat gar keine andere Wahl als zur Auffahrtsrampe organisierter Interessen zu werden. Gewinnen, das meiste »herausschlagen« können in ihm nur die jeweils mächtigsten Interessenverbände. Parlament, Regierung, Politik insgesamt wandeln sich hier notgedrungen zu spiegelbildlichen Konterfeis der pressure-groups. Genau deshalb aber, *weil* Legislative, Exekutive und Parteien dann nur noch als ausführende Organe für syndikalisierte Partikularinteressen fungieren, *verkommen* die originären Staatsaufgaben ebenso wie ihre Funktionsträger. In einer omnipotenten Krämerladen-Bürokratie verlieren die Staatsorgane zunehmend ihre ordnungspolitische Durchsetzungskraft und ihre rechtsstaatliche Autorität. Die kollektivistische Beute-Moral der Sozialpharisäer hat den Bestechungs- und Korruptions-Staat geboren. Dessen Würde zerfällt im gleichen Ausmaß wie seine bürokratische Willkür anschwillt. »Ein Wohlfahrtsstaat«, schreibt Professor Kirsch, *»kann nur* ein Verbändestaat sein, und vice versa... Im Wohlfahrtsstaat wächst das Wohlbefinden der einzelnen nicht, indem er anderen zu Diensten ist, sondern indem er anderen etwas wegnimmt.«[298] Der Konflikt, den Hobbes im vorstaatlichen Naturzustand zu erkennen glaubte, spielt sich nun innerhalb des Beutestaates tatsächlich ab, weil es sich in ihm als lohnend erweist, sich in Rudeln zusammenzurotten und unter der Führung von Alpha-Wölfen auf Jagd zu gehen. Der Kampf aller gegen alle, den es in der von Hobbes unterstellten Form niemals gegeben hat: im Sozialsozialismus ist er Wirklichkeit geworden. Und er wird sich eines Tages in noch ganz anderen Dimensionen abspielen: Wenn der Sozialstaat in nicht allzu ferner Zukunft vor dem Bankrott stehen wird, weil er Verantwortungslosigkeit und Verschwendung prämiert und als »moralische« Veranstaltung dekoriert hat, dann wird es tatsächlich zu einem unwürdigen, häßlichen und verzweifelten Krieg kommen:

Junge gegen Alte (Bankrott der sozialisierten Rentenversicherung),
Gesunde gegen Kranke (Zusammenbruch des sozialisierten Gesundheitswesens),
Arbeitslose gegen Arbeitsbesitzer (Kollaps der Arbeitslosenversicherung),
Geldbesitzer gegen Sachwertbesitzer (Inflation/Währungsreform),
Obdachlose gegen Sozialwohnungsbeleger (Zusammenbruch des freien Wohnungsmarktes),
Sozialabgabengeschröpfte gegen Schwarzarbeiter (Reguläre Arbeit lohnt sich nicht mehr).

»Sozial«-Leviathan wird uns alle verschlingen. Genauer: Wir werden uns in seinem Namen gegenseitig zerfleischen. Das Moralmonopol und seine Pharisäer werden dann zur Siegesfeier und zur letzten Messe laden. Zur Totenmesse.

Mein Vorschlag für das Wort zu jenem schwarzen Sonntag: Art. 4 der Bill of Rights von 1776: »Kein Mensch und keine Gruppe hat ein Recht auf alleinige oder besondere Zuwendungen oder Vergünstigungen seitens der Allgemeinheit.«

(Einschränkung: Wenn es dann noch Menschen gibt).

»Wer in der Freiheit etwas anderes sieht als sie selbst, ist zum Dienen geschaffen... Man muß darauf verzichten, ihn [den Wunsch nach Freiheit] den mittelmäßigen Seelen, die ihn nie verspürt haben, verständlich zu machen.«

Alexis de Tocqueville.

»Der Minimalstaat ist der weitestgehende Staat, der sich rechtfertigen läßt. Jeder weitergehende Staat verletzt die Rechte der Menschen.«

Robert Nozick
(amerik. Philosoph)

3. Stolz und Erbärmlichkeit

Vor mehr als dreißig Jahren erzählte mir einer meiner Freunde, ein Rechtsanwalt – und heute betagter Ruheständler – eine Episode aus seiner Studienzeit. Was für ihn nur ein paar Randbemerkungen waren, beeindruckte mich – als damals kaum Zwanzigjährigen – so tief, daß mir seine Sätze bis zum heutigen Tag im Gedächtnis geblieben sind. Wenige Semester nach Studienbeginn war bei ihm ein Leberschaden aufgetreten. Der Grund: In seiner Studentenverbindung konnte er sich zwar – dank der Spendierfreudigkeit der Alten Herren der Verbindung – regelmäßig dem fröhlichen Suff widmen, hatte jedoch, von zu Hause nur mit bescheidenen Mitteln ausgestattet, kaum etwas zu essen. »Damals«, so erzählte er, »gab es halt noch kein Studium auf Staatskosten. Es gab Möglichkeiten, an Unterstützungen zu kommen, aber wir hätten nicht im Traum daran gedacht, so etwas in Anspruch zu nehmen. Viele von meinen Kommilitonen waren genauso arme Schlucker wie ich, aber wir alle hatten die gleiche Einstellung: Lieber wären wir verhungert als ein Almosen vom Staat oder von irgendeiner Behörde anzunehmen. Wir haben uns als freie, ungebundene junge Männer gefühlt, niemandem verpflichtet, und von niemandem abhängig.« Voilà: *Das* ist das Holz, aus dem die Freiheit geschnitzt ist! Freiheit lebt und überlebt nur dort, wo sie in den Herzen der Menschen fest, tief und kompromißlos verankert ist. Man vergleiche diese Haltung, diesen Stolz des freien Mannes, mit der Einstellung jener erbärmlichen Kreatur, die heute an der Hundeleine des Wohlfahrtsstaates geht: Dieses Hausschwein der sozialsozialistischen Massentierhaltung rackert sein halbes Leben fürs Finanzamt und für die Sozialversicherungs-Maschinerie (das heißt für einen sinnlosen Verschwendungsapparat und seine Funktionäre), dokumentiert tagein tagaus jede seiner Regungen mit Steuer-Belegen, baut sein Haus nach den Konstruktionsmerkmalen eines Karnickelstalls, um nicht aus den fiskalischen Vergünstigungen zu fallen, zahlt ein Drittel seines Lebenseinkommens in die Kassen von (als »Versicherungen« getarnten) Manipulationsorganisationen, läßt sich seine Tages-, Wochen-, und Lebensarbeitszeit samt seines Lohnbetrages von Syndikaten vorschreiben, läßt sich seinen Arbeitsplatz von einer Monopolbehörde vermitteln und seine Kinder in Gesamtschulen mit der Strategie »Gleichschaltung des Verdummungsgrades« versauen, ja richtet gar noch die Zahl seiner Nachkommen nach Mutterschafts- und Kindergeld, nach Steuerklasse und Bausparprämien-Zuschuß ein, hetzt seine Ehefrau in irgendein stumpfsinniges Beschäftigungsverhältnis, um mit der sozialisierten Doppelrente seine eigenen Kinder auszubeuten, steht um Almosen an, wie Wohngeld- und Heizkostenzuschuß, Weihnachtsfreibetrag und Kantinenessen-Zulage, um Kilometerpauschale, Sparprämie und Umschulungshilfe, kurz: läßt sich einen Bruchteil dessen, was man ihm genommen und was er selbst erarbeitet hat, als gnädigen Bettel zuweisen – und fühlt sich dabei auch noch als freier Mann mit aufrechter demokratischer Gesinnung. (Natürlich kann der Einzelne aus diesem Blutsauger- und Bakschisch-Netz nicht mehr ausbrechen, ohne sich und seine Familie finanziell zu ruinieren, aber es bleibt ihm unbenommen, diesen erbärmlichen Zustand wenigstens zum Kotzen zu finden). Das ist ja das Schlimmste an diesem Leben auf dem Bauch und auf den Knien: daß wir gar nicht mehr registrieren, auf welches Niveau der Armseligkeit wir gesunken und verkommen sind. Das ganze hündische Gewinsel um die Wurstzipfel aus der Hand der Sozialpriester betrachten wir nicht nur als »gerecht« – als »soziale Gerechtigkeit« eben –, sondern wir wollen das alles noch »gerechter«, und somit noch erbärmlicher und noch rattenhafter gestaltet sehen in unserem Umverteilungswahn. Was geschieht denn beispielsweise, wenn die SPD-Quotenfrau Matthäus-Maier den Vorschlag zu einer »Reform« des sogenannten Familienlastenausgleichs macht, der wie folgt aussieht:

- Das Kindergeld soll DM 200,— je Kind und Monat betragen,
- der steuerliche Kinderfreibetrag soll entfallen,
- das Kindergeld soll von der Lohnsteuer bzw. der Einkommensteuervorauszahlung abgezogen werden,
- das Ehegatten-Splitting soll abgeschafft werden,
- eine Unterhaltszahlung an den Ehepartner soll beim Unterhaltsleistenden bis zu einem Höchstbetrag absetzbar, aber beim Unterhaltsberechtigten steuerbar sein,

und so weiter und so fort…
was also geschieht dann?

Es rauscht im Zeitungswald, und es windet vor den Mikrofonen der Parlamente und Funkanstalten, und es stürmt an den bundesdeutschen Stammtischen: dies und jenes sei »gerechter« oder »ungerechter« als vorher; dies und jenes könnte und sollte man so und so »gerechter« gestalten; alles frei nach der Formel »Quotient aus Oma durch Kinderzahl/mal Familieneinkommen minus Wohnfläche/ durch Anzahl der Krankheitstage des ungeborenen Adoptivkindes/ ergibt das Alter des Kapitäns«. Wo – so fragt man sich – bleibt der wirklich freie Journalist und der wirklich aufrechte Parlamentarier, dem bei diesem rattenhaften Gezänk speiübel wird, und der allen, die in der ersten Reihe sitzen, in die Pantoffel-Stuben schreit: »Es ist doch völlig egal, ob diese Vorschläge einen besseren oder einen schlechteren Schwachsinn darstellen als der bestehende Schwachsinn. Viel wichtiger ist doch, daß Ihr den ganzen sozialdemokratischen Affenzirkus als Schwachsinn erkennt! Merkt Ihr denn nicht, wie hier in Eueren Brieftaschen und Konten, in Euerem Arbeits- und Privatleben, in Eueren Familien und Partnerbeziehungen, in Euerem *ganzen Leben* beliebig herumgestochert wird? Fällt Euch denn gar nicht mehr auf, wie die Parameter Euerer gesamten beruflichen und privaten Existenz auf den Funktionärs-Schachbrettern hin- und hergeschoben werden, und daß Ihr nur noch Spielmaterial für die Machtlaunen und Profilierungssüchte von Kindergarten-Imperatoren seid? Wie abgestumpft, infantil, entmündigt und verdeppt seid Ihr denn inzwischen in Euerem Wurmdasein, um das alles als »normale Politik« zu fressen? Habt Ihr vergessen, was Freiheit bedeutet, was jener »Stolz des freien Mannes« besagt, für den tausend Generationen gekämpft und gelitten haben? Es geht doch bei der »Freiheit« nicht nur um das »Reisen-Können« und um »Mehr Bananen und Damenstrümpfe« – wie Euch das die linken Mediensabberer angesichts der Massenflucht unserer Landsleute monatelang weisgemacht haben, sondern es geht um *Lebenszeit.* Jeder Mensch hat nur *ein* Leben auf Erden, und diese Zeit, diese seine einzige Lebenszeit ist unendlich kostbar. Jeder Tag, den er in Zwang und Vormundschaft, in Lüge und Manipulation verbringen muß, jede Stunde, die er falschen Zielen und Illusionen leben muß, ist *verlorenes Leben.* Zeit ist unser einziges unwiderbringliches Eigentum, ist – wie Seneca sagt – das einzige, was selbst der Dankbare nicht zurückgeben kann. Und Lebenszeit, in Unfreiheit und unter unwürdiger Funktionärsverwaltung verbracht, ist geraubte Zeit, ist *vorgezogener Tod.* Freiheit heißt doch nicht nur Abwesenheit von Stasi-Spitzeln, sondern auch Abwesenheit von Zwangs-Ammen und von Zwangs-Debilität (sei sie auch demokratisch verordnet) in einem sozialistischen Volksheim. Ich sage Euch nicht »gute Nacht«, sondern – Euerem Geistes- und Gemütszustand angemessen: »Ada, ada, haia, haia!«

Mag da ein einsamer Autor nach monate- oder jahrelanger Mühe noch ein paar tausend Leser mit seinem Appell erreichen; jene Publikums-Fürsten, denen täglich Millionen von Zuschauern oder Hörern lauschen, werden nicht daran denken, sich das einträgliche Geschäft mit der Unmündigkeit der Massen selbst zu verderben. Und – machen wir uns nichts vor –: das Freiheitsverständnis dieser Massen wird – zu ihrem eigenen Schaden freilich – stets ein anderes bleiben. Würde man den Menschen die Freiheit als Ganzes, als Gesamtgebäude nehmen, die meisten würden nur einen geringen Teil der Bausteine vermissen. Nur wenige würde es zum Beispiel schmerzen, nicht Unternehmer werden, nicht Mietwohnungen bauen oder nicht an einer Hochschule frei lehren zu können. Die große Mehrheit der Bevölkerung würde diese Aspekte des Freiheitsverlustes nicht für wichtig halten und nicht schmerzlich empfinden. Deshalb ist es auch so leicht, eine ganze Gesellschaft mit einem Netz von Kontrollen, Vorschriften und bürokratischen Hindernissen zu überziehen, ohne daß dies der Mehrheit auffällt oder bedeutsam erscheint. Und doch entscheidet die *ganze* Freiheit jener wenigen weit mehr über den Wohlstand und die zivilisatorische Entwicklung einer Nation als die eingeschränkte, den meisten Menschen aber durchaus genügende Freiheit. Weil man nämlich nicht wissen kann, wer die wenigen sein werden, welche eine unbeschränkte Freiheit als Gelegenheit zum Handeln (zum Nutzen aller) ergreifen werden – und nicht wann, wie, zu was, und mit welchen Ergebnissen –, können Wohlstand und Fortschritt *für alle* nur dann erzielt werden, wenn man *allen* Menschen die *ganze* Freiheit gewährt, zu tun, was sie – im Rahmen der geltenden Gesetze natürlich – für opportun halten. Der Nationalökonom und Nobelpreisträger James M. Buchanan wußte sehr genau, warum er auf die Frage »Was würden Sie tun, wenn Sie politische Macht hätten?« antwortete: »Ich würde verfassungsmäßig verhindern, daß Regierungen oder Gesetzgeber in den Marktprozeß eingreifen.«[299]

Es läßt sich wohl ohne Anmaßung feststellen, daß die meisten Menschen die jeweilige Zwillingsbrüderschaft der Begriffspaare

»Freiheit – Risiko« und »Sicherheit – Tod« nicht begreifen oder nicht akzeptieren wollen. Otto Normalbürgers oberstes Glaubensbekenntnis bleibt die »Sicherheit«. Doch gerade diese Sicherheit – jedenfalls ihre menschlich-realistische Dimension – wird verspielt, wenn man ihren scheinbaren Feind gering schätzt: die Freiheit. »Die menschlichen Dinge«, warnte Karl Jaspers, »gestatten keine absolute Sicherheit. Freiheit kann sich nur durch Freiheit im Risiko behaupten. Wer absolute Sicherheit will, will die Unfreiheit und den politischen Tod.« Womit wir über den Risiko-Begriff zur entscheidenden Substanz der Freiheit vorgestoßen wären: zum Mut. Vielleicht ist der Mut nicht nur die Substanz der Freiheit, sondern sogar die Substanz des Sittlichen überhaupt, ja vielleicht sogar des Göttlichen im Menschen. (Es wird selbst im theologischen Schrifttum übersehen, welch überragende Bedeutung dem Mut in den biblischen Texten zukommt. Kaum ein Gleichnis, kaum einen Satz des Gottessohnes gibt es, dem man nicht die Überschrift »Mut« geben könnte: der Mut zum Bekenntnis, der Mut zur Armut (Arm-mut = Mut zum arm-sein), zum Glauben, zum Verzicht, zum Opfer, zum Martyrium, zum Leben und zum Tode).

So stellt denn auch Wladimir Bukowski in seinem wunderbaren Buch »Dieser stechende Schmerz der Freiheit« dem Kapitel »Über die Furcht« den Satz des Griechen Perikles als Motto voran: »Sei überzeugt, daß das Geheimnis des Glücks die Freiheit, das Geheimnis der Freiheit der Mut ist.«

WELCH EIN UNGEHEUERLICHER SATZ! Zweieinhalb Jahrtausende vor unserer Zeit war damit schon der Kern der kostbarsten Frucht allen Menschseins herausgeschält, war schon das wichtigste gesagt, was zur Freiheit zu sagen ist.

Doch jenen, die – trotz allem – dazu neigen, eine zweifelhafte »Sicherheit« hinter Gefängnismauern dem Risiko der Freiheit vorzuziehen und sich als Mündel in die Obhut des Sozialstaates zu begeben, sei ein anderer Satz tief ins Gedächtnis eingebrannt: In dem Film »Marian Rose White« wird die Geschichte eines Mädchens erzählt, das wegen extremer Kurzsichtigkeit schulisch zurückbleibt und deshalb von seiner Mutter in ein Schwachsinnigen-Heim eingeliefert wird. Als die Großmutter des (geistig durchaus gesunden) Mädchens gegen die geplante Zwangssterilisation ihrer Enkelin protestiert, muß sie sich von einer der Heimschwestern belehren lassen: *»Sie ist jetzt ein Mündel des Staates; deshalb können die mit ihr jetzt machen, was sie wollen.«*

»Es gibt kein Seiendes, das herrenlos wäre.« »Von der Macht des Menschen, die nicht durch sein Gewissen verantwortet wird, ergreifen die Dämonen Besitz.«
Romano Guardini.

»Es ist möglich, diese oder jene Marxistische Interpretation der Welt zu widerlegen; [aber] es ist nicht möglich, den Marxismus (oder den Sozialismus generell) als eine mystische Vision menschlicher Hoffnung zu widerlegen.«
Peter L. Berger

VIII. Das Geheimnis des Sozialismus.

Sie hat die halbe Erde verwüstet. Ihre Farbe ist rot und steht symbolisch für Ozeane aus Blut. Von all ihren Zeichen ist das wahrhaftigste die Sichel: die Sichel des Todes für Hunderte von Millionen Menschen. Und doch wird ihre Macht systematisch unterschätzt: die Macht der sozialistischen Idee. Nach einem Dreivierteljahrhundert des Grauens scheint sie gebrochen, nackt, bankrott, gedemütigt und besiegt zu sein. Denn sie hat den Frieden beschworen und den Terror ausgeführt, das Paradies versprochen und die Hölle gehalten, den Überfluß verkündet und das Elend realisiert, das Leben angesagt und den Tod geboren. Und dennoch: ihre Kraft ist ungebrochen! Aus ihren Trümmern und Leichenfeldern, aus Morast und Asche wird sie erneut aufsteigen wie Phoenix, und mächtiger sein als je zuvor.

Was also ist die rätselhafte Lebenskraft dieser Idee? Was ist das »Geheimnis« des Sozialismus?

Die chemische Formel der Droge »Sozialismus« ergibt sich wie von selbst, wenn wir ihre Essenzen – extrahiert aus den Kapiteln I. bis VII. – nebeneinander stellen und die einzelnen Urstoffe namentlich kennzeichnen. Die Reagenzgläser tragen dann sieben wohlbekannte Namen:

- Hyperrationalistische Denk-Arroganz,
- Atavistische Horden-Instinkte,
- Eschatologische Ur-Sehnsüchte,
- Deterministische Evolutions-Teleologie,
- Lebens- und Todesfurcht (= Tiefenpsychologisch verwurzelte elementare Sicherheits-Gier, sowie Verantwortungs- und Entscheidungs-Scheu),
- Neid,
- Urangst vor dem Unbekannten (vor der nicht-planbaren Komplexität und Spontaneität).

Nun wäre allein die Addition dieser elementarsten Kräfte in der Tiefe der menschlichen Psyche schon eine unbeschreibliche Energie-Ballung. ABER SOZIALISMUS IST NOCH MEHR: Er koppelt diese Urgewalten nicht nur aneinander, sondern er vermischt und verkettet sie, eine jede mit jeder anderen. So entsteht ein sich nicht nur addierendes, sondern sich wechselseitig potenzierendes Supergebräu von geradezu kosmischer Sprengkraft. Das Gemisch aus diesen archetypischen Urmustern menschlichen Fühlens und Verhaltens muß eine hochbrisante Mixtur von unwiderstehlicher Anziehungskraft und Faszination ergeben. Hinzu kommt, daß sich für diese Braukunst immer wieder neue alchemistische Meister finden, welche Irrtum und Lüge zu immer neuen Rezepturen vermengen und so dem analytischen Auge entziehen. Schlußendlich ist dem explosiven Flaschengeist nur noch mit jener Distanz zu begegnen, mit der Mediziner sich psychopathologischen Erscheinungsbildern zu nähern pflegen: Hier wie dort sind die Heilungschancen minimal, denn das Krankheitsbild gestörter Einsichtsfähigkeit verstellt sich selbst den einzig möglichen Genesungsweg: die Einsicht.

Letztlich ist der Sozialismus ein quasi-religiöses Phänomen. Im wahrsten Sinne eine Religion ohne Gott. Denn in den Kontext der Schöpfung gestellt, lassen sich jene sieben anthropologischen Grundmuster spiegelbildlich zurückführen auf die Urgewalten des Religiösen im denkenden Geschöpf: auf das einzigartige Erlebnis der Verstandes- und Vernunftssingularität des Menschen, also auf seine alle Naturphänomene überragende Ich-Reflexionsfähigkeit, und auf seine Sinn-, Zweck- und Zielsuche als letzte Motivationsstruktur allen Denkens und Fühlens in der Welt und über die Welt. Aber: Wie sollte Vernunft sich selbst begreifen können!? Als Abglanz des Göttlichen kann sie vor einem gottlos-finsteren Horizont nur ein lächerliches Irrlicht sein. Geist ohne Gott ist nur umnachteter Geist; Sinn ohne Gott nur Irrsinn. Nicht ohne Grund tritt der Sozialismus überall in Verbindung mit dem Atheismus auf; bestenfalls in duldsamer Gleichgültigkeit. Wer nicht glauben kann, daß ein jeder das »ihm Zustehende« nur von einer Institution erwarten kann, die nicht von dieser Welt ist, der will letzte Gerechtigkeit *in der Welt,* und zwar jetzt und schnell, solange er lebt. Es schert den Sozialisten nicht, daß solche »jenseitige« Gerechtigkeit (jenseits aller Subjektivität und doch deckungsgleich mit allen subjektiven Empfindungen) als irdisches Gut nicht zu haben ist. Er *will* sie, koste sie was sie wolle. Das Schwert des Cherubin, hinter dem nur noch der Zorn

Gottes wohnt: der Sozialist akzeptiert es nicht; er will es an sich reißen, um selbst die Welt zu richten, und um sie alsdann neu zu *er*richten. Tiefenpsychologisch bedeutet Sozialismus »Gewissensentlastung«, denn Gewissen besagt: immer wiederkehrende moralische Entscheidung in der personalen Beziehung des Individuums zum Allmächtigen. Das bedingt personale Verantwortung und ergo persönliche Freiheit. Wo aber »das System« als solches als »moralisch« gilt (wie der Sozialismus das für sich beansprucht), da findet Gewissen nicht statt; alle moralische Entscheidung ist dann mit dem Ritual des Bekenntnisses »zum System« erledigt; Moral ist abgehakt. (Ein Entlastungs-Ritual, das der Sozialismus mit allen Sekten teilt). Somit ist auch persönliche Freiheit (und nur diese ist Freiheit!) überflüssig, ja systemfeindlich, weil sie ja immer wiederkehrende Entscheidungs- und Handlungsfreiheit gegen »das System« bedeuten kann – und somit a priori »unmoralisch« sein muß. Freiheit wird im Sozialismus klammheimlich uminterpretiert als »Wille zur Macht« für den Götzen »Kollektiv«. Uminterpretation bleibt – neben der Umerziehung – ohnehin Hauptsportart. In der Spengler'schen Diktion: Man sagt von nun an Gehirn statt Seele; und unter Ethik, ihrer metaphysischen Vergangenheit entkleidet, versteht man nur noch eine Art »sozialethische Nationalökonomie«. Die Philosophie jedenfalls ist am Ende. Sie ist zur »System«kritik, zur Gesellschaftskritik verkommen, weil Gott in den Herzen der Menschen tot ist. *Das* ist das Ende.

Fazit: Der Sozialismus – auch der »neue« (Sozialsozialismus) – hat weitaus tiefere Wurzeln und viel gewaltigere Kräfte als wir alle glauben. Er ist mindestens so mächtig und so unbesiegbar wie die Dummheit, die Eitelkeit, der Aberglaube und die Furcht – ZUSAMMENGENOMMEN!

Niemand, so kann man resümieren wird diese satanische Bombe in der Seele und im Gemüt des homo sapiens jemals entschärfen können; außer das einzelne freiheitsliebende Individuum für sich allein, in seinem *eigenen* Kopf und seinem *eigenen* Herzen.

In Hermann Kesten's historischem Roman »König Philipp der Zweite« sagt der tyrannische König – stellvertretend für die Freiheitsfeinde aller Zeiten und aller Schattierungen –: »Der Einzelne ist gefährlich. Man muß den Einzelnen töten... Nur der Einzelne widersteht uns. *Das ist unsere Grenze.*«[300]

Und das, glaube ich, ist unsere einzige Chance: *Seien wir Grenze! Jeder für sich!*

»Papier [Papiergeld] ist eine Hypothek auf Reichtum, den es zwar nicht gibt, der aber von einem Gewehr geschützt wird, das man denen vor die Brust setzt, die Reichtum schaffen sollen. Papier ist ein von legalen Räubern auf fremden Besitz gezogener Scheck: ein Scheck auf die Tugend der Opfer – Und es wird der Tag kommen, da er nicht ausgezahlt wird, weil es heißt: Konto überzogen.«

Ayn Rand.

»Die rechte Zeit, sich über Depressionen zu beunruhigen, ist leider, wenn die meisten Menschen am wenigsten daran denken.«

Friedrich A. von Hayek.

»Das Heimweh nach der Barbarei ist das letzte Wort einer jeden Zivilisation.«

Cioran.

Nachwort: Der dritte Untergang des Abendlands.

Meine Thesen:

Untergang I: Das Ende Roms.
Grund: Überschuldung.

Untergang II: Weltkriege I und (vor allem) II; Bolschewismus und Nationalsozialismus.
Hauptgrund: Sozialismus.

Untergang III: Demnächst.
Grund: Überschuldung und Sozialismus – also: Sozialsozialismus.

Man mag bestreiten, daß es sich beim Inferno der Weltkriege mit ihren Völkergemetzeln, beim braunen und roten Genozid, und bei der Vernichtung aller Zivilisation unter Bolschewismus, Nationalsozialismus und Ostblock-Marxismus um einen »Untergang« gehandelt habe. Doch dann mag man auch die Apokalypse als zirzensische Unterhaltungsnummer betrachten.

Streiten kann man sich allenfalls darüber, ob der Exitus des nachrömischen Okzidents bereits eingetreten ist – oder nicht. Entsprechend wäre ein künftiges Verlöschen der europäischen Zivilisation entweder das Finale des zweiten Untergangs – oder ein eigenständiges drittes Ende. Wie immer man den »Fall« bezeichnen mag: seine Umrisse tauchen am Horizont der zweiten Jahrtausendwende auf, ja sein Schatten ist bereits länger als der ganze Kontinent zwischen Atlantik und Ural.

Rückblick: Eine einzige schwere Depression – die Weltwirtschaftskrise der Dreißiger Jahre konnte bewirken,

– daß der Rechtsstaat, eine in Jahrhunderten bitter erkämpfte Errungenschaft der Völker, über Bord geworfen wurde,
– daß Humanität, Kultur und Zivilisation, – ebenfalls in unzähligen Generationen gewachsen –, auf den Altären national- und internationalsozialistischer Usurpatoren geopfert wurden,
– daß die wissenschaftlichen Erkenntnisse der Nationalökonomie aus zwei Jahrhunderten erloschen, um der keynesianischen Heilslehre Platz zu machen.

Ausblick: Was, Ihr Erinnyen, wird Euer Schoß gebären, wenn jene Depression über uns hereinbricht, gegen welche die Weltwirtschaftskrise nur ein Spaziergang war?

»Einspruch!«, höre ich da, »Einspruch, weil hinter dieser finsteren Frage zwei unbewiesene Hypothesen stehen: zum einen, daß es zu einer schweren Depression komme, zum anderen, daß aus einem solchen ökonomischen Desaster gleich ein »Untergang« werden müsse.«

Zu Hypothese 1 (Schwerste Depression):
An Stelle langer Ausführungen eine kleine Blütenlese:

C. Fred Bergsten, Direktor des Washingtoner Institute for International Economics (zur Bedeutung der Eliminierung des permanenten Haushaltsdefizits der USA): »Ein Fehlschlag dabei würde sowohl unsere eigene ökonomische Zukunft wie die der ganzen Welt unterminieren.«[301]

Professor Fredmund Malik (Hochschule St. Gallen): »Der Prozeß des Aufschuldens und der Kreditinflation ist unverändert in vollem Gang... Durch die Schuldenmanie haben wir uns eine Fristenstrekkung eingehandelt... Die Gefahr einer schweren Rezession oder einer Depression hat potentiell eher zu- als abgenommen.«[302] Professor Maurice Allais (Nobelpreis für Wirtschaft 1988): »Jedesmal in der Geschichte hat die Anhäufung von Schulden zu Katastrophen geführt. Und heute sind die Schulden größer denn je.«[303]

Dr. Bruno Bandulet (Finanzexperte der Ersten Garnitur): »Das amerikanische Finanzsystem gleicht einem Kartenhaus. Der »Größte Anzunehmende Unfall« ist nicht nur denkbar, sondern möglich geworden.«[304]

Lee Iacocca (Nr. 1 der Welt-Hitliste für Management): »Die enorme Staatsverschuldung – das Handelsbilanzdefizit... – der ausufernde Drogenkonsum...: Jeder einzelne dieser Problembereiche ist eine tickende Zeitbombe, die allen Wohlstand... im Handumdrehen in Schutt und Asche verwandeln kann.«[305] Dr. Paul C. Martin

(Wirtschaftshistoriker und Publizist): »Die Grenzeffizienz des kapitalistischen Systems geht rapidissimo vor die Hunde... Bei sinkender Grenzeffizienz des Kapitalismus müssen immer schneller immer höhere Schulden gemacht werden, um die bereits vorhandene Schuldenpyramide nicht zum Einsturz zu bringen. Diese stürzt aber ein, sobald der Kapitalismus nicht mehr Wachstumsraten vorweist – weil dann der Cash-flow fehlt, um die alten Schulden zu bedienen... was... keine Fehlleistung der freien Wirtschaft ist, sondern schlicht Ausdruck der Tatsache, daß wir... einen Schuldner zugelassen haben, der nicht zur Zahlung/Leistung gezwungen werden kann – den Staat.«[306]

Und schließlich meine eigene Theorie, die jedoch weniger »Theorie« ist als vielmehr einfache Mathematik, nationalökonomisches Einmaleins für Erstsemester:

Kapitalbildung (Produktion von Produktionsmitteln) und Kapitalerhaltung (Ersatz veralteter Produktionsgüter) ist nur durch Sparen möglich, also durch Konsumverzicht. Eine wachsende Kapitalgüterproduktion erfordert also eine relativ sinkende (geringer wachsende) Konsumgüter-Nachfrage.

Wenn nun jedoch *beide* auf hohem Niveau gehalten werden:

- die Konsumgüter-Nachfrage (durch Beschäftigungs- und Konjunktur-Programme der Regierung, durch uferlose Sozialleistungen, durch Geldmengenzauberei der Notenbanken und Internationalen Institutionen, und durch das Lohndiktat der Gewerkschaften),
- die Produktionsgüter-Nachfrage (Investitionen) (durch Staatsinvestitionen, Steuer- und Abschreibungsanreize, sowie durch »konjunktursteuernde« Zins- und Kreditpolitik),
- *beide* noch verstärkt durch ein Inflationsklima, das sowohl Konsumenten als auch Produzenten zu leichtfertigem Ausgabeverhalten verführt, dann ist dieses allgemeine Übermaß nur vermittels permanenter Kreditausweitung und Höherverschuldung aufrecht zu halten; und das heißt: durch *zukünftiges Sparen.* Je höher also diese Schulden werden, desto größer wird auch das Ausmaß des *künftigen Sparens* (= Zwangssparen). Wenn nun Kredit und Verschuldung alle vorstellbaren Dimensionen sprengen – wie dies derzeit der Fall ist –, dann wird auch das Ausmaß des *künftigen (Zwangs-)Sparens* alle vorstellbaren Dimensionen sprengen. Und dieses »unvorstellbare Sparen«: das ist der furchtbare Zusammenbruch, die abgrundtiefe Depression.

Zu Hypothese 2 (also zur Antwort auf die Frage, warum aus einer schweren Depression gleich ein »Untergang« werden wird):

Zuvorderst: Die Verschuldung der öffentlichen Haushalte, der Unternehmen und der Privathaushalte ist heute in absoluten und relativen Ziffern (z. B. relativ zum Sozialprodukt) um ein Vielfaches höher als zur Zeit der Weltwirtschaftskrise.

Des weiteren: Zur Zeit der Weltwirtschaftskrise der Dreißiger Jahre waren die demographischen, geographischen, ökologischen, ökonomischen und agrarischen Strukturen noch gänzlich andere als heute. Die Arbeits- und Produktionsprozesse waren noch weit weniger arbeitsteilig, die landwirtschaftlichen Anbauflächen größer, differenzierter und verbrauchernäher; der Anteil der in der Landwirtschaft Tätigen war deutlich höher. Auch die Lebensgewohnheiten waren andere: die meisten Haushalte befanden sich noch außerhalb der Ballungszentren, hatten eine eigene Gartenfläche und (besonders wichtig!) hatten noch das Wissen um eine weitgehende Selbstversorgung – und sei es nur gewesen, daß Oma noch wußte, wie man mit einfachsten Mitteln Marmelade kocht oder Bohnen trocknet. Und natürlich hatte man in den meisten Haushalten noch Holz- oder Kohleöfen, Petroleum-Lampen, Kerzen und ein paar Bettflaschen zum Aufwärmen des Nachtlagers. (Ich sage nicht, daß diese Verhältnisse »besser« waren als heute; im Gegenteil: unter solchen Gegebenheiten müßte in unseren Tagen die Hälfte der Bevölkerung verhungern oder an Seuchen sterben. Ich sage nur, daß wir heute unendlich viel anfälliger für Störungen im Wirtschaftsablauf geworden sind). Wehe, wenn der jetzt lebenden Erwachsenen-Generation eine wirtschaftliche Katastrophe in Form einer tiefen Depression widerfährt – oder gar der heranwachsenden Generation, die noch nicht einmal weiß, daß Tomaten nicht auf Bäumen wachsen. Ein lang anhaltender Stromausfall, eine Unterbrechung der Wasserversorgung oder eine Benzinsperre genügt, um unsere hochempfindliche Zivilisation ins Chaos zu stürzen. Ganz zu schweigen davon, daß die eigentlichen Werte einer freiheitlich-kapitalistischen Nation – wie Verzicht, Askese, Sparsamkeit, Arbeitsfreude, Selbständigkeit und Durchstehvermögen – für die Zöglinge des sozialsozialistischen Etatismus Fremdworte geworden sind.

Solches Chaos aber wird den Demagogen der Endzeit gerade recht kommen: Werden schon heute alle sozialistischen Erkrankungen, von denen der Körper des Kapitalismus geschwächt, ausgehöhlt, verkrüppelt und vergiftet wurde, ihm – dem Kapitalismus selbst – als eigene Erbfehler zugeschrieben, so wird man – wenn er schließlich der multiplen Seuche erlegen sein wird – auf seinem Kadaver einen Veitstanz aufführen und ihm die alleinige Schuld am Zusammenbruch zuweisen. Seine sozialsozialistischen Henker werden triumphieren. Ganz gleich, aus welcher Ecke dann die »Retter aus höchster Not« kommen werden: ob aus der ökologischen, der syndikalistischen, der terroristisch-anarchistischen oder der milizionären –, die zertretene Ordnung der Freiheit wird keine Chance mehr haben. (Schon jetzt, einen Herzschlag nur nach der Entlarvung und Vertreibung des Wolfes und seiner Mär von den Segnungen der Planwirtschaft, ist er zurückgekehrt mit gepuderten Tatzen und verkündet mit heller Kreidestimme den »ökologischen Umbau der Wirtschaft«, sprich: neue Planwirtschaft unter dem sakrosankten Zeichen des Umwelt-Engels).

In der nüchternen Katheder-Sprache (Professor Peter L. Berger) klingt das so: »Die Aussage, daß... die Arbeiter den Kapitalismus akzeptieren, heißt noch nicht, daß sie gewillt wären, ihn mit nennenswerten eigenen Opfern zu verteidigen, oder daß sie ihm einen symbolischen Wert beimessen, der in schwierigen Zeiten die Bereitschaft zur Selbstaufopferung wecken könnte.«[307] Wobei freilich unerfindlich bleibt, weshalb Peter L. Berger nur »die Arbeiter« in diesem Zusammenhang benennt. Das gleiche, ja eher noch Trostloseres gilt für die Intellektuellen und die satten Bürger im madigen Speck ihrer eigenen Gleichgültigkeit.

In großen Krisen und Zusammenbrüchen schlägt die Stunde der Rattenfänger und Volkstribunen. Demagogen aber brauchen Mythen. Und der Kapitalismus ist kein Mythos. Sehr wohl aber die Uralt-Legende, daß er an allen Übeln dieser Welt die Schuld trage – und sehr wohl ist auch sein großer Antagonist ein Mythos: der Sozialismus. *Das* sind die Mythen, die in der Verzweiflung allzeit bereitstehen, die Völker in neue säkulare Katastrophen zu führen. Der Kapitalismus, in der Stunde seines größten Triumphes (Zerbrechen des sozialistischen Kolonialreiches im Osten), ist schon tot; unterspült und ausgelaugt vom Sozialsozialismus steht er – scheinbar unerschütterlich – wie ein morscher Baum. Der nächste Sturm wird ihn fällen. Die Nähe von Triumph und Sturz: ein Phänomen, das keineswegs neu ist. Hosiannah in der Höhe – ans Kreuz mit ihm. Der Pöbel braucht immer ein Opfer.

Das ist der große Schatten, der über dem Abendland liegt. Mitten im ausgelassenen Sommertags-Fest beginnen die Feinfühligen zu frösteln.

Anmerkungen

1. Diesen Hinweis entnehme ich dem Buch »Jesus und das Geld« von Heinz Schröder, Verlag der Gesellschaft für Kulturhistorische Dokumentation e. V., 3. Aufl., Karlsruhe 1981.
2. Dieser Ausdruck stammt von Edwin Kraus, dem brillanten Chefredakteur der »Badischen Neuesten Nachrichten.«
3. Martin Kriele, Die demokratische Weltrevolution. Piper-Verlag, München 1987.
4. Hans Giger u. Willy Linder (Hrsg.), Sozialismus, Ende einer Illusion. Verlag Neue Zürcher Zeitung, 1988.
5. Francis Fukuyama, Beamter des US State Departments, in einem Essay in der Zeitschrift »The National Interest«.
6. Zit. nach den »Vertraulichen Mitteilungen« vom 28. 9. 1988. Verlag Arbeit und Wirtschaft, 7701 Büsingen.
7. Ebenda, Ausgabe vom 4. Oktober 1989.
8. Ludwig von Mises, Die Gemeinwirtschaft. Unveränderter Nachdruck der zweiten, umgearbeiteten Auflage, Jena 1932. Philosophia Verlag, München 1981, S. 471.
9. Wilhelm Röpke, Gegen die Brandung. Eugen Rentsch Verlag, Erlenbach-Zürich und Stuttgart 1959, S. 133.
10. Erwin K. Scheuch, Art. »Die Revolution muß erst noch kommen«, in: Rheinischer Merkur vom 14. 9. 1990.
11. Michail Gorbatschow, Perestroika. Droemersche Verlagsanstalt, München 1987, S. 43.
12. Dieser Ausdruck stammt von Friedrich A. von Hayek und wird noch ausführlich erörtert werden.
13. Ludwig von Mises, Die Gemeinwirtschaft, a. a. O., S. 424.
14. Ebenda, S. 423 f.
15. Ebenda, S. 4.
16. Martin Kriele, a. a. O., S. 75.
17. s. Hermann Lübbe, Politischer Moralismus. Der Triumph der Gesinnung über die Urteilskraft. Wolf Jobst Siedler Verlag, Berlin 1987.
18. Dr. Jörg-Dieter Gauger, Rezension zu Hermann Lübbe (op. cit.), in: »Spektrum der Wissenschaft«, Nr. 12/1988: »Über den Moralismus totalitärer Systeme«.
19. Wilhelm Bitter (Hrsg.), Massenwahn in Geschichte und Gegenwart. Ernst Klett Verlag, Stuttgart 1965. s. bes. den Beitrag von Prof. Wilhelm Treue, »Idee und Verwirklichung des Marxismus«, S. 68 ff.
20. Igor R. Schafarewitsch, Der Todestrieb in der Geschichte. Erscheinungsformen des Sozialismus. Ullstein Verlag, Frankfurt/M – Berlin – Wien, 1980.
21. s. bes. Ebenda, S. 325 ff.
22. Christa Meves, Art. »Eine Utopie wird sich auflösen«, in: Rheinischer Merkur vom 29. 6. 1990. (Sperrung von mir).
23. Helmut Schoeck, Der Neid. Eine Theorie der Gesellschaft. Verlag Karl Alber, Freiburg im Breisgau, 1966.

24. Wladimir Bukowski, Dieser stechende Schmerz der Freiheit. Seewald Verlag, Stuttgart-Degerloch, 2. Aufl. 1983, S. 215. Nebenbei bemerkt ist dieses Buch *hinreißend;* m. E. eines der bedeutendsten und faszinierendsten Werke der Weltliteratur und eine unerläßliche Muß-Lektüre für alle jungen Menschen.
25. Felix Somary, Krise und Zukunft der Demokratie. Verlag Herold, Wien u. München, o. J.
26. Wilhelm Röpke, op. cit., S. 114 Röpke hatte dies bereits in einem Artikel von 1937 geschrieben. Der Hauptgrund: André Gide hatte sich nach einer Rußlandreise (1936?) entsetzt vom Kommunismus abgewendet. Röpke machte ihm zum Vorwurf, daß man bei einem so klugen Kopf auch ohne eine solche Reise die Erkenntnis des Wesens eines totalitären Systems hätte erwarten dürfen.
27. Helga Henselder-Barzel, Art. »Wettlauf zwischen Pflug und Storch«, in: Rheinischer Merkur v. 9. 12. 1988.
28. Kommentar im Rheinischen Merkur vom 18. 11. 1988.
29. Erich Wiedemann, Die Deutschen Ängste – Ein Volk in Moll. Ullstein Verlag, Frankfurt/Main und Berlin, 1988.
30. Helmut Schoeck, Die 12 Irrtümer unseres Jahrhunderts. Verlag Herbig, München u. Berlin, 1985.
31. Art. »Die politische Kultur und die Hochkonjunktur der Verzögerungspolitik«, in: Neue Zürcher Zeitung vom 29. 1. 1989.
32. s. »Erinnerungen von Ludwig von Mises«. Gustav Fischer Verlag, Stuttgart-New York, 1978, S. VII.
33. Wolfram Engels, Wendemarken. Verlag Wirtschaftswoche, Düsseldorf 1988, S. 8.
34. Ludwig von Mises, Die Gemeinwirtschaft, a. a. O., S. 117.
35. Assar Lindbeck, Kann der Pluralismus überleben?, in: Ordo, Jahrbuch für die Ordnung von Wirtschaft und Gesellschaft, Band 29. Gustav Fischer Verlag. Stuttgart u. New York, 1978.
36. Ebenda, S. 39.
37. Friedrich A. von Hayek, Recht, Gesetzgebung und Freiheit. Band 1 bis 3. Hier: Band 1: Regeln und Ordnung. Verlag moderne Industrie, München 1980, S. 91.
38. Wolfram Engels, op. cit., S. 9. (Prof. Engels ist u. a. Herausgeber der Zeitschrift »Wirtschaftswoche«).
39. s. z. B. Roland Baader, Gold-Letzte Rettung oder Katastrophe? Fortuna Finanz-Verlag, Ebmatingen/Zürich, 1988; sowie: Art. »Gold: Politik gegen Geist«, in: Klaus Martens (Hrsg.), Wegweiser für Kapitalanlagen/ Invest 1989. Fortuna Finanz-Verlag, Ebmatingen/Zürich, 1989, S. 27 ff.
40. Wolfram Engels, op. cit., S. 101.
41. vgl. Art. »Heilsame Staatsschuld?«, in: Blick durch die Wirtschaft vom 8. 11. 1988, S. 3.
42. Ich glaube, es war Botschafter Mario Corti, der in einer Rede vor der Schweizerischen Gesellschaft für Statistik und Volkswirtschaft von der notwendigen »Vulgarisation auf hohem Niveau« gesprochen hat, um welche sich die Wissenschaftler bemühen sollten.
43. Friedrich A. von Hayek, op. cit., Bd. 1, S. 14 (Sperrungen von mir).
44. Ebenda, S. 16.

45. Benjamin Constant (1767-1830), geboren in Lausanne, war ein wichtiger Theoretiker des Klassischen Liberalismus. Er spielte im politischen Leben Frankreichs eine ebenso große Rolle wie im literarischen, beeinflußte aber auch das Ideengut des zeitgenössischen Deutschland. Einen Teil seiner Studienzeit verbrachte er in Erlangen und hatte später – als Begleiter Mme de Staels – die Gelegenheit, Goethe, Schiller, Wieland und A.W. Schlegel kennenzulernen. 1788 nahm er eine Stelle als Kammerjunker am Herzöglichen Hof in Braunschweig an und heiratete 1789 die Hofdame Wilhelmine von Cramm. Nach der Scheidung von ihr heiratete er 1808 Charlotte von Hardenberg. Sein politisches Hauptwerk: Principes de politique (1815). Einer seiner charakteristischen Sätze: »Unter Freiheit verstehe ich den Triumph des Individuums.«
Im Propyläen Verlag, Berlin, ist eine schöne Ausgabe seiner Werke in Deutsch erhältlich.
Lord Acton (1834-1902) ist einer der wenigen Klassiker des liberalen Denkens, und ebenso einer der wenigen Angelsachsen mit profunden Kenntnissen der deutschen Sprache und Kultur (sowohl durch familiäre Wurzeln als auch durch sein Studium bei dem Theologen und Kirchenhistoriker Ignaz von Döllinger in München). Universal gebildeter Historiker, Kosmopolit und Parlamentsredner. Es liegen nur wenige Schriften von ihm vor. In deutscher Sprache ist mir lediglich ein dreibändiger »Briefwechsel mit Ignaz Dölliger« bekannt, herausgegeben von der Kommission für Bayerische Landesgeschichte bei der Bayerischen Akademie für Wissenschaften (C.H. Beck'sche Verlagsbuchhandlung, München 1963). Dieser Briefwechsel ist jedoch für den an Lord Acton Interessierten weniger geeignet, da er sich hauptsächlich mit der Biografie und dem Wirken Döllingers befaßt. In englischer Sprache empfiehlt sich vor allem die von J. Rufus Fears bei Liberty Classics/Indianapolis herausgegebenen Ausgabe »Essays in the history of liberty«.
46. Friedrich A. von Hayek, op. cit., Bd. 1, S. 85.
47. Erich Wiedemann, op. cit., S. 37.
48. Ebenda, S. 56 f.
49. Ludwig von Mises, op. cit., S. VIII.
50. Helmut Schoeck, Art. »Vom Sozialismus gibt es immer nur Klone«, in: Welt am Sonntag v. 3. 12. 1989.
51. Ludwig von Mises, op. cit., S. 101 f.
52. Ebenda, S. 103.
53. Ebenda, S. 473.
54. Wolfgang Röd, René Descartes, in: Klassiker des philosophischen Denkens. Deutscher Taschenbuch Verlag, München, 4. Aufl. 1988.
55. André Glucksmann, Die Cartesianische Revolution. Rowohlt Verlag, Reinbek bei Hamburg, 1989, S. 33.
56. Diese Ausführungen über das Naturrecht entnehme ich (sinngemäß) einer Hayek'schen Vorlesung aus den Sechziger Jahren.
57. So führt bspw. Professor Rohrmoser (in: »Religion und Politik in der Krise der Moderne«, Styria Verlag, Graz – Wien – Köln, 1989, S. 199) aus: »Eine Welt totaler Kontingenz [Kontingenz = philosophisch: die Möglichkeit, im Gegensatz zur Notwendigkeit. D. V.] bedarf einer anderen Logik rationalen Handelns als die, die sich dem Cartesianischen

Postulat der Voraussetzungslosigkeit verdankt. Im Lichte des Postulates voraussetzungsloser abstrakter Rationalität ist eine Welt totaler Kontingenz eine total irrationale Welt.«
58. s. besonders: Karl R. Popper, Logik der Forschung (1934, 1959, 1966). Verlag J.C.B. Mohr (Paul Siebeck), Tübingen 1966 (2. Aufl.).
59. F.A. von Hayek, op. cit., Bd. 1, S. 27.
60. Ebenda, S. 31.
61. Ebenda, S. 34.
62. Ebenda, S. 35.
63. F.A. von Hayek, Dr. Bernard Mandeville, Lecture on a Master Mind. British Academy, London: Oxford University Press, 1966, S. 131. (Meine Übersetzung: Welch großer Fortschritt das Werk eines Descartes, eines Hobbes und Leibnitz für andere Gebiete immer gewesen sein mag, für das Verständnis des gesellschaftlichen Entwicklungsprozesses war es katastrophal).
64. Der Philosoph Max Müller (im 80. Lebensjahr) bei einem Interview im Zweiten Deutschen Fernsehen am 13. 12. 1987.
65. Genauer Titel: »Naufrage des Isles flottantes ou Basiliade du célèbre Pilpai. Poème héroique traduit de l'indien par Mr. M..., Messine 1753.«
66. Hans Girsberger, Der utopische Sozialismus des 18. Jh. in Frankreich. Focus Verlag, Wiesbaden, 1973. S. 238.
67. Karl Marx in der »Genfer Instruktion« des Generalrats der Internationalen Arbeiter-Assoziation (1866).
68. Friedrich A. von Hayek, Mißbrauch und Verfall der Vernunft. Fritz Knapp Verlag, Frankfurt a.M., 1959, S. 163 f.
69. Ebenda, S. 165.
70. Ebenda, S. 166.
71. Ebenda, S. 167.
72. Ebenda, S. 187 f.
73. s. Thilo Ramm (Hrsg.), Der Frühsozialismus. Alfred Kröner Verlag, Stuttgart, 2. erw. Aufl. 1968, S. 192 f.
74. Nach D.G. Jung ist »Archetypus« zu definieren als: Strukturelement der Psyche im kollektiven Unbewußten.
75. Wilhelm Bitter, in: Wilhelm Bitter (Hrsg.), Massenwahn in Geschichte und Gegenwart. Ernst Klett Verlag, Stuttgart, 1965, S. 19.
76. s. Ludwig von Mises, op. cit., S. 139.
77. Benjamin Constant in seinem »Cours de politique constitutionelle« von 1861.
78. s. Hans Brockard (Hrsg.), Nachwort zu: Jean-Jacques Rousseau, »Gesellschaftsvertrag«. Philipp Reclam jun. Verlag, Stuttgart, 1977.
79. vgl. hierzu: Friedrich A. von Hayek, Die Verfassung der Freiheit. Verlag J.C.B. Mohr (Paul Siebeck), Tübingen 1971, S. 21 f.
80. Ebenda, S. 21 f.
81. Ludwig von Mises, ob. cit. S. 261.
82. Ebenda, S. 265.
83. Ebenda, S. 266.
84. Ebenda, S. 266 f.
85. Ebenda, S. 282.

86. Franz Böhm, Der Rechtsstaat und der soziale Wohlfahrtsstaat (Vortrag von 1953), in: E.J. Mestmäcker (Hrsg.), Franz Böhm, Reden und Schriften. Verlag C.F. Müller, Karlsruhe 1960, S. 83.
87. Friedrich A. von Hayek, Recht, Gesetzgebung und Freiheit, Bd. 1, a. a. O., S. 84.
88. Ebenda, S. 85 (Sperrungen von mir).
89. Bernard Mandeville, Die Bienenfabel. Aufbau Verlag, Berlin 1957, S. 19. (Text und Vorwort geben die deutsche Übersetzung der 3. Aufl. von 1724 wieder).
90. Ebenda, S. 20.
91. vgl. Friedrich A. von Hayek, Dr. Bernard Mandeville, a. a. O., hier bes. S. 129.
92. Blumenberg, Habermas, Henrich, Taubes (Hrsg.): B. Mandeville, Die Bienenfabel. Suhrkamp Verlag, Frankfurt a.M. 1968, S. 62.
93. Golo Mann, Aufklärung und ihre Grenzen, in: Propyläen Welt-Geschichte, Bd. 10 (Sonderausgabe des Ullstein-Verlags, Frankfurt a.M. 1986). S. 630.
94. Ebenda, S. 633.
95. Eduard Hegel, Art. »Aufklärung«, in: Staatslexikon, Bd. 1. Herder Verlag, Freiburg (6. Aufl.) 1957, S. 674.
96. Gordon R. Taylor, Zukunftsbewältigung. Verlag Hoffmann und Campe, 1976. (Zit. nach einem teilw. Vorabdruck in der Zeitung »Die Welt« vom 10. 1. 1976).
97. Reinhart Koselleck, Art. »Die Grenzen der Emanzipation«, in: Neue Zürcher Zeitung vom 28. 10. 1988.
98. Karl R. Popper, Die offene Gesellschaft und ihre Feinde. Verlag A. Francke, Bern 1957, S. 8.
99. s. das Buch von Uta Ranke-Heinemann, Eunuchen für das Himmelreich. Hamburg 1988.
100. Joseph Huber, Art. »Quoten-Frauen«, in: Blick durch die Wirtschaft vom 7. 9. 1988.
101. Erich Wiedemann, Die deutschen Ängste, a. a. O., S. 76.
102. Joseph Huber, a. a. O.
103. Hans Dieter Schoen in seinen »Politischen Informationen« der AWP (Aktionsgemeinschaft Wirtschaft und Politik) Nr. 6-7/1989.
104. s. Ludwig Fulda, Briefwechsel 1882-1939. (Hrsg. B. Gajek und W. v. Ungern-Sternberg). Verlag Peter Lang, Bern 1988.
105. Günter Rohrmoser, Religion und Politik in der Krise der Moderne. Styria Verlag, Graz-Wien-Köln, 1989.
106. Ebenda, S. 190.
107. Ebenda, S. 191.
108. Ebenda, S. 193 f.
109. Ebenda, S. 196.
110. Ebenda, S. 198.
111. Ebenda, S. 199.
112. Jan Tumlir, Art. »Die unbeabsichtigte Gesellschaft?«, in: Ordo (a. a. O.), Band 29, 1978, S. 17.
113. Meine entsprechende Notiz entstammt m. E. einem Vortrag aus dem Jahr 1988.

114. Falls die ratio in meinen Ausführungen allzusehr »aufs Maul« bekommen haben sollte, so scheint mir hier – speziell an die Adresse jugendlicher Leser – eine Mahnung angebracht, die einem möglichen Mißverständnis entgegenwirken soll: Die Alternative zum Hyper-Rationalismus (oder auch zur »Emanzipation«) ist nicht Mystik oder irgendeine Form von New-Age-Mumpitz, sondern – nach wie vor – *kritischer* Rationalismus. (Wer das Bedürfnis nach Versenkung und Innerlichkeit hat, der möge sich weder hyperrationalem noch irrationalem Hokuspokus zuwenden, – auch nicht in der Physik (Capra) –, sondern der dem abendländischen Geist einzig angemessenen Glaubenslehre: dem Christentum (und auch hier nicht den Sekten!). Der spirituell grenzenlose Fundus der christlichen Lehre ist längst nicht ausgeschöpft, ist zeitlos und steht auch nicht in irgendeinem Widerspruch zum erkenntnistheoretischen (Kritischen) Rationalismus).
115. s. Erik v. Kuehnelt-Leddihn, Die falsch gestellten Weichen – Der Rote Faden 1789--1984. Verlag Böhlau, Wien-Köln-Graz, 1985, sowie v. Kuehnelt-Leddihns ständige Publikationen in der Zeitschrift »Europa/Zeitbühne« des Axel Bernd Trunkel-Verlags, Stuttgart.
116. Klaus Huwe, Art. »Der Wille zur Freiheit und zur kalten Gewalt«, in: Rheinischer Merkur vom 7. Juli 1989.
117. s. Francois Furet, 1789-Vom Ereignis zur Geschichtswissenschaft. Ullstein Verlag, Berlin, 1980.
118. Alexis de Tocqueville, Das Ancien Régime und die Revolution, in: Otto Heinrich von der Gablentz et al. (Hrsg.), Alexis de Tocqueville. Westdeutscher Verlag, Köln und Opladen, 1967, S. 154.
119. Ebenda, S. 166.
120. Ebenda, S. 190.
121. Ebenda, S. 191 f.
122. Ebenda, S. 199.
123. Ebenda, S. 206.
124. Friedrich A. von Hayek, Die Verfassung der Freiheit, a. a. O., S. 249.
125. Ludwig von Mises, op. cit., S. 285.
126. Benjamin Constant, op. cit., Bd. III, S. 279.
127. s. Friedrich A. von Hayek, The Fatal Conceit. Verlag Routledge, London 1988. (Es ist zu hoffen, daß nicht die übliche Zahl an Jahren vergehen muß, bis dieses einzigartige Buch in deutscher Übersetzung erscheint).
128. Ebenda, S. 22 (Die Übersetzungen der Zitate stammen von mir, weshalb ich nur hoffen kann, den Sinn des Originals einigermaßen getroffen zu haben).
129. Ebenda, S. 23.
130. Ebenda, S. 24.
131. Ebenda, S. 14.
132. Arnold Gehlen, Anthropologische und sozialpsychologische Untersuchungen. Rowohlt Taschenbuch-Verlag, Reinbek bei Hamburg, 1986, S. 35.
133. Ebenda, S. 35.
134. Ebenda, S. 71 (Gehlen zitiert hier Ilse Schwidezki).
135. Ebenda, S. 71 f

136. s. Friedrich A. von Hayek, Recht, Gesetzgebung und Freiheit, a. a. O., Bd. 2: »Regeln sind ein Mittel, um mit unserer konstitutionellen Unwissenheit fertigzuwerden. Es bestünde kein Bedarf an Regeln unter allwissenden Menschen, die sich über die relative Bedeutung all der verschiedenen Ziele in Übereinstimmung befänden.« (S. 23) Abstrakte Regeln sind Richtlinien in einer Welt, in der die meisten Einzelheiten unbekannt sind. Je größer eine Gemeinschaft ist, desto abstrakter sind die Regeln, welche das Gemeinwesen ausmachen. (vgl. S. 26 u. 27) »Unser ganzer Begriff der Gerechtigkeit beruht auf dem Glauben, daß verschiedene Ansichten über Einzelheiten durch die Entdeckung von Regeln zum Ausgleich gebracht werden können, die allgemeine Zustimmung finden, sobald sie einmal formuliert worden sind... Der wichtige Punkt hierbei ist nicht, daß die Regel vorher explizit formuliert worden ist, sondern daß sie, wenn sie artikuliert wird, als dem allgemeinen Brauch entsprechend akzeptiert wird ... Ein [ebenso] wichtiger Punkt ist, daß die Regeln, die auf Grund ihrer wohltätigen Wirkungen angenommen wurden, diese wohltätigen Wirkungen in der Mehrzahl der Fälle nur haben, wenn sie auf *alle* Fälle angewendet werden, auf die sie sich beziehen, gleichgültig, ob bekannt oder sogar zutreffend ist, daß sie im besonderen Fall eine wohltätige Wirkung haben.« (S. 32). »Die Lösung dieses scheinbaren Paradoxons ist natürlich, daß die Durchsetzung dieser abstrakten Regeln der Erhaltung einer gleichermaßen abstrakten Ordnung dient, deren besondere Erscheinungsformen weitgehend unvoraussagbar sind, und daß diese Ordnung nur erhalten bleibt, wenn allgemein erwartet wird, daß diese Regeln in allen Fällen ohne Rücksicht auf die besonderen Konsequenzen, die einige vielleicht voraussehen, durchgesetzt werden. Das bedeutet, daß diese Regeln, obwohl sie letztlich besonderen (obwohl meist unbekannten) Zielen dienen, das nur tun, wenn sie nicht als Mittel, sondern als höchste Werte behandelt werden... Dies ist es, was mit dem Prinzip gemeint ist, daß die Ziele nicht die Mittel rechtfertigen... Nur wenn sie universell angewendet werden, ohne Rücksicht auf besondere Wirkungen, dienen sie der dauernden Erhaltung der abstrakten Ordnung... Diese Regeln, die allgemeine Werte sind, dienen der Erhaltung einer Ordnung, deren Existenz sich diejenigen, welche sie anwenden, oft nicht einmal bewußt sind.« (S. 33) »Wie die Ordnung, der sie dienen... helfen sie [die allgemeinen Regeln] nur indirekt bei der Befriedigung besonderer Bedürfnisse, indem sie helfen, Arten von Konflikten zu vermeiden, die ... in der normalen Verfolgung einer großen Vielzahl von Zielen aufzutreten pflegen. Sie dienen nicht dazu, irgendeinen besonderen Plan des Handelns erfolgreich, sondern viele verschiedene Aktionspläne miteinander vereinbar zu machen.« (S. 40) »Da jedes bestehende System von Verhaltensregeln auf Erfahrungen beruht, die wir nur zum Teil kennen, und einer Ordnung des Handelns in einer Weise dient, die wir nur zum Teil verstehen, können wir nicht hoffen, es dadurch zu verbessern, daß wir es zur Gänze neu konstruieren.« (S. 41). »Freiheit bedeutet, daß wir in gewissem Maße unser Schicksal Kräften anvertrauen, die wir nicht beherrschen; und dies erscheint jenen Konstruktivisten unerträglich, die glauben, daß der Mensch sein

Schicksal beherrschen kann – als ob Zivilisation und Vernunft selbst sein eigenes Werk wären.« (S. 49)

Eigene Anmerkung: Zu diesem von F.A. Hayek begrifflich »lokalisierten« Bereich zwischen Instinkt und Vernunft wäre eine Fülle erkenntnistheoretischer Exkursionen möglich, die bis in die komplexen Verknüpfungen von Philosophie und moderner Atomphysik reichen. Einige Denkmodelle verlassen hierbei bereits (notgedrungen) die Sphäre begrifflicher Darstellbarkeit. So wenn bspw. der Physiker Wolfgang Pauli von einem »Archetypus jenseits des Unterschieds von Physischem und Psychischem« geredet hat. Der naturwissenschaflich *und* philosophisch interessierte Leser sei jedenfalls auf das Buch des finnischen Hochenergie-Physikers Laurikainen hingewiesen: Beyond the Atom. The Philosophical Thought of Wolfgang Pauli. Springer Verlag, Berlin 1988.

137. Der Altphilologe Dr. Kurt Steinmann kommentiert diese Verse (Art. »Vordenker und Nonkonformist aus früher Zeit«, in: Neue Zürcher Zeitung vom 23. 6. 1989): »Diese zwei Verse bringen erstmals in der Geschichte den Gedanken zum Ausdruck, daß es eine Entwicklung zu einer höheren Kultur gibt und daß dieser Fortschritt bewirkt wird durch die Anstrengungen des Menschen selbst. Wir besitzen nicht dank den Göttern seit jeher die »Kultur«, sondern wir stoßen allmählich auf bessere Möglichkeiten durch beharrliche Anstrengung. Das Neue und Bessere wird dabei vom Menschen *nicht er-funden, sondern ge-funden* als bereits vorhandene, aber noch nicht entdeckte Möglichkeit; das verwendete Verb bedeutet nämlich, »etwas vorfinden, antreffen«, was bereits vorhanden ist, dem Auge aber bisher verschlossen war.«

138. Benjamin Constant, op. cit. (s. Anmerkung 45), Bd. III, S. 280.

139. Friedrich Schiller, Vorlesung »Etwas über die erste Menschengesellschaft nach dem Leitfaden der Mosaischen Urkunde«, in: Friedrich Schiller, Sämtliche Werke. Carl Hauser Verlag, München, 6. Aufl. 1980, Bd. IV. S. 770 f.

140. Zu dieser Art von Verbrechen gehört auch die sog. »Antiautoritäre Erziehung«. Auch sie ist ein Sprengsatz aus dem Waffenarsenal der Gesellschafts-Konstrukteure (= Gesellschafts-Zerstörer). Deren tiefes Mißtrauen gegen überlieferte Sitten, ihre Geringschätzung oder gar Verachtung überkommener Traditionen rühren von der falschen Überzeugung her, daß die Formen der Erziehung und des Umgangs, sowie die Werte der vorangegangenen Generationen absichtlich ausgeklügelte »Repressionsinstrumente« einer »herrschenden Klasse« seien. Sozusagen eine »bürgerliche Unterdrückungs-Maschinerie«. indem Eltern oder Pädagogen bei der Erziehung ihrer eigenen (und fremder) Kinder alle Tabus und Schranken aufheben wollen, erzeugen sie nicht nur eine Generation pathologischer Verhaltens- und Gemüts-Krüppel, sondern sind darüber hinaus Kultur-Verbrecher: Zerstörer des kulturell-zivilisatorischen und sittlich-ethischen Evolutionsprozesses. Das Kind will und muß in einem langen Lernprozeß die Welt im wörtlichsten Sinne »begreifen« (= anfassen). Dazu gehört nicht nur die Erfahrung seiner Freiräume, seiner Möglichkeiten, sondern auch – und vor allem! – seiner Schranken, also der Begrenzung seines Platzes in dieser Welt.

Man muß sich das heranwachsende Menschenkind vorstellen als einen Blinden in einem großen Gebäude mit vielen Zimmern. Seine Umgebung, seine »Welt« kann dieser Blinde nur erfahren durch ständig vorantastendes *»Be-greifen«*, d. h. indem er überall – bei Wänden und Gegenständen »anstößt«, an Grenzen stößt. Erst der Widerstand vermittelt den tastenden Sinnen die Gestalt und die Struktur der Welt ringsum. Man kann sich keinen sichereren Weg ausdenken, diesen blinden, nach Orientierung Suchenden, in den Wahnsinn und in die Hoffnungslosigkeit zu treiben, als ihn in einen unendlich großen, schrankenlosen Raum zu stellen. Er wird verzweifelt umherirren und niemals herausfinden, wo er sich befindet. Er wird ein Verlorener sein, dessen einziger »Anhaltspunkt« sein eigener einsamer Verzweiflungsschrei bleibt. So zerstört man die Kultur, in der diese Kinder einmal leben sollen; und so zerstört man die Kinder, die diese Kultur einmal hätten fortentwickeln sollen.
Auch hier die Hybris der ratio: Der Glaube, diese Kinder sollten lernen, allein und »autonom« zu entscheiden, welche Werte und Verhaltensweisen sie wählen und für richtig befinden. Als ob der Verstand immer und überall über die Richtungen und Bausteine einer Kultur entscheiden könnte, deren Produkt er selber ist. Arme Kinder, die ohne eigenes Verschulden das Produkt solchen Irrsinns werden.

141. Friedrich A. von Hayek, Vortrag »Evolution und spontane Ordnung«, gehalten auf Einladung der Bank Hofmann AG am 5. Juli 1983 im Zunfthaus zur Meisen, Zürich.
142. Arnold Toynbee, Menschheit und Mutter Erde. Claasen Verlag, Düsseldorf, 1979, hier: Sonderausgabe 1988, S. 498.
143. Ebenda, S. 499.
144. Ebenda, S. 500.
145. Deshalb lassen sich – z. B. in der Entwicklungspolitik – moderne Technik und moderne Organisationsmethoden nicht einfach auf Völker mit anderen Traditions-Strukturen aufpropfen. Die Techniken der Industriegesellschaft *und* ihre Verhaltensregeln (Kultur) bilden eine Einheit. Wenn nun einem Entwicklungsland unsere Technologie vermittelt werden soll, dann bedeutet das auch in weiten Bereichen die Vermittlung unserer kulturell-zivilisatorischen Werte. Und das wiederum ist – wenn überhaupt – nur in langen Zeiträumen und »sparsam dosiert« möglich. Übers Knie gebrochen führt deshalb Entwicklungspolitik entweder zu nutzloser Vergeudung von Mitteln oder zu dramatischen Rückschlägen (siehe Iran). (Natürlich ist die unterschiedliche Entwicklung verschiedener Kulturen nicht nur eine Zeitfrage, sondern von vielen Faktoren beeinflußt. Sogar von geographischen Gegebenheiten und sogar vom Wetter. In den dunklen Wäldern Germaniens hätte sich Pan den Hintern verkühlt).
146. Arnold Toynbee, op. cit., S. 500.
147. Friedrich A. von Hayek, Die drei Quellen der menschlichen Werte. Vorträge und Aufsätze des Walter Eucken Instituts, Nr. 70. Verlag J.C.B. Mohr (Paul Siebeck), Tübingen, 1979.
148. Ebenda, S. 26 ff. (Sperrung im vorletzten Satz von mir).

149. Friedrich A. von Hayek, The fatal conceit, a. a. O., S. 80 (meine Übersetzung).
150. s. Friedrich A. von Hayek, Art. »Liberalismus I«, in: HdSW, Verlag Gustav Fischer, Stuttgart, J.C.B. Mohr (Paul Siebeck), Tübingen, Vandenhoeck & Ruprecht, Göttingen, 1959.
151. Ebenda, Bd. 6, S. 592.
152. Ebenda.
153. Ebenda.
154. Edmund Burke schrieb 1791 seine »Gedanken über die Revolution in Frankreich« vor allem als Streitschrift gegen Vereinigungen, die sich in England mit dem Ziel gebildet hatten, die Revolution auch nach England zu tragen (vor allem die »Society for Constitutional Information« und die »Revolution Society«).
155. s. Heinz Höpfl, Kleine Geschichte Englands. Verlag Heinrich Scheffler, Frankfurt am Main, 1953, 2. Aufl. 1955, S. 81.
156. Ebenda, S. 80.
157. Ebenda, S. 87.
158. Dr. Robert Schneebeli, Art. »Glorreiche Revolution«, in: Neue Zürcher Zeitung vom 10. 2. 1989.
159. Heinz Höpfl, op. cit., S. 85.
160. Franz Böhm, Reden und Schriften. Verlag C.F. Müller, Karlsruhe, 1960, S. 108 (Sperrungen von mir).
161. Ebenda, S. 109 (Sperrungen von mir).
162. Ebenda, S. 110 (Sperrungen von mir).
163. Prof. Alfred Stern, Geschichte der Revolution in England. Historischer Verlag Baumgärtel, Berlin 1898, 2. Aufl., S. 2.
164. Allan Nevius, Geschichte der USA. Carl Schünemann Verlag, Bremen 1967, S. 65.
165. Ebenda, S. 70 f.
166. Robert R. Palmer, Der Einfluß der amerikanischen Revolution auf Europa, in: Propyläen Welt-Geschichte, a. a. O., Bd. 8, S. 32.
167. Ebenda, S. 32.
168. Ebenda, S. 49.
169. Ebenda, S. 49 f.
170. Ebenda, S. 46 (Sperrungen von mir).
171. Mit genialem Scharfsinn hat Alexis de Tocqueville vor 150 Jahren schon vorausgesehen, daß der amerikanische Freiheitsgeist dazu berufen sein werde, eines Tages die Geschicke der halben Welt zu lenken. In »Über die Demokratie in Amerika« schrieb er: »Der Amerikaner kämpft gegen die Hindernisse, die ihm die Natur entgegenstellt; der Russe ringt mit den Menschen. Der eine bekämpft die Wildnis und die Barbarei, der andere die mit all ihren Waffen gerüstete Zivilisation: so erfolgen denn die Eroberungen des Amerikaners mit der Pflugschar des Bauern, die des Russen mit dem Schwert des Soldaten. Um sein Ziel zu erreichen, stützt sich der eine auf den persönlichen Vorteil und läßt die Kraft und die Vernunft der einzelnen Menschen handeln, ohne sie zu lenken. Der zweite faßt gewissermaßen in einem Manne die ganze Macht der Gesellschaft zusammen. Dem einen ist Hauptmittel des Wirkens die Freiheit, dem anderen die Knechtschaft. Ihr Ausgangs-

punkt ist verschieden, ihre Wege sind ungleich; dennoch scheint jeder von ihnen nach einem geheimen Plan der Vorsehung berufen, eines Tages die Geschicke der halben Welt in seiner Hand zu halten.«

172. s. Jakob P. Mayer, Tocqueville heute, in: Alexis de Tocqueville – Zur Politik der Demokratie. Schriftenreihe der Friedrich-Naumann-Stiftung, 1981.
173. Der Ausdruck »Wieselwort« für den Begriff »sozial« stammt von F.A. von Hayek. Der Metapher liegt zugrunde, daß Wiesel in Hühnerställe eindringen und die vorgefundenen Eier mit einem Biß öffnen, dessen Spuren kaum sichtbar sind, um sie alsdann auszusaugen. Die Eier sehen dann äußerlich unversehrt aus, sind aber hohl und leer. Ähnlich – sagt Hayek – geht es mit den Begriffen, wenn man ihnen das Präfix »sozial« beifügt. Also: Was ein Rechtsstaat ist, kann man definieren; was ein »Sozialer Rechtsstaat« sein soll, nicht mehr. Ebenso »Gerechtigkeit« – »Soziale Gerechtigkeit«, »Verantwortung« – Soziale Verantwortung« – usw.
174. Vgl. besonders: Friedrich A. von Hayek, Der Weg zur Knechtschaft. Deutscher Taschenbuch Verlag, München 1976. S. 33 f.
175. Vgl. Karl R. Popper, Gedächtnisrede zum 150. Geburtstag Immanuel Kants, gehalten am 12. Februar 1954 im Londoner Rundfunk. Wiederabdruck in: Karl R. Popper, Die offene Gesellschaft und ihre Feinde, Band I. Verlag A. Francke, Bern 1957, S. 9 ff, hier: S. 17 f.
176. Karl R. Popper, Die offene Gesellschaft und ihre Feinde (s. vorangehende Anmerkung). S. 19.
177. Ebenda, S. 132.
178. Ebenda S. 149.
179. Ebenda, S. 153.
180. Konrad Löw, Ausbeutung des Menschen durch den Menschen (2 Bde). Deutscher Instituts-Verlag, Köln 1976.
181. Ludek Pachmann, Rezension zu Konrad Löws »Ausbeutung...« (s. vorangehende Anmerkung), in: Die Welt vom 29. 5. 1976.
182. Vgl. vor allem: Erik von Kuehnelt-Leddihn, Die falsch gestellten Weichen. Verlag Böhlau, Wien-Köln-Graz, 1985, S. 53 ff.
183. s. Angelika Senge, Marxismus als atheistische Weltanschauung. Verlag Ferdinand Schöningh, Paderborn-München-Wien-Zürich, 1983, S. 87 f.
184. Erik von Kuehnelt-Leddihn, op. cit., S. 67.
185. Paul Johnson, Art. »Sie retten die Menschheit und verachten die Menschen«, in: Rheinischer Merkur v. 10. 4. 1987.
186. Die Subjektive Wertlehre wurde Ende des 19. Jahrhunderts von drei Nationalökonomen gleichzeitig (aber unabhängig voneinander) entwikkelt: von dem Deutschen Carl Menger, dem Engländer Stanley Jevons und dem Schweizer Leon Walras.
187. Adam Smith, Der Wohlstand der Nationen. Beck-Verlag, München, o.J., S. 28.
188. In: Die Welt v. 3. 9. 1988.
189. s. Paul Johnson, a. a. O.
190. Noch interessanter ist die Stelle I, 15 (über die Gesetze) bei Cicero, wo er ausführt: »[Es] wäre ... höchst töricht, alles dasjenige für gerecht zu

halten, was durch die Einrichtungen und Gesetze der Völker genehmigt ist. Auch alsdann, wenn es Gesetze von Tyrannen sind ...Denn es ist *ein* Recht, welches die menschliche Gesellschaft verbindet und welches durch *ein* Gesetz begründet wird. Dieses Gesetz ist die wahre Vernunft [Maß. D. V.] im Gebieten und Verbieten, und wer dasselbe, mag es nun irgendwo niedergeschrieben sein oder nicht, verkennt, ist ungerecht. Wenn aber die Gerechtigkeit in dem Gehorsam gegen die geschriebenen Gesetze... der Völker besteht, und wenn, nach derselben Ansicht, alles nach der Nützlichkeit abzumessen ist, so wird der, welcher daraus einen Gewinn zu ziehen glaubt, die Gesetze vernachlässigen oder durchbrechen, wenn er kann. So kommt es, daß... diejenige [Gerechtigkeit], welche man wegen des Nutzens aufstellt, durch eben diesen Nutzen umgestoßen wird.«

191. Für einen wirklich fachkundigen Einblick in den Rechtspositivismus und seine Wirkungen ist das bereits mehrfach erwähnte Werk Hayeks »Recht, Gesetzgebung und Freiheit« unerläßlich.
192. Friedrich A. von Hayek, Mißbrauch und Verfall der Vernunft. Fritz Knapp Verlag, Frankfurt a.M., 1959 (Original: The Counter-Revolution of Science. The Free Press of Glencoe, London, 1955).
193. Rudolph von Ihering, Der Zweck im Recht. Verlag von Breitkopf & Härtel, Leipzig, 3. Aufl. 1893, S. 360.
194. Ebenda, S. 363.
195. Hans Kelsen, Hauptprobleme der Staatsrechtslehre. Verlag J.C.B. Mohr (Paul Siebeck), Tübingen, 1911, S. 249.
196. Ebenda, S. 336.
197. Vgl. Ernst v. Hippel, Art. »Rechtspositivismus«, in: Staatslexikon, Bd. 6. Verlag Herder, Freiburg, 1961.
198. Ebenda.
199. Ebenda.
200. Vgl. F.A. von Hayek, Recht, Gesetzgebung und Freiheit, a. a. O., Bd. 2, bes. S. 68 ff.
201. Benjamin Constant, Werke III, a. a. O., S. 280 f.
202. Franz Böhm (Vortrag von 1953), Der Rechtsstaat und der soziale Wohlfahrtsstaat, in: E.J. Mestmäcker (Hrsg.), Franz Böhm, Reden und Schriften, a. a. O., S. 101.
203. Der Verwaltungsrechtsschutz ist auf Verwaltungsgerichte mit dreistufigem Aufbau übertragen:
    1. Instanz: Verwaltungs-Gericht.
    2. Instanz: Ober-Verwaltungsgericht.
    3. Instanz: Bundes-Verwaltungsgericht.
204. Reihe INITIATIVE im Herder-Verlag.
205. Ebenda, Bd. 33, S. 152 f.
206. Ebenda, S. 167.
207. Allein die Tatsache des Bestehens einer Sondergerichtsbarkeit – wie die Finanzgerichte – ist eine Bankrotterklärung des Rechtsstaats. Wenn das Steuerwesen dem Postulat allgemeiner und für alle gleichmäßig geltender Regeln unterliegen würde (was natürlich möglich wäre), dann wäre eine fiskaltechnische Sondergerichtsbarkeit (mit Verfahrensdauer von bis zu 5 Jahren schon in der 1. Instanz) überflüssig.

208. Franz Böhm, op. cit., S. 103.

209. »Nicht wer regiert, sondern was die Regierung zu tun berechtigt ist, scheint mir das wesentliche Problem zu sein.« (F.A. von Hayek, Die Verfassung der Freiheit, a. a. O., S. 488). »Die Grundfrage der politischen Philosophie war bisher: Wer soll regieren? Dies halte ich für verfehlt. Die wichtigste Frage lautet: Wie kann man eine Regierung einigermaßen unter Druck halten, daß sie nicht allzu schlimme Dinge tut? Die Antwort: Indem man sie absetzen kann.« (Sir Karl Popper, Interview anläßlich seines 85. Geburtstages, in: Die Welt v. 6. 7., 8. 7. und 11. 7. 1987).

210. Vgl. F.A. von Hayek, Recht, Gesetzgebung und Freiheit, a. a. O., Bd. 3, S. 20.

211. Ebenda, S. 27.

212. Ebenda, S. 33.

213. Dr. Thomas Meyer, Art. »Der gefledderte Konsens« in der Zeitschrift »Die Mitbestimmung« v. Okt. 1989.

214. Johannes Gross, Art. »Tyrannenmord«, in: Capital 2/90.

215. Hans Kelsen, Vom Wesen und Wert der Demokratie. Verlag J.C.B. Mohr (Paul Siebeck), Tübingen, 2. umgearb. Auflage, 1929.

216. Ebenda, S. 99.

217. Ebenda, S. 101.

218. Ebenda, S. 104.

219. Ich verweise hier nochmals auf die entsprechenden und bereits erwähnten Ausführungen von Hayeks in »Recht, Gesetzgebung und Freiheit«.

220. Montesquieu, De l'esprit des lois (Vom Geist der Gesetze), XI, 3.

221. Aristoteles, Politik, in: Wilhelm Nestle (Hrsg.), Aristoteles, Hauptwerke. Kröner Verlag, Stuttgart, 1977 (8. Aufl.), S. 310 f.

222. Alexis de Tocqueville, Über die Demokratie in Amerika, a. a. O., S. 814 f.

223. F.A. von Hayek, Recht, Gesetzgebung und Freiheit, Bd. 3, a. a. O., S. 54. An dieser Stelle noch ein wichtiger Hinweis: Leider ist mir das *hinreißende* neue Buch von Bruno Bandulet (»Die Rückseite des Wunders«) erst nach Manuskriptabschluß zu Händen gekommen. Was dort in Kap. 4 (Der Staat als Beute der Parteien) ausgeführt wird, ist eine ideale, ja unerläßliche Ergänzung zum Thema »Entartete Demokratie«.

224. Der bisherige Richterwahlausschuß: 5 Abgeordnete des Landtags, plus 4 Richter als ständige Mitglieder, plus 1 Richter des Gerichtzweigs, für den die Wahl stattfindet (als nichtständiges Mitglied), plus der Präsident der Anwaltskammer. Stimmrechtsloser Vorsitz durch den Justizminister. Entscheidung mit Zweidrittel-Mehrheit der abgegebenen Stimmen.

225. s. hierzu besonders: Die Verfassung der Freiheit, op. cit., insbes. die Präzisierung auf S. 16 f: »Die Frage, wie viele Möglichkeiten des Handelns einem Menschen offenstehen, ist natürlich sehr wichtig. Aber es ist eine andere Frage als die, wie weit er in seinem Handeln seinen eigenen Plänen und Absichten folgen kann, in welchem Ausmaß seine Verhaltensweise von ihm selbst bestimmt wird, auf Ziele gerichtet, die

er selbst beharrlich angestrebt hat, und nicht auf die Notwendigkeiten, die andere geschaffen haben, damit er tue, was sie wünschen. Ob er frei ist oder nicht, hängt nicht vom Bereich der Wahl ab, sondern davon, ob er erwarten kann, den Lauf seiner Handlungen nach seinen gegenwärtigen Absichten zu gestalten, oder ob jemand anderer die Macht hat, die Umstände so zu modifizieren, daß er nach dem Willen des anderen und nicht nach seinem eigenen Willen handeln wird. Freiheit setzt daher voraus, daß dem Einzelnen ein privater Bereich gesichert ist, daß es in seiner Umgebung einen Bereich von Umständen gibt, in die andere nicht eingreifen können.«

226. In: Karl R. Popper, Auf der Suche nach einer besseren Welt. Piper Verlag, München, 1984.

227. Peter L. Berger, The Capitalist Revolution. Gower Publishing Company Limited, Aldershot, England, 1987.

228. Ebenda, S. 19 (meine Übersetzung).

229. Ludwig von Mises, Die Gemeinwirtschaft, a. a. O., S. 197.

230. Dies gilt nicht so ausschließlich wie es der knappe Text vorgeben mag. Neuere psychologische Forschungen haben ergeben, daß das menschliche Besitzstreben ein unverzichtbarer und konstitutiver Teil seiner Natur ist, was dem Eigentumsbegriff durchaus wieder eine naturrechtliche Dimension verleiht. S. hierzu besonders: Christa Meves, Eigentum – psychologisch gesehen. (Eine der Informationsbroschüren der Internationalen Studiengesellschaft für Politik. CH-3800 Interlaken, Postfach 160).

231 Hier ist der gute alte von Mises ausnahmsweise mal auf dem Holzweg. Man mag ihm zwar lebhaft zustimmen, wenn er schreibt: »Der gesellschaftliche Nutzen des Sondereigentums kann nur erkannt werden, wenn man sich die Verderblichkeit jeder anderen Ordnung der Dinge klar vor Augen geführt hat« (»Die Gemeinwirtschaft«, S. 478), aber spätestens bei folgendem Satz kommen prinzipielle Bedenken auf: »Der alten Anschauung galt das Eigentum als heilig. Der Liberalismus zerstört diesen Heiligenschein wie alle anderen; das Eigentum wird zu einer Sache der Welt und der Nützlichkeit »erniedrigt«. Es gilt nicht länger als absoluter Wert, es wird als Mittel, d.i. seines Nutzens wegen gewürdigt.« (Ebenda, S. 477). Dies ist weniger inhaltlich als *erkenntnistheoretisch* falsch. Utilitarismus ist als Denk*methode* unwissenschaftlich, weil er »letzte Nützlichkeiten«, das heißt auch »letzte Zwecke« unterstellt. Evolution aber – wir haben es erörtert – hat keinen »letzten Zweck« (jedenfalls keinen für uns erkennbaren).

232. Ludwig von Mises, Die Gemeinwirtschaft, a. a. O., S. 171.

233. Thomas Beck, ungarischer Handelsminister, hat konsequenterweise erkannt, daß deshalb auch der Weg zurück zur Freiheit ein zweispuriger sein muß. Auf dem Malenter Symposion der Dräger-Stiftung im Oktober 1989 bekannte er: »Man hat nur noch die Wahl zwischen guter oder schlechter Marktwirtschft und nicht mehr zwischen Marktwirtschaft und Sozialismus. Wir Ungarn wollen eine gute, also die richtige Marktwirtschaft... Zwanzig Jahre lang haben wir »Wirtschaftsreformen« durchgeführt – ohne Erfolg. Es ist uns jetzt klar, daß die politischen und wirtschaftlichen Reformen untrennbar zusammengehören.«

234. Gertrud Höhler, Die Kinder der Freiheit. Deutsche Verlags-Anstalt, Stuttgart, 1983.
235. Ebenda, S. 160 (Sperrung von mir).
236. Besonders eindrucksvoll und allgemeinverständlich hat sich Prof. Holger Bonus dieses Themas angenommen, und zwar in seinem Beitrag »Verzauberte Dörfer, oder: Solidarität, Ungleichheit und Zwang«, in: Ordo, Jahrbuch für die Ordnung in Wirtschaft und Gesellschaft, Band 29. Gustav Fischer Verlag, Stuttgart-New York, 1978, S. 49 ff.
237. Wolfram Engels, Wendemarken, a. a. O., S. 35.
238. Art. »Agrarmarkt: EWG-Marktordnungen« von Hans Eberhard Buchholz, in: HdSW, Bd. 1, Verlage Fischer/Mohr/Vandenhoeck, 1988, S. 87 ff, hier: S. 99.
239. Vgl. F.A. von Hayek, Die Verfassung der Freiheit, a. a. O., bes. S. 361 ff.
240. Ebenda, S. 366.
241. Ebenda, S. 378 (Sperrung von mir).
242. Elmar Kolb in den Informationsblättern »Neues aus Bonn« vom März und Juni 1988.
243. Prof. Gerhard Prosi, Art. »Die Verdrängung der Selbsthilfe durch den Staat«, in: Neue Zürcher Zeitung v. 25. 10. 1989.
244. Ludwig von Mises, Die Gemeinwirtschaft, a. a. O., S. 444.
245. Dr. Eva Riehm-Günther, Art. »Strukturreform im Gesundheitswesen«. Schriftenreihe »Orientierungen zur Wirtschafts- und Gesellschaftspolitik« der Ludwig-Erhard-Stiftung, Heft 1. 1988.
246. Wilhelm Röpke, Die Nationalökonomie des New Deal. Zeitschrift für Nationalökonomie, Bd. V. 1934, S. 577-595. Wiederabdruck in: W. Röpke, Gegen die Brandung, a. a. O., S. 60 ff. Hier: Anmerkung 26 S. 83.
247. Vgl. F.A. von Hayek, A Tiger by the Tail. The Institute of Economic Affairs, 2nd Edition 1978 (Hobart Paperback). Hier bes.: S. 112 ff.
248. Zur (falschen) Kaufkraft-Theorie des Lohnes: s. Anmerkung Nr. 33 in: Roland Baader, Gold…, a. a. O.
249. Gegenbeweis: Wenn der Anstieg der Löhne unter dem Produktivitätszuwachs bleibt, so bedeutet das: Sinkende Stückkosten. Bei sinkenden Stückkosten aber steigt die Grenzproduktivität der Arbeit, d. h.: es lohnt sich, *zusätzliche* Arbeiter einzustellen. Die Beschäftigung steigt also, und die Arbeitslosenrate sinkt.

Genauer: Die gewerkschaftliche Argumentation lautet: Wenn die Produktion nicht mit gleicher Rate wächst wie die Produktivität, dann kommt es zu Freisetzungen, also zu Arbeitslosigkeit. Und weil die Produktionsausweitungen nun mal in der Regel geringer ausfallen als das Produktivitätswachstum, muß – so die Gewerkschaftsthesen – die Arbeitszeit verkürzt werden, um einen Anstieg der Arbeitslosigkeit zu verhindern. Falsifikationsbeweis: Zu solchem Fehlschluß kommt es auf Grund *statischer* Betrachtung eines *dynamischen* Prozesses (und Wachstum *ist* ein dynamischer Prozeß!). In der Realität kommt es – im krassen Gegensatz zur behaupteten »Theorie« – immer dann zu einem Beschäftigungsanstieg, wenn die Produktivitätszunahme deutlich größer ist als die Zunahme des Produktionsvolumens. Ein wichtiger

Grund hierfür: Nach einem konjunkturellen Abschwung sind reichlich freie Kapazitäten vorhanden. Zu Beginn eines konjunkturellen Aufschwungs kann eine vergrößerte Produktion mit niedrigen Zusatzkosten in die vorhandenen Kapazitäten hineinwachsen. (Eine bessere Kapazitätsauslastung senkt die Durchschnittskosten je Produkteinheit). Dadurch wächst die sog. Produktivität und erhöht die Unternehmenserträge. Dies wiederum wirkt positiv auf die Investitionsneigung. Es kommt zu *zusätzlichen* (= beschäftigungswirksamen) Investitionsgüter-Aufträgen. Über die Multiplikator- bzw. Akzelerator-Prozesse kommt es zu einem breiten Aufschwung in allen Bereichen.
Also: Erst die Produktivitätszunahme, die sich in Kostensenkungen und Gewinnsteigerungen ausdrückt, führt zu Mehrproduktion im Konsum- *und* Investitionsgüterbereich und erhöht somit die Beschäftigung, *bevor* es zu produktivitätsbedingten Entlassungen kommt.
Auch die übrigen Wirkungen einer starken Produktivitätszunahme sind gesamtwirtschaftlich nur positiv: Die relative Senkung der Kosten stabilisiert den Geldwert und verbessert die internationale Wettbewerbsposition des betreffenden Landes (mit Beschäftigungswirkungen für die Export-Industrie). Übersteigen jedoch die Tariferhöhungen der Gewerkschaften den Produktivitätszuwachs, so kommt es zu Inflation, zu Bremsmaßnahmen der Notenbank und zu Zinserhöhungen. Sinkende Unternehmenserträge und steigende Kosten führen jetzt zu Produktionseinschränkungen und zu kostensenkenden Entlassungen. Dieselben Negativeffekte träten selbst dann auf, wenn die Arbeitszeit *ohne* Lohnausgleich gesenkt würde, denn in diesem Fall sinkt die Kapazitätsauslastung – und steigen somit die Stückkosten.

250. Norbert Walter und Ekkehard Seiffert: Art. »Zeit für Arbeit«, in: Neue Zürcher Zeitung vom 28. 10. 1989.

251. Diese oder ähnliche Wirkungen treten aber auch generell bei allen größeren Unternehmen der Privatwirtschaft auf, wenn Politik zu »Wirtschaftspolitik« verkommt. Ein Beispiel: Wenn sich – bei der herrschenden »Sozialpolitik«, dem geltenden Arbeits»recht« und dem bundesdeutschen Fiskalterror – nur noch Kamikaze-Unternehmer zur Einstellung von Personal hinreißen lassen, dann wird der sogenannte Arbeitsplatz zur Kostbarkeit. Und wenn – in diesem Zusammenhang nur konsequent – Beschäftigung zum politischen Programm und zur Wahlkampfparole geworden ist, dann – und nur dann! – kann jedes Unternehmen mit einigen hundert oder tausend Arbeitsplätzen die jeweils zuständigen Politiker beeinflussen, erpressen oder mehr oder weniger laut unter Druck setzen. Nur dann, wenn Politik »die Wirtschaft« als ihr Programm ausgibt, wandelt sich »Wirtschaften« in eine auch-politische Tätigkeit und wird bislang harmlose und begrenzte wirtschaftliche Macht zur gefährlichen politischen Macht.

252. Helmut Schoeck, Art. »Ein Phantom verflüchtigt sich«, in: Rheinischer Merkur v. 26. 8.1988.

253. Vgl. den Bericht »Altersaufbau des Anlagevermögens 1970 bis 1989« in Heft 4/89 der Schriftenreihe »Wirtschaft und Statistik« des Statistischen Bundesamtes.

254 Ludwig von Mises, Die Gemeinwirtschaft, a. a. O., S. 445.
255. Ebenda, S. 447.
256. Ebenda, S. 449 f.
257. Wilhelm Röpke, Gegen die Brandung, a. a. O., S. 198 f.
258. Ludwig von Mises, op. cit., S. 447.
259. Ludwig von Mises. Vom Wert der besseren Ideen. Verlag Poller, Stuttgart, o.J. S. 18.
260. Bertrand de Jouvenel, The Treatment of Capitalism by Intellectuals, in: F.A. Hayek (Hrsg.), Capitalism and the Historians. Verlag Routledge & Kegan Paul, London 1954, S. 100 f.
261. Der Ausdruck »Manchester-Liberalismus« stammt von dem britischen Staatsmann und Schriftsteller Benjamin Disraeli, Earl of Beaconsfield.
262. Vorsichtige Schätzungen setzen die Bevölkerungszahl in England und Wales im Jahr 1750 bei sechseinhalb Millionen an. Bei der ersten Steuerstatistik 1801 zählte man bereits neun Millionen, und 1831 waren vierzehn Millionen erreicht. (s. T.S. Ashton, The Industrial Revolution 1760-1830. Oxford University Press, London-Oxford-New York, 1968, S. 2 f.
263. Wilhelm Abel, Massenarmut und Hungerkrise im vorindustriellen Deutschland. Verlag Vandenhoeck & Ruprecht, Göttingen, 1972.
264. Ebenda, S. 11 und S. 16.
265. Franz Böhm, Reden und Schriften, a. a. O., S. 113 (Sperrung von mir).
266. Vgl. hierzu besonders: F.A. von Hayek, The fatal conceit, a. a. O., S. 122 ff.
267. T.S. Ashton, The Industrial Revolution, a. a. O., bes. S. 2 ff.
268. Ebenda, S. 112 (meine Übersetzung).
269. s. Ebenda, S. 13 f.
270. Ebenda, S. 78.
271. s. W.H. Hutt, The Factory System of the Early Nineteenth Century, in: F.A. von Hayek (Hrsg.), Capitalism and the Historians, a. a. O., S. 161 ff.
272. R.H. Greg, The Factory Question, London 1937. (s. W.H. Hutt, a. a. O., S. 162 – Übersetzung von mir).
273. Philip Gaskell, The Manufactoring Population of England. London 1833.
274. Ebenda, S. 209. (s.a. W.H. Hutt, a. a. O., S. 102).
275. s. Bertrand de Jouvenel, The Treatment of Capitalism by Intellektuals, a. a. O., S. 102.
276. Mancur Olson, The Rise and Decline of Nations. Yale University Press, New Haven and London 1982.
Deutsch: Aufstieg und Niedergang von Nationen. Verlag J.C.B. Mohr (Paul Siebeck), Tübingen, 1985.
277. Oswald Spengler, Untergang des Abendlands (Erstmals erschienen 1918). Zit. nach der Beck'schen Ausgabe, München 1923, S. 463 u. 465.
278. Ludwig von Mises, Die Gemeinwirtschaft, a. a. O., S. 462.

279. Wilhelm Röpke, Art. »Sozialismus und politische Diktatur« – NZZ vom 18. und 19. Jan. 1937. Wiederabdruck in: W. Röpke, Gegen die Brandung, a. a. O., S. 109 ff, hier S. 113.
280. Hans Barth, Art. »Über die Entstehung der Ideologie vom totalen Staat«, in: NZZ 1938. Wiederabdruck in: Hans Barth, Denken in der Zeit. Verlag Neue Zürcher Zeitung, 1988.
281. Im polnischen Wawer wurde im Dez. 1939 an 101 männlichen Einwohnern ein Massaker durch die deutsche Armee veranstaltet.
282. Heinz Abosch, Art. »Die Kommunisten und der Antifaschismus«, in: NZZ v. 14. 2. 1990.
283. Sebastian Haffner, Anmerkungen zu Hitler. Verlag Kindler, München, 1978 (23. Aufl.), S. 77.
284. Dieses Zitat entnehme ich einem Leitartikel von Edwin Kraus (Chefred. Badische Neueste Nachrichten) vom 5. 5. 1989. Die Kraus-Kommentare gehören m. E. zu den wenigen echten Delikatessen des deutschen politischen Journalismus.
285. Mit der Wiedergabe des Originaltextes (neben der deutschen Übersetzung) dieses wunderbaren Gedichtes des ungarischen Freiheitsdichters Petöfi möchte ich meine persönliche Bewunderung für das freiheitsliebende und mutige Volk der Magyaren zum Ausdruck bringen. Sie haben sich der sozialistischen Knechtschaft nie ganz unterworfen, und sie waren die ersten, die ihre Fesseln abgestreift haben. Den Originaltext des Gedichts verdanke ich meinem Freund Bela Kiss, der beim Aufstand 1956 unter dramatischen Gefahren-Umständen die Freiheit gewählt hat.
286. Alexis de Tocqueville, Das Ancien Régime..., a. a. O., S. 209.
287. Silvio Borner, in: NZZ vom 27. 9. 1989.
288. Ernst Topitsch, Art. »Leistungswille kontra Wirklichkeitsflucht«, in: Epoche Nr. 7/81.
289. Die Umschuldungsvereinbarung bezog sich auf Staatsanleihen, deren Zinsen im Umfang von 28 Milliarden Belgischen Francs gekürzt werden sollten. Als Höchstsatz der vorher bis zu 14 1/2 % verzinslichen Anleihen soll nun ein Zins von 7 3/4% gelten. Die Differenz wird in eine »emprunt de Règularisation« genannte Anleihe mit achtjähriger Laufzeit umgesetzt.
290. Antonio Martino, Art. »Die fatale Versuchung der Haushaltsdefizite«, in: NZZ vom 31. 12. 1988 (Sperrungen teilweise von mir).
291. s. und vgl. Gerhard Prosi, Art. »Die Verdrängung der Selbsthilfe durch den Staat«, a. a. O. (Sperrungen teilw. von mir).
292. s. hierzu bes.: Wolfram Engels, Lebensplanung-Ungereimtheiten des Altersversorgungssystems, in: ders., Wendemarken. Verlag Wirtschaftswoche, Düsseldorf, 1988, S. 38 ff.
293. Ebenda, S. 39.
294. Friedrich Schiller, Die Gesetzgebung des Lykurgus und Solon, in: Ders., Sämtliche Werke, Carl Hanser Verlag, München, Bd. IV, S. 830.
295. Gottfried Bombach, Art. »Erlebtes Eigentum durch Vermögenspolitik«, in: NZZ v. 30. 8. 1989.
296. s. Prof. Guy Kirsch, Art. »Die Wiedergeburt des Leviathan«, in: FAZ vom 3. 5. 1980.

297. Ebenda.
298. Ebe nda.
299. s. Interview mit James Mc Gill Buchanan, in: Forbes vom April 1990.
300. Hermann Kesten, König Philipp der Zweite. Verlag Ullstein, Frankfurt-Berlin-Wien, 1982, S. 555.
301. s. Art. »Amerika ist viel zu stark auf den Zufluß ausländischen Kapitals angewiesen«, in: Handelsblatt vom 25. 10. 1989.
302. s. Art »Temperatursturz« in: bilanz Nr. 10/89.
303. s. Art. »Stunde der Abrechnung«, in: bilanz Nr. 12/88.
304. Dr. Bruno Bandulet, in seinem Info-Brief »G&M« vom Okt. 1989 (Bandulet Publishing AG, CH-6301 Zug).
305. Lee Iacocca, in: Wirtschaftswoche vom 4. 11. 1988.
306. Paul C. Martin, Über den finalen Zyklus, in: bilanz Nr. 4/89.
307. Peter L. Berger, The Capitalist Revolution, a. a. O., S. 208 (meine Übersetzung).

Namenregister